夏商周时期的中原与周边——纪念郑州商城发现 60 周年暨韩维周、安金槐、邹衡先生学术成就研讨会与会代表合影

中华之源与嵩山文明研究

第三辑

郑州中华之源与嵩山文明研究会
河　南　省　文　物　局　主编
北京大学考古文博学院

科学出版社
北京

内 容 简 介

本书是2015年7月夏商周时期的中原与周边——纪念郑州商城发现60周年暨韩维周、安金槐、邹衡先生学术成就研讨会论文集。全书共收入论文24篇。内容涉及“郑州商城的发现与研究”“嵩山及周边地区夏商周考古研究”“嵩山地区古代文明化进程研究”几个方面。

本书可供从事考古学、历史学相关学科的研究者和爱好者参考、阅读。

图书在版编目（CIP）数据

中华之源与嵩山文明研究. 第三辑 / 郑州中华之源与嵩山文明研究会，河南省文物局，北京大学考古文博学院主编. —北京：科学出版社，2017. 6

ISBN 978-7-03-052880-3

Ⅰ. ①中… Ⅱ. ①郑…②河…③北… Ⅲ. ①嵩山–文化史–文集 Ⅳ. ①K928. 3–53

中国版本图书馆CIP数据核字（2017）第108871号

责任编辑：郝莎莎 / 责任校对：邹慧卿

责任印制：肖 兴 / 封面设计：北京美光制版有限公司

科学出版社 出版

北京东黄城根北街16号

邮政编码：100717

http://www.sciencep.com

中国科学院印刷厂 印刷

科学出版社发行 各地新华书店经销

*

2017年 6 月第 一 版 开本：787 × 1092 1/16

2017年 6 月第一次印刷 印张：22 1/4 插页：1

字数：527 000

定价：168.00元

（如有印装质量问题，我社负责调换）

《中华之源与嵩山文明研究》

学术顾问

李学勤　严文明　许顺湛　朱绍侯

编纂委员会

主　任： 刘其文

副主任： 王文超　李柏拴　丁世显

委　员：（按姓氏笔画排序）

马万令　王宇信　刘庆柱　朱士光
朱凤瀚　齐岸青　张文军　张文彬
张民服　张立兴　李　民　陈　英
罗哲文　赵德润　徐立德　徐光春
贾常先　郭　旃　高　星　寇玉海
阎铁成

《中华之源与嵩山文明研究》

编辑委员会

本辑编委

目　　录

夏商周时期的中原与周边——纪念郑州商城发现60周年暨韩维周、安金槐、邹衡先生学术成就研讨会综述…………柴小羽　姜　维　张国辉（1）

缅怀与思考——为参加夏商周时期的中原与周边暨纪念郑州商城发现60周年和韩维周、安金槐、邹衡先生学术成就研讨会而作…………朱士光（9）
郑州商城发现与研究60年举要…………李维明（15）
郑州商城的考古学年代…………程平山（22）
试论郑州商城的总体规划…………张立东（75）
试论郑州小双桥遗址的性质问题…………郑杰祥（102）
管国故城探析…………马世之（108）
商周管邑探析…………汤　威（113）
河南郑州商城出土玉器的多方法研究…………董俊卿　胡永庆　李青会　刘　松　赵虹霞（132）
郑州商城遗址考古与遗产保护信息系统建设研究…………杨瑞霞　杨树刚（152）
郑州市区东周时期仿铜陶礼器墓葬研究…………樊温泉　尹以江（161）
郑韩故城出土战国无字碑及其遗存解析…………蔡全法（170）
具茨山文化与中华文明——具茨山型岩画微腐蚀断代初探…………刘五一（181）

卜辞雍地地望及其他…………陈　絜（199）
从宁乡炭河里古城陶鬲再论商末周初楚都…………刘俊男　易桂花（207）
夏商周时期的广西…………蒋廷瑜（221）
从鲁东南地区商文化遗存的发现谈商人东征…………刘延常（232）
二里头M3及随葬绿松石龙形器的考古背景分析…………许　宏（243）

郑州商城发现之旅…………曾晓敏（260）
夏商周考古学文化体系与学术范式的建构者——邹衡先生…………徐良高（299）
略谈安金槐先生为首的团队对郑州商城发现与研究所作的突出贡献…………杨肇清（310）

纪念郑州商城发现60周年暨缅怀安金槐先生逝世15周年…………李昌韬（323）
试析韩维周、安金槐、邹衡先生的主要学术贡献…………张国硕（333）
汤邑郬薄漫议——忆邹衡先生教诲…………李德方（340）

后记…………（347）

夏商周时期的中原与周边

——纪念郑州商城发现60周年暨韩维周、安金槐、邹衡先生学术成就研讨会综述

柴小羽　姜　维　张国辉

（郑州中华之源与嵩山文明研究会）

夏商周三代是中国历史上最为重要的时期。夏商周文明肇始中原，辐射四方，夏商周时期中原和周边地区交流融合、相互促进，奠定了中华文明形成和发展的基础。1955年郑州商城的发现，标志着中国夏商周考古研究进入了一个新的时代。以韩维周、安金槐、邹衡先生为代表的老一代学者，为夏商周考古学研究和郑州商城的发现、研究做出了巨大贡献。为纪念郑州商城发现六十年，缅怀韩维周、安金槐、邹衡三位考古学家的治学精神和学术成就，进一步推动夏商周考古学研究，北京大学考古文博学院、河南省文物局、郑州中华之源与嵩山文明研究会于2015年7月在郑州联合举办“夏商周时期的中原与周边——纪念郑州商城发现60周年暨韩维周、安金槐、邹衡先生学术成就研讨会”。来自中国社会科学院、中国科学院、中国国家博物馆、北京大学、南开大学以及省内外科研院所、高等院校等单位的150余名专家学者出席了研讨会。与会专家围绕夏商周时期中原与周边关系、郑州商城遗址的考古发现与研究等问题，进行了深入的研讨，提出了许多有价值的观点和意见，并对邹衡、安金槐和韩维周三位先生的学术成就和治学精神进行总结和缅怀。

一、中原与周边——夏商周考古学研究的时空体系

（一）夏商周考古学研究的思路与方法

目前学术界对夏商周时期的年代框架、社会结构、中原地区与周边地区文化关系等研究日益深入，视野愈发开阔，研究领域愈加广泛。但是，目前夏商周考古存在着考古发现多、重要学术突破少的现状。专家们认为，要转变传统的研究思路和方法，拓宽视野，从夏商周时期中原与周边的关系着手，认真梳理考古资料，发现线索，寻求突破。对此，专家们给出了具体建议和意见。

北京大学考古文博学院李伯谦教授指出：一是重视对夏商周时期中原与周边地区关系的研究。夏商周文明的核心在中原，但中原不是孤立的，它与周边地区互动发展，关系密切，应该把夏商周时期中原与周边关系研究纳入到夏商周考古学时空框架体系中去考虑。既要把中原搞清楚，也要把周边搞清楚，这样才有助于研究以中原为核心的国家形成、中华文明形成和发展。二是要认真梳理和研究考古发掘材料。目前，夏商周时期的时间框架、分期框架已经基本清楚，但还有缺失，需要进一步完善，对考古发掘材料进行认真梳理，尤其是重点区分出属于夏、商、周不同朝代不同文化性质的遗址，发现线索，深入研究。否则，就很难期望三代考古研究有更大进展。北京大学考古文博学院教授刘绪为大会做了《深入开展夏商文化探讨的几点设想》的报告，他认为：夏商文化研究要有新的突破，首先要从考古发掘做起，要有考古新发现。比如偃师商城一期资料太少，要继续发现和补充新材料；郑州商城宫殿区大型建筑尚未发现，需要新的发掘资料。他建议应该将郑州商城和周边地区城址进行比较研究，对二里头文化和二里岗文化的关系进行深入研究，寻找地层证据，辨析先商文化和早商文化。陕西师范大学朱士光教授认为，要继续探寻新遗址，对商代前中期都邑—城址—聚落三级遗址、特别是它们之间的相互关系全面研究。河南省文物考古研究院郝本性研究员建议加强学术交流、信息公开，进一步建立和完善夏商周考古体系；进一步加强郑州商城的发掘和研究，解决存在问题。中国社科院赵春青研究员着重谈了对中原地区夏代考古研究的意见。他认为，一是要加强郑州地区早期城址的研究，尤其是夏代城址分布、性质以及夏商时代划分等专题研究。他特别提出要重点解决新砦遗址中宫殿和大型墓葬的发现与发掘。二是要采用航空摄影等手段对龙山城址进行全面的研究。三是要理清夏代遗址的分布范围，对典型遗址加以研究。

北京大学考古文博学院雷兴山教授作了《商系文化遗迹组合初探》的发言，他将类型学中的“器物组合”概念运用到商周考古遗迹研究中，提出“遗迹组合”的概念，是考古研究方法的新尝试。他认为“遗迹组合”是指几类不同属性的遗迹、在一定时间和范围内经常共存出现，功能密切相关，从而形成一个“遗迹组合”；遗迹组合是一种聚落特征和文化特征，有助于分析考古学文化因素，探讨当时的社会结构。

专家们还结合各自的研究工作，对夏商周考古研究工作提出了设想和建议，具有重要的指导意义，为下一步开展研究指明了方向。

（二）夏商周时期中原与周边地区关系研究

在研讨中，与会专家对夏商周时期中原与周边关系的重要性有了更深入的认识。朱士光教授认为，中原是以王都为主体的政治中心区，它与周围地区共同构成了商代的完整疆域，是一个整体。目前，周边地区的夏商周考古研究工作严重滞后，必须大力加强，从而构建起夏商考古学的新格局。他认为湖北盘龙城是目前发现规模仅次于郑州商城和偃师商城的第三大商代城址，可能是商朝的“南都”，应进一步加强对盘龙城性质的研究，以探究商代江汉地区与中原的关系。重庆师范大学刘俊男教授则从追寻楚文化的源头着手，运用地层学、类型学的方法论证了炭河里古城出土的陶鬲时代应为商代末期，其形制受到中原文化的影响并结合了南方鼎的风格，并进而推断出炭河里古城应为商末周初楚国的都城和文化中心。

广西博物馆蒋廷瑜研究员结合《尚书》《礼记》等文献以及马王堆汉墓帛书“帝舜”等记载，对广西境内发现的遗址、岩洞葬以及印纹硬陶、青铜器等进行了详细梳理和研究，论证了尧舜时期中原与岭南已有交往，夏商时期瓯、邓、桂国、损子、产里、仓吾等是当时广西境内的古国或方国；在广西境内发现的中原文化风格商周青铜器，印证了广西同中原的经济文化交流，对岭南地区夏商周文化面貌进行了尝试探索。

刘延常研究员以山东地区岳石文化、商文化和珍珠门文化考古资料为基础，通过对其文化特征、时空关系的分析，勾勒出山东地区早商、中商、晚商时期商文化东渐的路线和方式，对夷商联盟、夷商对峙、商进夷退的基本格局和山东地区逐渐纳入商王朝的动态过程进行了研究。南开大学陈絜教授通过对与雍地同版出现的卜辞地名“榆、宫、軎、疐、丧、高、就”等地望的研究，认为卜辞雍地属东土地名，大致在汶水与淄水的发源地原山附近；林方或在泰山南麓或东麓、即原山附近。山东大学郎剑锋博士通过对大辛庄遗址陶范等铸铜遗物的分析和青铜器工艺的研究，提供了大辛庄遗址青铜器产地线索，探讨了大辛庄遗址的文化内涵和聚落形态，进一步完善了大辛庄遗址文化编年，丰富了商代生业经济和人地关系的研究资料。龙门石窟研究院研究员温玉成在《探究“昆仑邦国”与大夏诸国西迁》一文中，将实地踏勘和传世文献相结合进行研究，探讨了昆仑山、昆仑邦国和大夏诸国的地望，以及大夏、析支、织皮、大月氏的迁徙。山东大学方辉教授认为武王灭商、周公东征等标志性历史事件对东方地区政治格局产生了重大影响，分封制推行、封国都城政治中心的突起与商代政治中心的突然衰落，是这种影响在政治景观方面的显著标志；而西周早期对各地的统治政策取决于周王朝对原住民的控制程度。河南省文物考古研究院杨文胜研究员从郑州商城发现的三处青铜器坑入手，对中国和日本青铜器埋藏地点、青铜器特征等进行了比较分析，对东亚青铜文化圈内的青铜器进行考古学观察，有助于理解中原与周边区域青铜文化的内在特性与文化特征。

刘源研究员从西周金文资料入手，对商、西周的社会形态及其与春秋、战国的区别等问题，做了宏观考察。他认为商代贵族社会的基本单位是宗族，贵族是王朝的基石，势力显赫。周代殷后，社会结构没有本质改变，但由于周人治国宗法制度独具特色，社会面貌较殷代有重大变化。

周昆叔教授对商代文明对中华文明的推动作用及其动因作了论述和分析。他认为，商代在夏商周三代之中起了承上启下的重要作用，推动了中华文明的奠基和疆域轮廓的形成，其动因在于商文化独特的生态动因和多元融合的文化动因，孕育着强大的文化辐射力和凝聚力。

（三）中原地区夏商周考古发现与研究

中原一向是夏商周考古研究的中心地区，新的发现和研究成果层出不穷。郑州市文物考古研究院顾万发院长介绍了郑州近年来发现的东赵、花地嘴、望京楼、大师姑、南城遗址等夏商周时期的大型遗址、城址及初步研究成果。其中，东赵遗址是2014年全国十大考古新发现，共发掘出土大、中、小三座城，时代分别为东周、二里头和新砦期。其中属于二里头二期的城址面积约80万平方米，是目前全国已知最大的早夏时期城池，而位于中间的小城则可能是李伯谦先生提出的后禹传宗代夏之后在郑州西北部建立的防卫据点。南城遗址发现了东周城址、商代环壕和仰韶文化城址迹象，其中商代晚期环壕面积约11万平方米。这批考古新发现为中原地区夏商周考古学研究提供了重要资料。

许多学者介绍了中原地区夏商周考古研究工作的最新成果。中国社会科学院许宏研究员认为，二里头遗址出土的M3是迄今所知二里头都邑中最高等级的墓葬之一，墓主是较高等级的贵族，墓中大型绿松石龙形器体现了早期中国以龙等神话和半神话动物图案为“母题”，探讨了与早期礼器的关系和文化内涵。他认为在二里头发现的“圆陶片”应和漆觚有关联，提供了认识“圆陶片”用途和性质的新视角。河南省文物考古研究院侯彦峰馆员通过对2003～2004年殷墟孝民屯遗址出土晚商卜骨和卜甲的加工痕迹和兆纹进行镜检，观察了锯切位置、凿坑形态和灼痕分布情况，总结其制作工艺，推测占卜流程；通过重构实验，探讨晚商甲骨制作和占卜的选材、锯切、打磨、凿坑、施灼、解读兆文、刻辞工艺及流程。王龙正研究员通过分析铭文“小子休盨”与“小子吉父甗”铭“仲大师小子”的称谓，推断仲大师乃周幽王卿士虢石父，佐证了虢国墓地M2001墓主人虢季为虢公忌父（亦即小子吉父）与M2001埋葬年代为春秋早期的观点，并进一步推证其具体时间应为公元前715年至前707年之间，虢国墓地年代应为春秋早期。

樊温泉研究员对郑州市区仿铜陶礼器墓的发生、发展及其演变进行了讨论，并对各类组合形态的文化内涵进行分析，勾勒出了郑州地区韩文化对郑文化的取代以及韩文化在战国各时期发展演变的轨迹，印证了战国时期韩国统治者对郑州商城作为军事重地的高度重视。蔡全法先生对郑韩故城发掘出土的无字碑的地点和背景加以分析，认为该碑是战国时代韩国宗庙碑，出土地点为韩国的宗庙遗址。这个发现对于认识郑韩故城城池的布局、坐落方位的改变以及宫城性质的确定，都起到不可替代的作用。河南省文物考古研究院魏兴涛研究员通过对平顶山蒲城店遗址的发掘研究，认为蒲城店遗址西周遗存的年代为早、中期，背后的人群可能与殷时应国的遗民有关。蒲城店遗址处于中原地区通往东南地区的中间地带，是交通要道，该遗址和南方相关遗址所出陶鬲的演变轨迹显示出了西周早期殷遗民向南方迁移并逐渐本地化的宏观历史趋势。

刘五一博士运用岩画微腐蚀断代技术对具茨山凹穴岩画年代进行了研究，认为其时代应在距今6000～3000年，对研究中原上古文化具有重要的学术价值。

二、纪念郑州商城发现60周年

（一）郑州商城发现与研究

郑州商城发现六十年来，重要考古发现迭出，成果丰硕。河南省文物考古研究院是郑州商城遗址最主要的考古发掘研究单位，刘海旺研究员做了《郑州商城遗址考古发现与研究概要》的专题报告，回顾和总结了河南省考古研究院结合科研课题和配合基建所进行的郑州商城考古发掘、重要发现和研究成果，以及郑州商城考古研究的规划和设想，并重点介绍了小双桥遗址的发现和研究情况。小双桥遗址是近年来郑州商代考古的重大发现，遗址总面积超过300万平方米，遗存丰富。重要遗迹有宫城墙基槽遗迹、高台型夯土建筑基址、宫殿基址、居住址、祭祀坑群、奠基坑、壕沟、灰坑，与冶铸青铜器有关的遗存以及出土器物、卜骨、朱书文字等，具有极其重要的学术价值，小双桥遗址的性质、内涵是今后研究工作的重点。关于未来郑州商城考古研究，他认为要创新郑州商城考古工作方法，探索新形势下城市考古工作的新模式；开展多学科研究探索，加强考古研究新技术的应用和跨学科协作；加强郑州商城考古研究规划，尤其是重视信息化和发掘报告出版，做好基础工作。

李维明研究员对郑州商城60年来的发现与研究进行了总结。他将郑州商城研究分为三个阶段：第一阶段是20世纪50～60年代，商文化发现与认识获得重要收获。主要成就是郑州商代遗址、郑州商城的发现和王都地位的讨论，以及对夏商文化分界、早商文化等问题的初步认识。第二阶段是70～80年代，对商城内涵与性质的争论。主要成就是郑州商城宫城墙、外城墙、宫殿基址、青铜重器窖藏坑、铜器墓等发现和认识，确认郑州商城为商代前期王都的性质和地位，为认识夏文化和早商文化奠定了基石。第三阶段是90年代至今，商城内涵补充与研究视野扩大。外城墙、宫殿基址、青铜重器窖藏坑、铜器墓材料、“亳都说”文字新实证等补充发现，确定了郑州商城商代第一都地位，城市布局大势渐显，学界研究视野更为宽阔。曾晓敏研究员长期从事郑州商城考古发掘与研究工作，他对郑州商城发现60年来的发掘、重要发现、学术成就以及韩维周、安金槐、邹衡、裴文中、杨育彬、郝本性等先生为郑州商城研究所做出的贡献，做了系统完整的记述。材料真实可信，是郑州商城考古研究史最翔实的一篇文章，很有价值。

（二）新认识、新观点

随着郑州商城研究的深入、新材料的出现以及科技手段的应用，郑州商城研究课题趋于多样化，研究领域趋于广泛，新认识、新观点层见叠出。

“亳都”“隞都”之争，是自郑州商城发现伊始即存在的问题，迄今仍为学术热点。吉林大学王立新教授从古文字学、文献学以及考古材料等角度，对“亳”字陶文重新进行了检视，认为郑州商城出土旧释为“亳”的字仍应以释“亳”为是；带“亳”字戳记的陶豆应是战国时期“亳墟”祭器；大量“亳”字陶文是郑州商城东周名“亳”的证据和商汤都“亳”的重要依据。

侯卫东先生认为郑州商城形成于二里头文化至二里岗文化过渡期，多元文化因素共存、尚未形成稳定风格；二里岗期早段青铜器仍以二里头风格为主，晚段形成典型二里岗风格。二里岗文化的演变趋势从多元到一元，聚落由简单到复杂，反映了中心都邑规范化和制度化的过程。李素婷研究员提交的《试论郑州南关外型文化》论文，通过对现有考古资料检核分析，论述了南关外型文化的分布、内涵、分期及特征，认为南关外型文化早期遗存年代为二里头文化三期偏晚或三、四期之交，属先商时期；晚期年代应为二里头文化四期，属早商；南关外型文化是从漳河型、辉卫型、鹿台岗型先商文化发展而来，并在吸收二里头文化和岳石文化因素的基础上，最后发展成为二里岗型商文化，它与二里头文化、岳石文化是三种不同的考古学文化，进一步明确了南关外型文化的性质及地位。郑杰祥先生对小双桥遗址的时代和性质发表了自己的观点，他认为小双桥遗址是商王所建祭祀天地神祖或行献俘礼的“南单”遗迹。

郑州商城的考古学年代，是学界长期研究的一个重要课题，至今仍存分歧。南开大学历史学院程平山教授梳理和分析了学界关于郑州商城年代的各种学说，结合文献和考古材料对郑州商城的始建年代、郑州商城作为都城的使用截止年代等提出了自己的观点。他认为郑州商城始建年代应在二里岗下层一期；而作为都城的年代应在二里岗上层二期；郑州商城的规划、营建、完成均在成汤时期。

郑州商城的布局规划，也是近年来学界关注的一个重要课题。张立东先生通过对郑州商城平面的观察、城墙考古资料的分析和与国内外城市模式对比佐证，推定郑州商城总体格局是内四（边形）外八（边形），其规划理念可能是“四面八方”或“四象八卦”。杨树刚、杨瑞霞二位学者重点对郑州商城规划布局、地理信息系统建设等进行了研究和探讨，为郑州商城遗址考古研究、保护与展示提供了技术支撑。

胡永庆、董俊卿、李青会选取郑州商城遗址二里岗下层二期21件玉器为研究对象，采用主量元素能量色散X射线荧光光谱、微量元素外束质子激光X射线荧光、物相分析X射线衍射、结构分析显微拉曼光谱等技术手段，对玉器的种类、材质及其地质成因进行研究和对比分析，为中原地区玉器种类和功能变化提供了新证据，为郑州商城玉器的原料来源提供了线索。

杨育彬、郝本性、杨肇清、李德方等学者，也对针对目前郑州商城考古研究现状，提出了对具体的想法和思路。

三、韩维周、安金槐、邹衡——郑州商城及夏商周考古学的奠基者

韩维周、安金槐、邹衡三位先生奠定了郑州商城和夏商周考古研究的基础。本次会议特意为三位先生在郑州商城举行了铜像揭幕仪式，对三位先生的学术成就做了回顾和评价。杨育彬先生认为韩维周先生首先发现郑州商代二里岗期文化遗址，为郑州商城的发现奠定了基础，成为中国考古学史上的重要标志；首次认识到二里头文化遗迹和遗物，成为探索夏文化一个重要的节点，对中国考古学做出了贡献。张国硕教授认为，韩维周先生最早分辨出二里头文化（玉村下层）与二里岗商文化的不同，是二里头文化的发现者。

安金槐先生是我国著名考古学家，长期主持郑州商城考古发掘研究，是河南文物考古工作的开创者和奠基者，是“河南考古第一人”。李伯谦、杨育彬等学者认为，从郑州商城发掘、隞都说，到王城岗遗址发掘研究、“禹都阳城”，以及“夏文化”概念的提出，记录了安金槐行生在夏商周考古研究方面的重大学术贡献。安先生发现了郑州商城，提出“隞都”说，建立了二里岗文化年代学框架，极大地推动了夏商周考古学发展。他提出的原始瓷器源于商代说，把我国瓷器出现提早到商代，得到学术界认同。在主持发掘登封王城岗遗址时，提出河南龙山文化晚期是早期夏文化、王城岗城址为“禹都阳城”的重要观点，成为探索夏文化的重大突破，在后续考古发掘、尤其是夏商周断代工程和中华文明探源工程中得到了证实。郝本性、杨肇清、李昌

韬、张国硕等先生也对安金槐先生的学术成就做了论述，他们认为安金槐先生是郑州商代城址的发现者和郑州商都性质的提出者、论证者，是“隞都说”的代表性人物，对郑州夏商文化研究贡献巨大。

邹衡先生曾任北京大学考古文博学院教授、中国殷商文化研究会副会长、中国考古学会常务理事，是国内外公认的夏商周考古学研究的学术权威、著名考古学家。李伯谦教授回顾和总结了邹先生的生平及学术成就，并重点介绍了邹先生与河南及郑州商城的渊源以及与安金槐先生的深厚学术友谊。刘绪教授对邹衡先生生平和学术贡献作了全面介绍。他认为，邹先生一生提出和论证了一系列重要学术问题，如建立商文化分期编年，提出郑州商城亳都说；最先论证二里岗文化是早商文化，二里头文化一至四期为夏文化；最早论述先商文化和先周文化；最先提出北京琉璃河遗址是西周燕国早期都城、山西天马—曲村遗址是西周晋国早期都城的看法，得到考古发现的证实。李维明、徐良高认为邹衡先生构建起夏商周考古学文化研究体系框架，确立了夏商周考古学研究的范式。徐良高先生将邹衡先生的成就放到中国考古学史中来分析，使人们对其学术意义和影响有了更深刻的认识。张国硕先生认为邹衡先生是汤都“郑亳说”的旗帜性人物，对夏商文化的分期以及相关问题的系统研究奠定了夏商周考古的基础。

郝本性、杨肇清、宋豫秦、李德方等学者亦深切回顾了邹衡先生的生平与学术成就。

专家们还缅怀了三位先生热爱考古、严谨治学、务实求真、勇于探索的学术精神，以及对今后开展夏商周考古乃至整个考古研究工作的现实意义。专家们认为，要继承三位先生“求本、务实”的治学态度，要有对学术研究的热情和激情，认真对待每一个考古线索，用学术眼光去发现问题、思考问题、解决问题；要注重基本功的锻炼，注重基础工作；在坚守传统考古工作方法的同时，充分运用现代科学技术手段，更有效地继承和传承，做好考古研究工作。

缅怀与思考
——为参加夏商周时期的中原与周边暨纪念郑州商城发现60周年和韩维周、安金槐、邹衡先生学术成就研讨会而作

朱士光

（陕西师范大学西北历史环境与经济社会发展研究院）

摘　要　在强调阐明对首先发现郑州商城并对郑州商城发掘研究作出重要贡献的韩维周、安金槐先生，特别是对论定郑州商城是商代前期都城“郑亳”的邹衡先生进行追思的必要性后，又对商代前期主都郑亳与其周围中原地区多座商代都邑、城址之关系加强研究，以及对商代前中期中原之周边地区，具体而言是对位于武汉市的商代前中期大型且具都邑性质的城址——盘龙城之性质等问题加强研究提出了一些见解。期盼相关学科学者共同努力，以推动商史与中华文明探源工程研究取得新的突破性进展。

关键词　郑州商城；武汉盘龙城；商史研究

1. 对韩维周、安金槐、邹衡先生的缅怀

60年前，在我国中原大地腹心地区的郑州市区，发现了一座商代前期具都邑性质的城址，即“郑州商城”。这是我国当代学术史上的一个重大事件。因此，我们现在纪念这一盛事，对首先发现郑州商城与对郑州商城发掘研究作出重要贡献的韩维周、安金槐先生以及对在发掘研究基础上论定郑州商城是商代前期都城“郑亳”起了关键作用的邹衡先生进行追思缅怀，自是理所当然，也是完全必要的。其中我对邹衡先生有更多的话要说。这除了因他拥有“夏商周考古第一人”之誉[①]，且是“郑亳”说的首

---

① 许宏：《从〈商周考古〉到〈夏商周考古学〉——由两本考古教材串联起的学术史》，《中国文物报》2013年9月13日第4版。

倡者①之外；还是我的考古学三位授业老师之一（另两位是讲授旧石器时代考古的吕遵谔先生与讲授秦汉考古的俞伟超先生）。尽管为时不长，仅一学期，但也使我近距离感受到他的人品与学问，印象十分深刻。

我是52年前的1963年9月，由位于广州的中山大学自然地理专业毕业后考入北京大学地质地理系做研究生，师从侯仁之先生攻读历史地理学的。刚入学不久，侯先生即根据历史地理学学科性质与研究对象、特点及其所承担研究任务的需要，安排了我的学习计划。除历史地理学的理论、方法与有关分支学科的内容由他亲自讲授外，另两门必修的专业课就是考古学与第四纪地质学。当时北大历史系考古专业开设的几门主干课程，如旧石器时代考古、新石器时代考古、商周考古、秦汉考古等，除新石器时代考古因课程安排时间上的问题，加之我又于1965年夏提前离开北大未能学习之外；旧石器时代考古、商周考古与秦汉考古我都学习了。其中商周考古就是邹衡先生讲授的，我随班上课，聆听了他的讲授。除课堂听讲外，还有几次我向他单独请教。他不仅悉心指导，还赠我一本他手头的北京大学考古专业教研室1960年7月编印的《中国考古学》教材第三编“商周—青铜时代”之铅印讲义。从受教中我也深切感受到他对侯先生跨越历史地理学科界限，让学生学习考古学等相关学科知识（包括理论与方法）之培养学生方式以及大力开展相关学科协作，综合开展课题研究的治学理念是十分赞赏的。这充分表明邹衡先生与侯仁之先生对发展学科及对培养人才方面所具有的远见卓识！之后因北大在1965年开展社会主义教育运动，校方以我父亲之所谓政治历史问题，中止了我的研究生学习，提前分配至陕西工作，且一度脱离历史地理学专业研究工作；所以与邹衡先生等老师长期失却联系。尽管如此，作为学生，我对给我讲授过考古学课程的几位老师是时时感念于怀的。所以当21世纪初中国古都学会在与郑州地区有关学者研讨郑州列为中国之大古都问题时，许多学者的意见均让我信服；其中邹衡先生首倡“郑亳”说的观点更让我坚定了信念，确立了信心。因此，今天我们在纪念郑州商城发现60周年会上，追思韩维周、安金槐、邹衡先生在其中之学术贡献，论定邹衡先生为确立郑州商城之大古都地位建立了首功，是实至名归毫不为过的。

2. 关于对商代前期主都郑亳与其周围之中原地区多座商代都邑、城址之关系加强研究，切实推进商史研究的思考

对于郑州商城，经过60年来之发掘研究，特别是经邹衡先生力倡“郑亳”说之后，其作为商代前期主都之历史地位得以确定下来，得到学术界公认，这自不待说。

---

① 韦心滢：《殷代商王国政治地理结构研究》，上海古籍出版社，2013年，第16页；该书为北京大学震旦古代文明研究中心学术丛书之二十八。

当前除还需要有计划有步骤地对郑州商城进一步开展发掘、研究与遗址遗迹的保护工作外，还需要对其周围之中原地区多座商代都邑、城址，以之为中心，以它们之间彼此之关系为切入点，进行深入研究，探明其间的一些史实，揭示在文化与制度上相互影响的具体内容，从而充实丰富商史研究，推进中华文明探源工程向纵深发展。

郑亳周围中原地区具有都邑性质的遗址，经考古探明与研究论明者，除与其同属商代早中期的西亳，即偃师尸乡沟商城遗址外，还有中商时期的郑州市西北小双桥王都离宫遗址以及仲丁之后都城历经五迁所建之都城隞（又名嚣，即今荥阳故城）、相（在今安阳西北）、邢（又名耿，一说在今河北省邢台境，又一说在今温县）、庇（一说在今山东定陶，又一说在今汲县）、奄（在今山东曲阜）等。而非都城的城址与大型聚落就更多了。举其著者即有新郑市望京楼商城、焦作市府城村商城等[①]。之外还应加上近年来经考古发掘确认的新的城址，如郑州市高新区东赵村发现的大、中、小三座城址等[②]。

综前所述，可以看到，早在商代前、中期，在以郑亳为中心的中原地区已形成出现了都邑—城址—聚落等三级先民曾居住与生息的遗址。我想，在现有工作基础上，一方面继续探寻新的遗址，如在从汉代至明代由于黄河下游不断决溢泛滥、迁徙改道所形成的“黄泛区”，即今豫东、鲁西南地区加强考古发掘工作，以求取得新的考古发现，填补区域上的空白外；另一方面则可对已通过调查发掘探明为商代前中期都邑、城址、聚落之遗址全面开展研究，特别是对它们之间相互关系加强研究（迄今仅见对郑州商城与偃师商城，即郑亳与西亳之间作过一些互相关联性研究；见前引韦心滢著作第54、55页）。这无疑会大为推进商代前中期国家形态、社会结构、统治理念、先民生业与生活方式研究，也会大为推进商代前中期都城、城址、聚落之规划、建设工作的研究。

3. 关于对商代前中期中原周边地区之武汉市盘龙城加强研究的思考

关于商代的疆域，不少学者曾在相关论著中指出，系由“王畿”（即以王都为主体的政治中心区）与其周围之“四土”构成[③]。因商王朝前中期都城在郑亳，后历仲丁之后的五迁，晚期建都于殷墟；所以商代之王畿始终在今河南省中北部，也即后人通常所说的“中原”地区。而其“四土”，按前引孟世凯先生《商史与商代文明》一

① 以上所述均据韦心滢《殷代商王国政治地理结构研究》，上海古籍出版社，2013年，第32～49页，与宋镇豪主编《商代史》卷一《商代史论纲》，中国社会科学出版社，2011年，第68～69页。

② 见《中国文物报》2015年2月27日第5版。

③ 郑杰祥：《商代地理概论》，中州古籍出版社，1994年，第1～4页；孟世凯：《商史与商代文明》，上海科学技术文献出版社，2012年，第29～34页。

书所论，其“东土”包有今山东省一带；其“南土”已跨过长江到达五岭以南广大区域；其“西土”，至晚期不仅据有今山西、陕西、甘肃等地，还扩展到今重庆市与四川省一带；其北土则抵达今山西与河北北部、内蒙古中南部及辽宁南部。可以说商王朝晚期其疆域已经占现在我国版图的三分之二。

针对当前夏商考古学研究周边地区严重滞后于“中原”地区的发展现状，有学者提出，当前亟应在继续深入开展夏商时期中原地区考古研究工作的同时，大力加强对其周边地区之考古研究工作，从而构建起夏商考古学的新格局①。我对这一见解深以为然。下面即以武汉盘龙城这座商代前期大型具都邑性质之城址研究问题，谈一点初步意见。

武汉盘龙城遗址，是1954年被发现的。后经20世纪60年代与70年代发掘，其城址内外之遗址、遗物被大量发掘出来。特别是其城内东北部发现的由三座前后并列且坐北朝南的大型宫殿基址，尤为引人注目。尽管这座商城遗址在我家乡武汉市北部黄陂区，但过去对之一直不甚了然；直到2012年春接到武汉市国土资源和规划局邀请参加当年3月24日由武汉市人民政府主办的“武汉城市历史文化全国专家研讨会”，在准备发言材料时查阅了一些相关论著，其中包括几部关于盘龙城发掘报告与研究论著，始引起了我的注意。除在会上就盘龙城之属性问题发表了自己的初步见解外，会后又应《江汉论坛》编辑部张卫东编审之约，撰写了《关于武汉城市历史地理研究中几个重要问题的初步论述》一文，对该问题作了进一步的论述。该刊于2013年第1期刊登后，又为中国人民大学书报资料中心编印的复印报刊资料《地理》2013年第3期（2013年6月26日出版）全文转载。

在该文中述及盘龙城属性部分，经多次发掘已探明的盘龙城其规模虽小于郑州商城，却有内外两重城垣，城内有大型宫殿基址与房基、祭祀坑、窖穴、窑址，城外有大型墓葬、铸铜作坊、平民住址，出土有大批石器、陶器、玉器、青铜器，加之其建城时间与郑州商城几乎同时，已被学界公认为是目前长江流域唯一一座保存较为完整的商代早期城址；在列述了学界对其定性，或为商王朝南征之据点，或为商王朝掠夺南方矿产资源的中转站，或为某方国都邑，或为商朝南土的一处重要都邑等观点后；我的基本论点是力主盘龙城作为一座具有政治中心作用的商代早期城址，其所具之都邑性质是伴其始终的，至于有学者论定它仅为商王朝南征的军事据点和掠夺南方青铜矿物资源等战略资源的中转站，只是它作为商朝南土都邑所具体承担的两项重要任务。而在它是否为某一方国都邑，如有学者认定的雀方国之都邑未获确证前，根据已

① 参见《中国社会科学版》2014年10月31日A02版报道：《加强学术规划，谋划全局性问题，构建夏商考古学新格局》。

探明与经研究论定的该城规模、结构、宫殿基址与出土文物等实物证据，即可先行论定其为商代南土之都邑，可概称为“商朝南都”。在商代前中期，正是它与郑亳商都南北呼应，创造了商代前中期之辉煌。

2013年以来，时间又过去了两年。这一期间武汉市政府与武汉大学等单位先于2013年举行了“商代盘龙城学术研讨会”，后又于2014年12月6日至7日举行了“盘龙城与长江文明国际学术研讨会”。前一会议结束后曾由科学出版社于2014年8月出版了《商代盘龙城学术研讨会论文集》。两次会议都曾对盘龙城之性质进行了研讨，但均未取得具权威性的共识。如在2013年会议上，虽有学者认为它是“商代方国都邑”（冯天瑜），“是商王朝中心都邑之外的相对独立的政治体”（唐际根）；但也仍有学者认为它是“夏商时期中原王朝向南扩张的重要基地”（向桃初），是“商王室获取南方青铜资源及其他战略物资的中心”（徐少华）。因此李伯谦先生在作会议总结，述及会上对盘龙城本身年代分期、性质所进行的讨论时，虽说了“我自己感觉比2002年的讨论会更深入了一些，而且在许多方面取得了共识或倾向性意见”，但并未具体总结出对盘龙城性质得出了什么共识与倾向性意见①。而在2014年12月6日至7日的“盘龙城遗址发现六十年暨盘龙城与长江文明国际学术研讨会”上，据《中国文物报》2014年12月19日第5版之报道，关于盘龙城之文化性质，到会学者所阐发的观点，除仍有“商人军事据点说”与“商代方国说”外；更有中山大学郭立新与郭静云表述的“早商都城说”。郭立新、郭静云二位学者就此还具体述及“盘龙城夏代文化年代应早于二里头，商代文化早于二里岗和偃师商城。不是中原夏商文化南下影响了盘龙城，而是盘龙城文化北上影响了中原”。由此可见，关于盘龙城之文化属性迄今尚未有定论，分歧与争论还进一步扩大，且出现涉及中华文明起源地不在北方中原地区，而在南方长江流域的新论点。

综上所述，足见当前的确亟须大力开展中原与周边地区夏商时期考古发掘及其研究工作，以切实推进中华文明探源工程之深入开展。而这方面的工作，武汉盘龙城的文化属性问题又首当其冲。这当然既是因为盘龙城是现已发现的商代早期具有都邑性质，其规模又是仅次于郑州商城与偃师商城排名第三的商代重要都邑城址；而且还因为这一问题如不及时圆满解决，不仅会影响到中华文明起源地究竟在何处这一重大历史问题的解决，还会影响当前湖北省、武汉市正积极建设的盘龙城遗址博物馆与盘龙城考古遗址公园之工作。因为其文化属性不确定，就会名不正而言不顺，其在学术界与广大群众心目中的地位和影响力度就会大打折扣。所以很希望夏商周考古学界与历

① 以上所引均出自《商代盘龙城学术研讨会论文集》（科学出版社，2014年）所涉各学者之论文。

史学界合作，再联同历史地理学界、古都学界以及社会学、人类学等诸多学科学者进行多角度、多层面综合性研究，以期在这一具体的颇为重大的问题上有所突破，并进而在文明起源理论建设上取得重大进展。

2015年6月23日初稿

9月18日修改

郑州商城发现与研究60年举要

李维明

（中国国家博物馆）

摘　要　回顾郑州商城发现与研究60年历程，20世纪50～60年代，大致具备对于郑州商文化重要遗存的分布、性质判断的基本材料；确认早于安阳晚商文化的早商文化。70～80年代，依考古学材料确认郑州商城为商代前期的王都。90年代至今，考古学材料进一步证实郑州商城作为商王朝第一首都的地位；学界有关郑州商城研究视野较前更为宽阔。

关键词　郑州商城；亳都；隞都

郑州商城发现与研究60年，有许多考古收获和学术亮点。笔者试依时代特征分三个阶段举要如下。

一、商文化的发现与重要收获（20世纪50～60年代）

1949年10月，中华人民共和国成立。各地建设工程为考古工作提供了诸多机遇，郑州商文化就是在这样的历史背景下被发现和发掘的。

1950年秋，韩维周先生在郑州二里岗—南关外一带首先发现商文化遗存。同年冬，河南省文物保管委员会派赵全嘏、安金槐、裴明相三位先生到此进行复查。此后，考古工作者配合基本建设在二里岗、南关外、人民公园、紫荆山、白家庄、铭功路、金水河南岸、杨庄分别展开考古调查与发掘，获得大批商代考古材料。依考古工作规模和研究特点分两个时段。

1. 商文化考古重要收获（20世纪50年代）

（1）重要发现

地层关系：在人民公园遗址发现殷墟文化叠压二里岗商文化地层。

商城遗存：发现长2000余米部分外城墙（二里岗—南关外1953年）。内城墙（白家庄1955年），钻探发掘显示城址呈长方形，周长7100余米，面积约33.25万平方米（1956年）。

聚落布局：发现手工业酿造作坊（二里岗）、铸铜作坊（南关外、紫金山）、制陶作坊（铭功路）、制骨作坊（新华社河南分社），贵族墓地（白家庄），高规格玉器大型玉璋（杨庄）。

定性文字：出土商代甲骨刻辞“乇土（社）”（二里岗1953年），东周“亳”字陶文（白家庄1954年、金水河南岸工地1956年）。

夏商分界，发现早于商文化的考古学文化遗存，命名洛达庙类型文化（洛达庙1956年）。

（2）编年定位

这一时期学术探讨主要涉及对考古发现的综述介绍、分期编年、骨器制造等内容。比较而言，以对编年定位的判断最为重要。

学者根据郑州商文化地层关系与陶器特征，以二里岗（分上下层两期）、人民公园为典型遗址将郑州商文化分为早中晚三期，但对其时代上限估计有所不同。

一种意见认为其时代上限在商代中期，晚于洛达庙商代早期文化遗存。作为商代中期的郑州商城可能与《括地志》记载商王仲丁迁隞有关（当地考古工作者）。

另一种意见认为其时代上限在商代早期，二里岗遗址和人民公园遗址分别代表郑州早商文化与晚商文化遗存（北京大学邹衡）。

这一时期发表的代表性学术论著有邹衡《试论郑州新发现的殷商文化遗址》（《考古学报》1956年第3期）、河南省文化局文物工作队《郑州二里岗》（科学出版社，1959年）。

《试论郑州新发现的殷商文化遗址》一文运用考古类型学、地层学和文化特征比较的方法，确认郑州殷商文化早、中期早于小屯殷商文化，晚于郑州的龙山文化。根据郑州殷商文化内涵推断，郑州在当时确是一个规模不小的城市，延续时间比安阳小屯殷商文化还要长，分布面积比安阳小屯殷商文化遗址还要大。

有学者综合郑州商城的内涵判断其应是商代前一阶段的奴隶制国家的一个重要政治、经济和文化重心。

2. 商城内涵补充与隞都说立论（20世纪60年代）

由于1965年开始了“文革”，所以郑州考古工作主要在60年代前段进行。

（1）内涵补充，内城面积估计约320万平方米。发现贵族铜器墓（铭功路十四中1965年）。

（2）隞都说立论

这一时期学术探讨主要涉及郑州“商城”，几何印纹硬陶、原始瓷器等问题。其中，安金槐《试论郑州商代城址——隞都》（《文物》1961年第4、5期）一文，以郑州商城遗址与文献《史记·殷本纪》正义引《括地志》“荥阳故城在郑州荥泽县西南十七里，殷时敖地也”结合，论证郑州商城为商王仲丁所迁隞都，在学界产生较大的影响。尽管当时有学者（如刘启益、安志敏）对此说提出质疑，但在当时未有绝对年代参照数据的情况下，根据《括地志》文献记载与郑州商城考古发现相结合做出这样的判断，是一种学术尝试。郑州商城隞都说立论意义在于，将商都探索由安阳殷墟盘庚迁殷前推至商代中期仲丁迁隞。

小结：本阶段大致具备对于郑州商文化重要遗存的分布、性质判断的基本材料；出土商城定性的文字证据；发现探索夏商文化分界的两支不同考古学文化。确认早于安阳晚商文化的早商文化；将郑州商城考古发现与文献记载相结合，推论可能为第十一位商王仲丁所迁之隞。由于外城墙时代未有确定，疏略定性文字材料，影响对商城布局及地望的认识。

二、商城内涵补充与性质新论（20世纪70～80年代）

这一阶段，郑州商文化的考古收获依然是配合城市基本建设取得。分两个时段。

1. 商城内涵补充与郑亳说立论（20世纪70年代）

（1）内涵补充

商城遗存：发掘内城墙（1972～1973年）。

聚落布局：补充发现宫殿基址（东里路、黄委会、省中医院研究所），出大量带锯痕人头骨壕沟（东里路），铜器窖藏坑出土大型青铜方鼎（张寨），铜器墓（黄河医院、东里路与顺河路之间）。

公布测年数据：商代城墙夯土层内木炭，郑州商城城墙CET7第5层出土样品测年数据，树轮校正年代为3570±135年（公元前1620年）（《文物》1977年第1期）。

（2）郑亳说立论

学者对郑州商城性质提出军事重镇（郭沫若主编《中国史稿》1976年）、汤都亳（邹衡1978年）、祖乙至祖丁所居庇（贝冢茂树1979年）等不同认识。其中以郑亳说对学界产生影响最大。

邹衡在《郑州商城即汤都亳说（摘要）》（《文物》1978年第2期）列举四条论据：文献所见郑地之亳；郑州商城出土陶文证明东周时期郑州商城名亳；汤都亳的邻国及其地望与郑州商城相合；商文化遗址发现的情况与汤都郑亳相合。以此为基础所创郑州商城即汤都亳说引起学术反响，从此引发日后长达三十余年的学术讨论。

汤都亳学说的提出，将郑州商文化的上限推定至商代早期，论定了郑州商城作为商代第一首都的地位。为探寻夏文化，先商文化提供了考古学基础。

这一时期，学术探讨还涉及郑州商城出土青铜器、几何印纹硬陶、原始瓷器产地等问题。

2. 商城内涵补充与性质讨论（20世纪80年代）

（1）内涵补充

商城遗存：宫城墙的发现（黄委会食堂1985年），外城墙的再发现与确认（木材公司—二轻局仓库、振兴商城—兴隆街、福寿街北段、一马路中段、友谊商城等地段1986年、1987年）。

聚落布局：宫殿基址（北大街、医疗器械厂、电力学校），铜器窖藏坑（向阳回族食品厂），铜器墓（黄河医院、东里路与顺河路之间）。发现青铜建筑构件（小双桥1985年）

定性文字：东周“亳”字陶文（黄河医院1981年）。

文化区分：岔河遗址二里头文化四期与二里岗下层文化遗存统计数据显示两者为性质不同的考古学文化遗存（1988年）。

（2）性质讨论

关于郑州商城时代与性质，有学者提出郑州商城为管城（杨宽1984年）、官城（田昌五1985年）、华城（郭仁1987年）等新见解。学者还就郑州故城是商城还是隋唐城，郑州商城是否为汤都亳展开讨论。其中围绕郑州商城隞都与亳都的讨论是一个学术亮点，隞都说形成豫西地区龙山文化，二里头文化一、二期为夏文化；二里头文化三、四期，二里岗文化为商文化早中期学术体系（安金槐）。郑亳说形成二里头文化是夏文化，分布于豫北、冀南的夏代考古学文化为先商文化，郑州二里岗文化为商代早期文化学术体系（邹衡）。将郑州商城始建年代认识前提至南关外期（陈旭1983年）。

学术探讨还涉及商亳，商代王都的兴废，郑州商文化与研究（包括分期讨论），郑州商城始建南关外期，郑州二里岗商文化与二里头文化的关系，二里岗商文化分期（分四期）与来源，郑州商城与偃师商城的年代（早晚）与性质（亳都）关系，郑州商代城墙结构与筑法，宫殿基址，窖藏青铜器、青铜器分期与铸造，陶器大口尊、原始瓷器，骨刻文字、亳字陶文考释等问题。

小结：本阶段补充发现郑州商城宫城墙、外城墙、宫殿基址、青铜重器窖藏坑、铜器墓，确认郑州商城为商代前期的王都；依据考古学材料将郑州商城的始建年代提早至南关外期（先商文化），将郑州商城作为商王朝前期王都推至第一首都；为二里头文化是夏文化的判断奠定了早商文化的基石。

三、商城内涵补充与研究视野扩大（20世纪90年代至今）

90年代以来，随着郑州商文化与郑州商城考古发掘与研究成果的增加，郑州商城在商文化与商都研究中的地位日益受到重视，学界研究视野扩大。

1. 商城内涵补充与隞都新论（20世纪90年代）

（1）内涵补充

商城遗存：外城墙新发现（三德里、花园新村、郑州饭店、福寿街与兴隆街交汇处、银基商贸城、郑州大酒店、布厂街、一马路东、木材公司等地段，1992年、1993年、1994年、1998年）。

聚落布局：宫殿基址（黄委会、东里路、北大街、河务局、丝钉厂、皮毛工艺厂、紫荆山），蓄水与供水设施（黄河中心医院、东里路），铜器窖藏（南顺城街），俯身葬铜器墓（黄河河务局）。

（2）隞都新论

围绕郑州商城隞都与亳都的讨论仍是学术热点。郑亳说者指认小双桥遗址为隞都（陈旭1991年），使郑亳说体系趋于完善。隞都说者调整认识，认为郑州商城最初为东进战略桥头堡（或军事重镇），后为隞都（张文军等1993年），或认为初为太甲城后为隞都（田昌五、方辉1994年）。

学术探讨涉及郑州商城在中国古都史上的地位、商都郑亳与西亳两京制，郑州商城与夏文化、岳石文化、偃师商城的关系，南关外期渊源，对先周文化的影响，所处地理位置与生态环境、城址布局、修建与使用，外城墙的性质，用水设施，铜器窖藏坑的功用，主要遗存综合分期、铸铜遗址的年代、青铜容器分期、陶器编年细化，陶器制作、人头骨炊器、骨器、青铜器等问题。

这一时期出版重要学术论著有河南省文物研究所编《郑州商城考古新发现与研究》（1985—1992）（中州古籍出版社，1993年）。河南省文物考古研究所、郑州市文物考古研究所编《郑州商代铜器窖藏》，科学出版社，1999年。

1993年，在郑州召开“郑州商城与殷商文明国际研讨会”。

2. 商城内涵补充与亳都新证（2000年以来）

（1）内涵补充

商城遗存：外城墙补充发现（西太康路与民主路交叉口西南、西太康路与北二七路交叉口西北、解放路与自由路之间、经五路与纬三路交叉口省委文印中心院内、紫荆山北路以东、老坟岗、铭功路东侧、民主路以西、华润印象城、原木材公司、河南神象面粉厂西、南仓街以西、陇海铁路以北等地段，2002年、2006年、2007年、2008～2011年），延续长度超过5千米，商城面积逾1千万平方米。发现部分护城河遗存（优胜北路、南路中段2002年）。

聚落布局：宫殿基址（省直机关房产服务中心、正兴商务大厦），环壕聚落（梁湖）。

定性文字：商代牛肋骨刻辞“乇土（社）”再发现（2003年）。

（2）学术探讨

围绕郑州商城隞都与亳都的讨论仍是学术热点。对1953年二里岗出土商代牛肋骨刻辞“乇土（社）”的再发现（李维明2003年），为郑州商城亳都说提供了文字时证。有学者提出郑州商城为商王太庚所建（王震中2004年）和二里岗文化为先楚文明、郑州古城为郑邑（郭静云2013年）等认识。

学术探讨涉及郑州商城发现意义与保护；郑州商城与二里头文化四期遗存、偃师商城的关系；新测^{14}C数据与年代推断，二里岗文化因素与渊源；南关外期、南外中层、南关外型分组；先商文化洛达庙型，白家庄期，商城始建年代、建设程序、给水设施、建筑技术，内城与外郭城重城形态与内部结构，废弃原因，孢粉与硅酸体分析与生态环境，聚落形态、社会分化、农业生产、人口估计；商城在文明史、中国都城史中的地位，与早期国家、早商文明、夏商分界、夷商联盟的关系。商亳考证，对安阳殷都的影响、盘庚复亳；宫殿基址、小型房址、制陶作坊，铜器墓、铸铜遗址、窖藏坑，窖藏大方鼎、青铜礼器合金成分、铜礼器年代、拼铸技术、铜爵，陶器动态、玉器、卜骨，二里岗字骨，陶字符、甲骨刻辞等问题。

这一时期出版重要学术论著有河南省文物考古研究所的《郑州商城——一九五三年——一九八五年考古发掘报告》（文物出版社，2001年）。

召开以郑州商城为议题的重要会议：“郑州商都3600年学术座谈会”（北京2003年），“纪念郑州商城发现50周年座谈会”（郑州2005年），“纪念郑州商代遗址发现60周年座谈会”（郑州2010年）。

2004年，郑州成功申报八大古都，郑州商城作为郑州古都群中具有划时代意义的商代第一首都，具有十分重要的地位。

小结：本阶段补充发现郑州商城外城墙、宫殿基址、青铜器窖藏坑、铜器墓材料，使郑州商城布局大势渐显；学界有关郑州商城研究视野较前更为宽阔；商代牛肋骨刻辞“乇土（社）”的再发现，为郑州商城作为商代第一都——亳都的判断，提供了重要的文字时证。

综合郑州商文化王都内涵，上限可至先商（夏代）、早商文化时期，出土商代文字“乇”、东周文字“亳”等定性文字，因此郑州商城作为商王朝第一首都的地位基本可定。这是几代学者辛勤劳动的结果。

在郑州商文化发现65年、郑州商城外城墙遗存发现62年、内城墙发现60年之际，回顾郑州商文化的发现、发掘与研究的简要历程，缅怀学术前辈，激励后学更好地担当起郑州商城的发现研究与保护工作，使郑州商城这一商代历史文化遗产在当今社会精神文明建设中更加充分地发挥其不可替代的作用。

郑州商城的考古学年代

程平山

（南开大学历史学院）

摘　要　关于郑州商城的考古学年代，学界经历长久的研究，仍存很大的分歧。我们分析诸说，确定合理的范围。作为都城，郑州商城营建于二里岗下层一期，使用年代自二里岗下层一期至二里岗上层二期，废弃于二里岗上层二期。郑州商城以宫城、内城与外城的配套建筑的营建为开端。郑州商城的规划定在成汤之时，其实施营建亦始于成汤，应初步完成于成汤之时。确定郑州商城年代，必须深入研究历史年代，必须对郑州二里岗文化进行细致地分期，必须深入探讨二里岗下层一期文化的来源及与二里岗下层二期文化之间的关系，必须将^{14}C测年从夏商周年代学的研究中剔出去。

关键词　郑州商城；始建年代；使用年代；废弃年代

郑州商城的考古学年代是当今学者争议的焦点，是悬而未决的问题。学者研究郑州商城的考古学年代，经常使用的术语有始建年代、使用年代（包括开始使用的年代、使用的截止年代）、废弃年代等。

一、郑州商城二里岗文化分期诸说

关于郑州商城二里岗文化的分期，学者存在十余种观点[①]。我们择取与郑州商城兴废年代的具有代表与影响意义的十种观点，分析异同。

（1）1953年，安金槐先生主持郑州二里岗遗址发掘，首次提出郑州二里岗遗址可以分为二里岗下层、二里岗上层。安志敏、邹衡先生亦将郑州二里岗文化区分为二里

① 参见李维明：《改革开放三十年郑州商文化研究新进展述要》，原载中国社会科学院考古研究所编：《殷墟与商文化——殷墟科学发掘80周年纪念文集》，科学出版社，2011年；收入氏著《郑州青铜文化研究》，科学出版社，2013年，第245～257页。李文搜集较为齐全，各观点来源始末叙述清晰，可补充程平山、郑杰祥、夏商周断代工程、袁广阔等的观点。

岗下层、上层[①]。

（2）1980年，邹衡先生把郑州商文化分为四段（即第一段至第四段）共六组（Ⅰ组至Ⅵ组），郑州二里岗文化划分为第一段第Ⅱ组，第二段第Ⅲ组、Ⅳ组，第三段第Ⅴ组、Ⅵ组[②]。

先商期　目前尚未分段。

第一段　分两组：

第Ⅰ组　以邯郸涧沟H4和磁县下七垣第三层为代表（郑州没有发现此组遗址）。

第Ⅱ组　以邯郸龟台寺商代下层、新乡潞王坟下层、郑州“南关外期”为代表（此组遗址在郑州分布比较普遍）。

早商期　分三段：

第二段　分两组：

第Ⅲ组　以郑州二里冈CIH17、CIH2甲为代表（此组遗址在郑州分布最普遍）。

第Ⅳ组　以郑州二里冈CIH2乙、黄陂盘龙城李M2为代表（此组遗址在郑州分布最普遍）。

第三段　分两组：

第Ⅴ组　以郑州二里冈CIH1和铭功路M2为代表（此组遗址在郑州分布最普遍）。

第Ⅵ组　以郑州白家庄商代上层、黄陂盘龙城楼M3为代表（此组遗址在郑州分布比较普遍）。[③]

（3）1983年，陈旭先生将郑州商城二里岗文化分为五期：南关外期、二里岗下层、二里岗中层、二里岗上层、白家庄[④]。

邹衡先生对郑州商文化的年代和分期作了新的论述，他在《夏商周考古学论文集》中，将郑州商文化遗址分为先商期（汤灭夏以前），早商期（汤

---

① 张立东、任飞：《手铲释天书——与夏文化探索者的对话》，大象出版社，2001年，第3页；郑州市文物工作组：《郑州市殷商遗址地层关系介绍》，《文物参考资料》1954年第12期；安志敏：《一九五二年秋季郑州二里冈发掘记》，《考古学报》第8册，1954年；邹衡：《试论郑州新发现的殷商文化遗址》，《考古学报》1956年第3期；河南省文化局文物工作队：《郑州二里冈》，科学出版社，1959年。

② 邹衡：《试论夏文化》，《夏商周考古学论文集》，文物出版社，1980年，第107～110页。

③ 邹衡：《再论“郑亳说”——兼答石加先生》，《考古》1981年第3期，第271、272页。

④ 陈旭：《郑州商文化的发现与研究》，《中原文物》1983年第3期，第24页。

灭夏以后），和晚商期（盘庚迁殷以后），其中早商期即为二里冈期，此期又分为四组，即二里冈下层和上层之间又分出一期，二里冈上层与人民公园层之间又分出白家庄一期。其序列为：

先商期	早商期	晚商期
南关外期→	二里冈下层→二里冈中层→二里冈上层→白家庄→	人民公园层

案：陈旭先生在阐释邹衡先生分期时，描绘了她对郑州商城分期的认识。

（4）1985年，高煦先生在邹衡先生分期的基础之上，将郑州商城二里岗文化划分为下层一段、下层二段、上层一段、上层二段。

将南关外中层（包括H62）和与之相接近的二里冈下层的C1H9，作为二里冈期下层第一段的代表，CIH17作为第二段的代表大致是可以成立的。……

二里冈期上层第一段，当以《二里冈》C1H2乙和C1H1等为代表，再加之与此相接近的他处的有关单位，如南关外的H59等。……

二里冈期上层第二段，可以白家庄上层作代表。①

（5）1988年，安金槐先生分为下层一期、下层二期、上层一期、上层二期。

二里冈下层一期陶器：以C1H9、C1H10和C1H14三个灰坑内出土的鬲、甗、斝、豆、盆、簋、大口尊等陶器为例。……

二里冈下层二期陶器：《郑州二里冈》和其他二里冈下层灰坑内出土的鬲、爵、豆、盆、簋和大口尊等陶器。……

二里冈上层一期陶器：以《郑州二里冈》内已发表的二里冈上层陶器为例。……

二里冈上层二期陶器：以郑州白家庄上层的陶器为例。②

（6）1993年，张文军先生等将郑州商城划分为二期四段，一期Ⅰ段与二里岗下层H9的时代相当，一期Ⅱ段与二里岗H2甲的时代相当，二期Ⅲ段与二里岗H2乙的时代相当，二期Ⅳ段与白家庄期的时代相当。

郑商城一期Ⅰ段，…… 郑商城的始建年代应与尸商城一期Ⅰ段或二里岗下层早段的H9的年代相当。

① 高煦：《略论二里岗期商文化的分期和商城年代——兼谈其与二里头文化的关系》，《中原文物》1985年第2期，第49页。

② 安金槐：《关于郑州商代二里岗期陶器分期问题的再探讨》，《华夏考古》1988年第4期，第105～107页。文末，安先生特别声称文写于1957年，分析观点，当始于1957年，后修订而成。

郑商城一期Ⅱ段，…… 以二里冈H2甲为代表的单位是二里冈下层晚段的遗存，因此，郑商城一期Ⅱ段的年代与之相当。

郑商城二期Ⅲ段，…… 以二里冈H2乙为代表的单位是二里冈上层遗存，因此，郑商城二期Ⅲ段的年代亦应与之相同。

郑商城二期Ⅳ段，…… 白家庄中层遗存的年代稍晚于二里冈上层文化，那么，郑商城二期Ⅳ段的年代也与之相同。①

（7）程平山（1995年）、郑杰祥先生（1999年）、夏商周断代工程（2000年）等将郑州二里岗文化划分为二里岗文化一期、二期、三期、四期，与安金槐分期比较，一期即二里岗下层一期，二期即二里岗下层二期，三期即二里岗上层一期，四期即二里岗上层二期（白家庄期）。

1995年，程平山将郑州二里岗文化划分为二里岗文化一期、二期、三期、四期：

一期出土器物与二里冈下层较早单位（C1H9）出土的同类器物相近，……因此，一期相当于二里冈下层较早阶段。

二期出土器物与二里冈下层较晚单位（C1H17）出土器物的形制相近，……总之，该期器物形制与二里冈下层较晚阶段的器物相近。其演变序列处于二里冈下层早段与二里冈上层之间。……

三期出土器物与二里冈上层（C1H2乙）出土的同类器物相近。……因此，三期相当于二里冈上层。

四期出土器物与白家庄出土的同类器物相近。……因此，四期相当于白家庄期。②

1999年，郑杰祥先生将郑州二里岗文化划分为二里岗文化四期：

其“始建年代当在南关外期”，也就是我们所称作的二里冈文化一期。……在二里冈下层，也就是我们所称作的二里冈文化二期。……二里冈期上层，也就是我们所称作的二里冈文化三期。……白家庄期，即我们所称作的二里冈文化四期。……

又曰：

以C1H9为代表的二里冈文化一期，……以C1H17为代表的二里冈文化二

① 张文军、张玉石、方燕明：《关于郑州商城的考古学年代及其若干问题》，《郑州商城考古新发现与研究（1985—1992）》，中州古籍出版社，1993年，第40、41页。

② 程平山：《郑州商城性质初探》，武汉大学硕士学位论文，1995年4月打印稿，中国国家图书馆藏，第19、20页。

期，……以C1H2乙为代表的二里冈文化三期。[①]

2000年，夏商周断代工程对郑州商城二里岗文化提出意见：

第一期　以郑州商城C1H9、偃师商城宫城北部灰沟最底层（如96YSJ1T28⑧，⑨，⑩）为代表；

第二期　以郑州商城C1H17、偃师商城86J1D5H25为代表；

第三期　以郑州商城C1H1、C1H2乙、偃师商城85YS5T1H3为代表；

第四期　以郑州白家庄第二层、小双桥遗址的主体遗存为代表。[②]

2014年，郑杰祥先生以为安金槐先生划分的四期：

是同一文化发展的四个不同阶段。这四个不同的发展阶段，我们把它简称为二里冈四期文化，其中二里冈一期文化，即指上述的“洛达庙类型”文化和以C1H9为代表的二里冈下层文化一段或一期；二里冈二期文化，即指上述的二里冈下层文化二段或二期；二里冈三期文化，即指上述的二里冈上层文化一段或一期；二里冈四期文化，即指上述的二里冈上层文化二段或二期，不过二里冈一期文化又可分为早、晚两段，其早段即指上述的“洛达庙类型”先商文化，也就是说商族居亳期间以本族文化即辉卫型文化为基础，与当地夏文化为主的各族文化相互融合而形成先商文化；其晚段即指以C1H9为代表的文化遗存，应即商族灭夏前后时期的文化。[③]

案：郑杰祥先生既然将“洛达庙类型”文化视为先商文化，就应当在称谓上与早商文化相区别，即不应将“洛达庙类型”文化称为二里岗一期早段。

（8）1998年，王立新赞同安金槐对二里岗文化的认识，他将郑州商城二里岗文化划分为二期四段：一期一段相当于二里岗下层一期，一期二段相当于二里岗下层二期，二期三段相当于二里岗上层一期，二期四段相当于二里岗上层二期[④]。

1988年，二里冈遗址的主要发掘和整理者之一的安金槐先生，曾从二里冈期遗存再分期的角度，将二里冈遗址原上、下两层细分为三个阶段。……而将白家庄遗址商代上层作为与二里冈上层一期在年代上紧密衔接的二里冈上层二期。……

……我们……同意采用这种分期方案，并将上述早晚相承的三个阶段分

① 郑杰祥：《郑州商城和偃师商城的性质与夏商分界》，《中原文物》1999年第1期，第54～56页。

② 夏商周断代工程专家组：《夏商周断代工程1996—2000年阶段成果报告（简本）》，世界图书出版公司，2000年，第62页。

③ 郑杰祥：《郑州商城与早商文明》，科学出版社，2014年，第59页。

④ 王立新：《早商文化研究》，高等教育出版社，1998年，第30、102～122页。

别称为二里冈遗址1、2、3组。①

王立新将郑州商城二里岗文化划分为四组：

第一组：二里冈遗址1组。

第二组：二里冈遗址2组。

第三组：二里冈遗址3组、台西遗址1组。

第四组：白家庄遗址上层。②

他进而将四组归为四段，一、二段归为一期，三、四段归为二期③。

案：王立新采纳了安金槐先生的分期方案，只是称谓不同。

（9）2002年，袁广阔将郑州商城二里岗文化划分为四期：

电校H6应为二里冈下层一期一段。二里冈H9为下层一期二段。二里冈下层二期典型单位一般是以二里冈H17、商城CWM8等为代表。④

2004年，袁广阔以为郑州商城：

遗址内出土的陶器表明从洛达庙晚期到二里冈上层二期是不间断的连续发展的五大期。⑤

（10）2004年，宋国定将郑州商城二里岗文化划分为四期：

早商文化一期：可分为两个阶段：第Ⅰ段：相当于二里冈下层一期偏早阶段，相当于郑州二里冈H9阶段或稍早。……

早商文化一期第Ⅱ段：介于郑州二里冈H9和H17之间。……在北大街农业队、民族小区等工地发现多处相当于这一时期的宫殿基址。……

早商文化二期：相当于二里冈下层二期。以郑州商城C1H17为代表。……

早商文化三期：相当于二里冈上层一期。以郑州商城C1H1、C1H2乙为代表。……

中商文化一期：相当于郑州小双桥期（即白家庄期）。以郑州白家庄第二层和小双桥遗址的主体遗存为代表。⑥

---

① 王立新：《早商文化研究》，第30页。

② 王立新：《早商文化研究》，第36、37页。

③ 王立新：《早商文化研究》，第102～122页。

④ 袁广阔：《先商文化新探》，《中原文物》2002年第2期，第37页。

⑤ 袁广阔：《郑州商城与偃师商城关系的考古学观察》，《郑州大学学报（哲学社会科学版）》2004年第1期，第20页。

⑥ 宋国定：《论郑州地区夏商文化的时空框架》，郑州市人民政府等编：《郑州商都3600年学术论文集》，中州古籍出版社，2004年，第149、150页。

尽管诸家分期的名目不同，其实存在很大的共同之处。安金槐先生的分期是目前学者广用的，所以下暂以安金槐先生的分期为基本，对不同名称进行统一，进而分析诸家意见。

表一　郑州商城二里岗文化分期诸家意见

<table>
<tr><th>单位</th><th>安金槐</th><th colspan="2">邹衡</th><th>陈旭</th><th>高煦</th><th>张文军
张玉石
方燕明</th><th>程平山
郑杰祥
断代工程</th><th>王立新</th><th>袁广阔</th><th>宋国定</th></tr>
<tr><td>白家庄上层</td><td>二上
二期</td><td rowspan="2">早商
三段</td><td>Ⅵ组</td><td>白家
庄期</td><td>上层
二段</td><td>二期
Ⅳ段</td><td>四期</td><td>二期
四段</td><td>二上
二期</td><td>中商
一期</td></tr>
<tr><td>C1H1</td><td rowspan="2">二上
一期</td><td>Ⅴ组</td><td>二里岗上</td><td rowspan="2">上层
一段</td><td rowspan="2">二期
Ⅲ段</td><td rowspan="2">三期</td><td rowspan="2">二期
三段</td><td rowspan="2">二上
一期</td><td rowspan="2">早商
三期</td></tr>
<tr><td>C1H2乙</td><td rowspan="2">早商
二段</td><td>Ⅳ组</td><td>二里岗中</td></tr>
<tr><td>C1H2甲
C1H17</td><td rowspan="2">二下
二期</td><td>Ⅲ组</td><td>二里岗下</td><td>下层
二段</td><td>一期
Ⅱ段</td><td>二期</td><td>一期
二段</td><td>二下
二期</td><td>早商
二期</td></tr>
<tr><td>南关外H62</td><td rowspan="2">先商
一段</td><td>Ⅱ组</td><td rowspan="2">南关外期
（南关外
晚段）</td><td rowspan="2">下层
一段</td><td rowspan="2">一期
Ⅰ段</td><td rowspan="2">一期</td><td rowspan="2">一期
一段</td><td rowspan="2">二下一期
二段</td><td>早商
一期Ⅱ段</td></tr>
<tr><td>C1H9</td><td>二下
一期</td><td></td><td>早商
一期Ⅰ段</td></tr>
<tr><td>电校H6</td><td></td><td colspan="2"></td><td></td><td></td><td></td><td></td><td></td><td>二下一期
一段</td><td></td></tr>
</table>

二、郑州商城的始建年代与始用年代

（一）郑州商城的始建年代与始用年代诸说

关于郑州商城的始建年代与始用年代的观点，可以归纳为三类七种。隞都说四种观点，郑亳说两种观点，管亳说一种观点。

1. 隞都说

此类观点随对郑州商城隞都说的解释而演变。持郑州商城隞都说者将二里岗下层一期定在商代中期或商代早期中段。

主要有四种观点。

甲种　郑州商城始建于二里岗下层，始用于二里岗期下层。

安金槐、杨育彬先生等作为郑州商城考古的早期发掘者，在20世纪七八十年代认为郑州商城始建于二里岗下层，始用于二里岗期下层。

（1）1961年，安金槐先生提出：

郑州商代城墙的前后两期修筑，可能是前期（二里冈下层）开始修筑，后期（二里冈上层）又进行增修。或者是前期没有修成，而后期接着继续修筑的。①

1977年，郑州商城发掘简报称：

夯土城墙晚于洛达庙期和南关外期，更晚于龙山文化，其上限不会早于商代二里冈期下层，下限也不会晚于商代二里冈期下层。②

1977年，郑州商城发掘报告称：

郑州夯土城墙属于商代是确凿无疑，它建造于商代二里冈期下层，其使用时间从二里冈期下层开始，一直沿用到二里冈期上层。③

1988年，安金槐先生以为：

通过对郑州商代城的四面夯土城墙的发掘证明，此城也是属于商代二里冈下层开始修筑，并延续使用到二里冈上层时期才废弃的。另外，在郑州商代城东北部发现的商代宫殿区建筑基址和城的近郊发现的铸造青铜器、烧制陶器和制作骨器的各种手工业作坊遗址，以及在城垣内外发现的大量商代房基、窖穴、灰坑、墓葬和窖藏青铜器坑等重要遗迹，基本上也都是属于商代二里冈上、下层的。所以说，郑州商代遗址主要是属于商代二里冈期这一历史发展阶段的。④

（2）1980年，杨育彬先生以为：

根据以上五点依据，我们认为郑州商代城垣应是建于商代二里冈期下层。其使用时间应是从商代二里冈期下层开始，一直延续到二里冈期上层。⑤

1982年、1985年、1991年，杨育彬先生观点相同⑥。

---

① 安金槐：《试论郑州商代城址——隞都》，《文物》1961年第4、5期，第80页。

② 河南省博物馆等：《郑州商代城址试掘简报》，《文物》1977年第1期，第24页。

③ 河南省博物馆等：《郑州商代城遗址发掘报告》，《文物资料丛刊（1）》，文物出版社，1977年，第28页。

④ 安金槐：《关于郑州商代二里岗期陶器分期问题的再探讨》，《华夏考古》1988年第4期，第104页。文末，安先生特别声称文写于1957年，分析观点，当始于1957年，后修订而成。

⑤ 杨育彬：《对〈郑州故城址时代问题商榷〉一文的商榷》，《郑州大学学报（哲学社会科学版）》1980年第3期，第54页。

⑥ 杨育彬：《关于郑州商城的两个争论问题》，《中原文物》1982年第4期，第52页；杨育彬：《郑州商城初探》，河南人民出版社，1985年，第11页；杨育彬：《商代王都考古研究综论》，《中原文物》1991年第1期，第11页。

乙种　郑州商城始建于二里岗下层二期，始用于二里岗下层二期。

（1）1983年，李经汉先生以为：

> 郑州商城的建筑年代，应为二里冈下层商文化的晚期，而不是它的早期。既然下层早期比商城的时间早，说明它已不属二里冈下层商文化的范畴，把它划入二里头文化则较为适宜。①

案：李经汉先生以为二里头文化三、四期是早商文化，而二里头文化一、二期是夏文化。

（2）1988年，方酉生先生以为：

> 从商代二里冈上、下层的墓葬、房基、窖穴、祭坑（埋狗）等遗迹，直接或间接叠压着城墙的夯土层，城墙的夯土层（内夹有二里冈期的陶片），又直接叠压在郑州的洛达庙和河南龙山文化层之上的地层关系，说明这座城墙的时代是属于商代二里冈期的。根据在城墙上面叠压有二里冈上层的遗迹，说明商城年代的下限不会晚于二里冈上层。从城墙的夯土层内出有一些二里冈期下层的陶片。说明商城年代的上限不能早于二里冈期下层，而且不可能早到二里冈下层的最早阶段，即商城是在二里冈期下层文化出现一段时间之后才开始修筑的。从夯土层内出现一些二里冈期下层陶片来分析，这些陶片可识别器形的有短颈大口尊、直腹盆和瓮等，都属于二里冈下层晚期的典型器物。可见，商城的始建年代是在二里冈下层的晚期。②

1991年，方酉生先生以为：

> 郑州商城的始建年代为二里冈下层晚段，即相当于南关外期的上层，其使用期从二里冈下层晚段开始，一直到二里冈期的上层。③

（3）1988年，安金槐先生在原来划分的二里岗上、下层两大期的基础上，再划分成四个小期。即将二里岗下层区分成“二里岗下层一期”和“二里岗下层二期”；同时将二里岗上层、白家庄期分成“二里岗上层一期”和“二里岗上层二期”。安先生认为：

> 从郑州商代二里冈期遗址前后四个小期的分布和堆积情况来看，二里冈下层一期和二里冈上层二期在郑州商代遗址中不仅分布范围不大，而且各种遗迹和遗物也比较少。其中最多的则是属于二里冈下层二期和二里冈上层一

---

① 李经汉：《郑州二里岗期商文化的来源及相关问题的讨论》，《中原文物》1983年第3期，第34、35页。

② 方酉生：《试论郑州二里岗期商文化的渊源——兼论郑州商城与偃师商城的关系》，《华夏考古》1988年第4期，第100页。

③ 方酉生：《郑州商城即仲丁都隞说》，《武汉大学学报（人文科学版）》1991年第1期，第93页。

期。就是在郑州商代遗址中已发掘的商代城垣和各种手工业作坊遗址，以及大量的商代灰坑与墓葬等遗迹，也多是属于这两个小期的。从而说明二里冈下层二期和二里冈上层一期是郑州商代二里冈期发展的鼎盛时期。而二里冈下层一期应是属于郑州商代二里冈期的开始阶段，二里冈上层二期则是属于郑州商代二里冈期的没落阶段。①

1993年，安金槐先生以为郑州商城的城垣始建于二里岗下层二期：

郑州商城遗址，就其夯土城垣规模之大和城垣内外各种遗迹与遗物埋藏之丰富，特别是城内宫殿区的发现和两个祭祀坑内青铜重器的出土，应是属于商代二里冈期下层二期至二里冈上层一期的一处都城遗址。

又曰：

郑州商城遗址的使用时间，应是在商代二里冈下层二期和二里冈上层一期。②

1996年，安先生表述同样观点③。

（4）2005年，肖冰（杜金鹏）、王学荣赞同安金槐先生郑州商城的城垣始建于二里岗下层二期说。他们以为：

郑州商城内城的始建年代，应为安金槐先生所说的二里冈下层二期偏早阶段（以郑州南关外H62，约当偃师商城商文化第二期早段即第3段），外城的建造年代不会早于内城。④

丙种　郑州商城始建于商代中期二里岗下层一期。

（1）1984年，仇祯先生认为：

据《商城》说，商城城墙夯土内包含有二里冈期下层的少量陶片，它下压或破坏少量二里冈期下层和南关外期的文化层，说明商城不会早于二里冈期下层。既然此城不能超出二里冈期下层，又不晚于立里冈期下层偏晚阶段，那么它的始建时间应为二里冈期下层偏早阶段。⑤

仇祯先生又以为二里岗期下层与二里头四期同时，属于商代中期。

---

① 安金槐：《关于郑州商代二里岗期陶器分期问题的再探讨》，《华夏考古》1988年第4期，第107页。

② 安金槐：《再论郑州商代城址——隞都》，《中原文物》1993年第3期，第27页。

③ 安金槐：《王城岗、二里头、尸乡沟商城和郑州商城的文化分期与发展序列》，河南省文物考古学会编：《河南文物考古论集》，河南人民出版社，1996年，第240、241页。

④ 肖冰、王学荣：《关于郑州商城始建年代问题》，河南省文物考古研究所编：《安金槐先生纪念文集》，大象出版社，2005年，第237、238页。

⑤ 仇祯：《关于郑州商代南关外期及其他》，《考古》1984年第2期，第180～182页。

（2）1994年，杨育彬先生以为：

由上述六条可知，郑州商城应建于二里冈下层偏早时期（二里冈下层一期），其使用时间应是从二里冈期下层开始，一直延续到商代二里冈期上层时期。[①]

1996年，杨育彬先生以为：

郑州商城始建年代为二里冈下层偏早阶段。[②]

（3）1992年，田昌五以为：

据碳十四测定的年代，它（偃师商城）较郑州商城也不过早一百年左右，和仲丁迁隞仍然接不上茬。那么，郑州商城为谁所建呢？揆诸各种历史现象，我认为它很可能兴建于太甲之手，仲丁迁隞是后来的事。[③]

1994年，田昌五、方辉以为郑州商城始建于二里岗下层偏早太甲10～20年：

若以太甲继位十至二十年开始修建郑州商城的话，则与偃师商城的时间差当在三、四十年。这与考古学上得到的两个商城始建年代的时间差正好吻合。[④]

他们以为夏商分界在二里头文化三、四期。郑州商城先为太甲城，继为仲丁隞都。

丁种　郑州商城始建于商代中期二里岗下层一期，始用于二里岗上层一期或二里岗下层二期；或郑州商城始建于商代中期二里岗下层二期，始用于二里岗上层一期。

此种观点的要点在于持此观点者以为郑州商城兴建后并未立即使用，而是稍晚才作为都城使用。高煦先生已经表达这种观念，张文军先生等明确表示这种观点，而安金槐、杨育彬、李锋都清晰表达了这种说法。

（1）1985年，高煦先生以为郑州商城“兴建与启用”于二里岗下层一段（二里岗下层一期），二里岗上层一期使用。

高煦先生以为郑州商城的城垣与宫殿始建于二里岗下层一期，二里岗上层二期沿用，废弃于二里岗上层二期以后。

高煦先生以为：

二里冈下层的C1H9，作为二里冈期下层第一段的代表，C1H17作为第二段的代表……二里冈期上层第一段，当以《二里冈》C1H2乙和C1H1等为代表，……二里冈期上层第二段，可以白家庄上层作代表。[⑤]

---

① 杨育彬：《夏商时代》，河南省文物研究所编：《河南考古四十年》，河南人民出版社，1994年，第185页。

② 杨育彬：《偃师尸乡沟商城与郑州商城若干问题的再探讨》，《河南文物考古论集》，第244页。

③ 田昌五：《先商文化探索》，《华夏文明》第3集，北京大学出版社，1992年，第12页。

④ 田昌五、方辉：《论郑州商城》，《中原文物》1994年第2期，第79页。

⑤ 高煦：《略论二里岗期商文化的分期和商城年代——兼谈其与二里头文化的关系》，《中原文物》1985年第2期，第49页。

又曰：

这些现象既提供了二里冈期下层可分为一、二两段的依据，同时反映了商城的兴建和启用并不排斥在下层第一段的可能性。①

又曰：

从以上梳理结果来看，商城在二里冈期下层时还处在初创阶段，与其相关的内容还不甚丰富，而到了二里冈期上层则在内容上较前丰富，有大型基址、炼铜、制陶等作坊遗址和较多的铜器墓等等。这些重要遗迹现象无疑是商城使用时期形成起来的，并且是有机的整体，因此有同志认为商城作为王都（即汤都“郑亳”——引者）使用是在二里冈期下层，至上层作为王都已废弃不用，但其时间约当仲丁居隞阶段的说法就未必近理。此外，持上述论点的同志，在论证汤都“郑亳”城时，且又把自己所认为的相当于仲丁居隞阶段的，上层的重要遗迹现象也用来衬托“郑亳”城，显然又忽略了时间和空间的关系。②

又曰：

结合商城布局的时代区分，大致可以看出，二里冈期下层兴建的商城，是都城的初创阶段，与之相关的内容和布局还不甚丰富和有序，与二里头遗址三期目前所发现的布局情况相比，只是增加了起防卫作用的城墙，而到了上层期相对来说较前丰富而有致，当是商城的兴盛时期。但与安阳相比，则又明显逊色，这个发展趋势也同样表明，郑州商城似乎是介于二里头遗址三期和安阳殷墟之间的一个都邑。如果二里头遗址的三期所发现的大面积的夯土台基及其宫殿建筑，和中型墓等丰富而重要的内容是和早商都城相联系着的话，那么至二里头四期这种重要性似乎已逆转，因为屡见四期的灰坑和墓葬打破宫殿基址北的边缘，而恰恰正在这第四期，在郑州有与其相平行的二里冈期下层一段遗址的广为分布，并且有许多迹象表明商城的兴建和启用也可追溯到这一段，而有些夯土台基等遗迹也可推早到与其同时，这意味着作为早商文化政治中心的二里头遗址，与郑州商城之间似也有彼衰此兴的衔接关系可寻。这就说明二里冈期商文化与二里头遗址三、四期，不仅文化面貌基本一致，而时间上也大体相衔接或平行。这一认识，与视二里头遗址三、

① 高煦：《略论二里岗期商文化的分期和商城年代——兼谈其与二里头文化的关系》，《中原文物》1985年第2期，第51页。

② 高煦：《略论二里岗期商文化的分期和商城年代——兼谈其与二里头文化的关系》，《中原文物》1985年第2期，第54页。

四期为夏文化，视二里冈期下层第一段为商人来建国的先商文化说，无疑是把商人建国的时间推前了近两期。因而商汤都亳，似与时间较早的二里头遗址三期较合，而郑州商城是继二里头遗址三期之后兴起的商代中早期的都邑，而非汤都“郑亳”。[①]

（2）1993年，张文军先生等以为郑州商城城垣的始建年代当在二里岗下层H9的时代（属于安金槐分期的二里岗下层一期），并未使用，而作为都城使用主要是一期Ⅱ段、二期Ⅲ段，二期Ⅳ段（属于安金槐分期的二里岗上层二期）“开始衰落且不久便被废弃”。他们支持郑州商城隞都说[②]。

张文军先生等以为：

在商城的一期Ⅰ段，虽然稍晚筑起了雄伟的城墙建筑，但作为都城存在必需的政治活动场所——宫殿，却仅有C8G10周围的附属建筑C8G9和C8G15周围T62内的夯土台基，两者均为小型夯土建筑台基，并不具备构成都城必需的大型宫殿建筑的条件。[③]

又曰：

郑州商城作为一代都城的时间，不在始建城圈之时，而在一期Ⅱ段之间，其作为都城持续的时间大致在一期Ⅱ段和二期Ⅲ段。[④]

又曰：

郑州商城二期Ⅳ段，此城经历了自始建到兴盛之后在本期开始衰落且不久便被废弃。[⑤]

又曰：

白家庄遗址……陶器的年代相当于二里冈上层晚段，即郑州商城的衰落、废弃期，因此，陶器的主人很可能是郑州商城的遗民。[⑥]

---

① 高煦：《略论二里岗期商文化的分期和商城年代——兼谈其与二里头文化的关系》，《中原文物》1985年第2期，第57页。

② 张文军、张玉石、方燕明：《关于郑州商城的考古学年代及其若干问题》，《郑州商城考古新发现与研究（1985—1992）》，第30～47页。

③ 张文军、张玉石、方燕明：《关于郑州商城的考古学年代及其若干问题》，《郑州商城考古新发现与研究（1985—1992）》，第41页。

④ 张文军、张玉石、方燕明：《关于郑州商城的考古学年代及其若干问题》，《郑州商城考古新发现与研究（1985—1992）》，第42页。

⑤ 张文军、张玉石、方燕明：《关于郑州商城的考古学年代及其若干问题》，《郑州商城考古新发现与研究（1985—1992）》，第38页。

⑥ 张文军、张玉石、方燕明：《关于郑州商城的考古学年代及其若干问题》，《郑州商城考古新发现与研究（1985—1992）》，第45页。

（3）1996年，李锋以为郑州商城始建于二里岗下层一期，并采纳安金槐先生郑州商城隞都说，李锋以为二里岗上层一期作为仲丁的隞都开始使用①。李锋以为：

> 郑州商城与偃师商城的始建年代大体相当，后者是商汤亳都，那么前者的性质显而易见就是拱卫都城，抵御夷族西进的军事重镇。这不仅与其第一期Ⅰ段（二里冈下层一期，笔者注）不具备构成必要的大型宫殿建筑的考古世纪符合。

又曰：

> 郑州商城的早期，即二里冈下层时期，其作用是拱卫亳都的军事重镇，至二里冈上层一期，则已经成为仲丁所迁的隞都。②

2004年、2005年、2007年，李锋以为郑州商城始建于二里岗下层一期晚段或下层二期，二里岗上层一期作为仲丁的隞都开始使用③。

（4）1996年，方酉生先生以为：

> 郑州商城的始建年代，不能早于二里冈期的下层，也不能早于二里冈期下层的早段，应为二里冈期下层的晚段。④

又曰：

> 这两批窖藏铜器的年代皆属于二里冈期上层。这无疑已经给我们透露出两点信息，一是郑州作为商代王都的时间是在二里冈期上层；二是当时统治阶级遇到重大灾难，不得不仓皇出走，而在逃跑之前，匆匆忙忙将重器隐蔽起来，埋藏在地面之下，这就是郑州商城作为都城时间不很长的直接物证。……
>
> ……我们认为，郑州商城作为王都的时间，是在二里冈期上层阶段，即仲丁所迁的隞都。具体表现在，这时出现大型宫殿，有殉葬人的大墓，丰富

---

① 李锋：《试论偃师商城商汤亳都和二里岗上层一期郑州商城仲丁隞都》，《河南文物考古论集》，第254页；李锋：《偃师商城与郑州商城性质之我见》，《郑州大学学报（哲学社会科学版）》1996年第2期，第19、20页。

② 李锋：《试论偃师商城商汤亳都和二里岗上层一期郑州商城仲丁隞都》，《河南文物考古论集》，第254、255页。

③ 李锋：《郑州商城隞都说合理性辑补》，《郑州大学学报（哲学社会科学版）》2004年第4期；李锋：《郑州商城始建年代研究新进展及研究方法刍议》，原载《中国文物报》2004年5月7日第7版，收入氏著《商代前期都城研究》，中州古籍出版社，2007年，第115～121页；李锋：《郑州商城隞都说与郑亳说合理性比较研究》，《中原文物》2005年第5期；李锋：《郑州商城“隞都说”发凡》，《商代前期都城研究》，第176～301页。

④ 方酉生：《郑州商城再探讨》，《华夏考古》1996年第3期，第89页。

多彩的铜、玉、石、骨、象牙器等珍贵遗物和窖藏大型青铜礼器等等。而在这之前，即在二里冈期的下层阶段，这些作为王都迹象的遗存，却很难见到。①

1997年，方酉生先生以为：

郑州商城始建于二里冈期下层晚段、而仲丁都隞的时间是在白家庄期、上限可能要早到二里冈上层一期……②

2005年，方酉生先生以为：

郑州商城在二里冈下层，只是商王朝设置在亳都（偃师商城）东方的一处战略基地，是防御和进攻东夷敌对势力的军事重镇。到二里冈上层时，才成为仲丁所迁的隞都。③

又曰：

这些十分精美的王室青铜重器的发现，一方面证明郑州商城在二里冈上层，尚处于繁荣昌盛的王都阶段；另一方面证明，郑州商城的废弃时间是在二里冈上层二段（即白家庄期）之后。④

（5）1997年，安金槐先生以为：

郑州商城应是开始修建于郑州商代二里冈下层二期，主要使用于二里冈上层一期。由于郑州商城的修筑阶段尚没有商王迁此，所以还不能称为都城。只是到了商代二里冈上层一期时，国都才由它地迁来郑州，所以郑州商城才可称为都城。⑤

《郑州商城》发掘报告亦持郑州商城始建于郑州商代二里岗下层二期。

我们认为郑州商代夯土城垣的兴建时间，应在商代前期中段的商代二里冈下层二期，并延续使用到商代二里冈上层一期与二期。其废弃时间应是在商代二里冈上层二期（即商代白家庄期）偏晚阶段。⑥

案：安先生以为，二里头一、二期为夏文化晚期，三、四期属商代前期的早段，

---

① 方酉生：《郑州商城再探讨》，《华夏考古》1996年第3期，第91、92页。

② 方酉生：《从郑州白家庄期商文化说到仲丁都隞》，《武汉大学学报（哲学社会科学版）》1997年第5期，第94页。

③ 方酉生：《论商汤亳都不在郑州商城》，《孝感学院学报》2005年第1期，第104、105页。

④ 方酉生：《论商汤亳都不在郑州商城》，《孝感学院学报》2005年第1期，第104页。

⑤ 安金槐：《对于郑州商代城修建与使用时期的再探讨》，《安金槐考古文集》，中州古籍出版社，1999年，第283页。

⑥ 河南省文物考古研究所：《郑州商城——一九五三年～一九八五年考古发掘报告》，文物出版社，2001年，中册，第1026页。

二里岗期为商代前期中后段文化的代表，早于殷墟文化一期①。

（6）1997年，杨育彬先生以为：

郑州商城应建于商代二里冈期下层一期偏晚阶段，其使用时间应是从商代二里冈期下层二期开始，一直延续到商代二里冈期上层二期。②

1999年，杨育彬、曾晓敏先生总结郑州商城专题报告。他们举东城墙CET7东城墙北段探沟的地层情况：农耕土层→战国时期文化层和夯土城墙→二里岗上层文化→二里岗下层文化→商代夯土墙→二里岗下层小沟及洛达庙期灰土沟→生土层。

商代夯土城墙……内侧（即西侧）被直接叠压在二里冈上、下层文化层下。……夯土层内出有（陶片）。……多为洛达庙期，也有少量为二里冈下层一期。

二里冈下层小沟及洛达庙期灰土沟，分别压在商代城墙靠西侧和中部的夯土层下面，沟均为南北向，与城墙平行。西侧沟内堆积浅灰土，包含有二里冈下层一期陶片。中部的沟内堆积较硬的浅灰土，包含有洛达庙期陶片。③

这种关系亦见于西城墙CWT5西城墙中段的探沟。

邹衡先生认为：

1972～1973年，笔者曾经两次目验其出土陶片，均似C1H9者，以往皆称之为二里冈期下层，实即南关外期。④

2004年，杨育彬先生又详细论证此观点。杨育彬先生通过上述城墙和宫殿建筑等典型遗迹的考古学年代分析，以为郑州商城的始建年代当在二里岗下层一期晚段。

（城墙内城的）始建年代约在二里冈下层一期偏晚阶段，使用时间应是从二里冈期下层二期开始，一直延续到二里冈上层二期。……（外城或郭城）夯土城墙的建筑结构与郑州商城城墙相类似，可以推断其始建年代与郑州商城相近或稍晚一点，可暂定为二里冈下层二期。⑤

杨育彬先生以为宫殿基址的建造年代早的可至二里岗下层一期晚段。郑州商城在二里岗二期时期仍然使用，与小双桥遗址并列使用。郑州商城为商代前期王都，始建于二

① 河南省文物考古研究所：《郑州商城——一九五三年～一九八五年考古发掘报告》，中册，第1015～1018页。

② 杨育彬、袁广阔主编：《20世纪河南考古发现与研究》，中州古籍出版社，1997年，第344页。

③ 杨育彬、曾晓敏：《夏商周断代工程·商前期年代学研究课题·郑州商城专题结题报告》，1999年，《杨育彬考古文集》，科学出版社，2011年，第155、156页。

④ 邹衡：《西亳与桐宫考辨》，原载北京大学考古系编：《纪念北京大学考古专业三十周年论文集》，文物出版社，1990年，第147页注释⑩⑦；收入氏著《夏商周考古学论文集（续集）》，科学出版社，1998年，第156页注释107。

⑤ 杨育彬：《再论郑州商城的年代、性质及相关问题》，《华夏考古》2004年第3期，第56、57页。

里岗下层一期晚段，距今约3500年，后为仲丁之隞都。偃师商城为商灭夏之后所建最早之都城，始建于二里头文化四期，距今约3600年，为汤都西亳，亦为夏商文化分界唯一的界标[①]。

2005年，杨育彬先生观点相同[②]。

（7）2004年，李昌韬以为：

郑州商城始建年代的上限决不会早于商代偏早的南关外期，郑州商城修建的下限决不会晚于商代二里冈下层二期至商代二里冈上层一期。郑州商城使用时间是开始于商代二里冈下层二期至二里冈上层一期，到了商代二里冈上层二期仍使用一段时间，以后才逐渐废弃。[③]

（8）2004年，王震中以为：

笔者赞成郑州商城内城的夯土城墙始建于二里冈下层一期偏晚阶段或一、二期之间（相当于偃师商文化第三段）。……第三段的年代应为商王大庚时期……在郑州方面，先商时期不多、为数规模不大的宫室等夯土建筑，可以视为成汤灭夏前占据郑州后，把郑州作为重要的军事重镇留下的遗迹；而那些相当于二里头四期晚段和二里冈下层一期的、为数尚不多、规模也不大的夯土建筑，则可解释为此时的郑州依然继续作为军事重镇而被使用的缘故，只有到了周长约7公里的内城城垣建成后，郑州才变成了王都，但这已是成汤以后的事了。郑州商城作为王都若以周长约7公里的内城城垣建成为标志的话，那么它也是商王大庚所建，是商王大庚以来、仲丁以前的王都。[④]

2010年，王震中以为：

依据郑州商城所在的位置和它在二里冈上层第一期时的繁荣情况，我们赞成安金槐、杨育彬、李锋、王学荣等学者所主张的二里冈上层第一期时的郑州商城是仲丁所居之隞都。[⑤]

又曰：

郑州商城周长近7公里的内城城墙始建于二里冈下层第一、二期之间或第一期晚段，在二里冈下层第二期时它与偃师商城并列为早商时期的都城，到二里冈上层第一期偏晚时，商王放弃了偃师商城，完全居住于郑州商城，史

---

① 杨育彬：《再论郑州商城的年代、性质及相关问题》，《华夏考古》2004年第3期。

② 杨育彬：《郑州商城与偃师商城考古钩沉》，《安金槐先生纪念文集》，第244页。

③ 李昌韬：《郑州商城的发现与研究》，《郑州商都3600年学术论文集》，第119页。

④ 王震中：《甲骨文亳邑新探》，《历史研究》2004年第5期，第21页注①。

⑤ 王震中：《商代都邑》，宋震豪主编：《商代史》卷5，中国社会科学出版社，2010年，第227、228页。

称“仲丁迁隞”，这也使得郑州商城达到繁荣期，在二里冈上层第二期亦即白家庄期，因在郑州商城出土窖藏的大型铜器等遗物，一些手工业作坊也在继续使用等，所以此时不但不能说郑州商城即已废弃，而且还应该说郑州商城在白家庄期即二里冈上层第二期与二里冈上层第一期一样是连续使用的，只是它的繁荣程度不如二里冈上层第一期而已。①

（9）2005年，王学荣赞成安金槐、杨育彬、李锋等的观点，以为：

偃师商城废弃后，商王朝将都城迁移到了事先已经存在的城址——郑州商城。

又曰：

郑州商城始建年代虽不晚于偃师商城商文化第二期（二里冈下层二期），但其鼎盛时期却迟延至偃师商城商文化第三期（二里冈上层一、二期）才到来，在大致相当于偃师商城商文化第三期晚段（7段）（二里冈上层二期）时废弃，鼎盛持续的时间很短。②

2. 郑亳说

此类观点随对郑亳说的解释而演变。主要有两种观点。

戊种　郑州商城始建于先商南关外期（二里岗下层一期）**，始用于先商南关外期**（二里岗下层一期）。

此种观点的要点在于持此观点者以为汤克夏以前即居郑亳，开始营建郑州商城。克夏后，营建为王都。邹衡、陈旭等以南关外期（二里岗下层一期）为先商时期，二里岗下层二期为早商时期，而郑杰祥又根据^{14}C数据改为二里岗下层一期早段为先商时期，二里岗下层晚段为早商时期。王立新则以为二里岗下层一期滞后于“汤革夏命”一个时期。

（1）1980年，邹衡先生以为郑州商城城墙始建于第二段第Ⅲ组（二里岗下层二期）③。

从年代来看，郑州商文化遗址可以分为先商期、早商期和晚商期，其中以早商期第二、三遗址分布最普遍，内涵最丰富，是最繁荣的时期，商城的

① 王震中：《商代都邑》，《商代史》卷5，第261、262页。

② 王学荣：《偃师商城废弃研究——兼论与偃师二里头、郑州商城和郑州小双桥遗址的关系》，《三代考古（二）》，科学出版社，2005年，第319、326页注释［82］。

③ 邹衡：《试论夏代文化》，《夏商周考古学论文集》，第179页。

修筑与使用主要是这一时期（参见本书页179）。①

邹先生以为郑州商城：

始建年代，大体在成汤居亳以后（商城压在“南关外期”之上）。②

又曰：

城墙的修建虽开始于第二段第Ⅲ组，但作为王城的使用则至少延续到第三段第Ⅴ组。③

邹先生具体地阐述他的观点：

第Ⅱ组，还没有筑起商城；第Ⅵ组，商城可能仍然作为王都使用，但也可能已经不是作为王都而使用了；第Ⅶ组，可能仍然使用商城，但已不可能作为王都了；第Ⅷ组及其以后，恐怕根本不使用商城了（遗址的分布都在商城以外）。所以“郑亳说”讲到商城的使用为四至五组，就是指第Ⅲ至Ⅶ组而言的。这样，仲丁至小乙这段历史就完全可以安排在第Ⅵ至Ⅷ组了。④

案：邹氏对于郑州商城年代的认识出于推测，闪烁其词。

20世纪七八十年代，邹先生考察郑州商城的性质。邹先生所定的商文化第二期（早商期）绝对年代的确定证据有考古学文化、分布，^{14}C数据列在第三位。

商城夯土内所出木炭，据^{14}C测定，其树轮校正年代为据今约3570±135年，即公元前1620年（《文物》1977：1，页24），与早商开始的年代大体相合。⑤

又曰：

商城东墙探沟7第三层至第五层出的木炭（标本号ZK—177、ZK—178）据^{14}C测定，其树轮校正年代为公元前1620年至公元前1595年，与古文献所载成汤都亳之年相差不是很远。这样便为成汤居郑之亳城提供了直接的年代依据。⑥

（2）1980年，郑杰祥先生以为郑州商城的年代属于二里岗期下层时期，汤都“郑亳”在此期，并认为二里岗期上层的时代约当仲丁居隞的阶段，但此时商城作为国都已废弃不用。他把商城视为属单一的二里岗期下层时期。

郑州商城从相对年代上说，它晚于二里头文化而早于二里冈上层文化，

---

① 邹衡：《论汤都郑亳及其前后的迁徙》，《夏商周考古学论文集》，第201页。

② 邹衡：《试论夏代文化》，《夏商周考古学论文集》，第108页。

③ 邹衡：《试论夏代文化》，《夏商周考古学论文集》，第179页。

④ 邹衡：《再论“郑亳说”——兼答石加先生》，《考古》1981年第3期，第272页。

⑤ 邹衡：《试论夏文化》，《夏商周考古学论文集》，第108页。

⑥ 邹衡：《论汤都郑亳及其前后的迁徙》，《夏商周考古学论文集》，第201页。

属于二里冈下层时期的城址，因而是一座商代前期的都邑。……再者，参考^{14}C的年代测定（通过树轮校正），这座商城的绝对年代为距今3570±35（公元前1620）年，这个年代和我国文献记载的商初年代恰相符合。…… 二里冈上层时期，郑州商城作为国都已废弃不用。[①]

（3）1983年，陈旭先生以为郑州商城始建于邹衡先生分期的南关外期。

郑州商代夯土墙始建的时间……当从南关外期开始，到二里冈期下层时期，城墙已经建成，这时人们已经在城内居住下来了。[②]

邹衡先生分期的南关外期实际包括了早于二里岗文化的遗存（南关外下层）以及二里岗下层一期遗存（南关外中层）[③]。实际上，二者是可以区别的。

陈旭先生以为：

发掘者把南关外区分为中、下两层，虽然没有大的分期意义，但其堆积有先后是可以肯定的。从出土遗物上看似也有偏早、偏晚的区别。如原属中层的H62中发现了不少属于下层的典型器物，与原属二里冈下层的许多典型器物共存，这与商城夯土城墙和宫殿基址的包含物相同，应属南关外期偏晚的遗存，而南关外原下层的包含物却很少看到二里冈下层的典型器物，出土的高领圆腹的厚胎鬲，不加高实足尖的深袋足甗，陶器又以褐色较多，包含路王坟下层的文化因素较多，时间显得早些，应属南关外期偏早的遗存。似早于商城建筑起始时间。因此，把南关外期偏早的文化遗存，确定为先商文化，无可非议。至于南关外期偏晚的文化遗存，当介于先商和早商之间，而这个界线就很难划分开来，它不像商汤灭夏后那样，可以一个历史事件来划分得清清楚楚，从这个意义上来说，把南关外期确定为先商文化，与确定郑州商城是从南关外期开始为商汤灭夏以后所建立的都邑并不矛盾。

根据上述，我们认为，郑州商城这座规模宏大的王都，其开创的年代，在考古学文化上当在南关外期，而在历史年代上则应是商汤灭夏以后兴建的。[④]

案：陈旭先生以为郑州商城始建于南关外期偏晚阶段（介于先商和早商之间），是商汤灭夏以后兴建的。这种观点与一些学者将二里岗下层一期定位为商代初期、郑州商城始建于二里岗下层一期近同。事实上，关于郑州商城始建年代，李伯谦先生将

① 郑杰祥：《商汤都亳考》，《中国史研究》1980年第4期，第41、44页。

② 陈旭：《郑州商文化的发现与研究》，《中原文物》1983年第3期，第29页。

③ 邹衡：《试论夏文化》，《夏商周考古学论文集》，第107页。

④ 陈旭：《郑州商代王都的兴与废》，《中原文物》1987年第2期，第114页。

陈旭先生的观点归为二里岗下层一期①。重要的是，陈旭先生坦言："商城夯土城墙和宫殿基址的包含物相同，应属南关外期偏晚的遗存"。陈旭先生认为郑州商城始建于南关外期偏晚阶段，即二里岗下层一期。李伯谦先生寻找陈旭先生判断宫殿基址时代，不明是南关外期偏晚早段抑或晚段②，其实是南关外期偏晚阶段。

安金槐先生将之区别为南关外期（南关外下层）与二里岗文化下层（南关外中层），说明二者关系：

> 虽然商代南关外期是直接被叠压在二里冈期下层的下面，但从二者的每种陶器之间的形制看，似没有直接的承袭关系。因之商代南关外期应是属稍早于商代二里冈期的另一种商代文化类型。③

学者研究南关外期（南关外下层）来自是山东地区的岳石文化或安徽地区的商代早期文化④。那么，南关外期（南关外下层）属于山东地区的东夷文化或安徽地区的淮夷文化，与二里岗文化无关。

1985年，陈旭先生以为郑州商代宫殿最早在南关外期即开始兴建（最早的C8G9及第一组其他宫殿基址的始建年代当在南关外期，C8G15及其周围的夯土基址均为南关外期的建筑），二里岗下层时期又有新建，宫殿最晚建筑止于二里岗上层。各期所建的宫殿陆续在二里岗下层、二里岗上层遭到破坏，至迟到白家庄期全部宫段废弃。她认为城墙建成和早期宫殿的使用应基本同时，这样城墙才能起到防卫的作用。

> 总之，郑州商城是从郑州商文化南关外期开始兴建的，在建造城墙的同时，城内东北部也兴工动土建设大型宫殿建筑群，到二里冈下层时期、这处都邑已经建成使用并在发展中，到二里冈上层偏晚，至迟到白家庄期，都邑可能迁移了。⑤

案："郑州商城是从郑州商文化南关外期开始兴建的"，所指是南关外期偏晚阶段（二里岗下层一期）。"白家庄期转移"，白家庄期是个时间段，难以判断在白家庄期内的某个点。

1987年，陈旭先生以为：

> 商城夯土城墙和宫殿基址的包含物相同，应属南关外期偏晚的遗存。……郑州商城这座规模宏大的王都，其开创的年代，在考古学文化上当

---

① 李伯谦：《对郑州商城的再认识》，《文明探源与三代考古论集》，文物出版社，2011年，第126页。

② 李伯谦：《对郑州商城的再认识》，《文明探源与三代考古论集》，第132页。

③ 安金槐：《对于郑州商代南关外期遗存的再认识》，《华夏考古》1989年第1期，第52页。

④ 河南省文物考古研究所：《郑州商城发掘报告——一九五三年～一九八五年考古发掘报告》，中册，第1012页。

⑤ 陈旭：《郑州商城宫殿基址的年代及其相关问题》，《中原文物》1985年第2期，第47页。

在南关外期，而在历史年代上则应是商汤灭夏以后兴建的。①

又曰：

郑州商都的繁荣期包括二里冈下期和二里冈上层，时间较长。②

又曰：

根据宫殿基址毁废的时间、窖藏铜器埋藏的时间和奴隶主墓葬年代所作的分析，综合起来考察，郑州商王都历史年代的下限，应当确定在白家庄期。③

1993年，陈旭先生以为：

郑州商城的始建年代为南关外期，或称二里冈下层偏早。依^{14}C测定经树轮校正的年代，则为公元前1620年，这一年代与文献记载的商初年代基本符合。郑州商城延续使用的年代也较长，这座城址的使用期为南关外期至二里冈上层期，延续有四期，约百余年。而亳都的历史年代也较长，从成汤都亳，至仲丁自亳迁隞，经历五代九王，大致也有百余年。因此郑州商城与亳都所经历的年代亦基本相合。④

1995年，陈旭先生以为：

对于郑州商城的废弃年代，学术界看法无异议。一致认为郑州商城从二里冈期发展到白家庄期之时，文化遗存减少，此时，作为都城的郑州商城已经废弃，特别是从郑州商城宫殿基址的建筑和使用情况看，更能得到说明。在白家庄期阶段，郑州商城宫殿区不但没有新的宫殿建筑，而且原来在二里冈各期所建的宫殿完全遭到破坏，由此证明郑州商城废弃于白家庄期是确切无疑的。⑤

陈旭先生以为宫殿、城墙和铸铜作坊的兴建年代均是在南关外期。

案：此可证实郑州商城伊始为大城，当作于成汤灭夏以后。

1997年，陈旭先生以为：

郑州商城的历史年代当始建于南关外期，至白家庄期废弃，最重要的依据是在白家庄期阶段，郑州商城宫殿区内的宫殿建筑基址已全部被破坏，铸铜基址亦全部被破坏，商文化已趋衰落。由此表明郑州商城作为商代王都的

① 陈旭：《郑州商代王都的兴与废》，《中原文物》1987年第2期，第114页。

② 陈旭：《郑州商代王都的兴与废》，《中原文物》1987年第2期，第116页。

③ 陈旭：《郑州商代王都的兴与废》，《中原文物》1987年第2期，第117页。

④ 陈旭：《商代第一都——郑州商城》，原载《中州纵横》1993年第8期，收入氏著《夏商文化论集》，科学出版社，2000年，第116页。

⑤ 陈旭：《郑州小双桥商代遗址的年代和性质》，《中原文物》1995年第1期，第4、5页。

历史在白家庄期阶段已结束。这样，小双桥遗址的商文化年代属白家庄期，就与郑州商城的废弃年代相同，而郑州商城的废弃和文化衰退，又与小双桥的商文化发展和兴盛，两者在年代上构成前后衔接，和文化上构成一衰一兴的关系。[①]

2000年，陈旭先生表明：

夏商分界问题，有不同的分法。我赞同邹衡先生的划分，即在郑州二里冈下层偏早与二里冈下层偏晚之间划分。以二里冈C_1H_{17}为代表的单位是早商最早期，以二里冈C_1H_9为代表的单位是先商期，即夏代晚期，年代大体相当二里头文化四期。[②]

又曰：

郑州商城与小双桥遗址的年代关系是前后衔接的关系。小双桥遗址是商代嚣都故址，自白家庄期至商后期，郑州商城是商王朝的故里。[③]

并定夏商分界在郑州二里岗下层偏早（二里岗下层一期）与二里岗下层偏晚（二里岗下层二期）之间[④]。

（4）1983年，郑杰祥先生以为：

在商城遗址的下面叠压着河南龙山文化、南关外类型文化和洛达庙期文化，商城的上面又被二里冈上层文化所叠压，洛达庙期文化现在通称之为二里头文化，就是说这座商代城址从相对年代上说，它晚于二里头文化、建成于二里冈下层而沿用于二里冈上层时期，因而是一座商代前期都邑是明确无误的。[⑤]

1984年，郑杰祥先生以为：

由于郑州商城下面没有发现确定的二里冈下层的遗物、遗迹，因此可知在郑州商城始建时期这里尚不存在二里冈期下层文化居民，那么郑州商城只能开始创建于南关外文化类型时期。由于郑州商城还发现有二里冈期下层遗物、遗迹，则郑州商城应当大规模地续建于二里冈下层时期。这是因为，大规模地续建是由大量的作为劳动力的人进行的，从而保证劳动者起码生存条件即简单的生活起居是必不可少的，那么在城墙内侧发现当时少量的房基、

---

① 陈旭：《郑州小双桥商代遗址即隞都说》，《中原文物》1997年第2期，第48页。

② 陈旭：《论河南早商都邑遗址的年代及相关问题》，《考古与文物》2000年第1期，第35页。

③ 陈旭：《论河南早商都邑遗址的年代及相关问题》，《考古与文物》2000年第1期，第37页。

④ 陈旭：《论河南早商都邑遗址的年代及相关问题》，《考古与文物》2000年第1期，第35页。

⑤ 郑杰祥:《卜辞所见亳地考》，《中原文物》1983年第4期，第53页。

窖穴、文化堆积，甚至把一些生活遗物掺入夯土层内都是不可避免的，再者由于劳役的繁重，条件的恶劣，造成了劳动力的大量的死亡，其中大部分尸体弃置沟壑，少量的埋葬于城墙脚下也不是没有可能的。[①]

1988年，郑杰祥先生以为：

她（陈旭）认为郑州商城应当始建于南关外类型文化时期。这个说法是可信的。……该城实际上也在边建边用……郑州商城应当始建于南关外期，续建于二里冈下层，到二里冈上层时期该城才全部建成起来，它基本上应是一座二里冈时期的城邑。[②]

1999年，郑杰祥先生以为二里岗文化一期（二里岗下层一期）为“汤始居亳，从先王居”时期，二里岗文化二期（二里岗下层二期）为商汤回归亳邑之后，“乃践天子位，代夏朝天下”建立起商王朝政权以后。

在二里冈文化一期，郑州商城开始建造城墙……到了二里冈文化二期，郑州商城建起了规模宏伟的内城和外廓城，并在城内东北隅建起了大型宫殿区与在城外建起了众多的手工业作坊。[③]

又曰：

夏商王朝分界在考古学上的主要界标点，应是在二里冈文化二期（二里冈下层二期）扩建起来的郑州商城。所谓“商初王都亳邑”，正是在这个时期形成起来的。[④]

2006年，郑杰祥先生综合古本《竹书纪年》记载的商年、^{14}C测年以为：

郑州商城大致在二里冈文化一期的晚段开始成为王都。[⑤]

按照郑氏的观点，二里岗下层一期为先商时期，即“汤始居亳，从先王居时期”。

2014年，郑杰祥先生认为郑州商城宫殿区内发现的残长100余米、基槽宽度近8米的夯土墙是“先商部族在这里所建立的最早的一座作为防御设施的小城堡的遗迹”[⑥]。他提出：

关于郑州商城的始建年代，当前学术界存在不同的意见：一种意见认为该城城墙当始建于“洛达庙期晚段”即“洛达庙类型”文化阶段，第二种意

① 郑杰祥：《关于偃师商城的年代和性质问题》，《中原文物》1984年第4期，第68页。
② 郑杰祥：《夏史初探》，中州古籍出版社，1988年，第272页。
③ 郑杰祥：《郑州商城和偃师商城的性质与夏商分界》，《中原文物》1999年第1期，第57页。
④ 郑杰祥：《郑州商城和偃师商城的性质与夏商分界》，《中原文物》1999年第1期，第62页。
⑤ 郑杰祥：《郑州商城的定名及其存在年代新探》，《考古学研究（六）》，科学出版社，2006年，第161页。
⑥ 郑杰祥：《郑州商城与早商文明》，第63、64页。

见认为城墙当始建于二里冈文化一期的偏晚阶段，第三种意见认为当始建于二里冈文化二期。我们认为城墙当始建于以C1H9为代表的一期晚段为是。[①]

又曰：

与建造郑州商城亳邑同时，商族首领商汤正是以此为基地，开展了推翻夏王朝的斗争。[②]

案：郑杰祥先生以为商人初至郑州，营建城堡，成汤灭夏以前即已开始营建郑州商城。此说尚存在明显矛盾之处。

（5）1984～1987年，受到陈旭先生观点的影响，邹衡先生修改了先前的观点，认为郑州商城始建于南关外期（即第Ⅱ组）[③]。夏商分界在第一段第Ⅱ组（二里岗下层一期）与第二段第Ⅲ组（二里岗下层二期）之间[④]。所以，邹先生称郑州商城是“商汤灭夏前后的亳都”[⑤]。

1984～1987年，邹衡先生修改了先前的观点，认为郑州商城：

南关外期（即第Ⅱ组）已开始筑城，而且可能已经初具规模，不过还没有达到郑州商城遗址的最繁盛期。[⑥]

1987年（发表于1988年），邹衡先生以为：

我以往在几篇文章中都曾推断郑州商城是处于二里冈下层偏晚阶段，即郑州“早商期第二段第Ⅲ组”，现在看来是错误的，应该依照陈旭和郑杰祥两同志意见，改为郑州“先商期第一段第Ⅱ组”，即南关外时期始建的。我又曾估计：“郑州商文化最繁盛的时期是第Ⅲ至Ⅴ组；比较繁盛的时期是第Ⅱ、Ⅵ组：第Ⅶ、Ⅷ两组已呈现显著衰歇的现象；……”我现在以为这仍然适用于郑州商城。就是说，郑州商城第Ⅱ组开始兴建，并已初具规模；第Ⅲ至Ⅴ组达到繁盛期；第Ⅵ组开始衰落；第Ⅶ组及其以后已完全衰落。这应该是

① 郑杰祥：《郑州商城与早商文明》，第68页。

② 郑杰祥：《郑州商城与早商文明》，第85页。

③ 邹衡：《西亳与桐宫考辨》，《夏商周考古学论文集（续集）》，第156页；邹衡：《综述夏商四都之年代和性质——为参加1987年9月在安阳召开的“中国殷商文化国际讨论会”而作》，《殷都学刊》1988年第1期，第6页。

④ 邹衡：《试论夏代文化》，《夏商周考古学论文集》，第107、108页。

⑤ 邹衡：《郑州商城是商汤灭夏前后的亳都》，原载《郑州商都3600年学术论文集》，第1、2页；收入氏著《夏商周考古学论文集（再续集）》，科学出版社，2011年，第74页。

⑥ 邹衡：《西亳与桐宫考辨》，《夏商周考古学论文集（续集）》，第156页。

合乎郑州商城的考古实际的。[①]

2004年，邹衡先生以为：

以年代而论，郑州之中城，始建于南关外期。[②]

案：邹衡先生采纳陈旭的建议由“早商期第二段第Ⅰ组”改为“先商期第一段第Ⅱ组”。实际上，陈旭主张的是“先商期第一段第Ⅱ组”的偏晚阶段，即南关外期晚段，或称二里岗下层偏早阶段；而陈旭主张郑州商城是商汤灭夏以后的都城。邹衡先生不能辨别，故误以为是商汤灭夏前后的亳都。

（6）1989年，李伯谦先生赞同郑亳说，以为郑州商城始建于二里岗下层偏早阶段（二里岗下层一期），约与二里头文化四期同时。

城墙始建年代的下限不会晚于二里冈下层偏晚阶段。…… 郑州商城的始建年代只能在二里冈下层偏早阶段，而不会比它更早。

又曰：

二里冈下层早段（二里冈下层一期）约与二里头文化四期同时。[③]

（7）1993年，裴明相先生赞同邹衡先生郑州商城为汤灭夏前后的亳都说，并新作论证。裴明相先生以为：

根据地层学推断，偃师商城始建于二里冈下层一期，城内的第五号宫殿为二里冈下层二期，西二门内的墓葬分别属于二里冈下层二期、二里冈上层一期。换言之，偃师商城的始建年代及其繁荣时期是和郑州商城相同的。……

前面已根据考古资料论证了偃师商城的年代为二里冈下层一期，其始建时代和郑州商城相同或基本接近。

又曰：

郑州商城使用的时间，由商代二里冈下层一期，经二里冈下层二期和二里冈上层一期，到二里冈上层二期（即白家庄期），共经四个文化期，时间较长。[④]

（8）1996年，张国硕赞同陈旭先生说，郑州商城的始建年代为南关外期（二里岗

---

① 邹衡：《综述夏商四都之年代和性质——为参加1987年9月在安阳召开的“中国殷商文化国际讨论会”而作》，《殷都学刊》1988年第1期，第6页。

② 邹衡：《郑州商城是商汤灭夏前后的亳都》，原载《郑州商都3600年学术论文集》，第2页；收入氏著《夏商周考古学论文集（再续集）》，第74页。

③ 李伯谦：《先商文化探索》，《庆祝苏秉琦考古五十五年论文集》，文物出版社，1989年，第281、287页。

④ 裴明相：《郑州商城即汤都亳新析》，《中原文物》1993年第3期，第33、36页。

下层一期）[①]。2004年，张国硕以为：

郑州商都城垣建于二里冈下层一期偏晚阶段或下层二期早段，宫殿区建于下层一期之初。以宫殿区的建造作为都城的始建年代，则郑州商都始建于二里冈下层一期的最早阶段。郑州商都的废弃年代是白家庄期之末，与殷墟一期文化相接或基本相接。通过对考古、文献材料以及碳十四测年数据进行分析可知，郑州作为商都的积年至少有200年以上。[②]

2011年，张国硕重新论证此观点，以为郑州商城延续300年[③]。

（9）1998年，刘士莪赞成邹衡说，以为：

郑州商城建于二里冈下层时期稍早，其使用时间应从二里冈下层开始，一直延续到二里冈上层时期。这段时间共经历了约150年。[④]

（10）1998年，王立新赞同邹衡先生郑州商城为韦亳说，是伐夏的桥头堡。又以为郑州商城始建于二里岗文化下层早段（二里岗下层一期）[⑤]。

邹衡先生曾将“韦”的地望考定在今郑州一带，而且认为郑州商城就是成汤灭韦之后所建的国都——“郼薄”。证之考古发现，可知其论确凿。从地理位置看，郑州也正当西去伊洛一带的交通要塞，恰可作为成汤西伐夏桀的战略桥头堡。[⑥]

又曰：

郑州商城内城的始建年代与宫殿区最早的兴建年代大致都应在二里冈下层的早段。[⑦]

2009年，王立新以为二里岗下层早段文化滞后于“汤革夏命”一个时期，郑州一带的三种遗存（洛达庙三期遗存、南关外期遗存、郑州化工三厂遗存）应当就是这种文化的动荡与整合时期的遗存。

目前在郑州地区所发现的洛达庙三期遗存、南关外期遗存、郑州化工三厂遗存和偃师一带所发现的偃师商城第一期第一段遗存、二里头四期偏晚遗

---

① 张国硕：《郑州商城与偃师商城并为亳都说》，《考古与文物》1996年第1期，第33页。

② 张国硕：《试论郑州商都的年代》，《平顶山师专学报》2004年第4期，第54页。

③ 张国硕：《郑州商城研究》，郑州市城市科学研究会编：《华夏都城之源》，河南人民出版社，2012年，第195～221页。

④ 刘士莪：《偃师商城与二里头遗址、郑州商城关系的比较》，《中国商文化国际学术研讨会论文集》，中国大百科全书出版社，1998年，第105页。

⑤ 王立新：《早商文化研究》，第210、9页。

⑥ 王立新：《早商文化研究》，第210页。

⑦ 王立新：《早商文化研究》，第9页。

存，实际上都是由外来的下七垣文化、岳石文化因素与当地的二里头文化因素碰撞、融合后所形成的过渡型遗存，尚未最终形成一种统一的相对稳定的文化结构。……

……在相对年代上与偃师商城第一期第一段大致同时的郑州地区的三种遗存，其出现时间虽然可早至灭夏前，但延续年代却可至灭夏之后。而在时间上晚于上述诸种遗存的以郑州二里冈下层早段为开端的早商文化的形成，则无疑已经滞后于“汤革夏命”的发生一个时期。这种新形成的结构稳定的考古学文化，应当就是商代商国之人的文化，是一种以商族为代表的国族的文化。①

（11）2004年，宋国定以为：

到了相当于洛达庙类型的中期前后，商部族已经到了郑州地区。他们所创造的物质文化，在考古学上的反映就是洛达庙晚期前后分布于郑州商城北部的夯土墙基、建筑基址及水井、灰坑、陶窑等文化遗存。……

商王朝灭夏前后，即已开始营建郑州商城。②

又曰：

早商文化一期：可分为两个阶段：第Ⅰ段：相当于二里冈下层一期偏早阶段，相当于郑州二里冈H9阶段或稍早。郑州商城建成期，这一时期外城也已经开始修建，南关外的铸铜遗址也形成于这一阶段。

……

中商文化一期：相当于郑州小双桥期（即白家庄期）。……这一时期是郑州商城的中衰期。郑州商城从目前发现的情况看，该城址已经不再具备都邑的功能。代之而起的是郑州西北的小双桥遗址。③

（12）2005年，张锴生赞成邹衡先生的观点，以为：

关于郑州商城的始建年代，我们比较倾向于郑亳说的观点，即该城邑的创建始于南关外期。从南关外期商城初建，到二里冈下层早期已初具规模，二里冈下层晚期和二里冈上层早期为商都的繁荣时段，以后便走向衰退。④

---

① 王立新：《也谈文化形成的滞后性——以早商文化和二里头文化的形成为例》，《考古》2009年第12期，第52、53页。

② 宋国定：《论郑州地区夏商文化的时空框架》，《郑州商都3600年学术论文集》，第155、156页。

③ 宋国定：《论郑州地区夏商文化的时空框架》，《郑州商都3600年学术论文集》，第149、150页。

④ 张锴生：《郑州商城的创建及其文化来源》，《安金槐先生纪念文集》，第259页。

己种　郑州商城始建于先商文化洛达庙型晚期。

（1）2003年，袁广阔以为郑州商城内城应建于先商文化洛达庙类型的晚段，郑州商城郭城建立于二里岗下层一期①。

> 二里冈下层地层普遍叠压郑州商城内城墙，内城存在大量洛达庙文化遗存及其宫殿基址，郑州商城内城应建于洛达庙类型的晚段，郑州商城郭城建立于二里冈下层一期。②

他以为郑州商城应建于洛达庙类型的晚段，即公元前1640 ~ 前1600年之间。

2004年1月，袁广阔以为郑州商城：

> 遗址内出土的陶器表明从洛达庙晚期到二里冈上层二期是不间断的连续发展的五大期。

又曰：

> 郑州商城在二里冈［上层］二期晚段废弃。③

2004年3月，袁广阔、曾晓敏以为：

> 宫殿的兴建和废弃至少经历三次。宫殿同内城的情况基本一致，再次证明内城和宫殿都是在二里冈下层之前兴建的。因此，从内城普遍存在洛达庙文化层的状况，结合城墙和宫殿被二里冈下层一期文化叠压的事实，我们认为内城兴建的年代可能接近洛达庙期。④

又曰：

> 我们从外郭城内南部、西部存在二里冈下层一期文化层的事实，认为外郭城的年代可能略晚于内城，其年代应接近或略早于二里冈下层一期的H9。⑤

又曰：

> 由于商城内洛达庙二期已蕴藏有少量的二里冈期下层文化因素，近年的考古发掘资料可以证明，二里冈期下层文化主要来源于商城内的洛达庙文化。商城的发掘是在20世纪70年代初期进行的，当时学术界对郑州商城是否

---

① 袁广阔：《关于郑州商城夯土基址的年代问题》，《中原文物考古研究》，大象出版社，2003年，第137 ~ 140页；袁广阔：《郑州商城始建年代研究》，《中原文物》2003年第5期，第43页。

② 袁广阔：《郑州商城始建年代研究》，《中原文物》2003年第5期，第43页。

③ 袁广阔：《郑州商城与偃师商城关系的考古学观察》，《郑州大学学报（哲学社会科学版）》2004年第1期，第20、21页。

④ 袁广阔、曾晓敏：《论郑州商城内城和外郭城的关系》，《考古》2004年第3期，第63页。

⑤ 袁广阔、曾晓敏：《论郑州商城内城和外郭城的关系》，《考古》2004年第3期，第66页。

为商代城址有疑问，因此发掘者的主要目的是证明它为商城。虽然商代夯土城墙下小沟中出土的陶片中有接近二里冈期下层的同类器，但将其定为二里冈期下层时期是很自然的，事实上青年公寓洛达庙一、二期文化中的鬲、深腹罐等的纹饰、质地与二里冈期下层同类器物十分接近。①

2014年，袁广阔以为：

小双桥遗址已经成为新的政治、文化中心，但铸铜等一些重要的手工业作坊仍留在郑州商城，郑州商城可能还是重要的经济中心。…… 小双桥遗址的兴盛承接于郑州商城的衰落，两者在年代上的前后衔接、遗址兴起和衰落的关系正是仲丁自亳迁隞的历史写照。②

又曰：

小双桥的兴起和繁荣时间，正是郑州商城宫殿基址废弃，遗迹、遗物减少，城址衰败的阶段。③

（2）2004年，李伯谦先生赞同陈旭、袁广阔的意见：

郑州商城内城和外郭城的始建年代的确应该是在二里冈下层一期或更早，不会晚到二里冈下层二期之时。④

李伯谦先生赞同袁广阔W22夯土墙、宫殿区大批夯土基址、97C8ⅡT166铜器墓M6的时代为洛达庙晚期说，以为：

如果说以郑州商城内城、外郭城为代表是汤灭夏后又复亳时兴建的亳都，那么，以这三项为代表的则是汤灭夏之前始居亳时兴建的亳邑。……郑州商城包括W22夯土墙等可能代表的宫城和内城、外廓城是灭夏前后商汤所建的亳都。⑤

2014年，李伯谦先生以为汤灭夏以后：

将原来的亳邑改成宫城，并连续建造内城、外城及宫室、铸铜、制陶手工业作坊等。⑥

---

① 袁广阔、曾晓敏：《论郑州商城内城和外郭城的关系》，《考古》2004年第3期，第62页。

② 袁广阔：《关于郑州小双桥遗址的几个问题》，《考古》2014年第11期，第77、78页。

③ 袁广阔：《关于郑州小双桥遗址的几个问题》，《考古》2014年第11期，第79页。

④ 李伯谦：《对郑州商城的再认识》，原载《古代文明研究通讯》总23期，2004年；收入氏著《文明探源与三代考古论集》，第128页。

⑤ 李伯谦：《对郑州商城的再认识》，《文明探源与三代考古论集》，第130、133页。

⑥ 李伯谦：《从〈偃师商城〉报告再看偃师商城的始建年代》，中国社会科学院考古研究所编：《夏商都邑与文化（二）：纪念二里头遗址发现55周年学术研讨会论文集》，中国社会科学出版社，2014年，第125页。

（3）2004年，曹桂岑以为：

郑州商城始建于洛达庙三期及其以后。郑州商城建于商灭夏以前。①

（4）2004年，宋柏松、张松林赞同袁广阔提出的郑州商城始建于洛达庙晚期：

郑州商城始建于夏代末期应该是无疑了。至于是夏王朝被灭之前夏王朝始建或商灭夏前商族所建，我的看法是有可能为夏王朝所建。正因为夏末大规模建城，加之天下大旱，不仅加剧社会矛盾，促使夏朝灭亡，又为商汤都郑奠定了基础。正是夏代末期已开始筑造成一定规模，才为商代早期商汤都郑奠定了基础。②

（5）2005年，秦文生先生以为：

郑州商城在汤灭夏前已建，但规模较小，此为先商方国之亳；汤灭夏后"复归于亳"才开始大规模营建，此为早商王国之亳。③

3. 管亳说

此类观点主张郑州商城乃管亳。主要有一种观点。

庚种　郑州商城始建于商代初期二里岗下层一期，始用于二里岗下层一期。

1995年，程平山认为郑州商城始建于二里岗文化下层早段（二里岗下层一期），属于商代最早阶段时期。

始建于一期（二里冈下层一期），废弃于四期（二里冈上层二期）。④

2003年，程平山认为郑州商城：

始建于二里冈下层早段（二里冈下层一期），废弃于二里冈上层晚段（二里冈上层二期）。郑州商城兴建与使用于二里冈时期，经历了一个相当长的历史阶段。⑤

总之，关于郑州商城的始建年代，学者意见分歧很大。

---

① 曹桂岑：《郑州商城始建年代考》，原载《郑州商都3600年学术论文集》；收入氏著《曹桂岑考古文集》，科学出版社，2011年，第204页。文字有修订，以后者为准。

② 宋柏松、张松林：《商汤都郑亳的环境因素与历史原因》，《郑州商都3600年学术论文集》，第163、164页。

③ 秦文生：《郑州商城与偃师商城之比较研究》，郑州市人民政府、中国古都学会编：《郑州商城3600年学术研讨会暨中国古都学会2004年年会论文选编》，中州古籍出版社，2005年，第43页。

④ 程平山：《郑州商城性质初探》内容提要、第20页。论文重要观点都是形成于1994年春秋间。

⑤ 程平山：《二里岗文化渊源刍议》，原载《华夏考古》2001年第4期，收入氏著《夏商周历史与考古》，人民出版社，2005年，第185～192页；程平山：《释"三亳"》，原载《考古学研究（五）》，科学出版社，2003年，收入氏著《夏商周历史与考古》，第111页。

表二　郑州商城兴废年代诸说（以始建与始用年代分类）

学说	种类	作者	始建年代	开始使用年代	使用截止年代	废弃年代
隞都	甲种	安金槐1961	二下（不很确定）			
		郑州商城简报、报告1977	二下	二下	二上	
		杨育彬1980～1991	二下	二下	二上	
		安金槐1988	二下	二下	二上	二上
	乙种	李经汉1983	二下2			
		方酉生1988、1991	二下2	二下2	二上1	
		安金槐1993、1996	二下2	二下2	二上1	二上2
		肖冰、王学荣2005	二下2早			
	丙种	仇祯1984	二下1			
		杨育彬1994、1996	二下1	二下	二上1	二上1晚
		田昌五、方辉1994	二下1太甲10～20年			
	丁种	高煦1985	二下1	二上1	二上1	
		张文军等1993	二下1	二下2	二上1	二上2之初
		李锋1996	二下1	二上1		
		方酉生1996、1997	二下2	二上1		二上2
		安金槐1997	二下2	二上1	二上2	
		郑州商城2001	二下2		二上2	二上2晚段
		杨育彬1997～2005	二下1晚	二下2	二上2	
		李锋2004、2005	二下1晚或二下2	二上1		
		方酉生2005	二下	二上		二上2
		王震中2004、2010	二下1晚 太庚时	二下1晚	二上2	
郑亳	戊种	邹衡1980	二下2	二下2	二上1	
		郑杰祥1980	二下	二下	二下	二上1
		陈旭1983、1993	南关外（二下1）	南关外（二下1）	二上1	二上2
		郑杰祥1983	二下	二下	二上	
		郑杰祥1984	南关外（二下1）	南关外（二下1）		
		郑杰祥1988	南关外（二下1）	南关外（二下1）	二上	
		郑杰祥1999	二下1	二下2汤复亳		二上2
		郑杰祥2006	南关外（二下1）	二下1，二下1晚始为王都	二上1	二上2

续表

学说	种类	作者	始建年代	开始使用年代	使用截止年代	废弃年代
郑亳	戊种	郑杰祥2014	一期晚（二下1）	一期晚（二下1）始为王都	三期（二上1）	四期（二上2）
		邹衡1984～1987	南关外（二下1）		二上1或二上2	
		李伯谦1989	二下1			
		裴明相1993	二下1	二下1	二上2	
		张国硕1996	南关外（二下1）		二上1	
		张国硕2004	南关外（二下1）		二上2末段	二上2末段接殷墟一期
		刘士莪1998	二下	二下	二上	
		王立新1998	二下1			二上2
		王立新2009	早于二下1			
		宋国定2004	二下1早	二下1早	二上1	二上2
		张锴生2005	南关外（二下1）		二上1	
	己种	袁广阔2004	洛达庙晚期		二上2晚段	二上2晚段
		袁广阔2014			二上1	
		李伯谦2004	洛达庙晚期			
		曹桂岑2004	洛达庙晚期			
管亳	庚种	程平山1995	一期（二下1）	一期（二下1）	四期（二上2）	四期（二上2）
		程平山2003	二下早（二下1）	二下早（二下1）	二上晚（二上2）	二上晚（二上2）

注：隞都说，都是主张二里岗文化不是最早的商文化，绝大多数直言郑州商城为隞都，个别学者所主张的文化阶段只能定位于赞成隞都说。田昌五、方辉主张郑州商城是太甲都、隞都。

郑亳说，都是主张郑州商城是成汤克夏前后的亳都，成汤灭夏前即居郑州一带，这里有先商文化与早商文化。

管亳说，主张郑州商城是成汤克夏以后的管亳，成汤灭夏前居商丘一带，这里先商文化，早商文化亦形成于此，郑州地区的早商文化源自商丘地区。

（二）郑州商城始建年代的确定与夏商文化分界、郑州商城性质认识之间的关系

学者对于郑州商城始建年代的研究，不是孤立地对建筑现象的判断，而是受到研究者本身对于夏商文化分界及郑州商城性质的认识的制约。

（1）安金槐、杨育彬、张文军、李锋以为郑州商城是中丁的隞都。安金槐先生以为二里头一、二期文化是夏文化、三、四期文化是商代早期文化、二里岗文化是商代

中期文化，郑州商城是中丁都隞[①]。杨育彬先生以为二里头一、二、三期文化是夏文化，四期文化是商代早期文化，二里岗文化是商代中期文化，郑州商城是中丁都隞[②]。所以，他们将郑州商城的始建年代定在商代早期的中段。

安金槐先生以为郑州商城始建于二里岗下层二期，二里岗上层一期方使用；张文军先生等以为郑州商城城垣的始建年代当在二里岗下层一期，并未使用，作为都城使用始于二里岗下层二期；杨育彬先生以为郑州商城始建于二里岗下层一期晚段，二里岗上层二期方使用。李锋以为郑州商城始建于二里岗下层一期，并采纳安金槐先生郑州商城隞都说，李锋以为二里岗上层一期作为仲丁的隞都开始使用。他们皆以隞都与夏商文化分界来调整郑州商城的始建年代。

（2）邹衡先生以为郑州商城是商汤克夏前后的亳都，南关外期（南关外下层、中层，中层即二里岗下层一期）属于先商时期，二里岗下层二期属早商文化最早阶段。陈旭、郑杰祥先生、张国硕等赞同邹氏之说。邹衡先生初将郑州商城始建年代定在二里岗下层二期，陈旭先生改在南关外期（二里岗下层一期），邹氏从其说。郑杰祥先生又根据文献记载的商代年代与^{14}C数据将王都的年代修订为自二里岗文化一期的晚段始。

袁广阔、曹桂岑、李伯谦等亦赞成邹衡郑州商城是商汤灭夏以前所居的亳与灭夏以后的亳都说。袁广阔以为二里头一、二、三期文化是夏文化，四期是商代早期文化[③]、二里岗文化是商代中期文化，郑州商城是商汤灭夏以前与灭夏以后的亳都。所以，他将郑州商城的始建年代定在商初（洛达庙晚期即二里头文化四期）。曹桂岑、李伯谦亦持近似的看法。

（3）程平山认为郑州商城为汤克夏以后的都城管亳，二里头文化是夏文化，二里岗文化为商文化，二里岗下层一期是早商文化最早阶段。

可见，学者对于郑州商城的始建年代的确定与夏商文化分界、郑州商城性质密切相关。

（三）郑州商城的营建步骤与始建年代之间的关系

关于郑州商城的营建，学者早期的研究未加以区别营建步骤，安金槐、邹衡、陈旭、郑杰祥等先生的研究中只作为现象加以列举。

---

① 安金槐：《试论郑州商代城址——隞都》，《文物》1961年第4、5期；安金槐：《再论郑州商代城址——隞都》，《中原文物》1993年第3期。

② 杨育彬：《再论郑州商城的年代、性质及相关问题》，《华夏考古》2004年第3期，第66、67页。

③ 袁广阔：《试论夏商文化的分界》，《考古》1998年第10期，第80～89页。

安金槐先生在《郑州商城》中提出：

我们认为郑州商代夯土城垣的兴建时间，应在商代前期中段的商代二里冈下层二期，并延续使用到商代二里冈上层一期与二期。其废弃时间应是在商代二里冈上层二期（即商代白家庄期）偏晚阶段。①

案：安先生以城垣的始建年代来确定郑州商城的始建年代。

邹衡先生以为：

从年代来看，郑州商文化遗址可以分为先商期、早商期和晚商期。其中以早商第二、三段期遗址分布最普遍，内涵最丰富，是最繁盛的时期，商城的修筑与使用主要是这一时期。②

案：邹先生亦是以城垣的年代判定郑州商城的兴废。

陈旭先生以为：

郑州商城是从郑州商文化南关外期开始兴建的，在建造城墙的同时，城内东北部也兴工动土建设大型宫殿建筑群，到二里冈下层时期、这处都邑已经建成使用并在发展中。③

案：陈旭先生以为，郑州商城内城与宫殿同时而建，建造自先商开始，至二里岗下层二期建成。

1999年，郑杰祥先生以为：

在二里冈文化一期，郑州商城开始建造城墙……到了二里冈文化二期，郑州商城建起了规模宏伟的内城和外郭城，并在城内东北隅建起了大型宫殿区与在城外建起了众多的手工业作坊。④

案：郑杰祥先生以为郑州商城先建内城和外郭城，并在城内建宫殿区与在城外建作坊，没有严格区别它们的先后。

张文军先生等亦未区分营建步骤，只是描绘城垣、宫殿、作坊等的出现年代⑤。

学者后来的研究逐步加以研究郑州商城的营建步骤。一些学者区别为先宫城后内城，再郭城。所以，袁广阔、张国硕都将郑州商城的营建时代，按照宫城、内城、郭城的次序加以分别。袁广阔以为郑州商城的内城与宫殿始建于洛达庙晚段，郭城建于

① 河南省文物考古研究所：《郑州商城发掘报告——一九五三年～一九八五年考古发掘报告》，第1026页。

② 邹衡：《论汤都郑亳及其前后的迁徙》，《夏商周考古学论文集》，第201页。

③ 陈旭：《郑州商城宫殿基址的年代及其相关问题》，《中原文物》1985年第2期，第47页。

④ 郑杰祥：《郑州商城和偃师商城的性质与夏商分界》，《中原文物》1999年第1期，第57页。

⑤ 张文军、张玉石、方燕明：《关于郑州商城的考古学年代及其若干问题》，《郑州商城考古新发现与研究（1985—1992）》，第38～42页。

二里岗下层一期。

2003年，袁广阔以为：

> 二里冈下层地层普遍叠压郑州商城内城墙，内城存在大量洛达庙文化遗存及其宫殿基址，郑州商城内城应建于洛达庙类型的晚段，郑州商城郭城建立于二里冈下层一期。①

2004年，张国硕以为：

> 从偃师商城、洹北商城以及安阳殷墟的发掘材料得知，商代施行先宫殿及宫城墙、居民点，后大型城垣以及其他设施的都城建造顺序。甚至出现根据形势发展而最终不建造大型城垣的现象。当时在选定都城的位置之后，建造者首先考虑的是先要让商王、贵族及一般居民能够安顿下来；加之建造居室要比建造大规模的城垣设施相对简单和耗时较短，故各种居室的建造应列入都城建造的首批工程。之后，建造者始才考虑各类手工业作坊、大型城垣、王陵等设施的建造。这就是说，大型城垣、王陵等遗迹的建造年代皆应晚于宫殿区和一般居民区的建造年代，而各种手工业作坊的建造年代也理应晚于或至少不早于宫殿区的建造年代。如此，则都城的始建年代（即定都年代）与城垣的建造年代并不同步，城垣的建造年代不是都城的始建年代。②

又曰：

> 郑州商都城垣建于二里冈下层一期偏晚阶段或下层二期早段，宫殿区建于下层一期之初。以宫殿区的建造作为都城的始建年代，则郑州商都始建于二里冈下层一期的最早阶段。③

他们的观点都是受到按照宫城、内城、郭城的次序加以分别。袁、张的观点有一定的道理，但是不甚周全，会导致结论与事实的偏差。商初成汤革命的局势与状况与商代晚期、秦汉都不同，很难进行比较。

事实上，都城的建造始于规划，安排分工协作。一则，宫室、内城的营建速度远不会拖久，郭城的营建也不会和内城长时间隔离。二则，郑州商城的营建方法并非完全按照宫城、内城、郭城的次序，而是按照功能配合营建。

按照营建程序与功能，最能反映郑州商城始建年代的乃是宫室，大体三年内可完成。郑州商城宫城的规模比附于舜都，舜都既然可以“一年而所居成聚，二年成邑，

---

① 袁广阔：《郑州商城始建年代研究》，《中原文物》2003年第5期，第43页。

② 张国硕：《试论郑州商都的年代》，《平顶山师专学报》2004年第4期，第54页。

③ 张国硕：《试论郑州商都的年代》，《平顶山师专学报》2004年第4期，第56页。

三年成都”[①]，郑州商城的宫城亦可以在三年内完成。何尊銘曰：

> 唯王初遷宅于成周，……唯王五祀。[②]

成周之营建计划始于武王克商之后，武王克商后二年卒，成王五年周人迁都于成周。可见，三代营建都城是迅速的。

内城及内城中的建筑时代虽可以稍晚于宫室，但渠道（解决水源）、仓储、府库、守卫宫城的兵营等必然是急需的，所以它们的营建大体与宫室同时，难以以考古学分期加以辨别。

郭城内的作坊也是急需的，南关外筑铜作坊、铭功路制陶作坊等都是有服务于王室、贵族的义务，所以它们的营建时代不晚。实际上，南关外筑铜作坊、铭功路制陶作坊等都营建于二里岗下层一期。迁徙百姓后，就可以营建郭城城垣。

所以，宫城、内城的营建是迅速的，而郭城之内可以区别不同时期，或可经历较长时间。

（四）判断郑州商城始建年代的若干准则

判断郑州商城的始建年代必须合乎史实以及考古学所能提供的事实。

第一，依据《尚书》《史记》，商人自东方来，至伊洛一带克夏。开封一带的老丘犹是夏都[③]，郑州一带亦夏腹心之地。商人灭夏过程短暂，不存在所谓的在郑州对峙。因此，郑州地区的夏文化（洛达庙文化）之后的商文化乃是商汤灭夏以后的遗存。所以，郑州商城的营建是商代开始以后的产物。

第二，三代皆于洛阳一带建立都城。洛阳有偃师商城，其性质乃商代别都，属于镇压夏遗民的设施。郑洛乃居于天下之中，郑州商城的营建乃“定之于中”，属于商代的正式都城。

第三，郑州一带的遗存证实了夏商文化变迁，夏代文化与商代文化在陶器方面截然有别，此为判断郑州商城营建之大势。

第四，郑州商城的营建乃商初之头等大事，为开国之君制定的国策。周武王克商后制定营洛大计，而成王五年既已完成之，时间在七年之内。故郑州商城之营建决在

---

① 《史记》卷1《五帝本纪》，中华书局，2013年，第40页。

② 中国社会科学院考古研究所编：《殷周金文集成（修订增补本）》，中华书局，2007年，第5册，第3703页，第6014号。

③ 参见李玉洁：《夏人“十迁”及夏都老丘考释》，《中州学刊》2013年第2期；刘春迎：《夏都“老丘”考——从开封地区已经发现的二里头文化遗存中求证》，《中原文物》2014年第3期；张国硕：《夏都老丘考略》，《中国国家博物馆馆刊》2014年第9期。

商初成汤之时，成汤克夏后在位十三年[①]，足以初步完成营建郑州商城，全部完成与改建则可稍后。以历史言之，郑州商城之营建与初步完成必然在商代初期的成汤之时（伊尹等予其事）。

总之，郑州商城的规划营建乃商代初期成汤之时的产物。

（五）郑州商城的始建年代与始用年代

郑州商城的考古学年代是由郑州商城外郭城、内城、宫城及相关建筑（仓储、府库、兵营、作坊等）的年代所构成。宫城（最早的宫殿基址）的年代最早，内城的始建年代与宫城同时或可稍晚于宫城数年，而外郭城的始建年代可以较晚。

目前，关于郑州商城的始建年代，学者有二里岗下层二期、二里岗下层一期、南关外期、洛达庙期等观点。安金槐先生主张的二里岗下层二期，明显晚于实际营建年代，学者多不采用。邹衡、陈旭先生等主张郑州商城的始建年代在南关外期，其实是主张在南关外期晚段，实际就是二里岗文化下层一期。袁广阔等主张的郑州商城始建于洛达庙晚期。洛达庙期文化（属二里头文化）与二里岗文化是性质不同的文化[②]，因此洛达庙晚期说完全可以排除。所以，郑州商城的始建年代在二里岗下层一期。

杨育彬先生根据郑州商城内城城墙下面叠压有二里岗下层一期的小沟，推测郑州商城内城的始建年代当在二里岗下层一期晚段。郑州商城内城城墙与小沟之间只是遗迹相对的早晚，并无明确的年代，杨育彬先生提出的二里岗下层一期晚段的时间概念是不易把握的，尚需进一步研究与明确。郑州商城营建过程中，同时的遗存的营建与掺入皆属正常。郑州商城内城城墙下面叠压有二里岗下层一期的小沟，只能证明二点：一是内城城墙的营建年代晚于二里岗下层一期的小沟的年代；二是内城城墙的营建年代不是二里岗下层一期中年代最早者。因此，应该分析小沟是如何形成的，与城垣的关系。至于小沟早于内城城墙多少年，无从判断。既无更细致的分期，只能判定内城城墙的营建年代在二里岗下层一期。所以，郑州商城内城城垣建筑年代的上限仍可在二里岗下层一期，至于在二里岗下层一期的具体时段，难以断定。

总之，根据郑州商城宫室、内城城垣的建筑年代，郑州商城的始建年代只能确定在二里岗下层一期。

---

① 《世经》引《殷历》曰："当成汤方即世用事十三年，十一月甲子朔旦冬至。"（《汉书》卷21下《律历志下》，中华书局，1962年，第1014页）《韩诗内传》曰："汤为天子十三年，年百岁而崩。"（李昉等：《太平御览》卷83，中华书局，1960年影印本，第389页）

② 程平山：《二里岗文化渊源刍议》，原载《华夏考古》2001年第4期；收入氏著《夏商周历史与考古》，第185～192页。

邹衡、陈旭先生等主张二里岗文化下层一期作为先商时期，早商时期始于二里岗下层二期。他们虚拟商人克夏以前即居住郑州一带，缺乏考古学文化与史实的支持。程平山认为郑州乃夏人腹心之地，二里岗文化下层一期文化只能是早商文化①。

三、郑州商城作为都城的使用截止年代与废弃年代

（一）郑州商城作为都城的使用截止年代与废弃年代诸说

由于对二里岗文化认识不同，学者对于郑州商城使用截止年代与废弃年代所指的含义亦存在一些差别。出于这种考虑，我们将隞都说、郑亳说、管亳说的观点区分开来。关于郑州商城作为都城的使用截止年代与废弃年代，目前主要有七种观点。隞都说三种观点，郑亳说三种观点，管亳说一种观点。

1. 隞都说

此类观点随对隞都说的解释而演变。隞都说者以为郑州商城的使用始于仲丁迁隞，废于稍后。主要有三种观点。

甲种　郑州商城作为都城使用截止于二里岗上层。

（1）1977年，郑州商城发掘报告：

> 郑州夯土城墙属于商代是确凿无疑，它建造于商代二里冈期下层，其使用时间从二里冈期下层开始，一直沿用到二里冈期上层。②

（2）1985年，高煦先生赞同郑州商城发掘报告的观点：

> 以现有材料还很难理出作出明确答复的一系列依据，还只能沿用《报告》的说法。③

（3）1985年，杨育彬先生以为郑州商城：

> 使用时间应是从商代二里冈期下层开始，一直延续到二里冈期上层时期。④

1994年，杨育彬先生以为：

> 郑州商城应建于二里冈下层偏早时期（二里冈下层一期），其使用时间

---

① 程平山：《二里岗文化渊源刍议》，原载《华夏考古》2001年第4期，收入氏著《夏商周历史与考古》，第185～192页。

② 河南省博物馆等：《郑州商代城遗址发掘报告》，《文物资料丛刊（1）》，第28页。

③ 高煦：《略论二里岗期商文化的分期和商城年代———兼谈其与二里头文化的关系》，《中原文物》1985年第2期，第56页。

④ 杨育彬：《郑州商城初探》，第11页。

应是从二里冈期下层开始，一直延续到商代二里冈期上层时期。[①]

1996年，杨育彬先生以为：

到了二里冈上层偏晚阶段，郑州商城逐渐衰落。[②]

（4）1991年，方酉生先生以为：

郑州商城的始建年代为二里冈下层晚段，即相当于南关外期的上层，其使用期从二里冈下层晚段开始，一直到二里冈期的上层。[③]

乙种　郑州商城作为都城使用截止于二里岗上层一期，废弃于二里岗上层二期。

（1）1993年，安金槐先生以为：

郑州商代夯土城垣是兴建于商代二里冈下层二期，并延续使用到商代二里冈上层一期。到了商代二里冈上层二期时郑州商代夯土城垣已被废弃。[④]

1996年、1997年，安先生又论证此说[⑤]。

（2）1993年，张文军先生等认为郑州商城作为都城使用截止于二里岗上层一期，废弃于二里岗上层二期之初：

郑州商城作为一代都城的时间，不在始建城圈之时，而在一期Ⅱ段之间，其作为都城持续的时间大致在一期Ⅱ段和二期Ⅲ段。[⑥]

又曰：

郑州商城二期Ⅳ段，此城经历了自始建到兴盛之后在本期开始衰落且不久便被废弃。[⑦]

又曰：

白家庄遗址……陶器的年代相当于二里冈上层晚段，即郑州商城的衰落、废弃期，因此，陶器的主人很可能是郑州商城的遗民。[⑧]

---

① 杨育彬：《夏商时代》，《河南考古四十年》，第185页。

② 杨育彬：《偃师尸乡沟商城与郑州商城若干问题的再探讨》，《河南文物考古论集》，第245页。

③ 方酉生：《郑州商城即仲丁都隞说》，《武汉大学学报（社会科学版）》1991年第1期，第93页。

④ 安金槐：《再论郑州商代城址——隞都》，《中原文物》1993年第3期，第24页。

⑤ 安金槐：《王城岗、二里头、尸乡沟商城和郑州商城的文化分期与发展序列》，《河南文物考古论集》，第240、241页；安金槐：《对于郑州商代城修建与使用时期的再探讨》，《安金槐考古文集》，第283页。

⑥ 张文军、张玉石、方燕明：《关于郑州商城的考古学年代及其若干问题》，《郑州商城考古新发现与研究（1985—1992）》，第42页。

⑦ 张文军、张玉石、方燕明：《关于郑州商城的考古学年代及其若干问题》，《郑州商城考古新发现与研究（1985—1992）》，第38页。

⑧ 张文军、张玉石、方燕明：《关于郑州商城的考古学年代及其若干问题》，《郑州商城考古新发现与研究（1985—1992）》，第45页。

丙种　郑州商城作为都城使用截止于二里岗上层二期，废弃于二里岗上层二期偏晚阶段。

（1）1997年，安金槐先生据向阳食品厂、顺城南街铜器窖藏埋藏年代推断：

郑州商城的使用时间也有可能延续使用到了商代二里冈上层二期。①

《郑州商城》：

其废弃时间应是在商代二里冈上层二期偏晚阶段。②

（2）1997年，杨育彬先生以为郑州商城：

使用时间应是从商代二里冈期下层二期开始，一直延续到商代二里冈期上层二期。③

1999年、2004年，又详细论证此点④。

（3）1996年，方酉生先生以为：

这两批窖藏铜器的年代皆属于二里冈期上层。这无疑已经给我们透露出两点信息，一是郑州作为商代王都的时间是在二里冈期上层；二是当时统治阶级遇到重大灾难，不得不仓皇出走，而在逃跑之前，匆匆忙忙将重器隐蔽起来，埋藏在地面之下，这就是郑州商城作为都城时间不很长的直接物证。……

……我们认为，郑州商城作为王都的时间，是在二里冈期上层阶段，即仲丁所迁的隞都。具体表现在，这时出现大型宫殿，有殉葬人的大墓，丰富多彩的铜、玉、石、骨、象牙器等珍贵遗物和窖藏大型青铜礼器等等。而在这之前，即在二里冈期的下层阶段，这些作为王都迹象的遗存，却很难见到。⑤

1997年，方酉生先生以为：

郑州商城始建于二里冈期下层晚段、而仲丁都隞的时间是在白家庄期、上限可能要早到二里冈上层一期……⑥

---

① 安金槐：《再论郑州商代青铜器窖藏坑的性质与年代》，《华夏考古》1997年第1期，第82页。

② 河南省文物考古研究所：《郑州商城——一九五三年～一九八五年考古发掘报告》，第1026页。

③ 杨育彬、袁广阔主编：《20世纪河南考古发现与研究》，第344页。

④ 杨育彬、曾晓敏：《夏商周断代工程·商前期年代学研究课题·郑州商城专题结题报告》，1999年，《杨育彬考古文集》，第155、156页；杨育彬：《再论郑州商城的年代、性质及相关问题》，《华夏考古》2004年第3期。

⑤ 方酉生：《郑州商城再探讨》，《华夏考古》1996年第3期，第91、92页。

⑥ 方酉生：《从郑州白家庄期商文化说到仲丁都隞》，《武汉大学学报（哲学社会科学版）》1997年第5期，第94页。

2005年，方西生先生以为：

郑州商城……到二里冈上层时，才成为仲丁所迁的隞都。[①]

又曰：

这些十分精美的王室青铜重器的发现，一方面证明郑州商城在二里冈上层，尚处于繁荣昌盛的王都阶段；另一方面证明，郑州商城的废弃时间是在二里冈上层二段（即白家庄期）之后。[②]

2. 郑亳说

此类观点随对郑亳说、中丁迁隞的解释而演变。郑亳说者以为郑州商城使用年代截止于仲丁迁隞。主要有三种观点。

丁种　郑州商城作为都城使用截止于二里岗上层一期，废弃于二里岗上层二期。

（1）邹衡先生把郑州早商文化分为三段六组[③]。1978年，邹衡先生以为：

早商期遗址分布最普遍，内涵最丰富，是最繁盛的时期，商城的修筑与使用也正是这一时期。此期又可分为两段四至五组。[④]

案：郑州商城使用延续至白家庄期或略晚。

1980年，邹衡先生以为郑州商城：

作为王城的使用则至少延续到第三段第Ⅴ组（二里冈上层一期）。[⑤]

又以为：

郑州商文化最繁盛的时期是第Ⅲ至Ⅴ组；比较繁盛的时期是第Ⅱ、Ⅵ（二里冈上层二期）两组；第Ⅶ、Ⅷ两组已呈现显著衰歇的现象。[⑥]

1987年（发表于1988年），邹衡先生以为：

第Ⅲ至Ⅴ组达到繁盛期；第Ⅵ组开始衰落；第Ⅶ组及其以后已完全衰落。[⑦]

（2）1985年，陈旭先生以为：

---

① 方西生：《论商汤亳都不在郑州商城》，《孝感学院学报》2005年第1期，第104、105页。

② 方西生：《论商汤亳都不在郑州商城》，《孝感学院学报》2005年第1期，第104页。

③ 邹衡：《试论夏文化》，《夏商周考古学论文集》，第108～115页；邹衡：《再论“郑亳说”——兼答石加先生》，《考古》1981年第3期，第271、272页。

④ 邹衡：《郑州商城即汤都亳说》，《文物》1978年2期，第71页。

⑤ 邹衡：《试论夏文化》，《夏商周考古学论文集》，第179页。

⑥ 邹衡：《再论“郑亳说”——兼答石加先生》，《考古》1980年第3期，第272页。

⑦ 邹衡：《综述夏商四都之年代和性质——为参加1987年9月在安阳召开的“中国殷商文化国际讨论会”而作》，《殷都学刊》1988年第1期，第6页。

到二里冈上层偏晚，至迟到白家庄期，都邑可能迁移了。[①]

1993年，陈旭先生以为：

城址的使用期为南关外期至二里冈上层期，延续有四期，约百余年。[②]

2000年，陈旭先生言：

郑州商城与小双桥遗址的年代关系是前后衔接的关系。小双桥遗址是商代嚣都故址，自白家庄期至商后期，郑州商城是商王朝的故里。[③]

（3）1996年，张国硕赞同陈旭先生说，郑州商城的废止年代为二里岗期上层的偏晚阶段[④]。

（4）1998年，王立新赞同郑州商城废弃于二里岗上层晚段（二里岗上层二期）[⑤]。

（5）1999年，郑杰祥先生以为郑州商城、偃师商城：

到了二里冈文化的三期和四期，两城大约同时继续繁荣、最后也同时进入于衰落时期。[⑥]

2006年，郑杰祥先生以为：

郑州商城大致在二里冈文化一期的晚段开始成为王都，发展和繁荣于二期至三期，到了四期，王都可能已经搬迁。[⑦]

2014年，郑杰祥先生将二里岗一期晚段至二里岗三期的郑州商城归为“王都亳邑的确立与郑州商城的繁荣”[⑧]，并以为：

进入二里冈文化四期，即文献记载的商王仲丁迁隞以后，郑州商城城墙未再发现增补的痕迹，城内也未发现本期的大型建筑群体；三期的大型建筑基址多被四期文化层所叠压，或者沦为废墟，可知这个时期的郑州商城已经不再作为王都，而是成为故都亳邑。…… 仍有众多的不同阶层的人们聚居在郑州商城故都亳邑。[⑨]

（6）2012年，宋国定、李素婷执笔的《郑州小双桥（1990—2000）》结语持与陈

① 陈旭：《郑州商城宫殿基址的年代及其相关问题》，《中原文物》1985年第2期，第47页。

② 陈旭：《商代第一都——郑州商城》，原载《中州纵横》1993年第8期，收入氏著《夏商文化论集》，第116页。

③ 陈旭：《论河南早商都邑遗址的年代及相关问题》，《考古与文物》2000年第1期，第37页。

④ 张国硕：《郑州商城与堰师商城并为亳都说》，《考古与文物》1996年第1期，第33页。

⑤ 王立新：《早商文化研究》，第9页。

⑥ 郑杰祥：《郑州商城和偃师商城的性质与夏商分界》，《中原文物》1999年第1期，第57页。

⑦ 郑杰祥：《郑州商城的定名及其存在年代新探》，《考古学研究（六）》，第161页。

⑧ 郑杰祥：《郑州商城与早商文明》，第86～219页。

⑨ 郑杰祥：《郑州商城与早商文明》，第234～236页。

旭先生同样观点。

从郑州小双桥遗址的年代看，其文化堆积年代上接郑州二里冈上层一期，……虽然有一段与郑州商城并行，但二者是一废一兴关系，其繁荣期前后衔接。二里冈上层一期是郑州商城的繁荣阶段之一，郑州商城到了白家庄期已经逐渐衰落，而小双桥遗址的繁荣期恰好在白家庄期。①

（7）2014年，袁广阔亦持陈旭先生同样观点。

小双桥遗址的兴盛承接于郑州商城的衰落，两者在年代上的前后衔接、遗址兴起和衰落的关系正是仲丁自亳迁隞的历史写照。②

又曰：

小双桥的兴起和繁荣时间，正是郑州商城宫殿基址废弃，遗迹、遗物减少，城址衰败的阶段。③

戊种　郑州商城作为都城使用截止于二里岗下层二期，废弃于二里岗上层一期。

1980年，郑杰祥先生认为郑州商城属于二里岗期下层，又以为：

二里冈上层时期，郑州商城作为国都已废弃不用。④

后来郑杰祥先生改变看法，此说遂废。

己种　郑州商城作为都城使用截止于二里岗上层二期偏晚阶段，废弃于二里岗二期偏晚阶段。

（1）2004年，袁广阔以为：

郑州商城在二里冈［上层］二期晚段废弃。⑤

（2）2004年，张国硕以为：

郑州商都的废弃年代是白家庄期之末，与殷墟一期文化相接或基本相接。⑥

---

① 河南省文物考古研究所：《郑州小双桥——1990～2000年考古发掘报告》，2012年，科学出版社，下册，第726页。

② 袁广阔：《关于郑州小双桥遗址的几个问题》，《考古》2014年第11期，第77、78页。

③ 袁广阔：《关于郑州小双桥遗址的几个问题》，《考古》2014年第11期，第79页。

④ 郑杰祥：《商汤都亳考》，《中国史研究》1980年第4期，第44页。

⑤ 袁广阔：《郑州商城与偃师商城关系的考古学观察》，《郑州大学学报（哲学社会科学版）》2004年第1期，第21页。

⑥ 张国硕：《试论郑州商都的年代》，《平顶山师专学报》2004年第4期，第54页；又见张国硕：《郑州商城研究》，《华夏都城之源》，第195—221页。

3. 管亳说

此类观点主张郑州商城乃管亳。主要有一种观点。

庚种　郑州商城作为都城使用截止于二里岗上层二期，废弃于二里岗上层二期。

（1）1995年，程平山认为郑州商城：

始建于一期（二里冈下层一期），废弃于四期（二里冈上层二期）。①

（2）2003年，程平山认为郑州商城：

始建于二里冈下层早段（二里冈下层一期），废弃于二里冈上层晚段（二里冈上层二期）。郑州商城兴建与使用于二里冈时期，经历了一个相当长的历史阶段。②

总之，关于郑州商城作为都城使用截止年代与废弃年代，目前学者意见较为一致地集中在二里岗上层一期或二里岗上层二期。

（二）郑州商城作为都城的使用截止年代与废弃年代的确定与郑州商城性质认识之间的关系

学者对于郑州商城作为都城的使用截止年代与废弃年代的研究，亦不是孤立地对建筑现象的判断，而是受到研究者本身对于郑州商城与小双桥遗址性质的认识的制约。

（1）安金槐、杨育彬、张文军先生等以为郑州商城为中丁隞都，安金槐、杨育彬以为小双桥遗址为郑州商城的祭祀场③。安金槐、杨育彬先生等以为郑州商城在白家庄期继续使用，张文军等以为郑州商城使用截止于二里岗上层一期，白家庄期之初即废弃。

（2）邹衡、陈旭、袁广阔等以为郑州商城为汤都亳、小双桥遗址为中丁隞都④。邹衡先生对郑州商城使用截止年代表述是不清晰，正与他对郑州商城始建年代与使用年代的认识相对照。小双桥遗址的使用年代为白家庄期，陈旭先生主张小双桥遗址为

① 程平山：《郑州商城性质初探》内容提要、第20页。论文重要观点都是形成于1994年春秋间。

② 程平山：《释“三亳”》，原载《考古学研究（五）》，《夏商周历史与考古》，第111页。

③ 安金槐：《再论郑州商代城址——隞都》，《中原文物》1993年第3期，第27页；杨育彬：《再论郑州商城的年代、性质及相关问题》，《华夏考古》2004年第3期，第65页。

④ 邹衡：《郑州小双桥商代遗址隞（嚣）都说辑补》，《考古与文物》1998年第4期；陈旭：《郑州小双桥商代遗址即隞都说》，《中原文物》1997年第2期；袁广阔：《关于郑州小双桥遗址的几个问题》，《考古》2014年第11期。

中丁所迁的隞都，郑州商城与小双桥遗址是一兴一废的关系，她主张郑州商城使用截止年代在二里岗上层一期。

张国硕以为郑州商城与安阳殷墟是衔接的都城，故主张郑州商城废弃于二里岗上层二期之末，与殷墟一期衔接。

（3）程平山认为郑州商城郑州商城为汤都管亳，赞同小双桥遗址为中丁隞都。郑州商城在二里岗上层二期仍然使用，郑州商城作为都城的使用截止于二里岗上层二期，废弃于二里岗上层二期。

（三）郑州商城的作为都城的使用截止年代与废弃年代

目前，关于郑州商城的作为都城的使用截止年代与废弃年代，学者定在二里岗上层一期或二里岗上层二期。《郑州商城》称：

> 过去把商代二里岗上层一期与商代二里岗上层二期的墓葬没有区别开来。①

即过去确定为二里岗上层的遗存中一些是属于二里岗上层二期的。《郑州商城》发掘报告总结二里岗上层二期遗存：

> 从二里岗上层一期的郑州商城宫殿区内，在商代二里岗上层二期时，还居住着不少的人们，并在城外的铭功路西侧和二里岗还发现有随葬青铜容器的商代二里岗上层二期的墓葬来看，郑州商代城垣，到了商代二里岗上层二期时还可能在继续使用着。②

郑州商城内二里岗上层二期的遗存很多，在白家庄、郑州医疗器械厂、电力学校、银基商贸城、市木材公司等都有发现③。重要遗迹有包括宫室、作坊、墓葬等。

（1）宫殿、房子。邹衡先生将宫殿区内的C8G10（C8F10）晚期遗存定为第三段第Ⅵ组（白家庄期、二里岗上层二期）④。杨育彬先生称：

> 在二里岗上层二期时，郑州商城仍有这一时期的宫殿夯土基址。在宫殿

① 河南省文物考古研究所：《郑州商城——一九五三年～一九八五年考古发掘报告》，中册，第850页。

② 河南省文物考古研究所：《郑州商城——一九五三年～一九八五年考古发掘报告》，中册，第874页。

③ 河南省文物考古研究所：《郑州商城——一九五三年～一九八五年考古发掘报告》，中册，第844～874页；河南省文物研究所：《郑州医疗器械厂考古发掘报告》，《郑州商城考古新发现与研究（1985—1992）》，第144～161页；河南省文物研究所：《郑州电力学校考古发掘报告》，《郑州商城考古新发现与研究（1985—1992）》，第162～184页；郑州市文物考古研究所：《郑州市银基商贸城商代外夯土墙基发掘简报》，《华夏考古》2000年第4期；姜楠等：《郑州市木材公司1997及2000年商代遗址发掘简报》，《郑州文物考古与研究（一）》，科学出版社，2003年，上册，第544～586页，等等。除此之外，郑州市文物考古研究院尚有一些未发表的资料。

④ 邹衡：《试论夏文化》，《夏商周考古学论文集》，第110页。

区内配合紫荆山大道开通发掘出一条东西向长百米以上的夯土墙。[①]

尚有黄河河务局夯土基址[②]、白家庄遗址的C8G1（C8F1）及夯土台属于二里岗上层二期[③]。

（2）作坊。南关外铸铜基址、紫荆山北铸铜基址[④]、铭功路制陶作坊[⑤]、东里路1号院制骨作坊[⑥]等发现有二里岗二期遗存。

（3）贵族墓、平民墓与丛葬坑。铜器墓有白家庄铜器墓M2[⑦]，郑州铭功路M4[⑧]，北二七路M1、M2[⑨]，二里岗C1M1[⑩]等。陶器墓有郑州商城北墙CNM5[⑪]、东墙CEM5[⑫]等。丛葬坑有商城北路近200米处2座丛葬坑[⑬]等。

总之，二里岗上层二期郑州商城仍有贵族、平民居住，仍有作坊为之服务。

郑州商城宫殿区的废弃体现于宫城内的打破宫殿基址的壕沟、制骨作坊、陨落的

---

① 杨育彬：《再论郑州商城的年代、性质及相关问题》，《华夏考古》2004年第3期，第65页。

② 杨育彬、曾晓敏：《夏商周断代工程·商前期年代学研究课题·郑州商城专题结题报告》，1999年，《杨育彬考古文集》，第134页。

③ 河南省文化局文物工作队第一队：《郑州市白家庄遗址发掘简报》，《文物参考资料》1956年第4期，第3～5页；河南省文物考古研究所：《郑州商城——一九五三年～一九八五年考古发掘报告》，中册，第849页。

④ 河南省文物研究所：《郑州商城二里岗期铸铜基址》，《考古学集刊》第6集，科学出版社，1989年，第100～122页，图九：1、图一四：1、13；河南省文物考古研究所：《郑州商城——一九五三年～一九八五年考古发掘报告》，上册，第368页，图二二三：1；陈旭：《郑州商代铸铜基址的年代及相关问题》，《中原文物》1992年第3期，第39、40页。

⑤ 河南省文物研究所：《郑州市商代制陶遗址发掘简报》，《华夏考古》1991年第4期，第15页。

⑥ 杨育彬、曾晓敏：《夏商周断代工程·商前期年代学研究课题·郑州商城专题结题报告》，1999年，《杨育彬考古文集》，第176页。

⑦ 河南省文物工作队第一队：《郑州市白家庄商代墓葬发掘简报》，《文物参考资料》1955年第10期，第24～42页；河南省文物考古研究所：《郑州商城——一九五三～一九八五年考古发掘报告》，上册，第581～583页。

⑧ 郑州市博物馆：《郑州市铭功路西侧的两座商代墓》，《考古》1965年第10期；河南省文物考古研究所：《郑州商城——一九五三年～一九八五年考古发掘报告》，中册，第851页。

⑨ 河南省文物研究所：《郑州北二七路新发现三座商墓》，《文物》1983年第3期；河南省文物考古研究所：《郑州商城——一九五三年～一九八五年考古发掘报告》，上册，第576、577页。

⑩ 王彦民、赵清：《郑州二里岗发掘一座商代墓》，《中原文物》1982年第4期；河南省文物考古研究所：《郑州商城——一九五三年～一九八五年考古发掘报告》，中册，第851、852页。

⑪ 河南省博物馆等：《郑州商代城遗址发掘报告》，《文物资料丛刊（1）》，第19、20页；河南省文物考古研究所：《郑州商城——一九五三～一九八五年考古发掘报告》，上册，第586页。

⑫ 河南省博物馆等：《郑州商代城遗址发掘报告》，《文物资料丛刊（1）》，第19、20页；河南省文物考古研究所：《郑州商城——一九五三年～一九八五年考古发掘报告》，中册，第852页。

⑬ 杨育彬、曾晓敏：《夏商周断代工程·商前期年代学研究课题·郑州商城专题结题报告》，1999年，《杨育彬考古文集》，第133、134页。

板瓦等。

（1）打破宫殿基址的壕沟。宫殿区内C8G10（C8F10）是经久使用的宫殿。被壕沟打破，壕沟出土陶片属于二里岗上层二期[①]。

（2）制骨作坊。在打破C8G10（C8F10）壕沟内填埋了近百个带有锯痕的人头盖骨。这些头骨的中间有明显的锯痕，从加工痕迹看，应为废弃堆积[②]。

（3）陨落的板瓦。郑州商城多处发现白家庄期的板瓦[③]。郑州丝钉厂商品住宅楼基建区：

> 板瓦发现于地层和灰坑中，出土时已经失去了原来的位置，以破碎的状态散存于建筑周围的废弃堆积。……出土板瓦的地层和灰坑的年代大致相当于郑州二里岗上层二期，即白家庄期前后。然而依据发掘现场的实际情况分析，这些地层和灰坑形成的时间显然是在原来的宫殿建筑废弃以后。[④]

打破C8G10（C8F10）壕沟内的第二层填土内发现两块板瓦残片，板瓦直接为人头骨堆积所叠压，年代至少不会晚于白家庄期。

（4）铜器窖藏。在张寨南街、向阳回族食品厂、南顺城街发现的铜器窖藏。南顺城街、张寨南街铜器窖藏伴出陶器的年代属于二里岗上层二期[⑤]。分析相关遗存，向阳回族食品厂铜器窖藏的年代属于白家庄时期[⑥]。这些窖藏的时代集中于二里岗上层二期，它们与郑州商城废弃密切相关。

总之，依据打破宫殿基址的壕沟、废弃的板瓦、铜器窖藏等，可以判断郑州商城作为都城截止年代在二里岗上层二期，废弃于二里岗上层二期。当然，此后仍有一些人居住于此。

---

① 河南省文物考古研究所：《郑州商城——一九五三年～一九八五年考古发掘报告》，第479～482页；杨育彬、曾晓敏：《夏商周断代工程·商前期年代学研究课题·郑州商城专题结题报告》，1999年，《杨育彬考古文集》，第161、162页；杨育彬：《再论郑州商城的年代、性质及相关问题》，《华夏考古》2004年第3期，第57页。

② 河南省文物考古研究所：《郑州商城——一九五三年～一九八五年考古发掘报告》，第476～783页；杨育彬、曾晓敏：《夏商周断代工程·商前期年代学研究课题·郑州商城专题结题报告》，1999年，《杨育彬考古文集》，第175、176页；杨育彬：《再论郑州商城的年代、性质及相关问题》，《华夏考古》2004年第3期，第57页。

③ 河南省文物考古研究所：《郑州商城宫殿区商代板瓦发掘简报》，《华夏考古》2007年第3期。

④ 河南省文物考古研究所：《郑州商城宫殿区商代板瓦发掘简报》，《华夏考古》2007年第3期，第39页。

⑤ 河南省文物考古研究所等：《郑州商代铜器窖藏》，科学出版社，1999年，第31～44页，第78页图五三：1、2，第79页图五四：1。

⑥ 河南省文物考古研究所等：《郑州商代铜器窖藏》，第101页。

四、郑州商城兴废年代的认识阶段与研究的必由之路

（一）郑州商城兴废年代的认识阶段

考察学者对于郑州商城兴废年代的认识，可以分为三个发展阶段。

1. 第一阶段　20世纪50年代至70年代（1955～1980年）

尽管邹衡、安金槐先生对郑州商城的性质由相同走向巨大的分歧，他们在20世纪50年代至80年代对于郑州商城兴废的认识竟然是一致的。他们都以为郑州商城始建于二里岗下层二期，使用于二里岗下层二期、二里岗上层一期，二里岗上层二期（白家庄期）废弃。

2. 第二阶段　20世纪80年代至90年代（1983～1995年）

高煦、张文军等先生、程平山提出郑州商城的始建在二里岗下层一期，大致废弃于白家庄期。陈旭、郑杰祥、邹衡先生则提出郑州商城始建于南关外期。

陈旭先生以为郑州商城始建于南关外期晚段，是商汤灭夏以后的都邑。所谓的南关外期包括南关外下层（属东夷或淮夷文化）、南关外中层（二里岗下层一期）。1984～1987年，邹衡先生在陈旭等人的建议下，以为郑州商城始建于南关外期。其实质，是将郑州商城的兴建时代归于二里岗下层一期的范围内。不过，陈旭先生的表述是按照邹衡先生的分期，邹衡先生对此期的认识存在模糊不清。

具体说来存在细微差别。陈旭先生以为南关外期晚段（二里岗下层一期）已经建都，张文军等先生则以为二里岗下层一期建而未用，程平山则认为郑州商城在二里岗文化之初即为汤都。陈旭先生以为“到二里岗上层偏晚，至迟到白家庄期，都邑可能迁移了”，张文军等先生则以为郑州商城在白家庄期“开始衰落且不久便被废弃”。尚未认识到郑州商城在白家庄期的繁荣。

3. 第三阶段　20世纪初至90年代后期以来（1996年至今）

夏商周断代工程展开后，给学者以新的机会重新认识郑州商城的兴废，差异更大，更加混乱。

杨育彬及郑杰祥先生、袁广阔及曹桂岑、张国硕等提出新的见解，杨育彬先生以为郑州商城兴建于二里岗下层一期晚段，张国硕以为郑州商城兴建于二里岗下层一期之初，袁广阔以为始于洛达庙晚期。他们共同认为郑州商城使用于二里岗下层一期至

二里岗上层二期，在二里岗上层二期晚段废弃。

对于袁广阔提出的郑州商城始建于洛达庙晚期说，李伯谦先生有所思考，倾向于此说。

总的说来，对于郑州商城的兴废，学者的认识经历了一个漫长的过程。由早期的模糊认识，逐步前进。但是，这一认识过程呈现曲折。学者对于郑州商城的废弃年代渐趋一致。然而，对于郑州商城的始建年代尚未形成一致意见。这种局面必将阻碍对郑州商城进一步深入研究。

猜想有余，而论证不足，自安金槐、邹衡先生以来如此。

总之，关于郑州商城的始建年代与废弃年代，学者意见分歧很大。郑州商城的始建年代差异较大，其废弃年代过去以为在白家庄期初，现在看来应改为白家庄期偏晚阶段。

（二）郑州商城兴废年代研究必由之路

基于郑州商城考古学年代的研究现状，我们认为要确定郑州商城年代必须进行以下工作。

1. 必须深入研究历史年代

郑州商城年代的研究必须依靠历史年代，而考古学文化分期可以参考。目前的夏商周考古完全可以依靠历史年代学与考古学文化的分期的研究解决重大问题。

以往学者对于郑州商城历史年代的研究很薄弱。

邹衡以为郑州商城的具体年代约自汤至大戊时期：

> 早商期遗址分布最普遍，内涵最丰富，是最繁盛的时期，商城的修筑与使用也正是这一时期。此期又可分为两段四至五组，若每组平均四、五十年，则共占一百五十年至二百年左右。从成汤都亳到仲丁离开亳，共历五世十王，若每世平均三十年，则共约一百五十年左右。可见两者的年代是可以大体相应的。①

案：此种推算，“若每组平均四五十年”纯属没有根据的推测。“每世平均三十年”缺乏相关数据的证实，难以为据。所以，邹衡先生的推算，没有参考价值。

孙淼《夏商史稿》据今本《竹书纪年》数据估计郑州商城年代②，大误。

---

① 邹衡：《郑州商城即汤都亳说》，《文物》1978年第2期，第71页。

② 孙淼：《夏商史稿》，文物出版社，1987年，第335页。

2004年，张国硕以为：

郑州商都城垣建于二里岗下层一期偏晚阶段或下层二期早段，宫殿区建于下层一期之初。以宫殿区的建造作为都城的始建年代，则郑州商都始建于二里岗下层一期的最早阶段。郑州商都的废弃年代是白家庄期之末，与殷墟一期文化相接或基本相接。通过对考古、文献材料以及碳十四测年数据进行分析可知，郑州作为商都的积年至少有200年以上。①

2011年，张国硕重新论证此观点，以为郑州商城自成汤至盘庚迁殷以前延续300年②。

案：张国硕的推断前后数据不一致，得出200年以上、300年两种数据，证实他对此摇摆不定。

所以加强历史年代的研究是亟须的。

2. 必须将^{14}C测年从夏商周年代学的研究中剔出去

夏鼐先生在介绍^{14}C测年在旧石器时代晚期至青铜时代早期的应用时，首先与特别地提醒的是^{14}C数据的偏差③。1977年，夏鼐先生指出：

放射性碳素测定年代，也还有些问题需要解决。一则是它本身的误差；再则是树轮校正年代的准确性。④

这种误差的存在始终难是以改变的事实，掩盖、曲解这种误差只能招致失去被信任与难以被利用。学者以往根据考古学文化分期以及^{14}C测年判断郑州商城的历史年代，很不可靠，引起很大纠纷。

^{14}C数据尚需参考历史年代、考古学文化分期。^{14}C测年本是辅助手段，过分依赖^{14}C数据是年代学研究不成熟的表现。否则，只能永远停留在沼泽之中，沦为^{14}C数据的奴隶。由于受到^{14}C数据的影响，一些学者不断改变观点。这种行为有违认知，唯一的办法是将^{14}C测年剔出。^{14}C测年可以用于五帝以前的历史与考古学文化研究，不适合要求精准年代的五帝以后的历史与考古学文化研究。

---

① 张国硕：《试论郑州商都的年代》，《平顶山师专学报》2004年第4期，第54页。

② 张国硕：《郑州商城研究》，《华夏都城之源》，第208、209页。

③ 夏鼐：《碳—14测定年代和中国史前考古学》，原载《考古》1977年第4期，第217、218页；收入氏著《夏鼐文集》，上册，社会科学文献出版社，2000年，第376、377页。

④ 夏鼐：《谈谈探讨夏文化的几个问题》，原载《河南文博通讯》1978年第1期，第33页；收入氏著《夏鼐文集》，中册，第3—4页。

3. 必须研究郑州商城的夏末商初的历史地理

目前，对于郑州商城的夏末商初的历史地理研究不足。郑亳说者以为郑州商城是商汤克夏前后的亳，即夏末商人即已占据郑州，在此建立攻夏的据点。程平山认为这里是夏人旧地，商汤克夏以后才建立郑州商城。所以，学者必须利用传世文献与出土文献对商汤克夏前后的历史地理加以复原。

4. 必须对郑州二里岗文化进行细致地分期

关于郑州二里岗文化的分期学者有10余种观点，差异不小。邹衡先生曾将郑州商文化分为若干段组，安金槐先生分为若干期，他们分期的内涵并不一致，称谓亦不统一。所以，需要重新评估，尤其需要利用新资料进行分期。郑州商城分期进一步细化一直是河南省文物考古研究院研究人员的心愿与追求，这是他们的光荣责任与义务。所以，希望得到准确如实的分期。

5. 必须深入探讨二里岗下层一期文化的来源及与二里岗下层二期文化之间的关系

关于二里岗下层一期文化的来源，学者提出多种方案。安金槐等先生提出二里岗文化来自洛达庙文化（属二里头文化），遭到邹衡等先生的否定。邹衡先生提出了二里岗文化来自南关外下层文化，被许多学者否定。

邹衡、陈旭先生将二里岗下层一期文化与二里岗下层二期文化划分为先商时期、早商时期，即夏商时期文化的分界。一些学者否定这种意见。

程平山认为二里岗下层一期文化为最早的商文化。王立新等则以为二里岗下层早段文化滞后于“汤革夏命”一个时期，郑州一带的三种遗存（洛达庙三期遗存、南关外期遗存、郑州化工三厂遗存）应当就是这种文化的动荡与整合时期的遗存。

总之，以上问题必须彻底解决，否则难以对郑州商城的始建年代取得一致的结论。

五、结　　语

基于以上研究，我们得出如下认识：

（1）关于郑州商城的考古学年代，学界经历长久的研究，仍存很大的分歧。我们分析诸说，确定合理的范围。作为都城，郑州商城营建于二里岗下层一期，使用年代自二里岗下层一期至二里岗上层二期，废弃于二里岗上层二期。

（2）郑州商城之地本夏代腹心，商汤克夏桀后，营建商代管亳。郑州商城以宫城、内城与外城的配套建筑的营建为开端。郑州商城的规划定在成汤之时，其实施营建亦始于成汤，应初步完成于成汤之时。

（3）确定郑州商城年代，必须深入研究历史年代，必须对郑州二里岗文化进行细致地分期，必须深入探讨二里岗下层一期文化的来源及与二里岗下层二期文化之间的关系，必须将^{14}C测年从夏商周年代学的研究中剔出去。

试论郑州商城的总体规划

张立东

（河南大学历史文化学院考古文博系）

摘　要　郑州商城的外城是不规则的八边形，而内城则是略扁的正方形，因此郑州商城的总体格局应是内四（边形）外八（边形）。鉴于仰韶时代已有八方的划分，可以肯定郑州商城的总体格局与四面八方的空间划分有关。史前卦画的发现、晚商至战国卦画与数字卦的并存及殷墟易卦卜甲的卦阵，使我们相信早商时期已有八卦的归纳，进而将郑州商城内四外八的格局与四象八卦建立联系。四面八方或四象八卦的规划思想大大增强了郑州商城作为四方之极或天下之中的审美效果，有利于中央权力的加强。内四外八的格局在中国古代城市中颇为罕见，因此郑州商城总体格局的确认对研究中国古代的城市规划有着特别重要的意义。

关键词　郑州商城；总体规划；内四外八；四面八方；四象八卦

作为商代早期五世十王的都城，郑州商城在中国城市史上占有极其重要的地位。该城主要由内城和外城两道城圈组成（宫城尚待确认）。二者均发现于20世纪50年代，但外城直到1986年才得以确认①。外城的确认极大地改变了学术界对郑州商城的总体认识，将很多原来归到城外的手工业作坊区和普通居民区纳入内外城之间。

近30年来对外城的勘查与研究可以大体分为三个阶段。第一阶段是从1986年外城的再发现和确认到1993年一系列田野工作和研究成果的发表②；第二阶段截止于2004年又一批田野工作和研究成果的公布③；第三阶段截止于2010年12月10日在“纪念郑州商代遗址发现60周年座谈会”上提出④、并大约同时发表的郑州商城总体规划为“外圆内

① 河南省文物考古研究所：《郑州商城外夯土墙基的调查与试掘》，《中原文物》1991年第1期。

② 河南省文物考古研究所：《郑州商城考古新发现与研究（1985—1992）》，中州古籍出版社，1993年。

③ 河南省文物考古研究所：《郑州商城外郭城的调查与试掘》，《考古》2004年第3期；袁广阔、曾晓敏：《论郑州商城内城和外郭城的关系》，《考古》2004年第3期。

④ 例如陈茁：《商城外廓城形制走向基本探明》，《河南日报》2010年12月11日2版；李颖、朱张文：《郑州商城“外圆内方”》，《郑州日报》2010年12月11日2版；李雅静：《郑州商城原来像个“大铜钱”》，《河南商报》2010年12月11日A08版；张体义：《郑州商城遗址方城之外是圆城布局影响后世》，“大河网”2010年12月11日；桂娟：《郑州商城的城郭形制体现古代最早天圆地方理念》，“文化中国网”2010年12月14日。

方”说[①]。此说虽未得到学术界的完全认同[②]，但经过新闻界的大量报道之后社会影响甚大（图一）。文物管理部门还将该说铭刻到石碑之上，放在位于内城东南角内侧的考古遗址公园内供游客观赏（图二）。

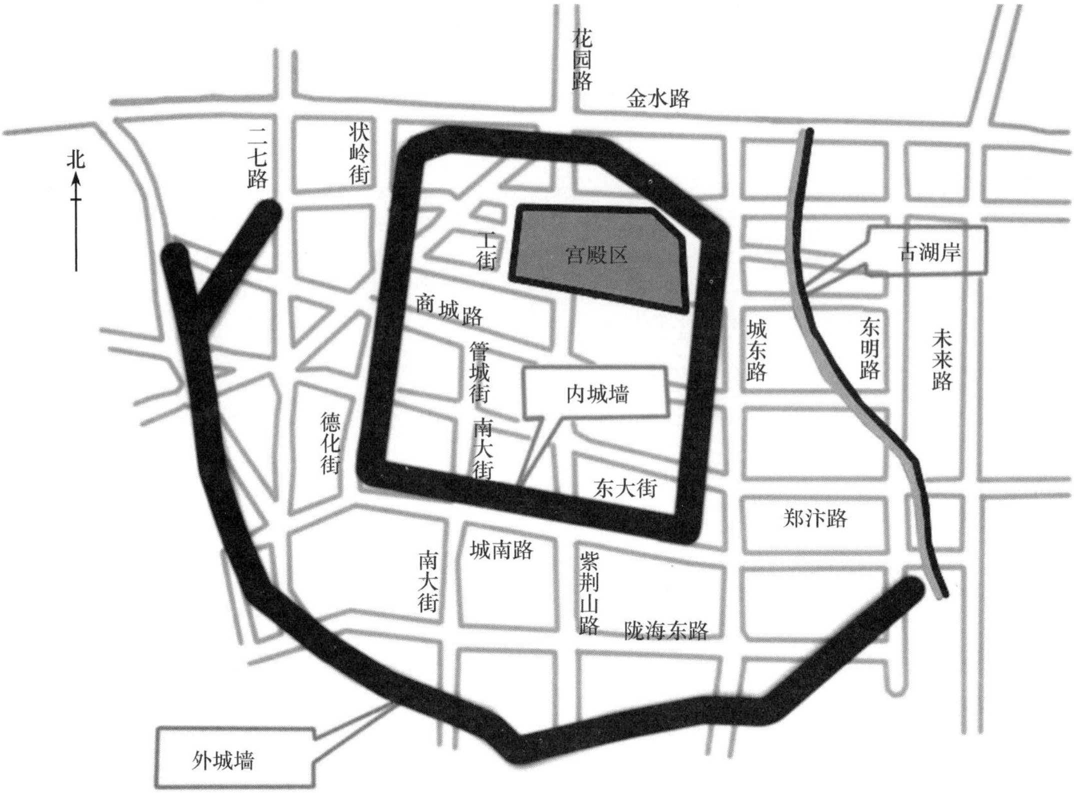

图一　新闻报道的郑州商城

据李雅静：《郑州商城原来像个“大铜钱”》，《河南商报》2010年12月11日A08版

近来在探索中国古代城市规划时，认真学习了“外圆内方”说，感觉该说显示研究者开始思考郑州商城的总体规划，对于重新认识郑州商城贡献巨大，只是其“外圆”需要进一步讨论，而“内方”也有微调的可能。本文首先在梳理钻探与发掘资料的基础上对外城的形状进行归纳，其次在微调内城形状的基础上对郑州商城内外城的总体规划试作讨论，最后对总体规划背后的思想理念略加重构。希望能够得到考古和城市规划两方面专家的教正。

---

① 刘彦锋、吴倩、薛冰：《郑州商城布局及外廓城墙走向新探》，《郑州大学学报》2010年第3期。

② 梁新慧《郑州3600年前是枚“铜钱” 圆形外城环抱方形内城》：“针对刘彦峰的报告……李伯谦说……是不是和‘天圆地方’有关系，现在还不能下定论……王巍说……‘至于外城是不是圆形，只能说有可能’……这还需要靠以后的考古发掘来印证。”《东方今报》2010年12月11日。

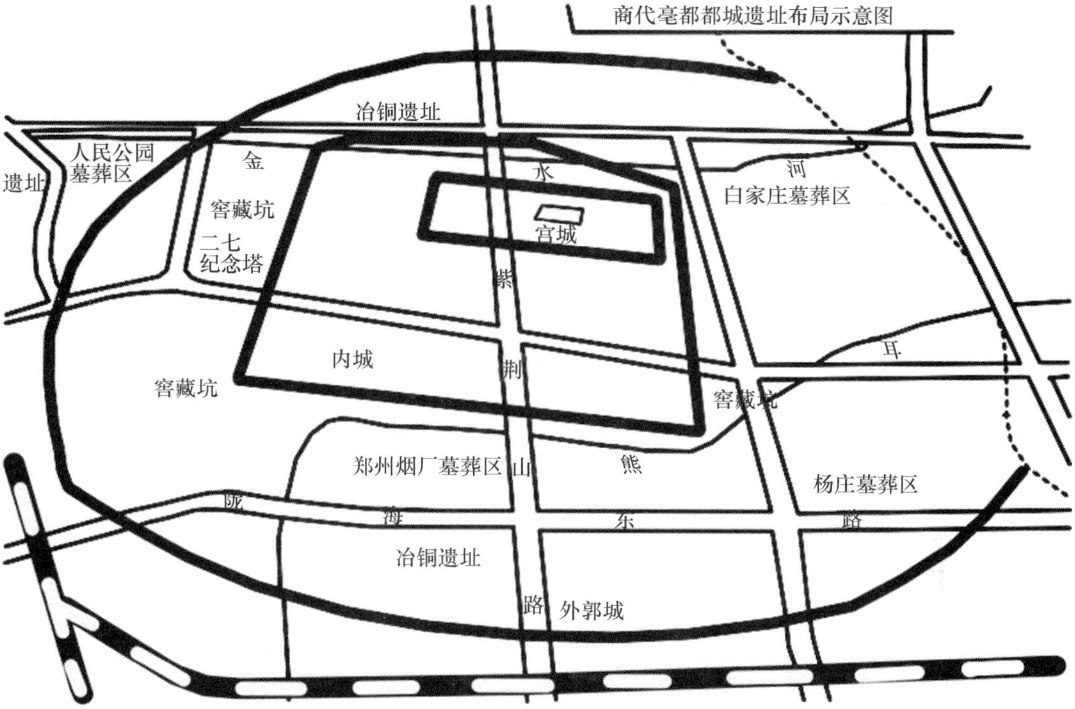

图二　遗址公园石碑上的郑州商城布局示意图

据照片重绘

一、外城形状：八边形

（一）外城非圆说

“外圆内方”之“外圆”是很难成立的。已经基本明确的南侧外城可以分成非常明显的四段。为行文方便，现将其从东往西依次编为第1～4段（图八）。总的看来，各段城墙都比较平直，显非圆形的一段——弧形。四段城墙的三处交接点中，一处有一个转折，另两处则有明显的两个转折。前者可以视为两段平直城墙的正常交接，而后者则无疑是刻意做成的。具有两个转折的交接之处还有一个共同点，即从东往西都是先内折再外折。这一共同点更显得两处的四个转折是刻意修建的。

在以方形为主流的中国古代城市中，这两种交接虽然不常见，但并非绝无仅有。两段城墙以一个钝角相接的情况在郑州商城内城的北部就有四处。在楚都纪南城的东北、西北两角各有一段短墙连接北墙与东西二墙，由这两段短墙造成的四处转折都是两段直墙以钝角相接[①]。在齐都临淄城的北墙西段有两个相距很近的转折。若由东往西，则两段转折是先内折再外折，与郑州商城南侧外城的情况颇似[②]。这种有两个转折的交接处，若非地形所致，则有可能是为了加强防卫功能，与欧洲中世纪棱堡的某些防卫结构有着异曲同工之处。

已确认的四段外城并非总是平直，各段也有一些小转折。在第一阶段发表的平面图上，第3段城墙西部的实线与东部的虚线之间略有转折，第4段城墙北部外曲成弧状（图三）。1991年曾在三马路以南300米处的三德里发掘出“西墙”向“南墙”转折的

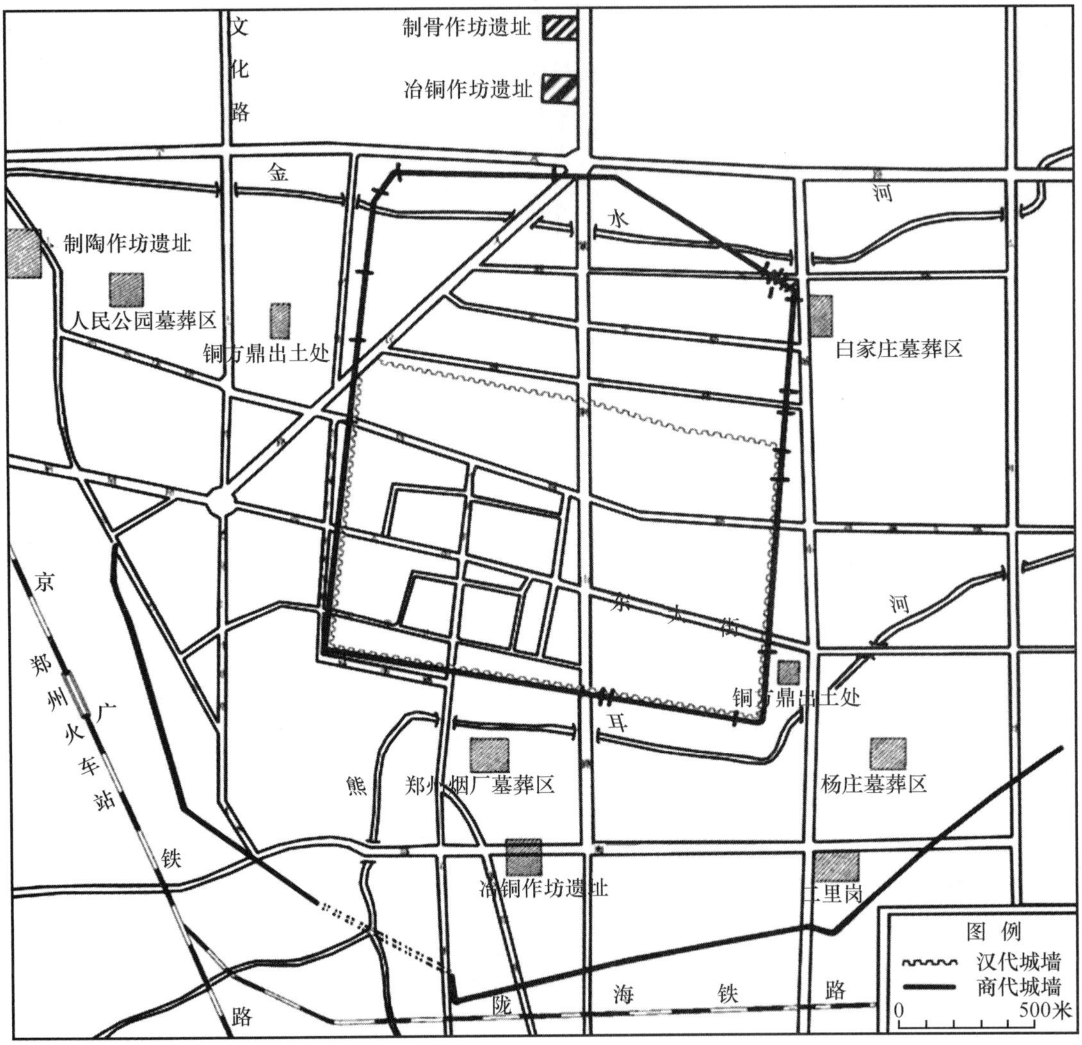

图三　第一阶段郑州商城平面图

据河南省文物考古研究所：《郑州商城》，文物出版社，2001年，178页，图二

---

① 郭德维：《楚都纪南城复原》，文物出版社，1998年，第49页。

② 曲英杰：《先秦都城复原研究》，黑龙江人民出版社，1991年，第257、393页。

地方[①]。1994年又在三马路北侧的银基商贸城挖出两小段方向不完全一致的城墙。两段城墙的延长线形成一个“抹角”[②]。显然这一区域至少应有两个转折。第二阶段的平面图并未将三马路北侧的抹角表现出来，甚至将上面提到的第3段城墙的微折和第4段城墙的外曲也捋直了（图四）。这些材料说明外城各段并不像图中表现的那么平直。我们在研究外郭城的形状时，既要关注这些微小的曲折，更要着眼大局，以鸟瞰视角掌

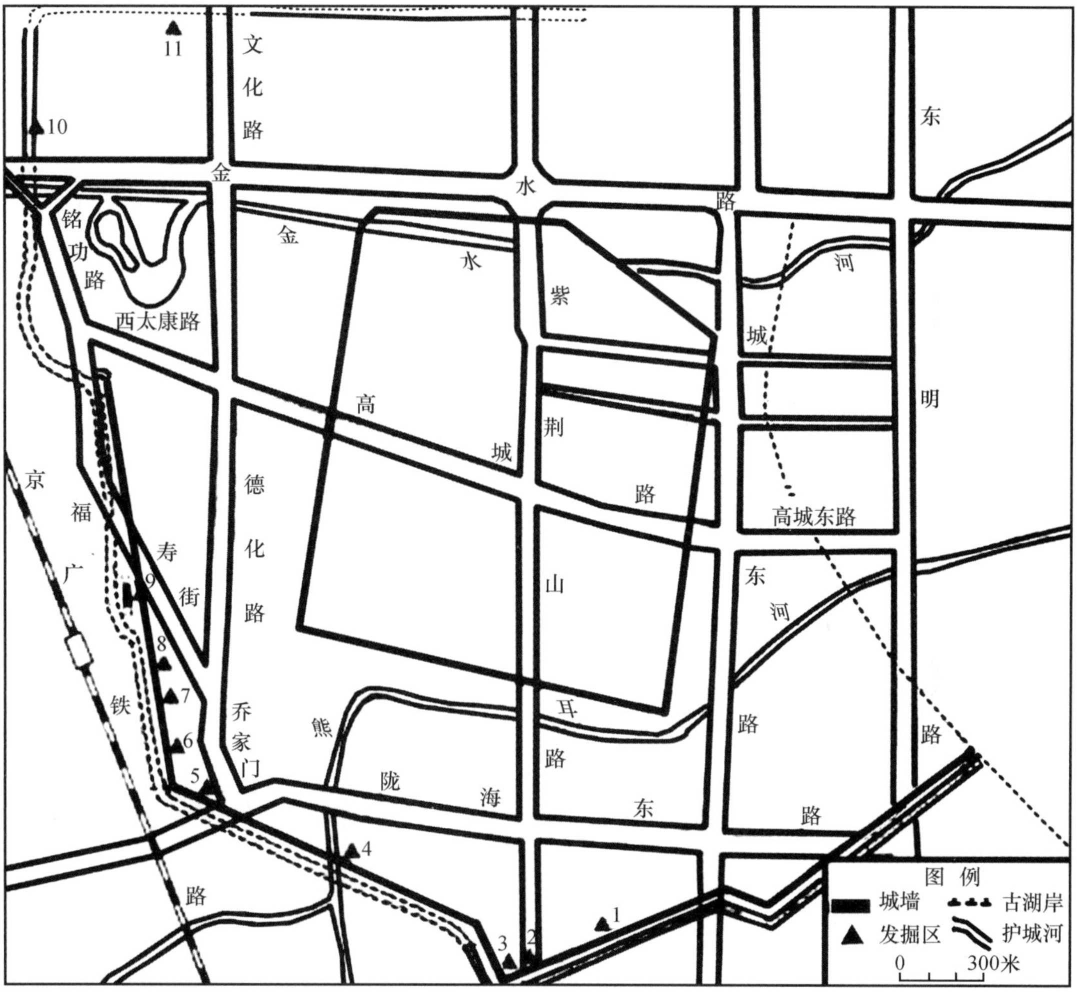

图四　第二阶段郑州商城平面图

据河南省文物考古研究所：《郑州商城外郭城的调查与试掘》，《考古》2004年第3期，41页，图一

---

① 宋国定：《1985—1992年郑州商城考古发现综述》，河南省文物考古研究所：《郑州商城考古新发现与研究（1985—1992）》，中州古籍出版社，1993年，第52页；河南省文物考古研究所：《郑州三德里、花园新村考古发掘简报》，河南省文物考古研究所：《郑州商城考古新发现与研究（1985—1992）》，中州古籍出版社，1993年，第230、240页。

② 郑州市文物考古研究所：《郑州市银基商贸城商代外夯土墙基发掘简报》，《华夏考古》2000年第4期。

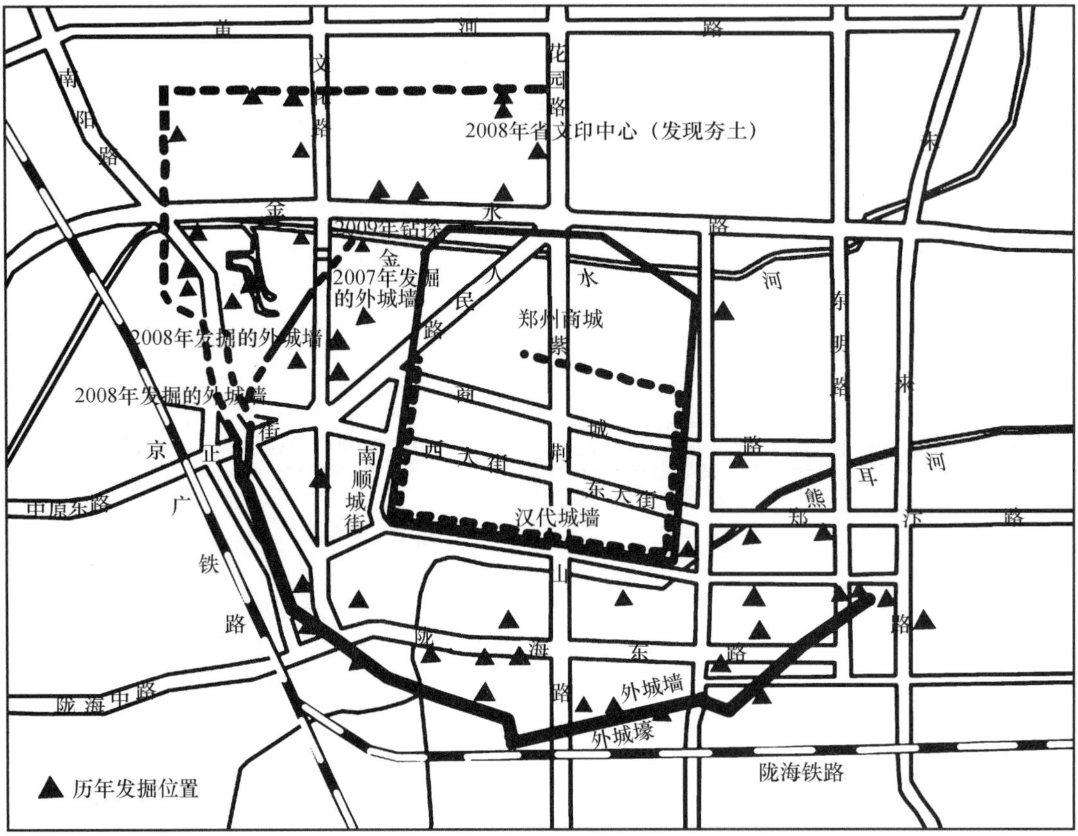

图五　第三阶段郑州商城平面图

据刘彦锋、吴倩、薛冰：《郑州商城布局及外廓城墙走向新探》，《郑州大学学报》2010年第3期，165页

握各段城墙的走势。综合三个阶段的平面图，我们可以确定郑州商城的外廓城是由基本平直的数段组成的。

（二）外城应有八段

截止1993年，环绕内城东南至西南的四段外城已大致确认。此后的田野工作和研究讨论主要集中在西墙（第4段）向北的延伸，以及北墙和东墙的探查。笔者完全接受发掘者对第1、2、3段城墙的结论，因此下面在确认第4段城墙的基础上，集中讨论第5（西北方向）、6段（正北方向）城墙，并简单地推测可能规划中的第7、8两段（东北、正东方）城墙类设施（图八）。

1. 第4段（西南侧）城墙北端的推定

1986年6月在郑州火车站广场南面、一马路东侧振兴商场的施工中，发现一段南北向的夯土墙。沿着这段城墙向南北两端进行追踪，向北穿过兴隆街延伸到福寿街北段[①]。后来在第二阶段披露1986年的钻探资料时说："再向北经现东方红电影院、地震局大楼，一直延伸到现人民公园南部的市保险大厦西侧……在现保险大厦东侧的西太康路上开的一条东西向的探沟，证明夯土没有再向北延伸。"[②]

1993年在福寿街西侧与兴隆街的交汇处的郑州饭店扩建工程中，发现了一段长约58米的南北向夯土墙。其结构、宽度及保存情况接近在紫荆山南路发掘的南城墙。报告特别提到，这段城墙与1986～1987年勘探和发掘的西城墙相隔约40米，并推测这一段应存在两条平行的外郭城墙[③]。这一发现为外郭城的研究提出了新的问题，这仅是一段类似垣曲商城的西、南二墙的双墙，还是另有结构，需要更多的资料才能回答。

2. 第二阶段复原的西城墙北段与北城墙西段

第二阶段复原图上的西北角仅有护城河，而且大部分是虚线，仅西墙北端为实线，而图上北墙的东半段则是内实外虚。西墙的实线是有钻探资料支持的。2002年3～4月在优胜北路、优胜南路中段曾钻探出护城河。河宽23～25米，已探出部分长约600米。

北墙复原中最重要的支点是2002年在纬三路北约100米的经五路及东面印刷厂院内发现的夯土。沿这段夯土向西追踪时，在经六路以西均未发现夯土，但发现文化层北部边缘地势陡然变低，深度都在6米以上且底部有淤土。在经七路探出河底宽约20米，而在健康路和东三街淤土北部的边界没有找到。显然经六路以西的"护城河"也是没有城墙伴出的。

在西北角大段护城河的复原过程中，文化层的分布也起了很大的作用。基本确认的第1～4段外城之外基本没有文化层的分布[④]，而西北角护城河以内的大石桥、市儿童医院、省图书馆、省二轻厅等地点均发现有文化层[⑤]，因此第二阶段对外城西北部"护城河"的推测，在文化层分布上是有理由的。

---

① 河南省文物考古研究所：《郑州商城外夯土墙基的调查与试掘》，《中原文物》1991年第1期，第88页，图一。

② 河南省文物考古研究所：《郑州商城外郭城的调查与试掘》，《考古》2004年第3期，第43页。引文中的方位于理不通，故怀疑"保险大厦东侧"应为"保险大厦西侧"的笔误。

③ 河南省文物考古研究所：《郑州商城外郭城的调查与试掘》，《考古》2004年第3期，第44、45页，图一。

④ 安金槐：《对于郑州商城"外夯土墙基"的看法》，载《郑州商城考古新发现与研究（1985—1992）》，中州古籍出版社，1993年，第4页。

⑤ 袁广阔：《论郑州商城内城和外郭城的关系》，《考古》2004年第3期，第61页及图一。

3. 第5段（西北侧）城墙的推定

2006年7～8月，在西太康路与民主路交叉口西南的沃尔玛商城发掘出一段夯土墙基。2007年7月，在西太康路与北二七路交叉口西北的丹尼斯百货钻探出一段夯土墙基。2008年9～12月，在解放路与自由路之间发掘了一段夯土墙基。揭露部分长110米，仅存基槽部分，宽12～14.8米。值得注意的是这三段城墙都没有发现护城河。2009年在北二七路和杜岭街之间的金水河两岸也钻探出了夯土。南岸地点距二七路桥216米，北岸地点距杜岭街桥173米。夯土宽13米，走向、宽度及土质等与前述发掘的外城城墙基本一致。论者利用上述五个地点的资料复原了一段西南—东北走向的外城①。

其中最靠南的地点位于解放路及自由路之间。自由路位于解放路北侧且与之大致平行，仅凭文字描述无法确定其具体位置。附图将南端的虚线画在解放路上，由此可大体确定该地点的位置。位于西太康路与民主路交叉口西南的沃尔玛商城，在省院的钻探地点（人民公园南侧的市保险大厦西侧）之东。而第二阶段平面图上第4段城墙的北端很靠近西侧的铭功路，且北距西太康路有一段距离。正如第三阶段平面图所示，在解放路与太康路之间应有两段城墙。若以解放路为基点，则一向西北，一向东北。至于这两段城墙的关系，限于资料，现在不敢妄加推断。鉴于向西北延伸者不及西太康路，而往东北延伸者较长，我们暂时判定向东北延伸的城墙应是此段外城的主体。

向东北延伸的城墙外侧没有护城河、向西北延伸的城墙外侧有护城河（图四）、西北角文化层的密布与下文第6段两条城墙的外墙有护城河等现象可能有所关联。这也许是整个外城的特例。笔者在研究城市和墓地规划时，曾碰到数处西北角区域的异常现象。这到底是巧合还是另有说法，现在尚不得而知。图五中向东北延伸的这段城墙略有弧度，也许这就是引发论者关于商城内圆外方、天圆地方之说的因由。不过，这段城墙的些微弧度尚不足以改变外城各段大致平直的基调，完全可以看作平直而稍有弯曲，而更准确的情况则期待发掘与勘探报告的正式发表。

4. 第6段（北侧）城墙的钻探

2002年在纬三路北约100米的经五路上发现了夯土，后又在东面的印刷厂院内也发现了夯土，二者相距约100米，东西在一条直线上。在印刷厂院内往北探，在夯土以北约10米处发现了宽约40米的淤土，与紫荆山南路发掘的城墙与城河的情况相近。此处距内城约900米。当时曾沿这段东西向夯土向两端追踪。往西在经六路及以西的经七路、健康路、东三街等均未发现夯土。由报告的行文推断，这段城墙的西端有可能接

① 刘彦锋、吴倩、薛冰：《郑州商城布局及外廓城墙走向新探》，《郑州大学学报》2010年第3期，第166、167页。文中将三段城墙描述为“西北—东南”方向，与附图所示几段城墙的连线不合，相信应是笔误。

近经六路。可惜的是报告平面图上仅标示出护城河，而未标出城墙，我们无法确知作者心目中北墙的具体情况。若将北侧夯土可能的西端经六路与金水河两岸的第5段城墙相连，可以得到一段比较平直的连线，因此我们可以大略推定第5、6段城墙的交接之处应在经六路左近。往东钻探时，因花园路以东地势变低，地下水位上升，故无法进行钻探。据平面图中点成虚线的护城河，可知第6段城墙有可能延伸到花园路以东近300米处。

2008年5～9月又在经五路与纬三路交叉口的省委文印中心发现了夯土。东西残长50.5米，南北残宽7.25～12.4米。可惜的是研究者没有点明此次发掘的夯土与上述城墙的关系[①]。在网络电子地图上，省委文印中心的标志距离纬三路约50米。现在看来，似乎此处也有相隔四五十米的两道城墙，恰与西南侧（第4段）城墙两墙之间的距离相当。如果联想到第5段城墙与远在西北方的护城河，以及解放路与太康路之间的第4段城墙的延长线，或可推测偏南的城墙与第5段城墙相接，而偏北者则与第4段向西北的延长线遥相呼应。

5. 东城墙的探查

在外城确认初期，不少学者即认定东侧没有外城，而是以湖面作为天然屏障[②]。2002年春，在确认第1段（东南侧）外城在凤凰台西的高岗东部结束后，试图往东追踪，但由于地势低洼地下水位仅有两米而无法钻探。在城东路与城北路的交叉口往东约200米处，曾钻探出一处湖相堆积，青灰色淤泥深13米仍未见底。根据这些钻探资料，结合白家庄、司家庄等处商文化遗址的发现，大致画出了当时的湖岸线。其北端位于金水路与城东路的交叉口以东约300米处[③]。2007年11月又在未来路与郑汴路交叉口附近钻探了两个地点。结果2.5米或3.2米之下即是淤土，验证了该处确是湖泊[④]。

鉴于内城东侧在商代是湖面，论者多断定东侧没有外城。或曰："商代内城外的东面与北面，因为已有自然屏障，很可能就没有修筑外郭城墙。"[⑤]或曰："遗址东部为大范围的圃田泽，不利于修建城垣。外郭城和圃田泽组成闭合的防御圈，拱卫内城

---

① 刘彦锋、吴倩、薛冰：《郑州商城布局及外廓城墙走向新探》，《郑州大学学报》2010年第3期，第167页。

② 安金槐：《对于郑州商城"外夯土墙基"的看法》，《郑州商城考古新发现与研究（1985—1992）》，中州古籍出版社，1993年，第5页。

③ 河南省文物考古研究所：《郑州商城外郭城的调查与试掘》，《考古》2004年第3期，第45页，图一。

④ 刘彦锋、吴倩、薛冰：《郑州商城布局及外廓城墙走向新探》，《郑州大学学报》2010年第3期，第167页。

⑤ 安金槐：《试论郑州商代城址的地理位置与布局》，《中国商文化国际学术讨论会论文集》，中国大百科全书出版社，1998年，第82页。

的安全。”[①]然而如果外城具有防御功能，那么东侧也应该有些设施，否则就会留下防御漏洞。新石器时代遗址中出土有独木舟的实物和陶器模型。据称1979年在山东省长岛县的大黑山岛曾发现距今约四千年的一艘木船的尾部，木板厚约5厘米，板面平整，榫卯可辨[②]。甲骨文中有“舟”字和不少从“舟”之字。论者据字形推断商代的舟已属于木板船，而且是比较复杂的帆船[③]。商人立国之前的活动地域横跨黄河两岸，其善于操舟是可以想见的。学者指出商人喜欢滨河立都[④]，而且对商代的黄河航运进行了探索[⑤]。这些研究显示商人是喜欢水的，商代的水路交通也是比较发达的。在这样的背景下，我们难以想象成汤会在水面之上毫不设防。至于具体防御设施，据后世情景逆推，可以提出两种可能性：一是木栅栏，二是土堤。如果当时的水面之上存在防御设施，那么整个外城就会围成一个闭合空间。

无论木栏还是土堤，除了类似城墙的防护功能之外，还具有现代防波堤的功能。防波堤是为了阻断波浪的冲击力、围护港池、维持水面平稳、保护港口免受坏天气影响、防止港池淤积、方便船舶安全停泊和作业而修建的水中建筑物，是人工掩护之港口的重要组成部分。防波堤多用于波高浪急的海港，例如英国波特兰港的防波堤（图六），但也用于一些大湖边的港口，例如美国芝加哥市中心附近的防波堤（图七）。这两个港口的防波堤都属于“突堤”与岛堤组成的“混合堤”，与海或湖岸基本围成一个闭合空间，仅有不大的缺口用于船舶通行。

经过反复推演，我们觉得东侧水面之上的类似防波堤的“外城”很可能会有两段，暂时编为第7、8段（图八）。

二、总体规划：内四外八

总体规划是指内外两圈城墙的形状及其相互关系。上文已论定外城很可能是不太规则的八边形，下面先检查一下内城的形状，再讨论内外两城组成的总体格局。

---

① 王豪：《论郑州商城的防御体系及其特点》，《三门峡职业技术学院学报》2013年第4期。

② 孙光圻：《中国古代航海史》，海洋出版社，1989年，第36页。

③ 周成：《中国古代交通图典》，中国世界语出版社，1995年，第149页；吴浩坤：《甲骨文所见商代的水上交通工具》，《陕西师大学报》1995年第4期；杨升南：《商代的水上交通工具》，《殷都学刊》2006年第4期。

④ 刘起釪：《古史续辨》，中国社会科学出版社，1991年，第464页；张兴兆：《商代滨河立都原因考论》，《河南广播电视大学学报》2008年第3期。

⑤ 张兴兆：《商代黄河航运蠡测》，《黄河科技大学学报》2009年第1期。

图六　英国波特兰港之防波堤
维基百科之波特兰港https://en.wikipedia.org/wiki/Portland_Harbour

（一）内城的形状

关于郑州商城内城的形状，发掘简报称之为“纵长方形”[①]，报告更明说是“略呈南北纵长方形”。此说广为学术界接受，至今未见有人对此提出疑问。然而内城的形状并非没有讨论的余地。最先让笔者起疑的是四面墙的长度。简报和报告均说东、南二墙长约1700、西墙长约1870、北墙长约1690、总周长约6960米[②]。其中东、南二墙等长的现象，引导我们将该城视作“正方形”而非“长方形”。不过西墙比东墙长170米，正好是1700米的十分之一，则听起来更像是长方形。

内城的平面图上四面城墙均颇为平直，无明显的弧曲。东、南二墙等长且以锐角相交。西城墙分为两段，其交接点靠近西北城角。北城墙分为大致等长的两段，西

① 河南省博物馆、郑州市博物馆：《郑州商代城遗址发掘报告》，《文物资料丛刊》第1集，文物出版社，1977年，第1页。

② 河南省文物考古研究所：《郑州商城》，文物出版社，2001年，第178页。

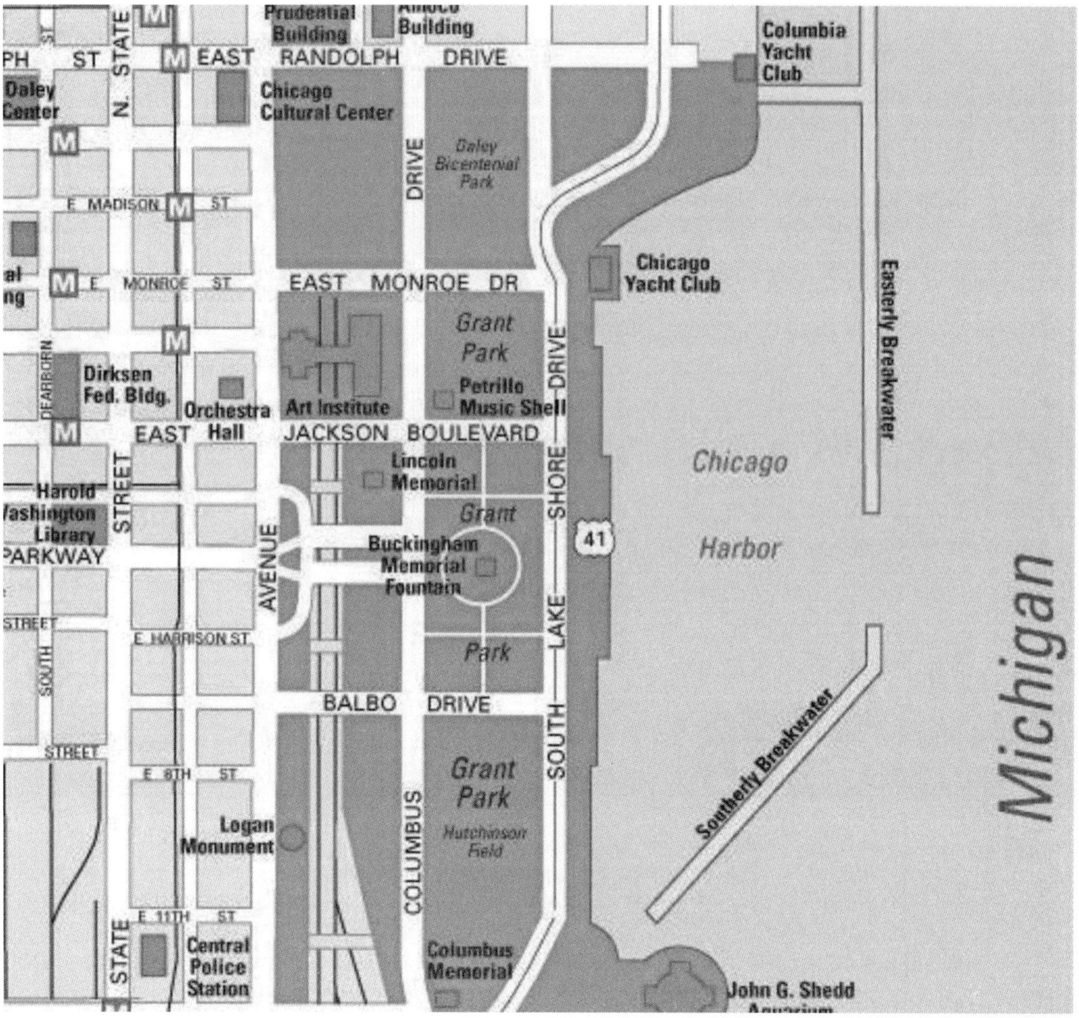

图七　美国芝加哥港之防波堤

《城市吧街景地图》之《芝加哥地图英文版》，http://www.city8.com/map/2232.html

段基本为正东西方向，东段则明显是西北东南方向。鲜有人注意的是，西墙南段与东、南两墙约略等长。至于西墙南、北两段各自的长度，报告中没有明说。现依《郑州商城》179页图一一二进行测量还原。图上南墙长12.6厘米，西墙南段长12.8厘米。依12.6：12.8=1700：X的算式，西墙的长度X=12.8 × 1700 ÷ 12.6=1727米。也就是说西墙南段仅比东、南二墙长27米。面对这么小的差距（27 ÷ 1700=0.0159，误差约为1.6%），我们有理由说西墙南段与东、南墙约略等长。

若将西墙南北两段的交接点与东北城角相连，则其连线大致与南墙平行。这条辅助线与东、南二墙和西墙南段共同组成一个四边约略相等的平行四边形，即菱形。这条辅助线使得西墙北段和整个北墙显得多余。这一视觉效果显示最初规划的很可能是

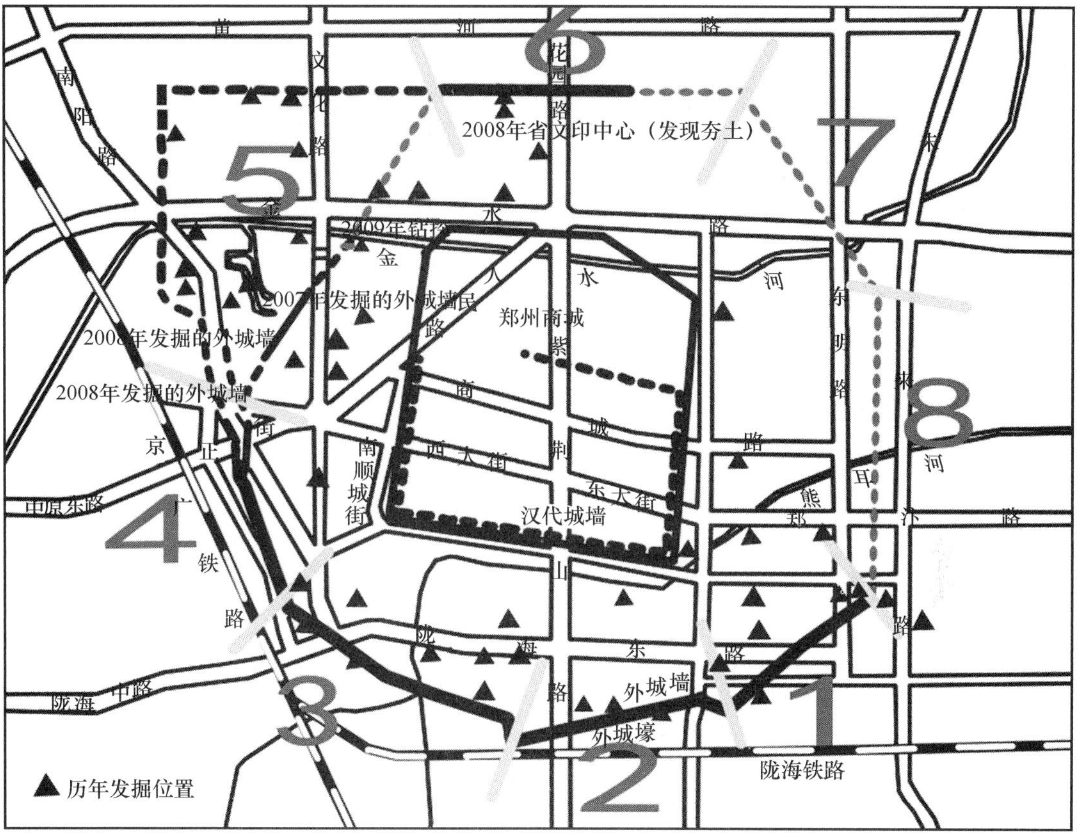

图八　增补及推想之后的郑州商城平面图

一个比较规整的菱形城圈。只是出于某种原因，才在原来规划的北墙之外增加了北偏东的西墙北段，大致正东西方向的北墙西段和西北东南方向的北墙东段。偃师商城北墙的走向与郑州商城的北墙非常相似，这种相似性促使笔者认定当非偶然巧合，而是体现了规划者的某种考虑。对此我们已有比较成熟的想法，但限于篇幅和本文的体例，只好留待以后另文讨论。

郑州商城的菱形城圈并非孤例，望京商城、盘龙商城及商丘宋城都是东西墙北偏东、南北墙西偏北的菱形城圈。

总言之，郑州商城的内城最初规划的应是一座菱形城圈，若大略而言，也可以说是正方形。

（二）总体规划

通过上文的讨论，我们知道内外城的平面形状分别是不太规则的正方形和八边形，因此可以将郑州商城的总体规划重构为内城为正方形、外城为正八边形，或可简

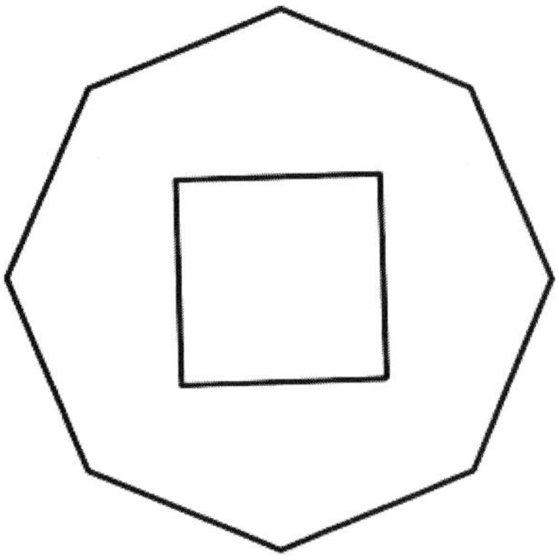

图九　郑州商城的总体规划

称为内四外八。

在内正方形外正八边形的构图中，主要有两种形式。一是外正八边形的四条边与内正方形的四条边平行，另外四边的中点与内正方形的四角及整个构图的中心在一条直线上。二是外八边形的四角对应内正方形势的四角，另外四角则对应内四边形之四边的中点。郑州商城内城南墙正中的南门正对外城的一个转折，而西南角、东南角则对应另外两个转折，似属第二种对应关系。不过内外城的北墙却是基本平行的，却又似第一种对应关系（图九）。

如果将郑州商城放到中外古今城市的大语境中，就会发现上面总结出的内四外八的格局并非独一无二。中国城市中与郑州商城的总体格局最像的是辽宁省的桓仁县城。该城是1878～1882年由知县河南省祥符县人章樾督建的。整个城圈为正八边形。正中则为略呈方形的衙署区。东、西、南分设“宾阳门”“朝京门”和“迎薰门”。三门位于各段城墙的正中，都有直通城中心的主街，由东西二门向内的主街在衙署区外先南折再内折，与南门向内的主街形成“丁”字结构。三门均建有门楼，北墙正中则设一假门楼。无门楼的四墙正中也有方形的设施（图一〇）。

明清浑源州城也是比较规整的八边形。该城始建于五代的后唐，明清两朝曾进行过五次大修。最迟明代已是八边形，从而在大同镇七十二城堡里颇为独特。城墙周长

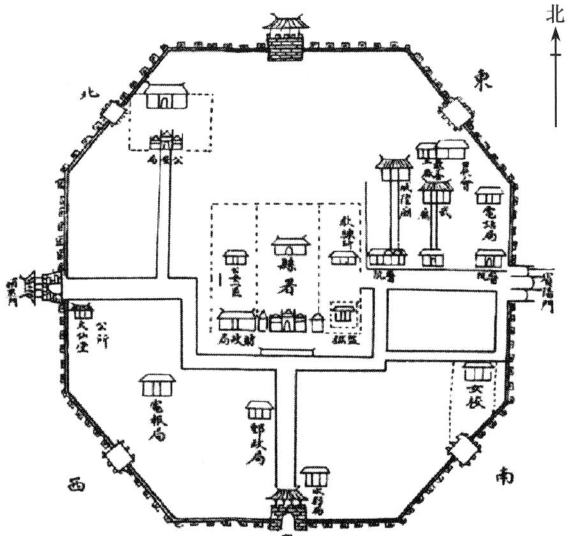

图一〇　民国桓仁县城图
据1930年《桓仁县志》

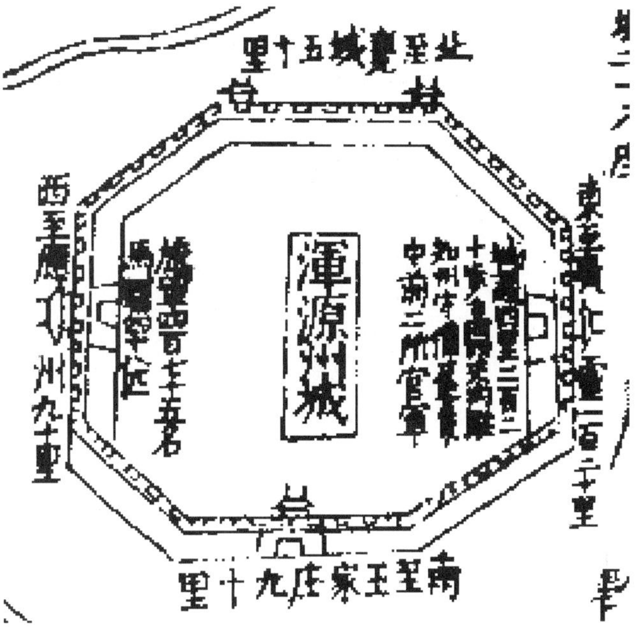

图一一　明代浑源堡示意图

引自（明）王士琦：《三云筹俎考》卷三："险隘考 不属路城堡图"，长城小站校勘版，http://www.thegreatwall.com.cn/zhuanti/sanyunchouzukao/sanyunchouzukao28.shtml

约2367米。原来规划的城门应有四座，但最初仅开东西二门，而在南北二墙的中段建有不能通行的门楼。万历二十九年（1561年）才将南城门开通。可惜已见图像中没有城内衙署的位置（图一一）。

明清城市中有一些通常被视为外圆内方的城市，但在笔者看来，其中大多数外城可以分成八段。河南虞城县旧城是外城八分最清楚的一个。该城位于现在虞城县城北的利民镇，明嘉靖九年（1530年）始建，作为县城一直使用到1952年。该城为方形四门十字街式，城外围有一圈护城堤。堤高约7米，周长5千米，平面近圆形而明显分为八段。护城堤外有一道壕沟环绕，堤内的城湖水面宽阔，环绕着位于湖中央的方城。原来高大坚固的城墙在20世纪50年代被拆毁。原城墙顶宽5米，内芯是坚实的夯土，外面包有一米厚的城砖。古城设有四门，东"宾阳"、西"望汴"、南"熏风"、北"拱辰"。四门都建有城楼，门外各有一条路，穿越城湖，直达护城堤，将城区与外界连接起来。每条路都修有吊桥（现改为钢筋混凝土桥）。护城堤各出入口均装有寨门。护城壕、护城堤、城湖、城墙，重重叠叠地将水中央的方城围护起来，形成严密的防御体系（图一二）。

山东菏泽的曹州府城也是外城八方很清楚的一座。该城始建于明正统十一年（1446年），正德七年告成，周长十二里，嘉靖元年州守沈韩离城五里周围筑大堤防

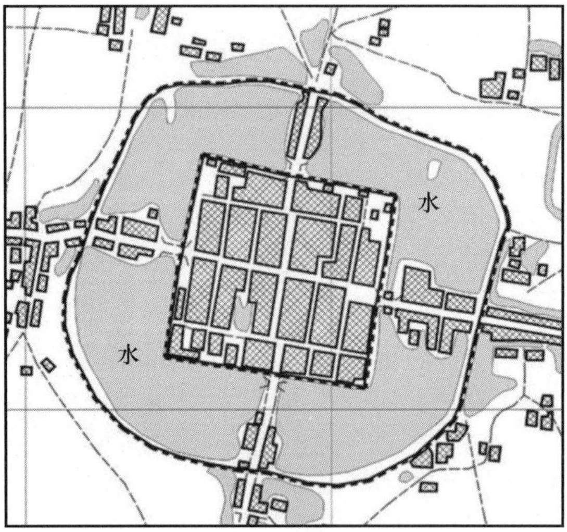

图一二　河南虞城旧城图

俞孔坚、张蕾：《黄泛平原古城镇洪涝经验及其适应性景观》，《城市规划学刊》2007年第5期。

根据1959年虞城旧城1：5万地形图改绘

水护城[1]，最终形成内为四门方城、外为八分圆城的格局。由卫星地图看出，南半部的八分较规整，正西、正南和正东各有一段，另在西南、东南各有一段将三者连接起来。北半部不太规整，内城中间的正北是两段的转折点，其西仅有一段，其东则有两段（图一三）。

在郑州商城外圆内方说流行之时，有人曾将郑州商城与明清归德府城相联系。归德府城于明弘治十六年（1503年）年始建，最终到嘉靖十九年（1540年）形成内为四门方城、外为近圆形的护城堤、城堤之间为广阔水面的格局。至今无人觉察但却相当明显的是，相当外郭城的护城堤仅南部是一段圆弧，而其余大部分比较平直，从而整个外堤可以区分为若干段。在1959年绘制的地图上，西、东二郭门各在一段平直的郭城上。这两段郭墙以北可以区分为两段，北城门是其中的一个转折。南半部以南门为中心也可以分为四段。其东是比较平直且长短相当的两段。其西则是一大段弧和一小段直墙（图一四）。

类似的格局还见于辽宁沈阳，江苏如皋，河南开封、夏邑，山东聊城等明清古城，主要分布在东部地势平坦、低洼、多水的地区，因此有的外郭城被称为堤并以防水为第一要务。

实际上郑州商城并非年代最早的内四外八城。河南新密的新砦城址也是这种格

① 康熙十三年《曹州志》卷三。

图一三　山东菏泽曹州府城卫星照片

引自佚名：《地图趣闻：中国其实是美少女　北京藏着安卓机器人》，http://mt.sohu.com/20151014/n423183161.shtml

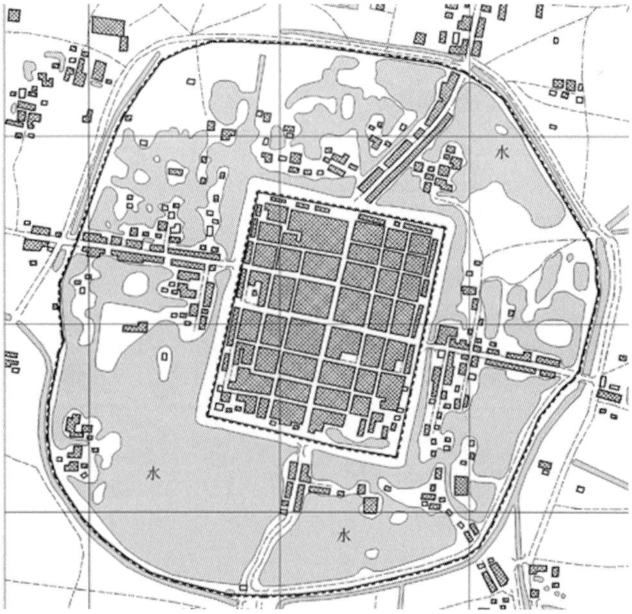

图一四　商丘古城平面图

俞孔坚、张蕾：《黄泛平原古城镇洪涝经验及其适应性景观》，《城市规划学刊》2007年5期。根据1959年商丘县城1：5万地形图改绘

局[①]。该城发现有城壕并具的“大城”，以及其内的内壕和其外的外壕。“外壕”仅发现于北侧，虽在西端向南弯曲，但东端似有通向正东的趋势，是否能构成一个闭合的大壕沟还是未知数。可以大致复原的内壕和大城正是内四外八的格局。已发现的内壕可以分为北、西、东三段。北壕完整、平直，西壕似为两节链条相接，但其总体与北壕呈90度相交的趋势是很明显的。东壕短、粗，虽似乎向西南斜行，但难以排除总体与北壕呈90度相交的可能。故此我们有理由将内壕以北墙为基准大致复原为正方形。大城可以分为五段，与内壕北墙平行的北墙比较平直而稍内曲，长924米，只是城壕在中、西部有两处向外突出。与内壕的东西两段大致平行的两段也比较平直，唯东墙北端外鼓，西墙北端有一缺口。另有两段将北墙与西、东二墙连接起来。西北一段稍内曲，而东北一段稍外曲。总的看来，上述五段的划分还是比较清楚的。在此基础之上，可以将南部补齐。由于已有的北部五段比较整齐，南部缺失的部分除了将东西二墙稍作延长之外，只能再加三段，即东南、南、西南三段（图一五）。

江苏武进春秋晚期淹城的格局亦与郑州商城有相似之处。该城从里向外由子城、

图一五　新密新砦城址复原图

据郑州市城市科学研究会编：《华夏都城之源》附图，河南人民出版社，2012年

① 赵春青：《新密新砦城址与夏启之居》，《中原文物》2004年第3期。

子城河、内城、内城河、外城、外城河组成的三城三河相套组成。其子城、内城均为近正方形，位于外侧城圈的偏北部。其外城则接近圆形。淹城遗址东西长850、南北宽750米，总面积约65万平方米①。经仔细观察，发现其外城的东半部可以区分为四段平直的城墙。有趣的是靠北两段的交接处与郑州商城南侧的两个交接处极似。虽然现有的资料尚不足以断定其原为八段，但这种可能性是存在的（图一六）。

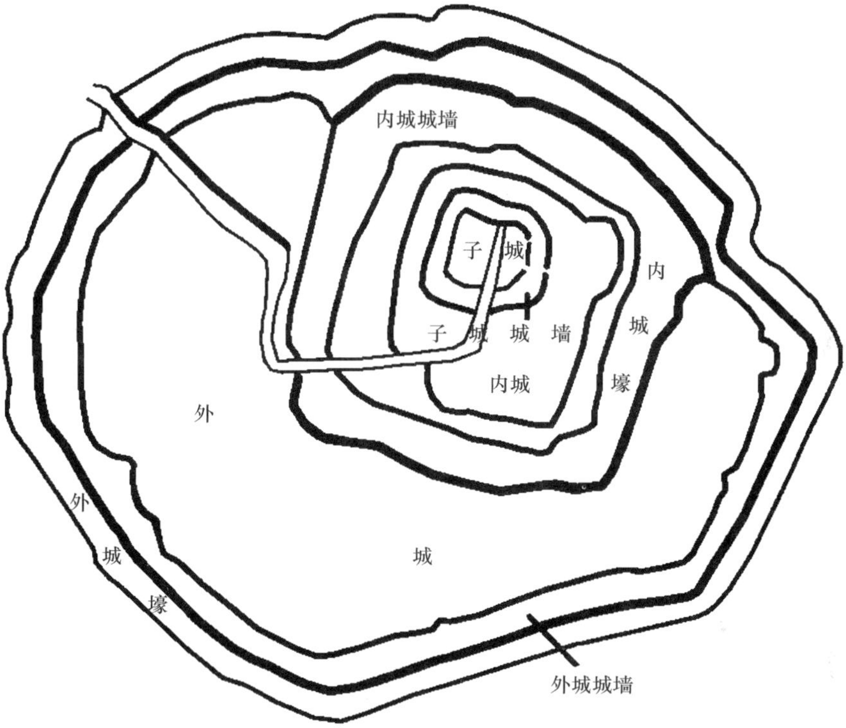

图一六 江苏武进春秋淹城平面图

据彭适凡、李本明：《三城三河相套而成的古城典型》《考古与文物》2005年2期，图一

现存的新疆吐鲁番的高昌故城是高昌回鹘时期在唐代高昌城基础上改建增筑的，有内外两城。内城略呈南北长方形，周长约七里。外城周长约十里，学者对其描述为“略呈不规则方形”②“大体上是方形”③“略呈正方形”等④。实际上，外城可以分成八段。正北、正西和正南的三段是很清楚的，北西两段和西南两段之间各有一小段也是比较清楚的。东侧虽然不甚清晰，但分为三段也是说得过去的。最北的一小段可以视为北墙与东墙之间的东北一段，其南在中部有明显的内折，可据之将其分为两

① 彭适凡、李本明：《三城三河相套而成的古城典型》，《考古与文物》2005 年第2期。

② 孟凡人：《高昌古城遗址》，《中国大百科全书·考古学》，大百科全书出版社，1986年，第135页。

③ 张驭寰：《中国城池史》，百花文艺出版社，2002年，第137页。

④ 董鉴泓主编：《中国城市建设史》（第三版），中国建筑工业出版社，2004年，第64页。

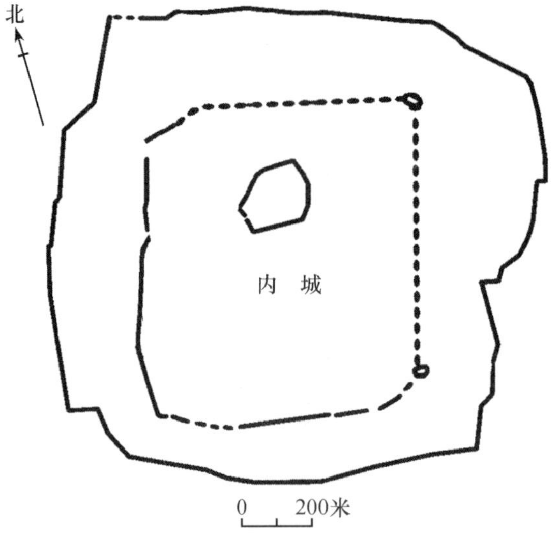

图一七　新疆吐鲁番高昌故城

（据《中国大百科全书·考古学》，134页）

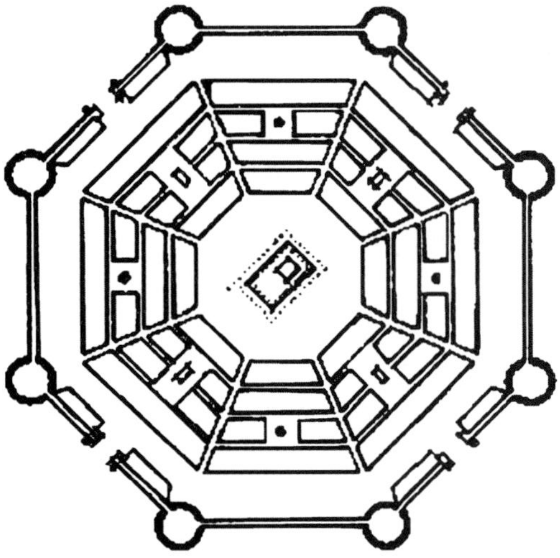

图一八　维特鲁威的理想城市模式

段。只是靠北的一段外曲明显且中间有一明显的转折（图一七）。

令人惊奇的是，在遥远的欧洲也有正八边形的城市。公元前1世纪的罗马建筑师维特鲁威（Vitruvius）曾经提出一个理想城市模式。该模式为正八边形，八角处建有塔楼，塔楼的间距不大于弓箭射程，便于防守者从各个方向阻击攻城者。城市中心设一正八边形广场，而广场的中心则是一长方形的庙宇。中心广场的八角与城墙的八角之间为八条放射形街道。与八条街道间隔排列的为四层街区（图一八）[①]。

法国军事工程师沃邦（Vauban，1633—1707）设计的新布里萨克要塞与郑州商城更为形神兼似。该城位于平原之上，呈正八边形，主要由土夯的外部工事及城市本身组成。全城由纵横各八条的街道分割成大多呈正方形的街区。中心的正方形广场占有四个街区之地（图一九）。

① 沈玉麟：《外国城市建设史》，中国建筑工业出版社，1996年，第46页。

在城市规划学科非常著名的意大利的皮尔萨察罗马城镇，与郑州商城的平面格局最为接近。其外城为不规则的八边形，内城近正方形而略扁。外城的各边长短不一，最长者是最短者的两倍还多[①]（图二〇）。

通过以上的比较，可知内四边形外八边形的格局在中外城市建设史上虽非主流，但也占有一席之地。经过与具有类似格局的中国和欧洲古代城市的比较之后，这种看起来比较特殊的格局是完全可以理解和接受的。

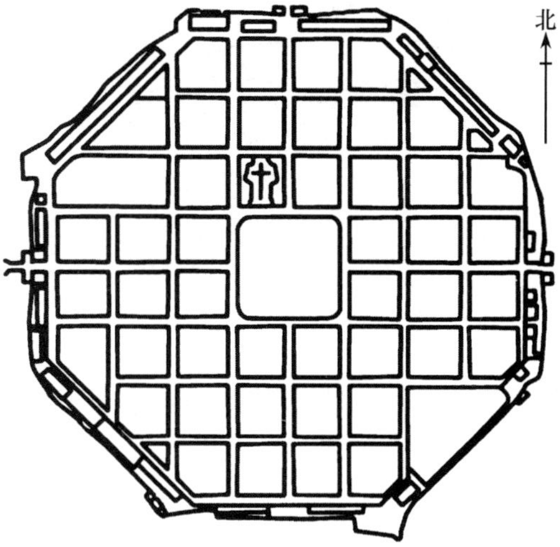

图一九　法国新布里萨克要塞

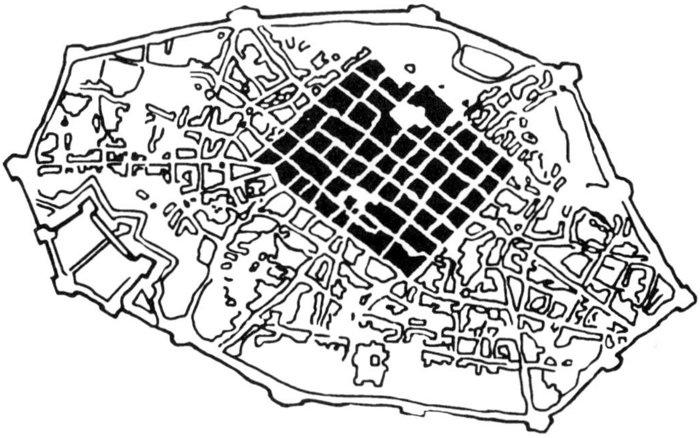

图二〇　意大利皮尔萨察罗马城镇

三、规划思想：四面八方或四象八卦

关于郑州商城的规划思想，尚未见到任何直接的传世或出土文献证据。在此资料条件下探讨郑州商城的总体规划，只能在审读考古平面图的基础上，与格局相似的艺术设计尤其是城市规划与设计进行类比。

郑州商城外城之八边形与“八方”的联系是比较明确的。甲骨文中有东、南、西、北四正，也有东北、东南、西南、西北四维，足以证明商代晚期存在明确的八方观念[②]。仰韶时代以来的诸考古学文化中曾发现有不同样式的八角纹。按八角的排列方

① 王建国：《城市设计》，东南大学出版社，2004年，第16页，图1.30。

② 朱彦民：《殷人尊东北方位说补证》，《中原文物》2003年第6期，第27页。

图二一　凌家滩遗址出土玉版与玉鹰上的两种八角纹
中国社会科学院考古研究所：《中国考古学 · 新石器时代卷》，北京：中国社会科学出版社，2010年，496页

式可大致分为两类：一是由中心均匀地指向八方；二是每两角一组，各组中两角的外边平行（图二一）①。设计这两种八角纹时使用的八分或四分中含有八分，若用于空间的划分则是八方或四方中含有八方。

龙山时代以来的纺轮之上，有一种由中心伸向八方的放射状纹饰（图二二）。其指向八方的图形有单线、双线、连续点纹、横向指甲纹等。我们有足够的理由推断：仰韶时代已有八方观念②。

半坡、姜寨等遗址出土的仰韶文化彩陶器的口沿上，有很多是用两种图案进行八分，而在器底则多见两种四个图案组成的正方形。若从器物上方下视，则底、口共构成了内四外八的格局。这种格局与前文论定的郑州商城的总体格局相同（图二三）。

郑州商城外城与八方之间的联系引导我们将郑州商城的总体规划思想归结为“四面八方”。作为成语的四面八方泛指周围的各个方向，其四面指东、南、西、北，八方指东、东南、南、西南、西、西北、北、东北，而本文所说郑州商城总体规划思想的四面八方是指与正方形内城的四边对应的四个方向，以及与八边形外城的八边对应的八个方向。

与郑州商城格局最接近的辽宁桓仁县城，是河南祥符人知县章樾主持建造的。章樾在所撰《新建怀仁县碑记》中明确记录八卦城的设计理念是“城象八卦，以宣八风”。据说该城的选址及总体规划是受了精通堪舆之术的东边道尹陈本植的指导。据

① 冯时对第二种八角纹有详细的论证，见《中国天文考古学》，中国社会科学出版社，2007年，第504～520页。

② 冯时断言：“至迟在公元前第五千纪，先民显然已经懂得在测定了东、西、南、北四正方向之后，可以通过平分四方而得到八方，从而完成对更为复杂的空间方位的规划。”见《奉时圭臬　经纬天人——圭表的作用及对中国文化的影响》，《文史知识》2015年第3期。

龙山	夏代	早商	西周
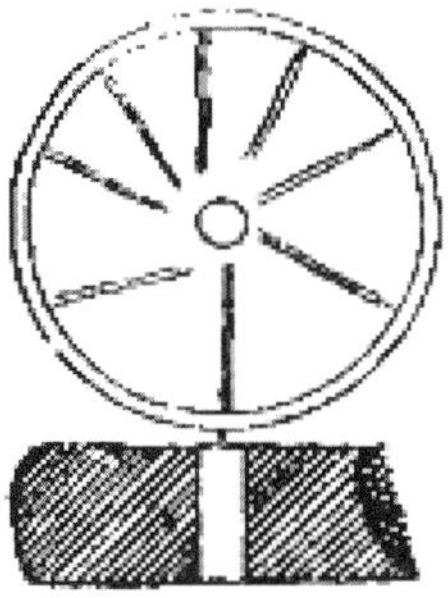	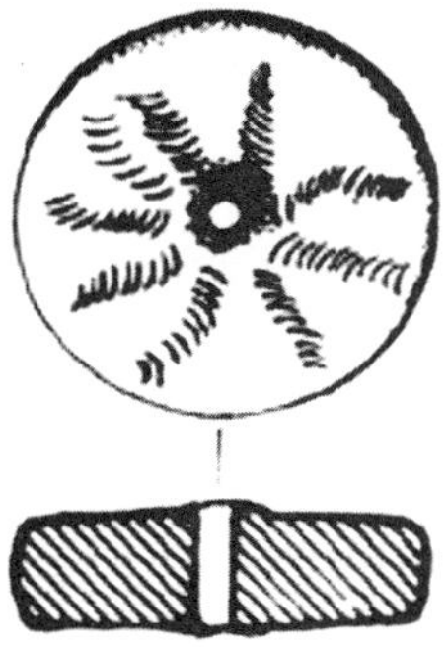	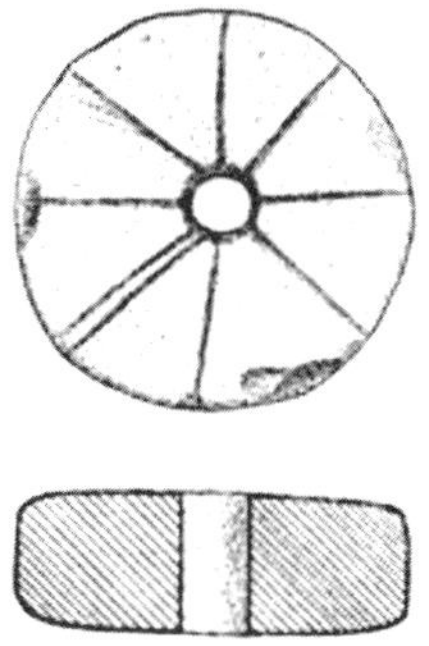	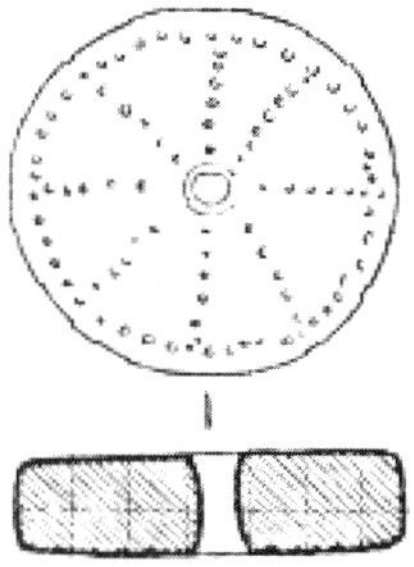
1. 湖北黄梅陆墩 M2：1	2. 河南三门峡西崖 H4：135	3. 河南郑州二里冈 T1：07	4. 陕西长安张家坡 T412：4：8

图二二　装饰八道放射状线的纺轮

1. 中国社会科学院考古研究所湖北工作队：《湖北黄梅陆墩新石器时代墓葬》，《考古》1991年第6期，第487页；2. 河南省文物研究所：《陕县西崖村遗址的发掘》，《华夏考古》1989年1期，第17页；3. 安志敏：《一九五二年秋郑州二里冈发掘记》，《考古学报》第八册，1954年，第102页；4. 中国科学院考古研究所：《沣西发掘报告》，北京：科学出版社，1963年，第89页

图二三　陕西临潼姜寨一期陶盆

半坡博物馆等：《姜寨》，文物出版社，1988年，第112页，图九〇：4

说二人站在五女山上俯瞰浑江、哈达河时，突然发现两条河流相互交汇之处竟似一幅天然的太极图，于是陈本植建议将县城建于浑江东岸天然太极图的阳极（阳鱼眼睛）上，并按照八卦图形设计施工①。

外城圆中带八方的虞城县城、归德府城、曹州府城、如皋县城和盛京城五座明清城中，以归德府城和盛京城的研究稍多。人们多用“天圆地方”的理念解读归德府

① 李影：《桓仁县城是座八卦城》，《辽宁日报》2012年8月11日T09版。

城，而无视“外圆”中的八分现象。有人分析了城门、街道数目等，断定该城的规划中有“八卦”的参与[①]。现在看来，大致呈圆形的外城中隐约可见的八分现象才是该城规划中最重要的“八卦”。虽然未见明确的文献记载，但是鉴于城内诸多与易卦有关的设计，我们很难说外城的八分现象与“八卦”无关。人们对盛京城的认识也是“外圆内方”，只是解读时除了“天圆地方”的主流思路外[②]，还有用佛教图像“曼陀罗”来解读的[③]。既然我们观察到了外城的圆中带方，便不能对此无视。内城标准的“九宫”式格局与内外两城的八座城门暗示着外城的八分绝不会是偶然的巧合，而很可能与“八卦”有关（图二四）。与桓仁县城不同的是，这五座城市外城的主要形式是圆，是圆中暗含八分，因此仅用“八卦”来解读是不够的。很可能这种形式的外城具有“天圆”和“八卦”两种双关含义。

郑州商城外城不太规则的八边形与桓仁县城颇似，因此我们完全有理由推测其规划主题也可能是“八卦”。至迟武丁时期已有数字卦。当时的数字卦是用一、五、六、八和九来记录筮占结果，而且多是三爻、六爻组成的[④]，这种现象显示当时已有“八卦”“六十四卦”的归纳，而且已经存在由阴爻、阳爻组成的“卦画”。在讨论殷墟出土易卦卜甲的卦画时，冯时曾举出五例金文中的卦画为证，并将其中两件标为“商末周初”、两件标为“周初”、一件标为“东周”。根据这些卦画的存在，他断定“以数字表示阴阳爻与以长短横卦画表示阴阳爻的做法应是并行发展的，这意味着由长横短横组成的卦画的出现时间可能并不像人们认为的那样晚……易卦卜甲的四组易卦有序地契刻于腹甲四隅，这与后世式盘的四维卦的布列形式一致，而且四卦之中有两卦可与文王方位中的西南、东南两卦建立联系”[⑤]。鉴于晚商时期已有八方观念，可以推想当时已有将八方与八卦相联系的图式。以此为基点思考郑州商城的规划，我们有理由将外城的八边与八卦联系起来。清华简的《筮法》似乎全是数字卦，用数有一、四、五、六、八、九。然而其中的“一”当为“七”，与“∧”形的“六”都是抽象的“爻”而非具体的数字[⑥]。这种具体的“数”与抽象的“爻”共存及两“爻”本身也是数字有力地证明了数、爻曾长期共存的历史现象。

新石器时代的数字卦和卦画屡有报导，其中以河南淮阳平粮台龙山文化城址发现的陶纺轮上的刻符最为惊人。整个符号共有三划，上下为“一”形，中间为“∧”形

① 陈道山：《商丘古城：阴阳五行八卦城》，《中外建筑》2008年12期。

② 邱宏：《说说当年沈城“八门八关”》，《沈阳日报》2014年7月8日。

③ 詹德华：《盛京城繁华街市背后的规划玄机》，《沈阳晚报》2014年7月15日。

④ 宋镇豪：《中国风俗通史·夏商卷》，上海文艺出版社，2001年，第716～722页。

⑤ 冯时：《中国天文考古学》，中国社会科学出版社，2007年，第539、541页。

⑥ 廖名春：《清华简〈筮法〉篇与〈说卦传〉》，《文物》2013年8期，第70页。

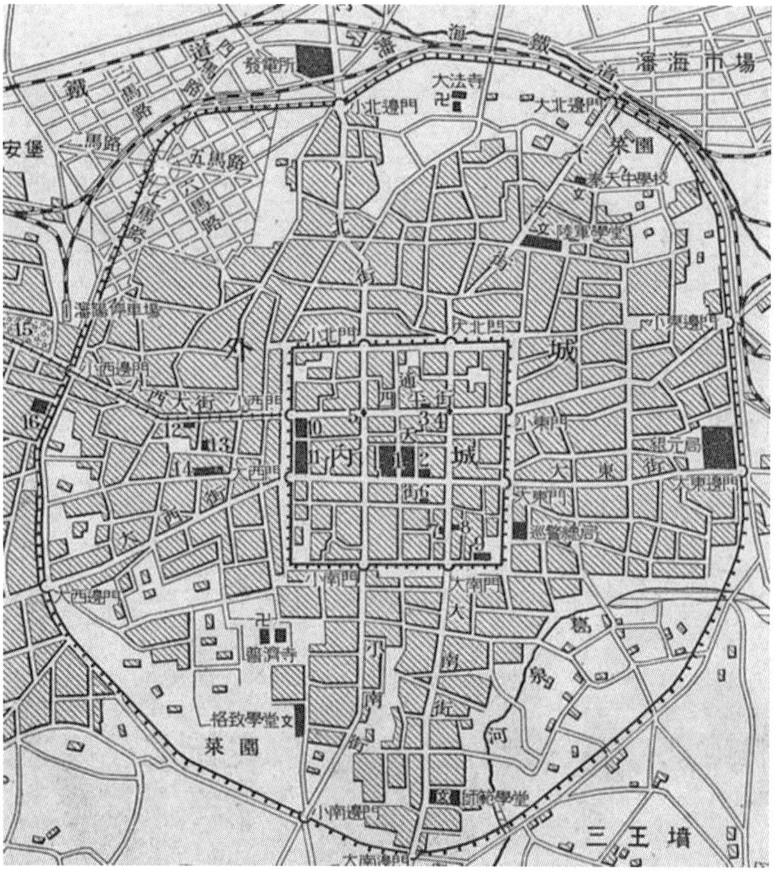

图二四　日伪时期奉天（沈阳）城区地图

来自http://blog.sina.com.cn/s/blog 40629 of 501000csw.html

（图二六），根据晚期的类似符号（图二五，下侧中间），可以将其读为周易的离卦[①]。龙山时期的卦画材料引导我们推想郑州商城外城的规划与八卦很可能存在联系，同时也暗示着内城的方形规划很可能与四象有一定联系。

关于早期四象比较可靠的图像材料，目前只能追溯到春秋初期虢国墓地的铜镜。程平山曾将小双桥遗址出土的青铜建筑构件上的图像释读为龙、虎、凤，并根据两汉时期的许多四象图都以不完全出现，即缺少玄武的形式表示，推定此图中的龙、虎、凤应是四象（图二七）。他还依据《尚书·尧典》有关于“鸟”“火”“虚”“昂”四中星的记载，而四中星与四象存在对应的关系，进而将四象逆推到唐尧时代[②]。近来笔者对其中的“鸟”纹进行了仔细的观察分析，发现全鸟可以分为由单线连成的四个

① 张志华、梁长海、张体鸽：《河南平粮台龙山文化城址发现刻符陶纺轮》，《文物》2007年第3期，第48、49页；李学勤：《谈淮阳平粮台纺轮“易卦”符号》，《光明日报》2007年4月12日。

② 程平山：《早商四象图与四象的起源》，《中国文物报》2000年10月25日第3版。

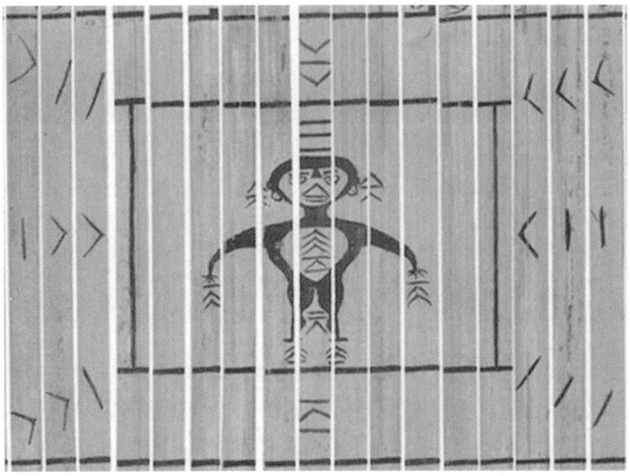

图二五　清华简《筮法》的卦阵

据《郭永秉谈清华简的整理与研究》，《古文字微刊》2015年12月20日

图二六　河南淮阳平粮台出土八卦符号

张志华、梁长海、张体鸽：《河南平粮台龙山文化城址发现刻符陶纺轮》，《文物》2007年第3期，第48页，图一

图二七　郑州小双桥青铜构件89ZSX采：1纹饰拓片

河南省文物考古研究所：《郑州商城考古新发现与研究（1985—1992）》，中州古籍出版社，1993年，第247页，图八

部分。其中具有单目者显然是头部，依此则其它三部分应分别是冠、翅和尾部。经此分析，笔者坚信程说是对的。小双桥铜构件上比较写实的图像虽非四神占据四个方位的典型四象图，但其龙、虎、凤为四象中的三象是非常可能的。笔者曾经仔细观察过一件战国铜盉，其腹部有三层花纹，分别以鹿、龙、虎为主体，而流与三足的上部都做成鸟首形，提梁则以虎为造型。其中的四种动物没有按各自的方位安排，而且鸟与虎也出过至少两处，但整体上是以四神为主题却是没有任何问题的。换言之，该器的装饰是把四神的内容根据造型的需要安排在各处①。小双桥龙虎凤组合的意蕴与之有相通之处。

四、结　语

通过对平面图的观察及对田野资料的复核，本文推定郑州商城的外城是不规则的八边形，而内城则是略扁的正方形，故此归纳郑州商城的总体格局是内四（边形）外八（边形），并进而推断其规划思想很可能是四面八方，或四象八卦。这样的规划增强了郑州商城作为天下之中的都城的审美效果，有利于中央权力的加强。

中国古代城市大多为四边形，其中大者或两三重四边形，很少有比较规则的多边形。内四边形、外八边形的郑州商城堪称中国古代城市中的奇葩，对研究中国古代的城市规划有着特别重要的意义。

鉴于仰韶时代已有八方的划方，可以肯定郑州商城内四外八的格局与四面八方的空间划分有关。史前卦画的发现、卦画与数字卦由晚商至战国的并存、殷墟易卦卜甲上的卦阵，以及小双桥青铜构件上的龙虎凤图，促使我们相信早商时期已有四象八卦的归纳，进而试图将郑州商城内四外八的格局与四象八卦建立联系。

从夏代初期的新砦夏城，经郑州商城、春秋淹城、高昌唐城，至山西浑源、辽宁桓仁、河南商丘、河南虞城、山东菏泽、江苏如皋、辽宁沈阳等明清城，构成了四象八卦城从夏初至清末长长的发展链条，从而清理出中国古代城市规划一个鲜为人知的模式。

制图：郝震震：图一至五、八、一〇、一一、一五至一七；张建妍：图九、一九、二〇

① Richard Pegg, Lidong Zhang. *The MacLean Collection: Chinese Ritual Bronzes*, MacLean Collection of Asian Art, 2011, pp. 167-168.

试论郑州小双桥遗址的性质问题

郑杰祥

（河南省社会科学院）

摘　要　小双桥遗址位于郑州市西北郊区小双桥村一带，是一处二里岗文化四期（又称作白家庄期）的大型遗址。遗址内发现有以高台建筑为主体的数座夯土建筑基址，基址周围出土有众多的祭祀坑群等遗迹。该遗址地处文献所记商王“仲丁迁隞”的隞都南郊，其时代与隞都存在年代约略同时。殷墟卜辞记有商人在都邑郊区特别是在南郊建有坛台（卜辞称之为“单”）以祭祀天地神祖，小双桥遗址很有可能就是商人在隞都南郊所建“南单”以祭祀天地神祖的遗迹。

关键词　小双桥遗址；隞都；南单

小双桥遗址位于郑州市西北郊区小双桥村一带，其“范围呈西北—东南向纵长方形”，南北长约1800米，东西宽约800米，“总面积在144万平方米以上”，遗址的中心区域约为15万平方米[①]。该遗址中心区域发现的“商代遗存极为丰富，发现的重要文化遗迹有：宫城墙基槽遗迹、规模宏大的高台型夯土建筑基址、宫殿基址、居住址、祭祀坑群、奠基坑、壕沟、灰坑，以及与冶铸青铜器有关的遗存。出土器物以陶器为主，同时也有青铜器、原始瓷器、玉器、石器、骨器、蚌器、牙器、金箔和卜骨等”[②]，在所出土的一些陶缸上还发现有朱书文字。考古工作者根据工作需要，又将中心区自南而北、由东向西划分为15个小区，所发现的遗迹、遗物集中地分布于四、五、八、九四个小区之内，宫城墙基以内发现有多座夯土建筑基址，现存基址以四区一号基址为最大（95ZX四区HJ1），该基址“南北残宽12米”，东西“现存长度50米以上，夯基系用褐色黏土逐层铺垫并夯打而成”，“夯基总厚度约在1.5米左右”[③]。从以往群众在此“取土时发现大量柱础石的情况，可以肯定此处夯土基址规模宏大，建筑规格较高”[④]。另外，在这座夯土基址附近壕沟以内，还发现有两件青铜釭器建筑饰

---

① 河南省文物考古研究所：《郑州小双桥（1990～2000年考古发掘报告）》，科学出版社，2012年，第722页。

② 宋国定：《郑州小双桥遗址出土陶器上的朱书》，《文物》2003年第5期。

③ 河南省文物考古研究所：《郑州小双桥（1990～2000年考古发掘报告）》，第63页。

④ 河南省文物考古研究所：《郑州小双桥（1990～2000年考古发掘报告）》，第62页。

件，可能就是这座大型建筑上的青铜饰器。

一号基址的南侧为祭祀场地，现知该场地东西宽50米，南北长30米，面积约1500平方米。场地内发现有多牲坑、牛头丛葬坑、牛角坑、牛角器物坑和青铜容器遗存等。多牲坑以H29为代表，“坑内出土的动物骨骼有大象、牛、猪、狗、鹿等数种，……初步推算该坑葬入的牛牲在30头以上”①。牛头丛葬坑以H100为代表，“坑内中北部叠放带双角牛头骨60多个，……共发现完整牛头骨、折合牛角及零星散乱的牛角133个”②。该场地还发现“出土遗物有金箔残片、长方形穿孔石器、有朱书文字的陶缸残片、原始瓷尊……绿松石嵌片牙饰及各种动物骨骼”，与铸造青铜有关的遗物等。“综合各种考古材料可以看出，这一区域是一处专门用来举行祭祀礼仪活动的相对比较固定的场所。”③

在四区的北侧五区发现有四座夯土建筑基址（95ZX五区HJ1、95ZX五区HJ2、95ZX五区HJ5、2000ZX五区HJ6），五区的西侧八区发现两座夯土建筑基址（96ZX八区HJ1、96ZX八区HJ2），两区“建筑基址之间也形成了一个祭祀场，场地南北长60余米，东西宽50米左右，面积在3000平方米以上”。其特点是“‘瘗埋’以人牲为主，少有动物牺牲祭祀坑或其他类型的祭祀坑”。“其中有两个人骨丛葬坑，一个四人葬坑和三人葬坑，还有四个双人合葬坑；单人坑数量较多，但一部分可能与奠基有关。”五区北侧宫城墙以外的九区，也发现有人牲祭祀场，可能属于五、八区祭祀场的组成部分④。现已发现人骨架已超过160具，“其中三个‘丛葬坑’内葬埋人骨架近百具，人骨均肢解零散，分层叠置，一般上层多为头颅，下层多为肢骨，这些人骨暴力致伤的痕迹较明显，如在头部多发现有锐器击穿的孔洞或被钝器击打的凹痕，有的肢骨也有外力导致的断裂和损伤。……这三个‘丛葬坑’的成因估计与用战俘作为‘人牲’而举行某种仪式后集中葬埋有关”⑤。在宫城墙基西北侧“发现有石块铺地的烧土遗存，该遗址平面近方形，分东、西两部分组成，结合该遗迹东南部、北部的人牲遗存，初步推测该遗迹可能为当时祭祀时烧之以火的燎祭遗存”⑥。

在建筑基址群的东侧约100米处，还有一座俗称“周勃墓”的高台建筑，高台下部为“一座长方形的夯土台基，……台基东西长50米，南北宽40米，面积2000平方米，从现在保留的高度看，夯土台基的高度至少应在9米以上”。台基上面有用“黄

---

① 河南省文物考古研究所：《郑州小双桥（1990～2000年考古发掘报告）》，第116页。

② 河南省文物考古研究所：《郑州小双桥（1990～2000年考古发掘报告）》，第106页。

③ 河南省文物考古研究所：《郑州小双桥（1990～2000年考古发掘报告）》，第69页。

④ 河南省文物考古研究所：《郑州小双桥（1990～2000年考古发掘报告）》，第69、70页。

⑤ 宋国定：《郑州小双桥遗址出土陶器上的朱书》，《文物》2003年第5期。

⑥ 宋国定、李素婷：《郑州小双桥遗址又有新发现》，《中国文物报》2000年11月1日第一版。

色细腻沙质土掺黏土夯打而成”的封土，“夯土质地坚硬，结构紧密，层理分明，夯痕清晰，夯层厚度在0.08～0.12米之间，夯痕的形状均为圆形圜底，直径较小，有3、4、5厘米等几种”。“在封土冢上部发现有大面积的烧土堆积，烧土中还发现有许多夯土块和草拌泥块，在一些较大的夯土块上还留有小圆形夯痕，……（据此）我们认为‘周勃墓’实际上应是一座夯土台基。”“‘周勃墓’之上有大量与商代建筑有关的堆积，其南侧的灰土堆积中有商代白家庄期的陶片，而且夯土的夯层、夯窝形状结构均与郑州商城的夯土建筑相近”[①]，因此，它至迟应是一座不晚于二里岗文化四期的商代前期夯土台基。“小双桥遗址文化内涵特征比较单纯，文化堆积前后延续时间较短，……繁荣期与郑州商城前后衔接”[②]，“该遗址文化堆积的主体应该是以具有大型宫殿基址、大批祭祀遗存及冶铜遗存为主的白家庄期文化遗存”。“从测年结果可知，小双桥遗址的绝对年代大致相当于距今3400年前后”[③]，大约相当于文献记载的商王朝仲丁执政时期。小双桥遗址位于文献记载的商代隞都的南侧，隞都所在，《尚书·商书序》：“仲丁迁于嚣。”《史记·殷本纪》：“帝中丁迁于隞。”《索隐》：“隞亦作嚣，并音敖字。”《左传·宣公十二年》：“晋师在敖、鄗之间。”杜预注：“敖山在荥阳西北。”西晋荥阳县即今郑州市古荥镇。《水经·济水注》：“济水又东迳敖山北，《诗》所谓‘搏狩于敖者也。’其山上有城，即殷帝仲丁之所迁也。”“皇甫谧《帝王世纪》曰：‘仲丁自亳徙嚣于河上’，或曰敖矣。秦置仓于其中，故亦曰敖仓城也。”这说明商王仲丁所迁的隞都，当在临近古黄河岸边的敖山之上，北魏郦道元写《水经注》时此城尚在，郦道元是曾经见到过此城的。不过商王仲丁所居隞都的规模，由于被后世黄河冲毁，我们已不得而知，但是作为王都，在它的周围还应当分布着众多的遗迹及其附属建筑。近年来考古工作者在古敖山以南的今古荥乡郑庄村西、沟赵乡堂李村南、祥营村东、赵村西、石佛乡陈村南、蓝寨村东、关庄村西南、小双桥村西南等地，发现了多处商代前期文化遗址[④]，其中以小双桥遗址规模最大，文化内涵最为丰富，应是隞都南侧一处重要的附属建筑，根据对其文化内涵的分析，我们认为很可能是一处当时商王朝的祭祀场地。这处祭祀场地突出一座俗称“周勃墓”的高台型夯土建筑基址，应是当时一座祭坛遗迹。按我国历代王朝多有在王都南郊设坛祭祀天地神祖的活动，北京天坛就是一处保存于现今的清王朝祭天场地。商周时期不仅在此祭天，也祭祀神祖，《逸周书·作雒解》记周公：“乃设丘兆于南郊以（祀）上帝，配□后稷，日月星辰、先王皆与食。”孔晁注：“设，筑坛

① 河南省文物研究所等：《1995年郑州小双桥遗址的发掘》，《华夏考古》1996年第3期。

② 宋国定：《郑州小双桥遗址出土陶器上的朱书》，《文物》2003年第5期。

③ 河南省文物考古研究所：《郑州小双桥（1990～2000年考古发掘报告）》，第723页。

④ 张松林：《郑州西北郊区考古调查简报》，《中原文物》1986年第4期。

域（原注为‘城’，从孙诒让《〈周书〉斠补》改）。南（原注作‘内’，从孙诒让《〈周书〉斠补》改）郊，南郭也。先王，后稷。”黄怀信等《集注》引卢文弨曰：“‘日月星辰’，《御览》作‘农星’。赵（曦明）云：‘此注非后稷已配上帝，此先王当指太王而下’”多位先王[①]。《论语·为政》云：“周因于殷礼，所损益可知也。”周人在郊区设坛祭礼当是继承殷人礼制而来，殷人称郊坛为“单”，古本《竹书纪年》云：“武王亲擒帝受辛于南单之台。”“南单之台”即位于商都南郊之坛台。“南单之台”又称“鹿台”，《水经·淇水注》：“南单之台，盖鹿台之异名也。”但郦道元等以为鹿台在纣都朝歌即今淇县城中，其实未必如是，唐《括地志·卫州》卫县条下：“鹿台在卫州卫县西南三十二里。”又云：“朝歌故城在卫县西二十三里。”可知鹿台当位于朝歌故城即纣都南郊一带。《史记·殷本纪》：纣王“厚赋税以实鹿台之钱。”同书《周本纪》：武王“命南宫括散鹿台之财”。《尚书·武成》：“散鹿台之财。”孔颖达疏：“《新序》云：‘鹿台其大三里，其高千尺’，则容物多矣，此言鹿台之财，则非一物也。”可见鹿台不仅是当时重要的军事据点，也是一处储存物资财富的基地，因而应是一处以鹿台为中心的大型建筑群体。古本《竹书纪年》云：“武王亲擒帝受辛于南单之台，遂分天之明。”《礼记·祭法》：“男有分”，郑玄注：“分，犹职也。”此文意谓西周武王正是在南单之台擒杀了殷纣帝辛，并在这里宣布职掌上天授予的明命即统治全国的权利。可知南单之台也是当时的一处政治重地。殷墟卜辞记有“东单”（《合集》28115）、“南单”（《合集》6473）、“西单”（《合集》9572）等地名，饶宗颐先生云：卜辞南单、西单，“疑即南坛、西坛”。于省吾先生又云：卜辞“单”字“应读作‘台’，单、台双声，故通用，台乃后起字，古本《竹书纪年》称‘南单之台’，是由于东周以来已出现了‘台’字，而《纪年》作者不知商人以‘单’为‘台’，遂于‘南单’之下，误加‘之台’二字。……总之，商之四单即四台，是在以商邑为中心的四外远郊”[②]。此说甚是，南单即商都南郊之坛，是以坛台为主体的大型建筑群体，是商代王都地区的一处祭祀神祖与经济、军事重地。今本《竹书纪年》：帝辛“五年夏，筑南单之台”。专记商王令筑南单之台，可见商人对于修筑“南单之台”的重视。现已出土的殷墟卜辞中，也记有商王在南单的活动为最多，并在这里祭祀神祖，如卜辞云：

庚辰卜，争贞：爰南单？（《合集》6473）

……入，从南单。（《合集》28116）

……南单……不吉？（《英》734）

---

① 黄怀信等：《〈逸周书〉彙校集注》，上海古籍出版社，2007年，第533页。

② 于省吾主编：《甲骨文字诂林》，中华书局，1996年，第3071页引。

乙卯卜：于南单立岳，雨？（《屯》4362）

岳于南单？（《合集》34220）

第一辞“爰南单”，饶宗颐先生释云：“爰，于也。《诗·卷阿》：‘亦集爰止’，笺：‘爰，于也。’又《广韵》：‘爰，行也，为也。’”[①]是“爰南单”当即前往南单之义。第四辞“于南单立岳”，陈梦家先生释云：“‘立’即（礼记）《明堂位》之‘位’，《周礼·小宗伯》注云：‘位，坛位也。’（周礼）《肆师》：‘用牲于社宗则为位’”[②]。于省吾先生又云：“按位、立古同字，金文‘位’字皆作‘立’，……《周礼·小宗伯》：‘掌建国之神位。’注：‘故书‘位’作‘立’，郑司农云：立读为位。古者立、位同字’”[③]。此辞当与第五辞“岳于南单”意思相同，即前往或在南单祭祀岳神之义。小双桥遗址正位于商都隞邑的南郊，其中俗称“周勃墓”的高台型夯土建筑基址当是商人的祭天之坛，《礼记·祭法》云：“燔柴于泰坛祭天也。”郑玄注：坛，“封土为祭处也。”孔颖达疏：“燔柴于泰坛者，谓积薪于坛上而取玉及牲置柴上燔之，使气达于天也。”考古工作者在这座“高台型夯土建筑基址”之上虽然尚未发现玉器和烧骨，但已“发现有大面积的烧土堆积”[④]，表明它应是商王的燔柴祭天之处。与此相对，位于“高台型夯土建筑基址”西侧的“宫殿基址”“祭祀坑群”，则应是商王祭天时“先王皆与食”的祖庙遗迹。根据文献记载，我国古代在克敌制胜、凯旋以后，又有向天地神祖举行献俘庆功的活动，《逸周书·世俘解》记西周武王克殷归来之后举行献俘庆功活动云：“越六日庚戌，武王朝至，燎于周。……武王乃废于纣矢恶臣人百人，伐右厥甲小子鼎大师；伐厥四十夫家君鼎师，司徒、司马初厥于郊号。……用小牲羊、犬、豕于百神水土，于誓社。……用牛于天，于稷五百有四。”黄怀信等《集释》引陈逢衡云：“‘初厥于郊号’，郊，南郊也。祭天于南郊答阳也。”又引顾颉刚曰：“按《殷墟书契前编》：‘丁卯卜，贞：王宾文武丁，伐三十人、卯六牢、鬯六卣，亡尤？’（一·一八）……‘伐’，象以戈临于人颈，即是杀也。牢云‘卯’者，‘卯’即‘刘’，亦杀也。杀人以祭，本商、周间通常事。……‘四十夫家君’，当即四十个氏族的领袖。按此似总结上文，谓纣共恶臣百人、小子、大师等皆为预定行献俘礼时杀戮之对象，令司徒、司马执行之。”[⑤]另外，牛牲也是我国重要的祀神祭品，《周礼·地官·封人》：“凡祭

---

① 于省吾主编：《甲骨文字诂林》，第968页引。

② 陈梦家：《殷墟卜辞综述》，科学出版社，1956年，第462页。

③ 于省吾：《泽螺居〈诗经〉新证》，中华书局，1982年，第47页。

④ 河南省文物研究所：《郑州小双桥遗址的调查与试掘》，《郑州商城考古新发现与研究》，中州古籍出版社，1993年，第244页。

⑤ 黄怀信等：《〈逸周书〉彙校集注》，第438、439页。

祀，饰其牛牲。”同书《牛人》又云：“牛人掌养国之公牛，以待国之政令。凡祭祀共其享牛求牛。”郑玄注：“享，献也。献神之牛，谓所以祭也。”“求牛”，郑玄注引郑司农云：“祷于鬼神，祈求福之牛也。”周人的这个礼制，当是继承着商人礼制而来，如上文所述，小双桥遗址大型建筑基址群的周围，发现有大面积的人牲坑、牛牲坑等祭祀场地，可能就是商人行献俘礼时的场地，据此推测，小双桥遗址大约应是商王仲丁迁居隞都时期所建祭祀天地神祖或在这里向天地神祖行献俘礼的“南单”遗迹。

管国故城探析

马世之

（河南省社会科学院）

摘　要　管国故城是西周初年的管国之都。关于它的地望，过去存在着两种不同的说法：郑州商城说和洼刘墓地说。通过对比研究，我们认为郑州商城说理由比较充分，不过该说虽然占有某些优势，但也存在一定的问题，要想破解管城之谜，尚需通过考古发掘来进行探寻。

关键词　西周；管国；城址

管国故城或称管叔邑、管城等，是西周初年管国之都，城址位于郑州市区，地理位置十分重要。刘禹锡《管城新驿记》称它“直天下大逵，肘武牢而咽东夏”　。明嘉靖《郑州志》曾引录一佚名古碑铭来概括其形胜：“嵩岳、成皋，环崎先后；济、洛、荥、河，襟带左右。”周书灿指出它，依邙山，傍大河，西北接虎牢险关，向东分布着荥泽、圃田泽、逢泽、孟诸泽、菏泽等天然湖泊，东去的济水为四渎之一，向东南又接颍水、汝水，直达淮河，构成纵横交织的水陆网络，交通极为便利[①]。由于它具有得天独厚的地理优势，使之成为西周初年控制东方的战略要地。

管作为地名，已有悠久的历史。甲骨文与古文献中均有管字的记载。《甲骨文合集》1916有“庚辰卜贞，在官”。《殷墟文字乙编》5321又有“戊戌卜，侑伐父戊，用牛于官”。这里官即管字。《逸周书·大匡解》：“惟十有三祀，王在管，管叔自作殷之监，东隅之侯，咸受赐于王，王乃旅之，以上东隅。”《逸周书·文政解》：“惟十有三祀，王在管，管、蔡开宗循。”表明商末周初管已存在。1976年陕西临潼县（今西安市临潼区）出土的利簋记载了周武王克商的史实，其铭曰：“武王征商，惟甲子朝，发鼎，克闻，夙有商。辛未，王在阑师，赐有事利金，用作檀公宝尊彝。”于省吾认为：“阑，应读为管蔡之管，古无管字，管为后起的借字。……阑为管之初文。”[②]徐仲舒说：“辛未是甲子后第八日……阑，其地必去殷都朝歌不远。于

---

① 周书灿：《西周王朝经营四土研究》，中州古籍出版社，2000年，第79页。

② 于省吾：《利簋铭文考释》，《文物》1977年第8期。

氏以阑为管叔之管，以声韵及地望言之，其说可信。”[①]杨宽赞同于、徐二氏的考释，又云：“《史记·管蔡世家》说武王克殷以后，‘封叔鲜于管’。管这个地名该早就存在，只是‘管’是后起字，原来不写作‘管’。在《墨子》一书中，不作‘管’而作‘关’，曾两次提到管叔作关叔。”并认为，在商代、西周金文中，这个字作“阑”。“‘阑’与‘关’，音义俱近，更足以证明‘阑’即是‘管’。”[②]由此可知，利簋铭中提到的“阑”，即是“管”。

管是西周王室东方的军事重镇，向为兵家必争的要邑。关于其地望，文献多有记述。《汉书·地理志》“河南中牟”条下：“中牟，圃田泽在西，豫州薮，有筦叔邑。”王先谦《汉书补注》引王念孙曰：“此当作有筦城，故筦叔邑。”《新斠注地理志集释》谓：“有筦叔邑……周武王弟叔所封，古字作管。筦，别字。”《后汉书·郡国志》“河南尹中牟条下”：“有圃田泽。……有管城。”《左传·僖公二十四年》杜预注：“管国在荥阳京县东北。”又说：“荥阳县东北有管城。”《水经·渠水注》载：“渠水又东，不家沟水注之，水出京县东南梅山北溪。……其水自溪东北流迳管城西，故管国也，周武王以封管叔矣。”不家沟水又称管水。《括地志》云：“郑州管城县外城，古管国也，周武王弟叔鲜所封。”《元和郡县图志》说：“管城县，本周封管叔之国，自汉至隋皆为中牟县。隋开皇十六年，于此置管城县，属管州，大业二年改管州为郑州，县又属焉。”《大清一统志》载：“管城故城即今开封郑州治。”《春秋大事表》卷七，管城“在今开封府郑州北二里，即管叔所封国”。张琦《战国策释地》云：“管，今郑州治，故管城也。”何光岳综合各家论述而言：“《括地志》：‘郑州管城县，今州外城即管国也，是叔鲜所封。’刘大淇《春秋左氏传旧注疏证》引《括地志》和《读史方舆纪要》说明故管城在郑州城。《左传》宣公二十一年，‘次于管以待之’。杜预注：‘荥阳京县东北有管城。’沈钦韩《春秋左氏传地名补注》引《水经注》及《一统志》说明管城故城在郑州城。洪吉亮《春秋左传诂》、江永《春秋地理考证》、杨伯峻《春秋左传注》皆以管国在今郑州市。……则管国所在郑州，历来皆无非议。”[③]此外，1992年在河南省中医学院东里路家属院出土一件战国陶瓮的肩部有一“官”字，官即“管”[④]。1954年，在郑州二里冈发掘出一座唐代墓葬，墓内出土有墨书砖志，志文有该墓位于“管城东南二里”

---

① 徐中舒：《西周利簋铭文笺释》，《四川大学学报》（哲学社会科学版）1980年第2期。

② 杨宽：《中国古代都城制度史研究》，上海人民出版社，2003年，第36、37页。

③ 何光岳：《周源流史》，江西教育出版社，1997年，第795、796页。

④ 河南省文物研究所：《1992年郑州商城宫殿区发掘收获》，《郑州商城考古新发现与研究（1985—1992）》，中州古籍出版社，1992年，第137页。

的记载[①]。根据上述文献记载及考古发掘资料，管国故城在今河南省郑州市是没有问题的。不过具体分析起来，又有两种不同的说法：

一曰管国故城位于原管城县外城即郑州商城遗址之上。长期参与并主持郑州商城遗址发掘工作的杨育彬认为："管城是利用郑州商城城垣建立起来的。城垣的走向和范围的大小与原商城相同。"[②]杨宽考释的更加详尽："从沿革地理来看，郑州商城当是西周初期管叔受封的管国。《括地志》（《史记·周本纪》正义引）说：'郑州管城县外城，古管国也，周武王弟叔鲜所封。'《元和郡县志》卷八郑州管城县条也说：'郭下本周封管叔之国。'所谓管城县外城，所谓郑州郭下，正是现在发现的郑州商城。根据考古发掘，得知在紧贴商代夯土城墙的外壁附加有一周战国时代修筑的城墙，其上有战国文化层；汉代以后继续利用商代和战国城墙而加以修补，但城垣规模缩小了三分之一以上，在北部另筑了一道北城墙，把三分之一面积隔开在外，这样北部三分之一就成为'外城'或'郭'。《括地志》和《元和郡县志》把包括'外城'或'郭'的大城定为管叔受封的管国，很是正确。"[③]按照这种说法，管国故城的范围，从白家庄沿城东路西侧向南，与郑州旧城东城墙内夯土相连；白家庄西侧向西穿过紫荆山，沿金水大道南侧至杜陵街北端折而向南，与郑州旧城西城墙内夯土相接；在郑州旧城墙下也有相同的夯土。城址平面略呈南北长方形，东城墙长约1700、南城墙长约1700、西城墙长约1870、北城墙长约6960米。城垣周长6960米，城内面积约300万平方米。

二曰管国故城在郑州西郊石佛镇洼刘村一带。1999年1月至2000年4月，郑州市文物考古研究所在郑州市中原区石佛镇洼刘村北，郑州高新技术开发区新建重阳街的施工中，发现了西周墓地，共发掘西周墓葬72座，车马坑2座，有12座墓葬出土了青铜器。其中最重要的是编号为ZGW99M1的墓葬，该墓为长方形竖穴土坑墓，墓内葬具为一棺一椁，出土有青铜礼器鼎3件、簋1件、甗1件、罍1件、扁体卣1件、圆体卣一件、觚1件、尊1件、盉1件、戈3件、车马饰一批及部分蚌饰、贝币等。尤其是在青铜礼器上多铸有铭文，3～7字不等，其中最常见的为"陆余父丁宝尊彝"和族徽。器物带有明显的西周早期特征，发掘者将该墓的时代定为西周早期武王灭商后至成王时期的墓葬[④]。

① 安金槐：《试论商代"汤都亳"与"仲丁都隞"》，《中原文物》特刊，1981年。

② 杨育彬：《郑州商城初探》，河南人民出版社，1985年，第123页。

③ 杨宽：《中国古代都城制度史研究》，上海古籍出版社，1993年，第35、36页。

④ 郑州市文物考古研究所：《郑州市洼刘村西周早期墓葬（ZGW99M1）发掘简报》，《文物》2001年第6期；郑州市文物考古研究所：《郑州洼刘西周贵族墓出土青铜器》，《中原文物》2001年第2期。

此外，近年来考古工作者在石佛镇及其周围老鸦陈村、须水镇、沟赵乡和古荥镇等地，已发现西周遗址7处，其规模均较大，多在10万～30万平方米，个别遗址超过50万平方米，这些遗址集中分布于50平方千米之内，形成一个集中的西周早期文化遗址区。不少学者认为，这里应当就是管叔封国的中心区，亦即管国故城所在地。

通过对比研究，我们认为第一种意见有一定道理。

第一，根据夏商周断代工程专家组公布的夏商周年表，公元前1046年武王伐纣灭商，次年大封诸侯，也就是说公元前1045年管始立国。公元前1042年（周成王元年），管叔挟武庚发动叛乱，公元前1041年（周成王二年）管叔被诛。管从建立到灭国只有短短数年，从当时的政治形势和经济状况来分析，不可能在此期间筑起一座新城，因而利用商城城垣作为防御设施，是其最佳选择。由于管在西周历史上属昙花一现的诸侯国，不可能留下很多的物质文化遗存，因而郑州商城范围内西周早期遗迹遗物偏少的现象是完全可以理解的。诚如曲英杰所云："周武王灭商后二年卒，周成王二年管叔被杀，是管叔在此不超过四年。……在管叔死后人散城空，荒落下去，故近城处不见周初及西周时期遗迹。"[1]

第二，郑州商城是商代前期的都城，商代后期称"管"，是其军事重镇。1959年安阳圆坑墓出土戍嗣子鼎铭文中提到："丙午，王赏戍嗣子贝廿朋，在阑宗，用作父癸宝鼎。""宗"指的是宗庙，说明管地还有商王的宗庙。试想，西周初年若在别处新建一座叫"管"的城邑，城内定然不会有商王的宗庙建筑。要是郑州商城即是管城，那么城内旧有商王宗庙则是顺理成章之事了。

第三，石佛镇洼刘村西周墓发发现的1号墓被认为是西周早期贵族墓，中国社会科学院考古研究所将其年代定在西周早期，约当武王灭商至成王时期[2]。不过，对于该墓墓主人的身份，学界也存在不同的看法：发掘者认为是管国后裔。周书灿主张为东虢贵族[3]。雷晋豪则说："实际上，洼刘村M1出土文物完全缺乏与'管'的联系。墓中铜器来源混杂，器铭包含……无一例出现阑字，而族徽、官职以及日名也属典型的殷人特征，很难认定是姬周贵族。"[4]由于洼刘村M1墓主的身份尚未取得学界的共识，势必会影响到在其附近对金文中"阑"地的思索与探讨。

第四，石佛镇及其附近地区发现有多处西周遗址，从而形成了一个西周早期文化遗址区。但是迄今为止，这里还没有找到一座商周时期的城址，更没有发现商代的宫室宗庙建筑，因而要说这里就是管城所在，很难使人信服。

---

① 曲英杰：《先秦都城复原研究》，黑龙江人民出版社，1991年，第316页。

② 中国社会科学院考古研究所：《中国考古学·两周卷》，中国社会科学出版社，2004年，第112页。

③ 周书灿：《关于郑州市洼刘村西周早期墓葬（ZGW99M1）的两点认识》，《考古与文物》2004年第4期。

④ 雷晋豪：《金文中的"阑"地及其军事地理新探》，《历史地理》第二十六辑，上海人民出版社，2012年。

综上所述，我们认为郑州商城很有可能是西周初年管叔鲜受封的管城，亦即利簋铭中所说的“阑师”所在地。不过，从考古资料来看，郑州商城废弃于二里岗文化上层二期之后，郑州战国城是附加在商城城垣外侧，以商代前期的夯土城墙为基础修筑而成，战国城的城垣周长稍大于商城。汤威据此而论：“郑州商城废弃后，延续下来的是郑州战国城，其间并不存在西周或春秋时代的城邑。也即是说文献中所记西周初年管叔封国的城邑不是当时业已废弃许久的郑州商城。”[①]这种观点应当引起学界的重视。现在看来，要想证明郑州商城即西周初年管叔鲜封国之城，还需要找到一些考古资料作为支撑，也许不久的将来，随着考古工作的进展，管国故城之谜一定会被完全破解。

① 汤威：《从考古资料揭示的历史情境看商周管邑的地望》。

商周管邑探析

汤　威

（郑州博物馆）

摘　要　商周管邑地望何在，学者多依据文献及相关资料判定在郑州市域范围内，但具体位置犹有争议。近年来，亦有研究者认为商周管邑不在郑州。作者以金文、清华简等出土文献及近年来考古新发现，结合文献典籍和郑州出土唐宋墓志等资料，对商周管邑地望进行探析，指出商周管邑确在今郑州，大致方位应位于郑州市区西北郊一带，且管叔在武王伐纣之前业已经略管地。同时，本文亦对殷周金文的“闌”地方位提出新议，质疑传统的“闌”地位于郑州之说。

关键词　管邑；管叔；郑州商城；郑州西北郊；闌

据文献所载，周武王克商后封叔鲜于管，管叔之名因之。后管叔作乱被诛，国废，然管城之名历春秋战国、汉、唐诸世犹存，至今郑州市内仍有管城区之名。商周管邑地望何在，学界曾进行过热烈讨论，学者多依据文献及相关资料判定在郑州市域范围内，但具体位置犹有争议[①]。近年来，亦有研究者提出新论，认为商周管邑不在郑州[②]。笔者不揣浅陋，在以往研究基础上，结合最新考古发现及出土文献资料的研究，对商周管邑进行稽考，以就教于学界前辈及同仁。

---

① 学界探寻管地地望，歧见颇多，据李维明先生的整理，有具体指在今郑州市内管城区（如陈万卿先生），或管城区以北（如陈隆文先生），或具体指出郑州与管联系的时间在战国（如郑杰祥先生、《郑州商城》报告）、西周（如杨育彬先生）、殷末周初（如方酉生先生）、或称郑州商城为管邑（如杨宽、程平山等先生）；也有学者根据郑州市西周文化分布，结合文献记载判断西周初年分封的管当在郑州市西北郊区（如邹衡、郑杰祥、张松林等先生）。主要论文有：郑杰祥：《关于郑州商城的定名问题》，《中州学刊》1994年第4期；程平山、周军：《商周管邑地望考略》，《中原文物》2000年第4期；陈隆文：《关于商周管邑地望问题》，《陕西师范大学学报》2003年第2期；张松林等：《西周管邑管城与管国》，《郑州文物考古研究》，科学出版社，2005年，下册第1498、1499页。详见李维明：《试论郑州㬢、亳、管之地望》，《中国历史文物》2007年第4期。

② 王震中：《商代周初管邑新考》，《夏商周文明研究六——2004年安阳殷商文明国际学术研讨会论文集》，社会科学文献出版社，2004年，第478～482页。雷晋豪：《金文中的阑地及其军事地理新探》，《历史地理》第26辑，2012年。

一、文献典籍反映的商周管邑及其地望

历代文献中，管地之名初见于《周书》，又见于《左传》，再见于《韩非子》与《战国策》，其确切地点首见《汉书·地理志》河南郡中牟条下班固自注，以及杜预《春秋左传集解》。为研究方便，特将相关文献史料爬梳钩稽，按早晚顺序整理如下。

《逸周书·大匡解》第三十七："惟十有三祀，王在管。管叔自作殷之监，东隅之侯咸受赐于王。"

《逸周书·文政解》第三十八："惟十有三祀，王在管。管、蔡开宗循……"

以上两则周初武王在克商后第二年亲临管地巡视的记载，可谓目前所见有关管地的最早文献记录。从其中透露的信息可推断，管地为古地名，其政治军事地位在殷周时代尤显重要。虽然《逸周书》的性质及成书时代或有争议，但其中相关篇章所记早期史实的重要性是不言而喻的，而且已得到《清华简》的最新佐证。因而此处《逸周书》关于周初史实的记载理应受到高度重视。

《左传·僖公二十四年》："昔周公吊二叔之不咸，故封建亲戚，以蕃屏周。管蔡郕霍，……"杜预《春秋左传集解》注："管国在荧阳京县东北。"

《左传·宣公十二年》："（楚子）告令尹，改乘辕而北之，次于管以待之。晋师在敖、鄗之间。"杜预《集解》注"荧（荥）阳京县东北有管城，敖、鄗二山在荧（荥）阳县西北"。

这两则史料是比较明确的关于管国、管地地望方位的记载。其中《宣公十二年》详载公元前597年晋楚争霸中原邲之战前夕，楚庄王听从伍参劝战，决意对峙晋军，寻求战机。此节文献详细记录了邲之战的前后过程及晋、楚两军驻扎攻防等细节。西晋杜预在《春秋左传集解》中分别详注了管国、管城的准确方位，为后人探寻商周管邑的地望所在提供了珍贵史料。后世文献关于商周管邑的地望，大多径直引用杜预所注。如《史记·管蔡世家》："武王已克殷纣，平天下，封功臣昆弟。于是封叔鲜于管，封叔度于蔡。二人相纣子武庚禄父，治殷遗民。"裴骃《集解》引杜预说："管在荥阳京县东北。"《水经注》卷二十二："渠水又东，不家沟水注之，水出京县东南梅山北溪。……其水自溪东北流，迳管城西。故管国也，周武王以封管叔矣。……《左传》宣公十二年，晋师救郑，楚次管以待之。杜预曰：京县东北有管城者是也。"

《战国策·魏策四》："秦攻韩之管，魏王发兵救之。昭忌曰：'夫秦，强国也，而韩、魏壤梁。不出攻则已，若出攻，非于韩也必魏也。今幸而于韩，此魏之福也。王若救之，夫解攻者，必韩之管也；致攻者，必魏之梁也。’魏王不听，曰：‘若不因救韩，韩怨魏，西合于秦，秦、韩为一，则魏危。’遂救之。秦果释管而攻魏。”

又《魏策四》：“魏攻管而不下。安陵人缩高，其子为管守……”

《韩非子·有度篇》有度第六：“魏安釐王攻赵救燕，取地河东；攻尽陶、魏之地；加兵于齐，私平陆之都；攻韩拔管，胜于淇下……”

上述三节史料显见，战国时代的管为韩邑，强秦曾攻之不克，魏亦屡攻韩之管，并最终占领管城为魏邑。上述史料同时反映出战国晚期的管邑城池坚固，其规模不小，甚可与魏都大梁比肩，而且在错综复杂的列国征战态势中，其军事政治地位非常重要。

《汉书·地理志》河南郡中牟条下班固自注言：“中牟，蒲田泽在西，豫州薮。有筦叔邑。”[①]唐颜师古注“筦与管同”。

《后汉书·郡国志》河南尹中牟条下曰：“有蒲田泽，有清口水，有管城，有曲遇聚，有蔡亭。”

谭其骧先生引王念孙之说，认为“有筦叔邑”依《汉志》例，当作“有筦城，故筦叔邑”，今本脱去“筦城，故”三字[②]。《汉志》中关于管城建置及管辖范围的记载明确，而且也是最早的。其后的《后汉书》依之。《晋书·地理志》荥阳郡下收中牟县，管城不具载。

《隋书·地理志》荥阳郡有管城条，曰：“旧曰中牟，东魏置广武郡。开皇初郡废，改中牟曰内牟。十六年析置管城。十八年改内牟曰圃田入焉。”

结合顾祖禹《读史方舆纪要》卷四十七“管城废县”下云：“州治，周初管叔封于此。春秋时郑地。……汉为中牟县地。晋因之。隆安二年，邓启方等将兵击慕容德于管城，败还。隋开皇十六年，始析置管城县，又置管州治焉。”[③]可知，管城自汉代始，直至隋开皇十六年（596年）前，历代均属中牟县辖。隋唐之后管城归郑州或荥阳郡属。

需要指出的是，《魏书·地形志》广武郡中牟县下记有管城，同书荥阳郡京县下亦注有管城。如此，则北魏时期今郑州地区方圆数十公里内同时存在中牟管城和京县

---

① 有筦叔邑语后另有“赵献侯自耿徙此”。此句班固自注实为讹误，《晋书·地理志》荥阳郡中牟条下仍从之。战国时代的赵都中牟实在黄河以北，非郑之中牟。司马贞、全祖望等前贤早已指摘，此不赘述。

② 谭其骧：《〈汉书·地理志〉选释》，《长水集》，人民出版社，1987年，第369页。

③ 顾祖禹：《读史方舆纪要》，中华书局，2005年，第2198页。

图一　文献反映的管城地望略图

管城两个管城，十分不合情理，令人生疑。由于其他汉、晋史料从未见到两个管城的记载，故而魏收的说法也未为后代史家继承。杨守敬纂疏《水经注疏》指出：“《续汉志》中牟有管城下，引杜《注》在京县东北。故《地形志》中牟有管城，又云，京县有管城，二县地相接也”，辄是一种折中的说法。

笔者认为，之所以出现同一地域两个管地的情况，是因为魏收在当时面临管地的地望资料存在着两难选择：一是《汉书·地理志》定管城于河南郡中牟县下；一是杜预春秋经传所注管城在荥阳京县东北。魏收因无法分辨孰是孰非故而并存二说。这反映出魏晋时期，学者们对管城地望已存在明显的不同认识。首先，《汉志》言管城为中牟县属，说的是汉代管城的建置及行政隶属关系，故当明确无误，而且自东汉至隋初，五百年间未改，一直在今郑州管城区。杜预注解春秋时代的管城地望以荥阳京县为坐标基准，当是基于对春秋时期历史地理知识的判断。杜预所处的西晋时代，中牟县并未有废置或析分迁徙，其所辖管城自当如《汉志》所言为中牟县属而非京县，杜预对此自是明晰。然杜武库博学多通，耽于经籍，且征战南北，谙熟军事地理，他不把楚师次于管注解为中牟管城而注为京县管城，是因为此地距离北方晋军所驻敖、鄗二山较近，楚军驻扎此地，更为符合当时两军对垒的军事态势。杜所注的管城在荥阳京县东北，若指的是其时的中牟管城，则京、管两地东西相直，不当言为京县东北（图一）。这似乎正暗示杜预所注的所谓管城乃是春秋时代的管城，而并非是汉晋时期的管城。以杜预的学识阅历，他认为春秋时代的管城当在荥阳京县东北，也即今郑州市区的西北方位。需要指出的是，在杜预的年代，距离发生邲之战的春秋时期已是八百多年后，而他所注的荥阳京县东北的春秋管城也许在当时早已废弃为断壁残垣供时人凭吊了。

二、从唐宋墓志信息看管城的方位及历史沿革

郑州城区历史上因各代建置不同，因有管邑、管城、管州及管城县诸称。明洪武以下虽正称郑州或郑县，但仍多以管城旧名惯称，今日郑州市内所辖的管城区之名即是沿袭千年的旧称。下面以多年来郑州城区出土或发现的唐宋时代墓志、石刻所记录的信息来考察历史上管城的方位及历史沿革。

1954年，原河南省文物工作队在郑州二里岗发掘一唐墓，出土的墨书砖志记载该墓位于“管城东南二里”①。

1985年郑州市桐柏南路郭庄村东的唐李晊夫妇合葬墓，墓志记载李晊卒于乾元二年（759年），夫人后卒于荥阳郡私第，葬于旧城西安山冈，后燕显圣元年（761年）合迁葬于“荥阳郡城西南七里、齐村西二里”②。天宝元年（742年）郑州曾改为荥阳郡，仍治管城县。758年，复称郑州，郡所管城县无更。此处志文的荥阳郡城乃指郡城治所所在的管城县。

1994年郑州市伏牛南路西侧，发现位于冶金部金属制品研究院的唐李文寂夫妇合葬墓（ZFJM1），墓志所记方位为“荥阳梅山”，墓主李文寂于神龙三年卒于郑州私第，夫妇合葬时间为景龙二年（708年）③。

20世纪90年代发现的河南省计划生育研究所唐墓，据出土的墨书砖墓志记载是从郑州管城县淳风乡迁葬至管城乡界内，东南去墓一里□□，墓葬时间为开元十八年（730年）④。

另有20世纪90年代发现于郑州开发区化工厂的唐刘臻官墓，墓志所载方位是“荥阳之南原”，墓葬时间是贞元十三年（797年）⑤。

2000年郑州高新区重阳街西段洼刘村北的唐丁彻夫妇合葬墓，墓志所记方位为“荥泽县广武山之阳”，墓葬时间为上元三年，即公元676年⑥。

2008年河南电力工业学校唐孙和墓（ZDFM1），位于郑州高新技术产业开发区东，西三环路以东，秦岭北路以西，电厂南路以北。据墓志所载，墓主人孙和自幼移家管邑，遂为郑人。孙和卒于许昌台官舍，嗣子及太夫人扶护归于管城，在贞元十二

---

① 安金槐：《安金槐考古文集》，中州古籍出版社，1999年，第162页。

② 郑州市文物工作队：《郑州市郭庄唐代李晊墓清理简报》，《中原文物》1988年第1期。

③ 郑州市文物考古研究所：《郑州西郊唐墓发掘简报》，《文物》1999年第12期。

④ 郑州市文物工作队：《郑州地区发现的几座唐墓》，《文物》1995年第5期。

⑤ 郑州市文物工作队：《郑州地区发现的几座唐墓》，《文物》1995年第5期。

⑥ 郑州市文物考古研究所：《郑州唐丁彻墓发掘简报》，《华夏考古》2000年第4期。

年（796年）窆于“州城西北固城里京水之东”，即今贾鲁河之东[①]。

2010年发现的北宋贾正之夫妇合葬墓位于郑州市南三环以南，郑密路以西，黄岗寺村西南部，金水河西岸，南水北调干渠渠线北侧。墓志所载方位是“郑州管城县西周张原”，墓葬时间为北宋崇宁四年（1105年）[②]。

表一　郑州市区及近郊唐、宋墓志中有关管城辖域的统计

序号	公元纪年	历史纪年	墓葬	墓志所记方位	墓葬于今方位	资料来源
1	676	上元三年	丁御夫妇合葬墓	荥泽县广武山之阳	高新区重阳街西段洼刘村北	《华夏考古》2000年第4期
2	708	景龙二年	李文寂夫妇合葬墓	荥阳梅山	伏牛南路西侧冶金部金属制品研究院	《文物》1999年第12期
3	730	开元十八年	田师恕墓	郑州管城县淳风乡，迁葬管城乡界内	省计划生育研究所	《文物》1995年第5期
4	761	后燕显圣元年	李晊夫妇合葬墓	荥阳郡城西南七里、齐村西二里	桐柏南路郭庄村东200米	《中原文物》1988年第1期
5	796	贞元十二年	孙和墓	管城西北固城里京水之东	河南电力工业学校，西三环路以东，秦岭北路以西，电厂南路以北	《中原文物》2011年第4期
6	797	贞元十三年	刘臻官墓	荥阳之南原	开发区郑州化工厂	《文物》1995年第5期
7	1105	北宋崇宁四年	贾正之夫妇合葬墓	郑州管城县周张原	黄岗寺村西南	《中原文物》2013年第1期

此外，清人张调元在《京澳纂闻》中记载：在郑州西北二十里的石佛集北石佛寺中，“有宋庆历八年（1048年）幢子，石刻云：‘奉宁军管城县管乡’云云”[③]。

仔细审视比较以上唐宋墓志志文或石刻铭记所载的相关方位（图二），似可得到以下结论：唐宋时期，郑州旧城之名确为管城，与历史文献所载印证吻合。管城大多数时间为郑州所辖，虽然间或隶属荥阳郡，但旋又复归郑州，而管城的治所则一直无改。唐宋管城的西北、西南方向，即现今郑州市区的近郊位置，在当时为荥阳或荥泽二县的辖域。管城县与荥阳、荥泽二县的政区界域在今郑州西北郊方向彼此交织，犬

① 郑州市文物考古研究院：《郑州市区西北部两座唐墓发掘简报》，《中原文物》2011年第4期。

② 郑州市文物考古研究院等：《郑州黄岗寺北宋纪年壁画墓》，《中原文物》2013年第1期。

③ 张调元：《张调元文集》，中州古籍出版社，2004年，第392页。

图二　郑州市区及近郊有关管城辖域的唐宋墓志、石刻分布图

牙交错。位于今河南电力工业学校的唐孙和墓，其墓葬方位是管城西北固城里，石佛镇北的北宋石佛寺位于管城县管乡，两者尤近，虽距离管城治所的直线距离10千米以上，但却仍属于管城辖区。也即是说，唐宋时代，管城的地域概念在今郑州市区西北郊一带依然是客观存在的。此一区域虽地理上距荥阳或荥泽更近，但生长于兹的当地人却自认其燕居之所为管城之域，这可能是历史地理信息世代相传因袭的缘故。

三、从考古资料揭示的历史情境看商周管邑的地望

前述墓志石刻资料仅能揭示唐宋时代管城的方位及称名问题，对于考察商周管邑的具体地望问题佐证有限。而要稽考商周管邑的地望，则必须借助于现代考古学手段上溯至商周时期进行综合分析。探讨商周管邑回避不了位于今郑州市区的郑州商城遗址，郑州商代古城遗址为20世纪50年代考古工作者发现，迄今已整整六十年，各项重要发现成果斐然。经过数代考古工作者的不懈发掘和整理研究，虽仍有部分学术问题仍在讨论中，但郑州商城为商代都城的性质、文化面貌、建造与废弃时间等重要问题

已经搞清楚。

郑州商城规模宏大，经科学钻探发掘，商代夯土城垣周长近7千米。郑州商城废弃于商代二里岗上层文化二期之后，郑州战国城是附加在商代夯土城垣外侧，利用商代前期的夯土城垣为基础修筑而成，战国城的城垣周长稍大于商代城。后来的汉代城墙又是利用商代和战国城垣修筑，但只是利用了商代和战国夯土城垣的南部约2/3，并于中部新筑了一道汉代北城墙。后世唐宋明清诸城则都是利用汉代城垣修筑，其大小和汉代城垣相同[①]。由上乃见，郑州商代城时代最早，战国城次之，但规模相近，城址浩大。后世汉、唐、明、清诸城依次垒叠，城址较战国城南缩，虽经王朝更迭，历代修缮，城垣或有盈缩，但地望无改，至今尚残存。

郑州商城城内的考古钻探及发掘资料显示，古城废弃之后直到战国时代才重被启用。其中，商城北部为战国时期人类重点活动区。汉代以后，人们集中在南区生活。商城北半区在商代的地层上直接为战国文化层覆盖或打破，南半部考古发掘中基本不见战国遗存，汉代遗存也不多，最多的是唐宋及明清遗存。郑州商城废弃后直到战国时代，其间的近千年时间里，城址内基本上未见包括商代晚期、西周及春秋时期的有关遗存，尤其未见西周文化的遗存。

基于以上考古资料，我们可以形成以下客观判断：即郑州商城废弃后，延续而下的是郑州战国城，其间并不存在西周或春秋时代的城邑。也即是说文献中所记西周初年管叔封国的城邑不是当时业已废弃许久的郑州商城，春秋中叶邲之战中楚师驻军的管城也不在湮灭久远的郑州商城。郑州战国城的性质应当就是《韩非子》《战国策》等文献所载的韩、魏管城。而后世唐宋明清史籍文献所言的所谓管叔城邑，其实都是在前朝城垣基础上不断新建、修缮而南缩的新城，抑或是指废弃于城址北部的商代或战国城旧址，但都不是真正意义上的西周管城。

唐代张守节《史记正义》引《括地志》言“郑州管城县外城，古管国城也，周武王弟叔鲜所封”。《括地志》成书于贞观十九年，魏王李泰所言“郑州管城县外城”指的当是唐代郑州城北部的古城废弃旧址，唐人不明真相，沿袭汉晋旧说，于是把今日考古发现的郑州古城（商城或战国城）视为周初管叔封国城邑。郑州古城的残垣断壁，隋唐时代仍有很大部分暴露于地表，即使到了清末民初，其北半城旧址仍部分依稀可辨，故而多为后世学者所误解。

考古资料显示，郑州商城废弃后，直至殷季，城内几无发现任何的殷人活动遗迹或遗存。值得关注的是，郑州商城外围一带（此仅列市区内及近郊，暂不包括市西北郊方向），在商代晚期却一直有殷人活动的遗迹。如位于郑州商城内城西北、外郭

---

① 河南省文物考古研究所：《郑州商城：1953—1985年考古发掘报告》，文物出版社，2001年，第6页。

城范围内的人民公园晚商遗址，20世纪50年代曾发现有殷人的贵族墓葬、祭祀坑、灰坑、水井等遗存，出土有较多的陶器、青铜器、玉石器、骨蚌器和海贝等，其考古学年代相当于殷墟文化第一、二期①。近年来，在郑州市铭功路东、西太康路北侧的河南金岸住宅工程项目范围内，新发现有商代晚期文化，出土一批珍贵文物，性质上同属于郑州人民公园晚商文化②。此外，在郑州黄河路与花园路交叉口西南角发现一处商代遗址，发掘有商代前期夯土基址、水井、灰坑，以及晚商时期的殷人墓葬43座③。在郑州商城东南部，经济技术开发区梁湖村以东、南三环以北区域，发现了梁湖遗址，遗址面积达20万平方米，文化遗存以商代早、中、晚期为主。梁湖遗址是目前发现的距离郑州商城最近的一处商代中小型聚落遗址，对研究郑州商城的兴衰和晚商文化面貌提供了重要线索④。以上这些郑州晚商文化的遗存信息显示，在郑州商都废弃后，商族人并未全数而退、举迁新都，仍有一部分商人族氏、军队在商城外围生活聚居或军事驻扎（在郑州西北郊方向，发现的晚商时期殷人活动遗存更加密集）。但是，这些留下的殷人却未能再次踏入近在咫尺、曾经显赫鼎盛的商都内城，这着实令人深思和玩味。我们无法确认是什么样的灾异变故使得商都陨落，而其后又有怎样的礼仪禁忌或宗教习俗使得殷人不敢越雷池一步。由于郑州商城内部也未发现西周时期的文化遗存，我们也可以推断，基于同样的禁忌或礼俗，入主中原以代天命的周人也同样未能进入商城内部，但是在今郑州西北郊地区却留下了他们密集的文化遗存（后文详考）。

曾经繁华翼翼的商代王都，雄伟浩大，最终却神秘地废弃湮灭，无人问津，不消数载，遂即麦秀渐渐，彼黍离离。五百年后，西周末年，当郑桓公寄孥东方，带领国人东徙于济、洛、河、颍之间时，这里已是一片荒芜之地。《左传·昭公十六年》载名相子产之言："昔我先君桓公，与商人皆出自周，庸次比耦，以艾杀此地，斩之蓬蒿藜藿，而共处之。"与姬郑一同东迁的是商人殷遗，他们重返故国家园，眼见得宫室荡然无存，城垣破败荒芜。出于祖考先人的忌讳和信仰传承，这些殷商后裔与郑国先公也不曾入住废弃的郑州商城遗址，而是另辟新址，在今郑州市区西北郊方向筑城暂居。于是在郑州市区西北方向，同一时期崛起了数座春秋时期的新城。

时代推进到群雄逐鹿的战国时代，吞并郑国的韩国人，意气风发，抛弃或忘却以往所有的羁绊禁忌，在郑州商城遗址（内城）基础上，原大新建了一座战国新城，此

---

① 河南省文物考古研究所：《郑州商城：1953—1985年考古发掘报告》，第875～951页。

② 索全星、刘彦锋：《河南金岸住宅工程考古：为研究郑州商城和郑州商文化序列提供重要实物资料》，《中国文物报》2008年7月4日第5版。

③ 郑州市文物考古研究院：《郑州黄河路109号院殷代墓葬发掘简报》，《中原文物》2015年第3期。

④ 郑州市文物考古研究院：《河南郑州梁湖遗址发掘》，http://www.wangchao.net.cn/junshi/detail_15402.html

城规模浩大，周长超过7000米，规制上大于韩国此前的国都阳翟（周长6700米），也远超当时的重要城邑荥阳京城（周长6300米），甚至比肩于当时的魏都大梁，这也即是《战国策》《韩非子》所记载的战国管城。

那么，接下来的问题是，西周的管城到底在哪里？问题又回到了原点，这还要向西看。

20世纪80年代的文物普查工作中，考古工作者曾对郑州市西北郊进行科学缜密的重点调查，获得了多处重要发现，其中发现典型西周遗存的遗址七处，如祥营遗址、洼刘遗址、瓦屋李遗址、道李遗址、郑庄遗址、冉屯遗址、岳岗遗址等。这些遗址集中分布于50平方千米内，形成了集中密集的西周文化遗址群①。其中，祥营遗址，面积达30万平方米，遗迹以西周早期土坑墓为主，还发现有房基、窖穴等。洼刘遗址，总面积20多万平方米，是一处以二里头文化村落遗址和西周早期墓地为主的大型遗址。1999年在洼刘遗址又发现了郑州地区目前规格最高的西周文化遗存，有西周早期贵族墓葬12座，平民墓70多座，出土了一大批青铜礼器、兵器、车马器以及玉器等珍贵文物。其中尤以ZGW99M1级别最高，仅青铜礼器就出土12件，其中青铜鼎3件，扁体卣2件，圆体卣、簋、甗、罍、觯、盉、尊各1件，纹饰繁缛，其中的一大部分还铸有铭文，说明此墓应是一座高等级贵族墓，或云其墓主与周初分封管地监殷的管叔鲜有关②。在祥营和洼刘遗址之间的郑州大学新校区也发掘有西周墓葬12座、灰坑29个，祭祀坑1个，是郑州西周考古的又一重要收获③。此外，在郑州市区西北部的董寨，也曾发现有西周时期的陶窑、房基和灰坑等④。早些年前，在市区西部的旮旯王村、十里铺也发现有面积不详的周代文化遗存⑤。郑州博物馆早年还从市区西部的重型机械厂征集过一批西周青铜器。

近年来，考古工作者在郑州近郊区域又新发现一批西周遗址，如⑥：

（1）郑州市第九人民医院，位于沙口路以东，农业路以北，京广路以西。发掘面积1418平方米，清理西周时期灰坑59处，墓葬8座，出土遗物较丰富，且发现两处祭祀坑，其内清出完整牛骨架两具。

（2）郑州七一三研究所总装厂房项目，位于科学大道以南，红松路以西。发掘面

① 张松林：《郑州市西北郊区考古调查简报》，《中原文物》1986年第4期。

② 郑州市文物考古研究所：《郑州市洼刘村西周早期墓葬（ZGW99M1）发掘简报》，《文物》2001年第6期。

③ 张松林等：《郑州文物考古工作回顾与思考》，《郑州文物考古与研究》（一），科学出版社，2003年，第12页。

④ 郑州市文物考古研究所:《郑州市董寨遗址发掘简报》，《华夏考古》2002年第3期。

⑤ 河南省文化局文物工作队:《郑州牛砦龙山文化遗址发掘报告》，《考古学报》1958年第4期。

⑥ 以下资料来源见郑州市文物局编：《郑州文物年鉴·2010年》。

积1320平方米，清理西周时期墓葬22座，春秋时期墓葬20座，灰坑30处，战国墓葬25座，灰坑9处，出土遗物较丰富。

（3）银江商务综合楼项目，位于长兴南路东侧，宏达路南侧，长虹路西侧，国基路北侧。2010年发掘，出土商周遗物甚丰，包括商代玉戈、玉饰件、贝币，西周骨匕、石刀，战国蚌镰等。此外还发现有用牛、羊、人进行祭祀的三座西周早期祭祀坑。

（4）蒋寨遗址，位于荥阳豫龙镇蒋寨村南。2010年发掘面积2700平方米，清理各类遗迹300多个，发现有丰富的商末周初遗存，遗迹主要有房址、灰坑、陶窑等，房址近17座，均为西周时期半地穴式房址，出土遗物甚丰。

尤其令人兴奋的是，近年来郑州市西部新发现了一批两周古城，意义非常重大。

娘娘寨遗址，位于荥阳市豫龙镇寨杨村西北,地处索河之滨,东西长1200米,南北宽850多米,总面积100多万平方米,由内城和外城组成。考古发现内城有城墙、城门、房址、道路、夯土基址、墓葬、陶窑、作坊等遗迹。张松林等先生根据城址发掘情况，认为城址可能与郑桓公东迁有很大关系。娘娘寨遗址在地理位置和时代上与郑桓公东迁其民之事相和，推测城址当为郑桓公东迁其民的重要都邑①。

官庄遗址，是继娘娘寨遗址之后，郑州西部地区发现的两周时期又一大型聚落。与娘娘寨遗址相比，官庄遗址两周之际的遗存更为丰富，为完善郑州地区的两周考古学文化序列提供了重要资料。从遗址面积看，官庄城址外壕的围合面积超过 130 万平方米，是目前中原地区最大的西周城址。官庄遗址的发掘和研究，对于深入探讨郑州地区两周时期考古学文化的发展演变，厘清东虢、郑、韩相关历史具有重要意义②。

南城遗址，位于荥阳市东北部广武镇南城村南。城址平面形状呈近方形，边长约800米，面积约64万平方米，城址四周有夯土城垣与城壕。根据地层关系，城址的建造年代晚于商代，毁于战国时期。城址的保存状况较好，城内文化层堆积较厚，遗存甚为丰富③。

东赵遗址，位于郑州市高新区沟赵乡东赵村南、中原区须水镇董岗村西北。2011年北京大学考古文博学院与郑州市文物考古研究院合作对东赵遗址进行复查。2012年确认东赵遗址有龙山至商末周初文化遗存。2012年10月～2014年12月，考古工作者对遗址进行连续性考古发掘与勘探。经过近三年工作，累计发掘面积近6000平方米，勘探面积达70万平方米。目前，东赵遗址取得一系列重大发现，发现大、中、小三座城址，发现商代大型建筑基址以及丰富的夏商时期文化遗存。西周时期灰坑因取土破

① 张松林：《河南荥阳娘娘寨遗址发掘出两周重要城址》，《中国文物报》2009年2月18日第2版。

② 郑州大学历史学院、郑州市文物考古研究院：《河南荥阳市官庄西周城址》，《中国文物报》2013年3月15日第5版。

③ 张贺君：《郑州地区西周城址探析》，《洛阳考古》2014年第3期。

坏，发现较少。东赵遗址还发现有两周时期文化遗存，特别是西周早期文化遗存的发现，为研究郑州地区西周文化，探讨西周封国管国提供新材料①。

上述西周考古发现为探寻西周管城提供了重要线索（图三），但目前还没有给出即时答案，东赵城址的发现距离发现西周管国城邑似乎又更近了一步，但还需要等待掀开湮没三千年西周管城的最后一铲。

图三　郑州近年来新发现的两周古城分布图

四、商周管邑的古文字学证据——兼谈殷周金文“[illegible]”地不在郑州

郑州之管地，还有古文字方面的证据。如郑杰祥先生所论，管地在商晚期已有之，甲骨文“官”字中的部分即指“管”地②，卜辞记官地的主要有下揭：

庚辰卜，贞在官。　　（《合集》1916）

戊戌卜，屮岁父戊牛一。于官用不。　　（《合集》22045；《乙》5321）

[于]戍官入，又正。　　（《合集》28032）

于戍官入，又正。　　（《合集》28033）

---

① 顾万发、雷兴山、张家强：《夏商周考古的又一重大收获》，《中国文物报》2015年2月27日第5版。

② 郑杰祥：《商代地理概论》，中州古籍出版社，1994年，第267页。

丁巳卜，弜步，𨙶官。 （《合集》34158）

辛未卜，亘，贞呼先官。 （《合集》39744，04576）

己卜，于官竗。一 （花东HD53-20）

我们认为，上述卜辞中的“官”字应当作为地名对待。甲骨文官字初作为馆舍之馆，有时也可理解为宗庙[①]，但也未尝不可以解读为官（管）地设有殷王室的宗庙。管地所在的郑州曾是商王朝的早期都邑，至中商、晚商时也一直有商人的政治、军事活动，保留商王的宗庙建筑是合乎常理的。

西周金文中有“官”字，有的也应当理解为位于郑州的管地。如下揭示：

𬮱作父乙尊（《集成》5986）：“隹公𬳿于宗周，𬮱從公亥𠬝，洛（格）于官。赏陆贝，用乍父乙宝尊彝。”［1933年河南浚县辛村出土（M60：5），西周早期，现藏台湾“中研院”史语所，图四］

競卣（《集成》5425）：“隹白屖父以成师即东，命戍南夷，正月既生霸辛丑，在怀，伯屖父皇競各于官。競蔑历，赏競璋，对扬伯休，用作父乙宝尊彝子子孙孙永宝。”（西周中期，现藏日本京都泉屋博物馆，图五）

图四 𬮱作父乙尊铭文

图五 競卣铭文

𬮱作父乙尊铭文中的公，据郭宝钧之考，当为卫康叔之后，铭器者是卫公之家臣𬮱[②]。𬮱为殷遗，以干支为父祭。铭文提到西周早期，𬮱从卫公曾去宗周，途中来到官（管）地。“洛”，从水从各，通“格”，表来到之意。“格”在甲、金文中的本字为“各”，是表示来到之意的常见动词，多做“各”，或“洛”。此处通“格”的

① 王恩田：《释𠂤、𠂤——兼论商代的客馆与戍守制度》，《考古学研究》（六），科学出版社，2006年，第310、311页。

② 郭宝钧：《浚县辛村》，科学出版社，1964年，第36页。

图六　清华简《金縢》篇局部

“洛”字左从水，实为殷周金文中仅见，这似乎表示㸓从卫公此行赴管地是涉河而来。郑州之管位于大河之南，刚好是从淇卫南下渡河，折西奔赴宗周的必由之地。管地乃殷商故地，周初曾是叔鲜的封国所在，卫公特意在这里驻留赏赐作为殷遗的㸓，可能具有某种特殊意义。

競卣为西周穆王时器，卣铭记“南夷”（当指南淮夷）叛反，白屖父率成周八师即东戍守。铭文中提到两个地名：“伓”，即大伓山，在河南成皋（今荥阳汜水西北），《尚书·禹贡》言：“东过洛汭，至于大伾。”《水经注·河水》云：“河水又东迳成皋大伓山下，……成皋县之古城在大伓山上。”《汉书·地理志》云：“成皋，故虎牢。”伓位于成周洛邑以东，因而铭文言“即东”。伓之虎牢是一处险要的军事要塞，后世曾发生过多次著名战役。铭文中另外一个地名“官（管）”，临近成皋之伓，无疑只能是郑州管城。

新出的清华大学藏战国竹简有《周武王有疾周公所自以代王之志》一篇，其文与今本《尚书·金縢》大致相合，当系《金縢》篇的战国写本。清华简《金縢》篇反映了西周初肇的一系列历史事件，具有较大史料价值。其简七云：城（成）王由（犹）學（幼），才（在）立（位），官（管）弔（叔）返（及）亓（其）羣𧿒（兄）俤（弟），乃流言于邦曰：“公将不利于需（孺）子。”[①]（图六）其中，周初管叔之“管”简文写作“官”字。清华简的时代大致为战国中晚期，书体为楚国文字。由此可见，先秦文献中的管叔之“管”亦作“官”字，清华简《金縢》篇的管（官）叔，则为我们目前所见最早的明确关于管叔的出土文献资料。

此外，郑州出土的战国陶文中亦有“官”字。1992年，位于郑州商城宫殿区遗址的河南省中医学院东里路家属院出土一件战国陶瓮，颈部刻书有一“官（管）”

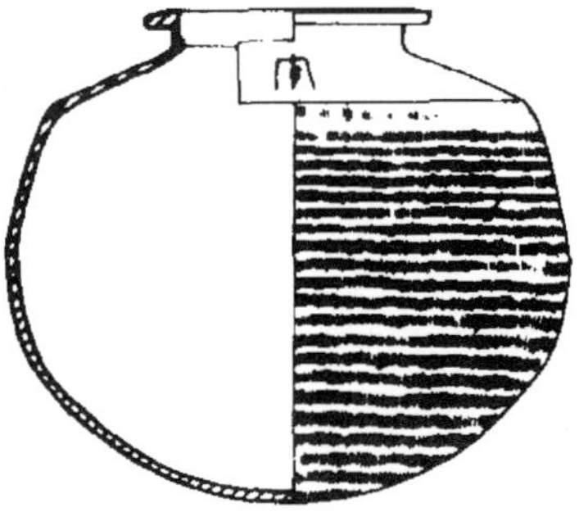

图七　郑州“官”文战国陶瓮

① 清华大学出土文献研究与保护中心编，李学勤主编：《清华大学藏战国竹简》（壹），中西书局，2010年，第158页。

字[①]（图七），可见郑州战国城乃是战国时代韩国或魏国治下的管邑。

由以上资料可知，位于郑州的管地作为古地名时早期曾写作“官”，虽然不同时期的具体位置或有异议，但作为地名，却流传有序，从殷商至东周，历时千余年而无改。

考察商周管地，学者们经常会遇到殷周金文中的闌字，闌字出自1976年陕西临潼出土的利簋。利簋是西周武王时期的重要青铜器，其铭文明确记载了武王伐商的史实与时间，其铭曰：武王征商。惟甲子朝，岁鼎。克闻，夙有商。辛未，王在闌师，赐右史利金。用作檀公宝尊彝。

于省吾先生曾对铭文中的“闌”字专作考释：“[illegible]或柬均应读为管蔡之管。古文无管字，管为后起的借字。从閒从柬古字通，《荀子·修身》的‘柬，理也’，杨注谓‘柬与简同’。《诗·溱洧》的‘士与女方秉蕳兮’，毛传谓‘蕳，蘭也’。按齐诗蕳作菅。玄应《一切经音义》十二，引《声类》训蕑为蘭，并谓‘蕑又作菅蘭二形’。按从柬从閒从官之字同属见纽，又系叠韵，故知[illegible]或柬为管之初文。后世管字通行而古文遂废而不用。”[②]

于公的考释受到徐中舒先生的推许：“于以闌为管叔之管，以声韵及地望言之，其说可信。”[③]历来诸家对于利簋铭文的具体解读多有争论，但“闌”字为“管”“闌”地在郑州之说却很少被考察其合理性。

“闌”字也见于其他一些商周铜器，字皆从“柬”音，字形稍有差异，但应都是一字（为行文方便，下文皆以阑字指示），见表二统计。

表二 带“阑”字铭文的殷、周青铜器

有阑铭铜器	父己簋	寢敄簋	[illegible]方鼎	宰椃角	戍嗣子鼎	[illegible]鼎	[illegible]卣	利簋	新邑鼎	𠂤盉
时代	商末乙、辛	商末乙、辛	商末帝辛	商末帝辛	商末帝辛	商晚	商晚	西周武王	西周成王	西周中期
著录号	《集成》3861	《集成》3941	《文物》2005.9	《集成》9105	《集成》2708	《新收》266	《铭文暨图像集成》12947	《集成》4131	《集成》2682	《新收》0062
字形		--								

为分析方便，特将部分有关铜器的铭文抄释如下：

① 河南省文物研究所：《1992年度郑州商城宫殿区发掘收获》，《郑州商城考古新发现与研究》（1985-1992），中州古籍出版社，1992年，第135、137页。

② 于省吾：《利簋铭文考释》，《文物》1977年第8期。

③ 徐中舒：《关于利簋铭文考释的讨论》，《文物》1978年第6期。

父己簋：己亥，王赐贝，在阑，用作父乙尊簋。亚古

寝孜簋：辛亥，王在阑，赏寝孜□贝二朋，用作祖癸宝尊。

𩰫方鼎：乙未，王宾文武帝乙肜日，自阑侜，王返入阑。王赏𩰫贝，用作父丁宝尊彝，在五月，惟王廿祀又二。鱼。

宰椃角：庚申，王在阑，王格，宰椃从，赐贝五朋，用作父丁彝。在六月，唯王廿祀，翌又五。

戍嗣子鼎：丙午，王赏戍嗣子贝廿朋，在阑宗。用作父癸宝鼎。唯王馆阑大室，在九月。犬鱼。

以上诸器铭文显示，阑为地名，商末已有之；而且，利簋、寝孜簋、宰椃角等器明确记有“王在阑”，并多称商王在阑地对臣工进行封赏。此外，戍嗣子鼎还记铭说“在阑宗”“王馆阑大室”等，清楚表明商末的阑地拥有殷商王室的大型礼仪性建筑，足见其政治、军事地位非常之重要。

利簋铭文言武王甲子日早上征商，黄昏克商，灭商后的第八天辛未日到达阑地，并在阑地赏赐右事。按，武王克商抵达殷都后，必有一番安抚、祭奠、治安、封命等繁琐事宜，并令骁将分伐荡除不臣之国。据《逸周书・世俘解》所载，各将少则数日之内奏厥功，远者十数日，而武王在殷都停滞时间则超过月余。以利簋铭文观之，若武王在灭商后的第八天就到阑地赏赐臣工，则阑地必距殷都很近唯可。而依于公之说，阑地若在郑州，似武王离开殷都已在返程途中，此似不合情理。马承源先生对此最早提出了异议，认为金文中的阑地应是殷末帝辛的别都，距殷都不远，而绝非在郑州①。

𩰫方鼎是2005年保利博物馆新入藏的精品，李学勤先生曾对其进行介绍、考证②。𩰫方鼎是商末帝辛廿二年的标准器，其铭文显示，商王帝辛在乙未日，自阑前往其父宗庙亲行祭典，并当日返阑。此可证，殷商阑地距殷都非常之近，唯此方能当日内往返。李先生此前曾支持阑地在郑州之说，但面对𩰫方鼎的新出材料，也认为原说恐未必是。

此外，我们亦可根据帝辛征人方的往返路线对金文阑地进行考察③。据各家整理

① 马承源：《商周青铜器铭文选》（三），文物出版社，1988年，第14页。

② 李学勤：《试论新发现的𩰫方鼎和容仲方鼎》，《文物》2005年第9期。

③ 多年来，学界对于殷末征人方卜辞的研究成果颇丰，但各家之说大相径庭。主要有：董作宾：《殷历谱》；陈梦家：《殷虚卜辞综述》，《中华书局》，1988年；〔日〕岛邦男：《殷墟卜辞研究》，上海古籍出版社，2006年；钟柏生：《殷商卜辞地理论丛》，台北艺文印书馆，1989年；郑杰祥：《商代地理概论》，中州古籍出版社，1994年；等等。笔者综览各家观点，倾向于陈梦家、郑杰祥二先生之说，但对其路线中的具体细节并不完全赞同而持保留态度。

的征人方卜辞，其中记载有殷末众多的城邑、方国。按照陈梦家、郑杰祥先生的研究成果，帝辛的征伐路线经由郑州及郑州以北的雇（即文献之扈、顾，今黄河以北的原武西北，殷时在河东）。此外，依卜辞所载（《合集》41754），在征人方归途中，帝辛还曾到巳地（今荥阳汜水）郊奠河邑。若阑地在郑州，依金文所显示殷末阑地之政治、军事地位的重要性，商王必会莅临阑地，阑地也理应出现在征人方的卜辞中。然遍检卜辞，我们找不到相关记载。因而笔者研判，殷周金文中的阑地地望不在大河之南的郑州，而应毗邻殷都，位于商王畿之内，很有可能即是淇卫之朝歌。另一方面，殷周之“管”地，即是卜辞及金文所记的“官”地，这在新出土文献《清华简》及战国陶文中也可得到明证。

五、商周管邑不在郑州说的辨疑——附论叔鲜封管的时机

《汉书·地理志》：河内本殷之旧都。周既灭殷，分其畿内为三国，《诗·风》邶、鄘、卫国是也。鄁以封纣子武庚、鄘管叔尹之、卫蔡叔尹之，以监殷民，谓之三监。

郑玄《毛诗谱》言：邶、鄘、卫者，商纣畿内方千里之地，其封域在《禹贡》冀州太行之东，北逾衡漳，东及兖州，桑土之野，周武王伐纣以其京师纣子武庚为殷后，庶殷顽民被纣化日久，未可以建诸侯，乃三分其地置‘三监’，使管叔、蔡叔、霍叔尹而教之，自纣城而北谓之邶，南谓之鄘，东谓之卫。

叔鲜既封于大河之南的管地，并因封国而得名。但管叔又怎么可能与一并受封的蔡、霍二叔同时监管位于河内殷畿的邶、鄘、卫呢。这也形成后世学者聚讼周初“三监”之争的纠葛之一。王震中先生近年曾另辟新论，指出商代的管地以及管叔所封之地均不在郑州，而在殷都朝歌以东、商代卫地范围内的濮阳一带[①]。雷晋豪博士亦在其大作《金文中的䨮地及其军事地理新探》中考证商周之际的管地位于黄河之北，其位置应位于今河南省鹤壁市[②]。

研究“三监”人物史实，总要连带考察其封地所在；而提到“三监”封国，人们又总是把它同《诗经》中的邶、鄘、卫相联系。自汉迄今，绝大多数学者走的都是这条路。东汉以前的文献中，“三监”封地并未与邶鄘卫挂钩。以《逸周书·作雒》而

① 王震中：《商代周初管邑新考》，《夏商周文明研究六——2004年安阳殷商文明国际学术研讨会论文集》，社会科学文献出版社，2004年，第478～482页。

② 雷晋豪：《金文中的䨮地及其军事地理新探》，《历史地理》第26辑，2012年，上海人民出版社。

论，也仅言“建管叔于东，建蔡叔、霍叔于殷”，并没有把“三监”封地与邶鄘卫混言。我们认为，“三监”之设是监管戍守，分封封国乃“受民受疆”，两者设置目的不同，性质也不一样，因而考察其地望也应有所不同[①]。“三监”封国与邶鄘卫是两个概念，两者并不相涉，今人没有必要拘泥于班、郑旧说，硬把二者扯在一起以论其归属[②]。王震中、雷晋豪二位先生关于商周管邑地望的新论即是混淆了三叔封国与“三监”在殷畿邶鄘卫三地的监管疆域两个概念。

周初武王克殷并不是一蹴而就的，早在文王尚健时，周已经接连征伐众多殷商属国，咄咄进逼蚕食殷商之境，周人势力已迫近大邑商。新出的清华简《耆夜》篇载：“武王八年，征伐耆，大戡之，还，乃饮至于文大室。”[③]简文讲述武王八年出师戡耆（黎），大胜之后归周，在“文大室”即文王宗庙进行“饮至”典礼，武王君臣饮酒作歌的事。“饮至”仪式中“毕公高为客，召公奭为夹，周公叔旦为宔，辛公甲为位，作策逸为东堂之客，吕尚父命为司正，监饮酒”。如此隆重的“饮至”仪式，功臣昆弟，满座宾朋，可此时武王另外三个胞弟叔鲜、叔度、叔处却恰好全数缺席。此时武王健在，尚未克商，也不存在后来的监殷问题，叔鲜、叔度、叔处还没有犯下不可原谅的千古之错，正是跟随兄长东征西讨、建功立业的大好时机，此时集体缺席在文王宗庙举行的盛大典礼，似乎暗示管叔等人此时正在远方戍守，可能就是刚刚从殷人那里掳掠而来的商殷重地——管。

叔鲜在武王克商前业已占领管地，也可从武王伐纣的路线中看出端倪。武王大军在汜水（今荥阳汜水）横渡大河，北上与殷人战于牧野[④]。汜水在殷周之际是很重要的军事据点，其时已先为周人所控，唯此周军甲车、兵员、辎重方能安然渡河北伐。因此可以推断，距离汜水咫尺的管地在商末已为周人镇扼掌控。如前文所言，郑州商都废弃后，商族人并未全数北迁新都。郑州人民公园遗址发掘的43座商代晚期墓葬，其中有34%都是以随葬青铜戈、钺、矛、刀等武器为主，出土铜器铭文有（鄘）[⑤]。这显示直至商晚期，仍有相当数量的商人（主要是军事力量），居住或驻守在废弃的都

① 陈昌远、陈隆文：《“三监”人物疆地及其地望辨析——兼论康叔的始封地问题》，《河南大学学报》2004年第2期。

② 杜勇：《从三监看武王大分封的性质》，《人文杂志》1999年第1期。

③ 清华大学出土文献研究与保护中心编，李学勤主编：《清华大学藏战国竹简》（壹），中西书局，2010年；清华简《耆夜》与《史记·周本纪》、《逸周书·文传》、今本《竹书纪年》在纪年等问题上有异，但兹无关本文主旨，故在此不予讨论，仅引述其所载内容。

④ 武王伐纣的进军渡河路线有多说，笔者赞同于省吾先生“师渡汜水”说。于省吾：《武王伐纣行程考》，《禹贡》第七卷第1～3合期。

⑤ 河南省文物考古研究所：《郑州商城——1953—1985年考古发掘报告》，文物出版社，2001年，中册第946页。

邑旁。2006年7月，考古工作者在郑州西北郊的荥阳小胡村晚商墓地新发现一大批舌铭铜器[①]。胡村晚商墓地为殷商舌氏家族墓地，墓葬年代大致相当于殷墟三、四期。根据殷墟卜辞记载，殷商时代舌族的政治地位显赫。笔者曾研究指出殷商舌族最初应隶属于王族，或者是由王族衍生出的分支族系，是殷王室的嫡亲[②]。出土资料显示，小胡村舌族墓地出土有大量戚、戈、矛、镞等兵器；郑州博物馆先前藏的一批舌族铜器里，也有四件铜戈，且另有一件玉礼器戈。由此可推断，郑州舌族墓地的家族成员应是外服戍守的军事职官。据上述资料分析，殷商晚期，殷人在郑州的军事存在，主要是驻守管地，拱卫故都，控扼大河锁钥。而考古资料显示，殷人在郑州的这些军事活动到殷末时已找不到踪迹了，很可能是被西来的周人击溃。叔鲜也许就是在这一时期占领管地的，管地也因此早早被武王兄弟纳入周土，为日后的伐商克殷奠定了坚实的后方保障，并能提供有效的战略支援。

① 贾连敏、曾晓敏、于宏伟等：《河南荥阳胡村发现晚商贵族墓地》，《中国文物报》2007年1月5日第5版；河南省文物考古研究院：《河南荥阳小胡村墓地商代墓葬发掘简报》，《华夏考古》，2015年第1期。

② 汤威：《殷商舌族探微》，《嵩山文明与中国早期王都：2014中国古都学会（郑州）年会论文集》，科学出版社，2016年，第119～141页。

河南郑州商城出土玉器的多方法研究

董俊卿[1]　胡永庆[2]　李青会[1]　刘　松[1]　赵虹霞[1]

（1. 中国科学院上海光学精密机械研究所科技考古中心；2. 河南省文物考古研究院）

摘　要　采用pXRF、PIXE、XRD和Raman光谱四种分析技术对郑州商城出土的21玉器进行科技分析及相关问题探讨。分析表明，这批玉器的玉材大多为单一物相的玉种（如透闪石、方解石、石英和绿松石），以透闪石为主，且多为礼器。研究为中原地区玉器在玉材种类和玉器功能上的突变提供了新的证据，即自商代开始透闪石取代绿松石，占据主导地位，而玉器的礼器性功能占主导。通过微量元素分析了透闪石质玉器的地质成因类型，结合以往所分析的河南偃师、洛阳、南阳和安阳出土的透闪石质玉器的地质成因类型，初步探讨了郑州商城与其他遗址出土透闪石玉器在玉料来源上可能存在的关系。

关键词　郑州商城；玉器；原料；多方法分析

一、样品来源及简介

郑州商城遗址位于河南省郑州市管城回族自治区，东临城东路，西临杜岭街、顺城街，南靠城南路，北至城东路、紫荆山公园、金水河和杜岭街围合成的区域。最早发现于1955年，遗址距今约3600年。商城近似长方形，遗址内容包括城垣遗址、宫殿区遗址、居住聚落遗址、墓葬区、手工作坊遗址（冶铜、烧陶、制骨等）、窑藏坑等遗址类型。出土了大量的石器、陶器、铜器、玉器、骨器等生产工具和生活用具①。郑州商城遗址是中国商代早期规模最大的都城，具有重要的文化和历史价值。为探明郑州商城遗址出土玉器的材质种类、可能的矿物来源及交流情况，选取遗址出土二里岗下层二期的21件玉器进行多方法科技无损分析。样品编号、名称、同出器物等情况见附表一。

---

① 河南省文物考古研究所：《郑州商城：一九五三年—一九八五年发掘报告》，文物出版社，2001年。

二、主要测试方法

无损分析测试采用了四种方法，即化学成分主量元素采用便携式能量色散型X射线荧光光谱，微量元素采用外束质子激发X射线荧光，物相分析采用X射线衍射，结构分析采用显微拉曼光谱。

1. 便携式能量色散型X射线荧光光谱（pXRF）

采用中国科学院上海光学精密机械研究所的OURSTEX 100FA型便携式能量色散X射线荧光分析仪对样品进行化学成分分析。测试方法及条件：采用Pd作为X射线管的靶材。对原子序数低于30的元素，采用连续X射线分析模式，其分析条件为15 kV和1.0 mA；对原子序数大于30的元素，则采用Pd$K\alpha$线的单色X射线分析模式，其分析条件为40 kV和0.5 mA，每种模式的分析时间均为100 s。X射线焦斑直径约为2.5 mm。使用的X射线荧光探测器为专门针对于轻元素探测的SDD探测器（场效应管硅漂移探测器），其能谱分辨率为145 eV。为减少大气对于轻元素特征谱线的吸收，本台谱仪还配备了真空泵，样品腔的最低气压为400～600 Pa，进一步改善了对于轻元素的探测。

2. 外束质子激发X射线荧光（PIXE）

采用改进的外束质子激发X射线荧光技术对样品的化学成分中的微量元素进行了分析，实验在复旦大学现代物理研究所加速器实验室进行，由NEC9SDH-2串联加速器提供能量为3.0MeV左右的高能准直质子束，到达样品表面的实际能量为2.8MeV，束斑直径1mm。X射线用Si（Li）探测器测量，系统对Mn的Kα线（5.9keV）的能量分辨率（Full width at half maximum, FWHM）为165eV。实验所得PIXE能谱经厚靶计算程序GUPIX解谱计算，得出样品的中原子序数大于11（$Z\geqslant 11$）的各元素的组成。为了准确测定样品中Na的含量，样品在测试中用氦气包围，以防止大气对特征X射线的吸收损耗。

3. X-射线衍射方法（XRD）

XRD实验采用UltimaⅣ日本理学X射线衍射仪，在中国科学院上海光学精密机械研究所进行测试。实验时采用管压40kV，管流40mA，采用Cu$K\alpha_1$（波长λ=1.54056Å）X射线及Si（Li）探测器。测角仪精度0.0001度，3KW高频X射线发生器，高反射率的石墨单色器。由于其采用$\theta-\theta$扫描方式，样品在测试过程中不需要旋转。

4. 显微拉曼光谱方法（Raman）

实验在中国科学院上海光学精密机械研究所进行，采用的是英国Renishaw公司生产的 inVia Reflex型显微共焦激光拉曼光谱仪：实验时采用Ar离子激光器（488nm），额定功率20mW；5×、20×和50×物镜（光斑直径1μm）；高灵敏度超低噪音CCD探测器；横向分辨率小于1μm；测定样品的拉曼光谱前，应用单晶Si标样校正，测量误差±0.2cm^{-1}。

三、测试结果分析

根据分析检测结果，这批郑州商城出土的玉器材质主要有透闪石、石英和绿松石等几种，大部分玉器质地较纯，只有一种物相，个别玉器属于两种或两种以上的矿物集合体。

1. 透闪石型（tremolite）玉器

该类样品共计14件，分别为HNWKⅢ-1、HNWKⅢ-2、HNWKⅢ-4、HNWKⅢ-6、HNWKⅢ-7、HNWKⅢ-9、HNWKⅢ-10、HNWKⅢ-13a、HNWKⅢ-14、HNWKⅢ-15、HNWKⅢ-16、HNWKⅢ-18、HNWKⅢ-19及HNWKⅢ-20，其主要化学成分为MgO、SiO_2和CaO，其含量分布范围分别为18.68%～24.52%、55.60%～60.81%和12.98%～16.45%（见附表二），这与透闪石（Tremolite，化学结构式为$Ca_2Mg_5Si_8O_{22}(OH)_2$）的理论值（MgO 24.8%，SiO_2 59.16%，CaO 13.8%）非常一致。由于透闪石中Mg-Fe可以完全类质同象代替，置换程度不同，矿物成分也不同。当Mg被Fe部分置换时，透闪石会发生向阳起石转变［$Ca_2Mg_5Si_8O_{22}(OH)_2 \rightarrow Ca_2(Mg,Fe)_5Si_8O_{22}(OH)_2$］；当Mg被Fe完全置换后，阳起石就成为铁阳起石［$Ca_2(Mg, Fe)_5Si_8O_{22}(OH)_2 \rightarrow Ca_2Fe_5Si_8O_{22}(OH)_2$］。由于$Mg^{2+}$离子和$Fe^{2+}$离子的置换是一种连续系列，因此矿物种的划分有一定范围。当比值$R=Mg^{2+}/Mg^{2+}+Fe^{2+(3+)} \geqslant 0.9$时，称为透闪石；当$0.9>R\geqslant 0.5$时，称为阳起石；$R<0.5$时，称为铁阳起石。上述样品中比值R也列于附表二，均大于0.9，矿物组成为透闪石。其中样品HNWKⅢ-10的R值为0.927，明显低于其他样品，含有较高的Fe_2O_3（约4%），而其他样品均低于1.2%，说明该样品中的部分Mg^{2+}离子被Fe^{2+}离子置换。

为进一步确定这些透闪石型玉器的地质成因类型，采用PIXE对其进行了微量元素测定，该批透闪石的微量元素以Mn、Zn和Cu为主，含量分布范围分别为232 μg/g～3919μg/g、62μg/g～241μg/g和10μg/g～136μg/g；含有少量的Zr、Sr、Pb、Co和Ni，含量均＜80μg/g（见附表三）。

图一展示了样品HNWKⅢ-4的XRD图谱，与透闪石标样（PDF编号为44-1402）数据非常吻合。图二展示了样品HNWKⅢ-7的Raman图谱，主要Raman峰为158cm^{-1}、176cm^{-1}、221cm^{-1}、391cm^{-1}、525 cm^{-1}、672cm^{-1}、929cm^{-1}、1027cm^{-1}、1057cm^{-1}、3659cm^{-1}和3673cm^{-1}，为透闪石的特征峰。其中221cm^{-1}和391cm^{-1}归因于晶格振动，525 cm^{-1}由Si-O 的弯曲振动引起，672cm^{-1}为硅氧四面体链中Si—O—Si的完全对称伸缩振动峰，929cm^{-1}和1027cm^{-1}为硅氧四面体链中Si-O_{nb}硅离子和非桥氧（O_{nb}）的伸缩振动，1057cm^{-1} 为硅氧四面体链中Si-O_b-Si硅离子和桥氧（O_b）的反对称伸缩振动，3659cm^{-1}和3673cm^{-1}为O-H的拉伸振动峰。①

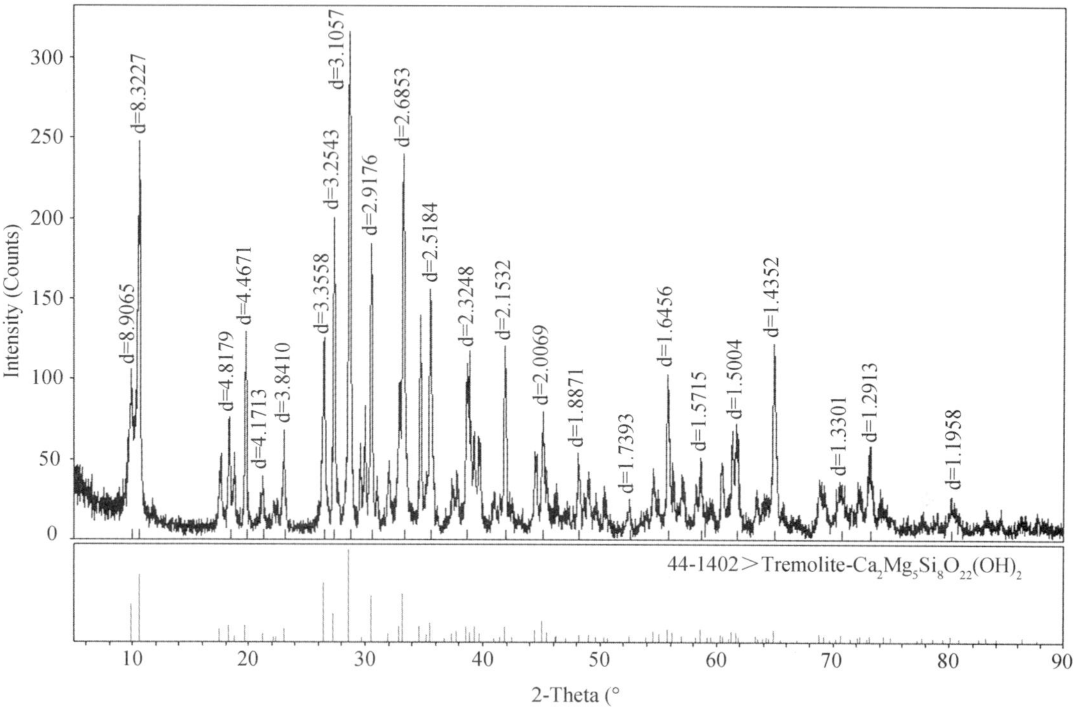

图一　透闪石样品HNWKⅢ-4的XRD图谱

2. 石英质玉器类（quartz）

该类样品仅1件，即HNWKⅢ-08，其主要化学成分为SiO_2（含量为89.14%），次要化学成分为Al_2O_3和K_2O（含量分别为6.21%和1.49%）（见附表二）。其主要衍射峰为石英（quartz，SiO_2）的特征峰（如图三所示），这1件样品在462 cm^{-1}、203 cm^{-1}和

① C.Rinaudo, E. Belluso and D.Gastaldi, "Assessment of the use of Raman spectroscopy for the determination of amphibole asbestos", *Mineralogical Magazine* 68, 3, 2004, pp.455-465.

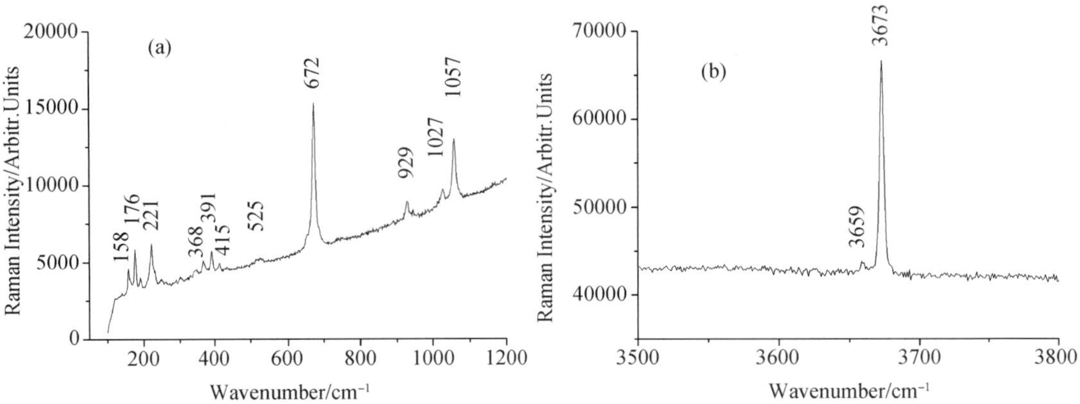

图二　透闪石样品的HNWKⅢ-7的Raman图谱

（a为低频区的Raman图谱，b为高频区Raman图谱）

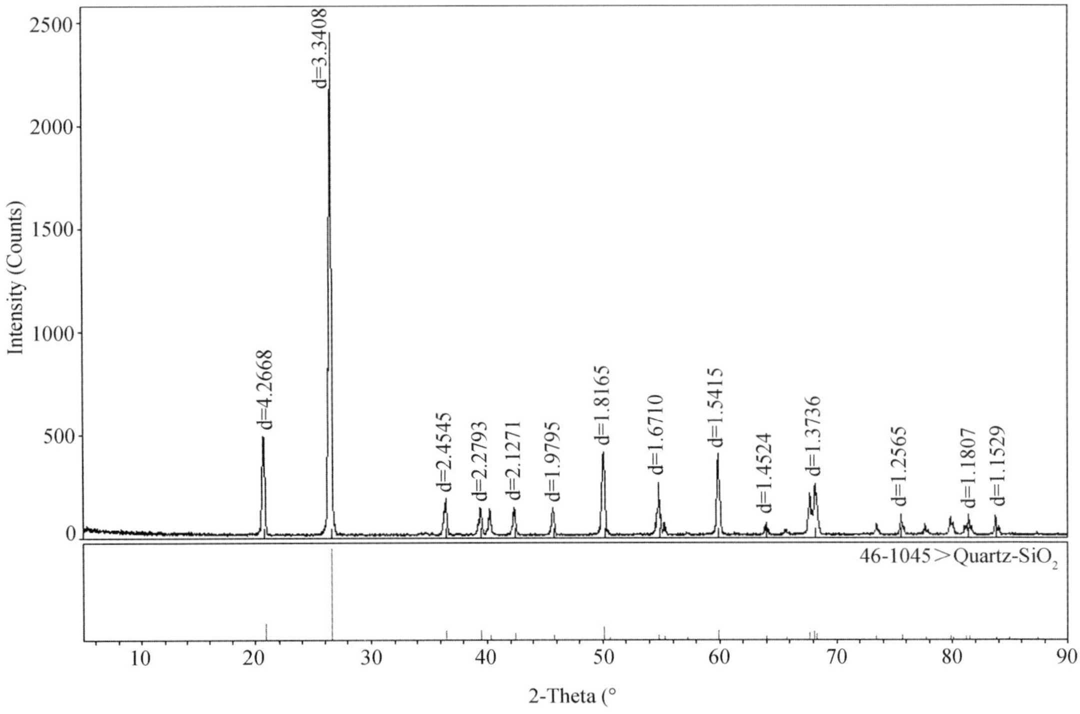

图三　石英样品HNWKⅢ-08的XRD图谱

126 cm^{-1}等处有一组石英的Raman特征峰（见图四），位于462 cm^{-1}附近的最强峰归因于O–Si–O键的弯曲振动，位于203 cm^{-1} ~ 265 cm^{-1}、353 cm^{-1} ~ 396 cm^{-1}以及792 cm^{-1} ~ 1160 cm^{-1}之间中低强度的拉曼峰分别归属于Si–O–Si键的弯曲和摇摆振动、O–Si–O键的弯曲

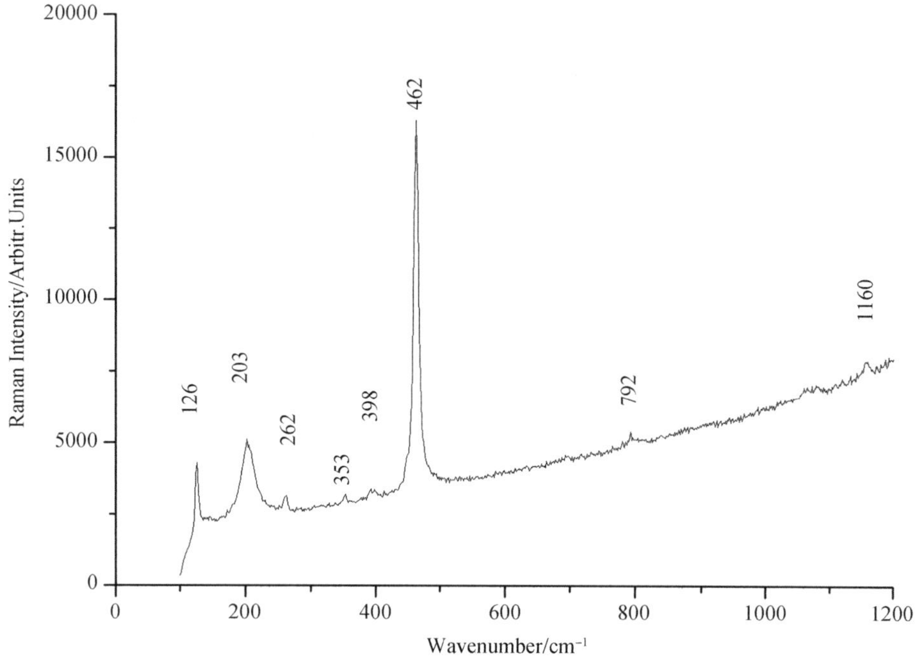

图四　石英样品HNWKⅢ-08 的Raman图谱

和伸缩振动以及Si-O键的伸缩振动模式①。结合样品的宏观特征分析，样品HNWKⅢ-08为玉髓。

3. 绿松石类（turquoise）

该类样品也仅1件，即HNWKⅢ-21。其主要化学成分为Al_2O_3、P_2O_5和CuO，含量分别是37.09%、32.84%、15.38%，次要化学成分为SiO_2（含量为10.03%）和Fe_2O_3（含量为3.49%）（见附表二）。该样品与绿松石［turquoise，化学结构式为$CuAl_6(PO_4)_4(OH)_8 \cdot H_2O$］的理论值（$Al_2O_3$ 37.60%、P_2O_5 34.90%、CuO 9.78%、H_2O 17.72%）比较接近。XRD分析表明，该类样品的主要衍射峰为绿松石（如图五所示）。这是由于地质环境的影响，绿松石矿物成分中的类质同象替代比较常见，该样品中含有少量的Fe_2O_3，可能为部分Al^{3+}离子被Fe^{3+}离子替代，从而向铁绿松石（又名磷铜铁矿，chalcosiderite）转变。而样品中的SiO_2则可能来自伴生矿物或围岩，绿松石围岩的主要成分是石英（SiO_2）和云母等。

4. 玉化不完全的玉器类

郑州商城出土的玉器原料除了上述以一种矿物为主的玉种之外，还有少量玉器的

① J. Etchepare, M. Merian, and L. Smetankine, “Vibrational normal modes of SiO_2. I. α and β quartz”, Journal of Chemical Physics 60. 5, 1974, pp.1873-1876.

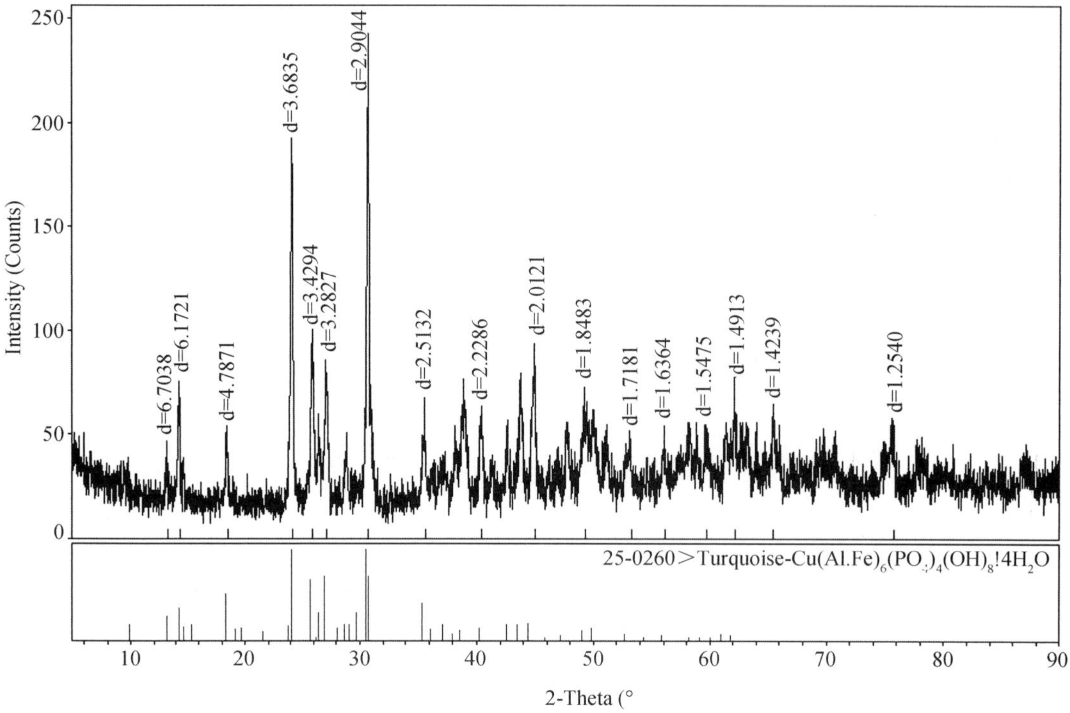

图五　绿松石样品HNWKⅢ-21的XRD图谱

玉料玉化不完全，含有两种或两种以上矿物，这样有以下几种。

（1）含蛇纹石（antigorite）的方解石（calcite）质玉器

该类样品共有3件，即HNWKⅢ-03、HNWKⅢ-05和HNWKⅢ-11。其主要化学成分为CaO（81.60%～89.78%），次要化学成分为MgO（6.42%～9.39%）和SiO_2（2.02%～7.03%）（见附表二）。XRD分析表明上述样品的主要物相为方解石（calcite，化学结构式为$CaCO_3$），次要物相为叶蛇纹石（见图六）。图七展示了样品HNWKⅢ-03的Raman图谱，主要Raman峰在3698、3666、1605、1361、1085、711、685、374、279、229和155 cm^{-1}附近，其中1085、711、279和155 cm^{-1}附近的Raman峰位方解石的特征峰，在1 086 cm^{-1}处的强锐谱峰归属于方解石的CO_3^{2-}阴离子团的对称伸缩振动，711 cm^{-1}处的Raman峰归属于CO_3^{2-}阴离子团的弯曲振动，279和155 cm^{-1}处的Raman峰归属于CO_3^{2-}的晶格振动①；而3698、3666、685、374和229 cm^{-1}附近的Raman峰是叶蛇纹石特征峰，其中3698和3666 cm^{-1}主要与晶体结构中明显不同的两个氢氧根群有关②。因此该类样品的玉料属于玉化不完全的方解石质玉。

① 高岩、张辉：《天然及染色红珊瑚的拉曼光谱研究》，《宝石和宝石学杂志》2002年第4期，第20～23页。

② 刘志勇、干福熹、承焕生、郭聚平：《辽宁岫岩玉岩相结构和无损分析研究》，《岩石学报》2009年第5期，第1281～1287页。

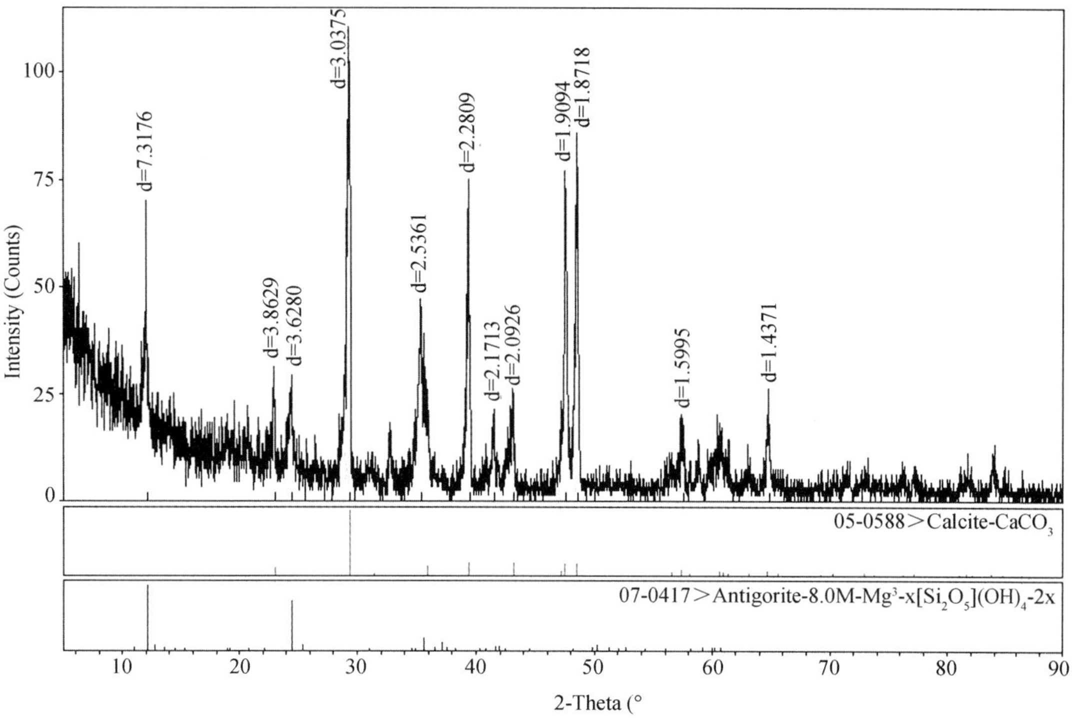

图六　样品HNWKⅢ-03的XRD图谱

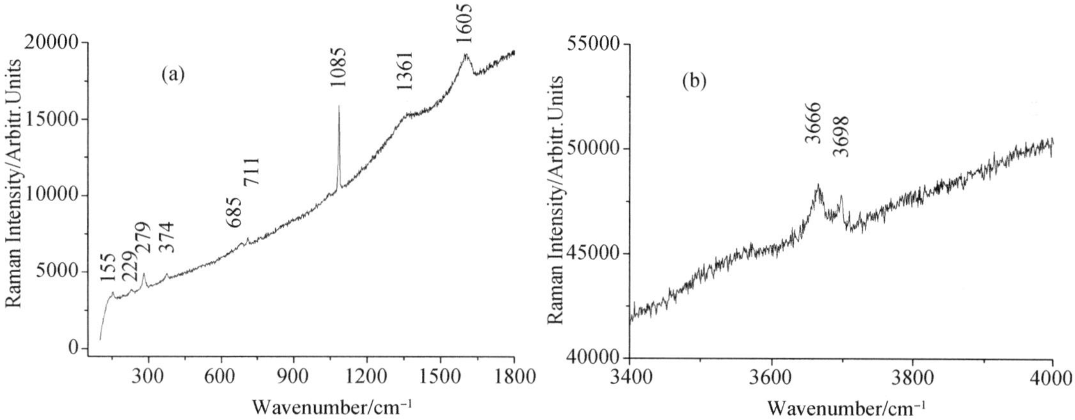

图七　样品的HNWKⅢ-03的Raman图谱

（a为低频区的Raman图谱，b为高频区Raman图谱）

（2）含透闪石的石英质玉器

该类样品只有1件，即HNWKⅢ-12。其主要化学成分为SiO_2（含量为72.33%～78.32%），次要化学成分为MgO（含量为8.53%～14.38%）、CaO（含量为4.53%～8.08%）、Al_2O_3（含量为2.44%～5.62%）（见附表二）。XRD分析表明该样品的主要物相为石英，次要物相为透闪石（见图八）。图九展示了样品HNWKⅢ-03的

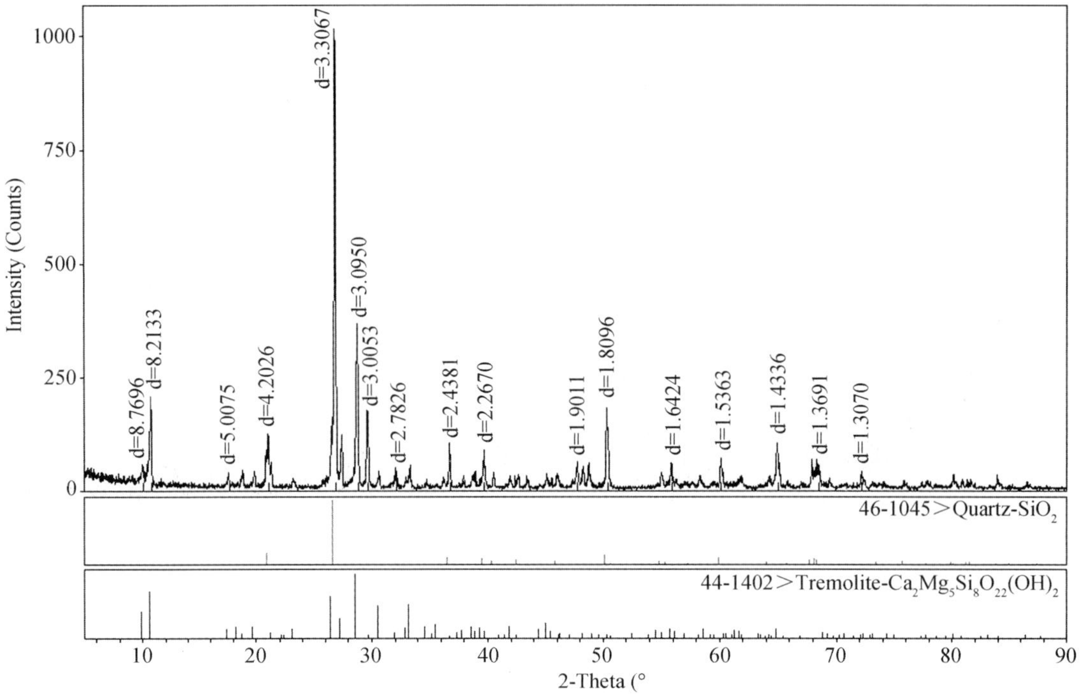

图八　样品HNWKⅢ-12的XRD图谱

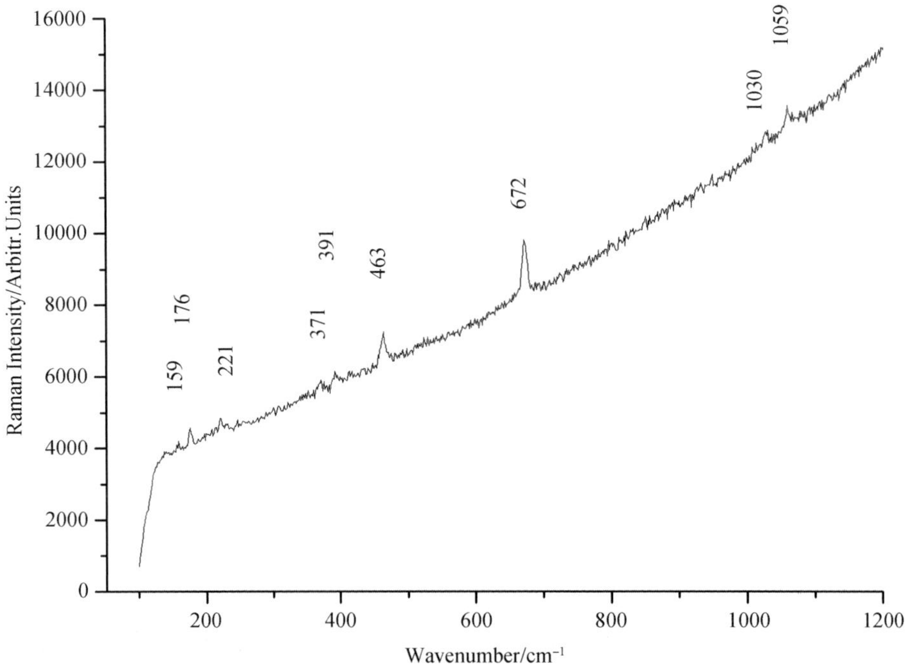

图九　样品的HNWKⅢ-12的Raman图谱

Raman图谱，其主要Raman峰在1059、1030、672、463、391、371、221、176、159、141cm^{-1}附近，其中1059、1030、672、391、221 cm^{-1}属于透闪石的特征峰，而463 cm^{-1}属于石英的特征峰。因此该玉器的玉材属于玉化不完全的石英质玉。

（3）含石英的磷铝石质（variscite）玉器

该类样品为HNWKⅢ-13b。样品为玉柄形器（HNWKⅢ-13a）中间的圆柱形物，浅绿色。其主要化学成分为SiO_2（46.63%），次要化学成分为Al_2O_3（28.89%）和P_2O_5（16.42%），其他化学组分为Fe_2O_3（4.25%）、K_2O（2.21%）和CuO（0.25%）等（见附表二）。XRD分析显示，该样品主要物相为磷铝石（variscite，化学结构式为$AlPO_4 \cdot 2H_2O$），次要物相为石英（见图一〇）。因此该样品的玉料属于玉化不完全的磷铝石质玉。

（4）含有蛇纹石和磷灰石（Apatite）玉化不完全的滑石（Talc）质玉器

该类样品为HNWKⅢ-17。样品的主要化学成分为SiO_2（含量为69.81%），次要化学成分为CaO（12.20%）和P_2O_5（8.53%），其他化学组分为Al_2O_3（3.94%）、Fe_2O_3（2.89%）和MgO（1.85%）等（见附表二）。XRD分析显示，该样品主要物相有滑石{talc，$Mg_3[(OH)_2Si_4O_{10}]$}、磷灰石[apatite，化学结构式为$Ca_5(PO_4)_3(OH)$]和利蛇纹石[lizardite，化学结构式为$(Mg)_3Si_2O_5(OH)_4$]（见图一一）。因此该样品为含有蛇纹石和磷灰石玉化不完全的滑石质玉器。

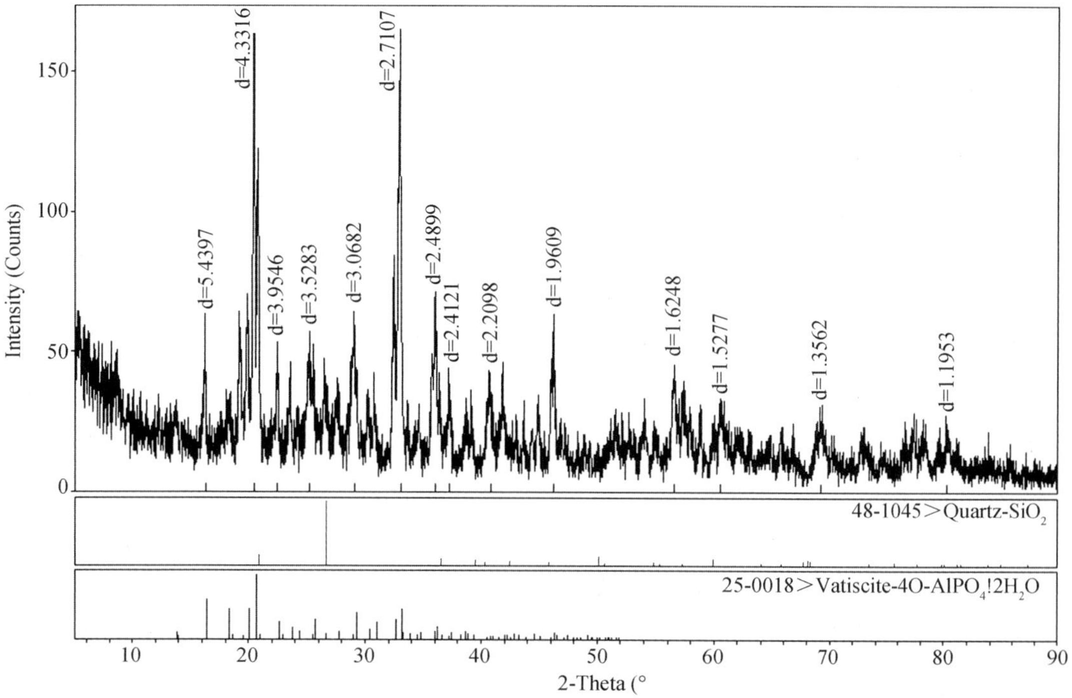

图一〇 样品HNWKⅢ-13b的XRD图谱

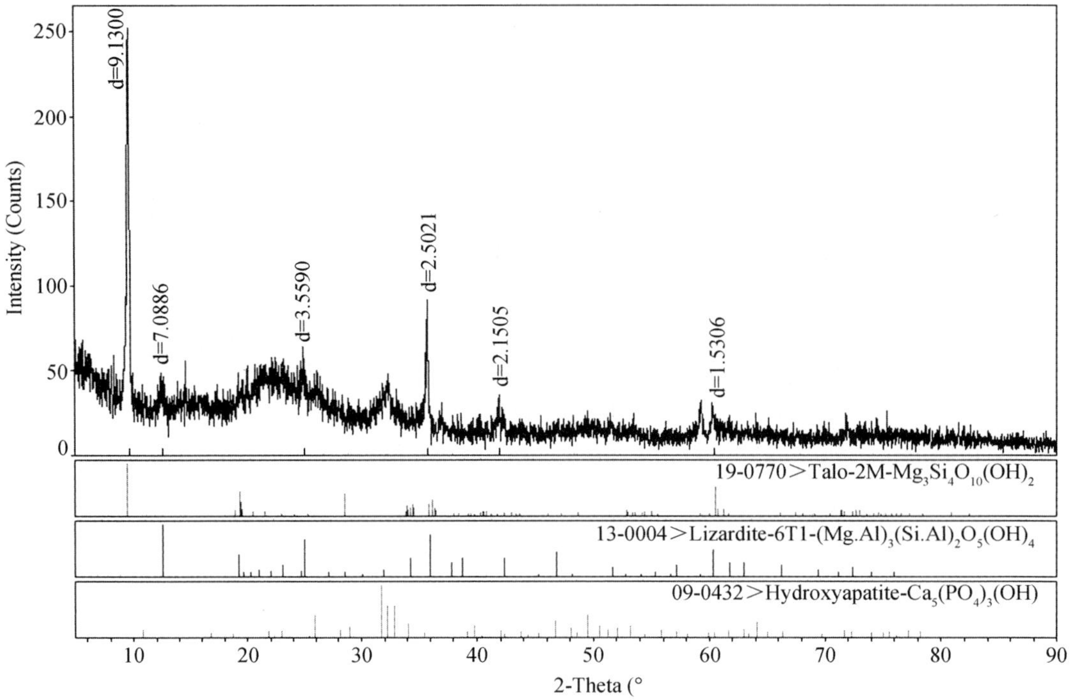

图一一　样品HNWKⅢ-17的XRD图谱

四、讨　论

1. 玉材质地及玉器功能

该批郑州商城出土玉器的共计21件，由于玉柄形器样品HNWKⅢ-13中间有一圆孔，圆孔中填充了一个小圆饼（编为HNWKⅢ-13b），小圆饼的质地与其主体（编为HNWKⅢ-13a）材质明显不同，前者属于以石英为主伴生有磷铝石的矿物集合体，后者为较为纯净的透闪石，故将该批样品数量按22件计。图一二（a）展示了这批玉器的玉材质地种类比例，图一二（b）展示了这批玉器的器名及类别示意图。附表四列举了郑州商城出土玉器样品的玉材种类、检测方法及照片情况。可以看出，该批玉器为大部分属于单一物相、较为纯净的玉器，共16件，其中透闪石型玉器14件，约占64%，主要为礼器，包括6件玉柄形器、2件玉璜和2件玉戈，其次装饰品，包括玉簪、玉蝉形器、玉饰件及方形玉器各1件；而石英（玉髓）和绿松石各1件，约5%；其余6件样品一般以一种物相为主，并伴生有一种或两种其他物相。此前笔者曾对河南地区出土玉器进行过初步的科技分析，发现商代以前该地区玉器材质种类较多，以绿松石为主，主要为小型装饰品或生产工具，商代以后发生突变，以透闪石为主，以礼器和装饰品

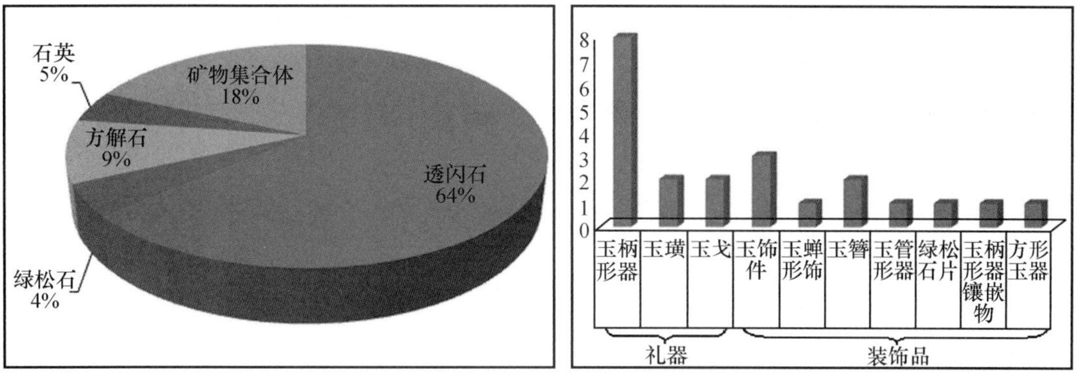

(a) (b)

图一二　郑州商城出土玉器的玉材质地比例及玉器名称和类别示意图

为主①。此次分析的郑州商城出土的这批玉器以透闪石为主，与此前科技分析的结果一致。说明，最迟至商代中原地区获取玉器原料的资源和发生了巨大的变化，同时玉器的功能也发生大变化，玉器的礼仪功能被强化。

2. 玉器的地质成因背景

一般认为，透闪石有两种地质成因，即由镁质大理石与中酸性岩浆（花岗岩）接触变化而成和蛇纹石超基型岩自变质或区域变质而成两种。根据以往对透闪石的分析②，前者以Zn、Mn及Zr为主要微量元素，Cr、Co及Ni很少或全无（＜50μg/g），而后者Cr、Ni及Co的含量较高，往往高出前者一个甚至两个数量级（>100μg/g）。通过PIXE微量元素分析可以看出，郑州商城这批透闪石型玉器的微量元素基本一致，均含有较高的Mn、Zn、Cu，而Co和Ni的含量较少，基本不含Cr，在地质成因类型上皆属于镁质大理石与中酸性岩浆（花岗岩）接触变化而成。这与以往分析的河南偃师、洛阳、南阳和安阳出土的大部分透闪石型玉器的地质成因类型相似，在原料的来源可能存在一定的关系。

绿松石片样品HNWKⅢ-21的比值$w(P_2O_5)/w(Fe_2O_3)$和$w(Al_2O_3)/w(Fe_2O_3)$分别为9.41和10.63，含有较高的SiO_2（约10%），未检测出ZnO，这与陕西产的绿松石有些类似，而与之前分析的河南偃师、南阳、舞阳等地出土绿松石玉器差别较大③。

① 董俊卿、干福熹、承焕生等：《河南境内出土早期玉器的初步研究》，《华夏考古》2011年第3期，第30～50页。

② 张朱武、承焕生、干福熹：《不同产地的透闪石玉石的微量元素研究》，《矿物学报》2010年第3期，第367～372页。

③ 干福熹、承焕生、孔德铭等：《河南安阳新出土殷墟玉器的无损分析检测的研究》，《文物保护与考古科学》2008年第4期，第26～35页。

此外，该批玉器中除了单一矿物的玉器之外，还有4件玉器属于以一种矿物为主，伴生有一种或两种矿物的矿物集合体，这些伴生矿物也为探索玉器的原料来源提供了线索，由于样品数量和无损分析所获取的信息有限，具体的产地有待于进一步分析。

五、结　语

郑州商城出土的这批玉器的玉材大多为主体为一种物相的玉种（如透闪石、方解石、石英和绿松石），以透闪石为主，且多为礼器，而方解石、石英（玉髓）和绿松石各1件。此外，还有4件玉器的玉材中含有多种物相，属于玉化不完全的玉种。本研究为中原地区玉器在玉材种类和玉器功能上的突变提供了新的证据，即自商代开始透闪石取代绿松石，占据主导地位，而玉器的礼器性功能占主导。郑州商城出土的透闪石质玉器，皆属于镁质大理石与中酸性岩浆（花岗岩）接触变化而成，与以往分析的河南偃师、洛阳、南阳和安阳出土的大部分透闪石型玉器的地质成因类型相似，在原料的来源可能存在一定的关系。鉴于样品的珍贵性和非破损分析的限制，具体玉料来源还有待于进一步分析。

致谢：本研究受科技支撑计划课题（2013BAK08B08）、973项目（2012CB720906）和国家自然科学基金项目（11374314）资助。感谢复旦大学承焕生教授在PIXE分析过程中的帮助。

附表一　河南省文物考古研究院藏郑州商城出土玉器样品的目录

样品编号	器名	标本号	数量	特征	重量（克）	尺寸（厘米）	时代	色泽	完残情况	出土时间和地点	同出玉器等遗物
HNWKⅢ-01	玉柄形器	C8M7：16	1	呈片状，一端有柄，另一端有刃	30	长10、宽2.5、厚0.3	二里岗下层二期	浅黄色	完整	郑州商城	同出陶器
HNWKⅢ-02	玉柄形器	C8M2：14	1	呈长方体状，一端有柄，另一端磨平	24	长5.8、宽1.55、厚0.75	二里岗下层二期	浅绿色	有磕伤	郑州商城	同出陶、铜、象牙器及绿松石
HNWKⅢ-03	玉簪	C7H128：10	1	两端残，呈圆锥状	4.3	残长5.2	二里岗下层二期	浅绿色	残	1955年郑州商城	同出骨器及卜骨
HNWKⅢ-04	玉戈	C11T106①：112	1	呈片状，背面有切割痕	92.5	残长11.5、宽6.3、厚0.45	二里岗上层一期	浅灰色	残	1955年郑州商城	同出陶片、石器等
HNWKⅢ-05	玉饰件	C11H142：1	1	呈片状，似璜形	20.34	残长6.4、宽2.3、厚0.7	二里岗上层一期	青色	残	1955年郑州商城	同出陶、石、骨器及卜骨
HNWKⅢ-06	玉簪	C11M149：1	1	呈圆锥状	14.4	长15.6	二里岗上层一期	青色	完整	1956年郑州商城	无
HNWKⅢ-07	玉蝉形饰	C7H121：2	1	整体为蝉形，呈弧形片	17.9	长5、宽2.4	二里岗上层一期	青色	完整	1955年郑州商城	同出石、骨器
HNWKⅢ-08	玉管形器	C15M17：1	1	整体呈管状，中有对钻孔，一端大，一端略小	97.6	长7.6、直径2.45～2.95	二里岗上层一期	青白色	完整	1955年郑州商城	同出陶片
HNWKⅢ-09	玉柄形器	C11M150：3	1	呈长方体状，一端有柄，另一端磨尖	46.7	残长14.3、宽1.1、厚0.9	二里岗上层一期	青白色	残	1956年郑州商城	同出陶器、铜器
HNWKⅢ-10	玉柄形器	C11M146：2	1	呈片状，一端有柄，另一端磨平	29	长12.2、宽2.65、厚0.15	二里岗上层一期	青色	完整	1956年郑州商城	同出陶器、铜器
HNWKⅢ-11	玉柄形器	C15M11：1	1	呈长方体状，一端有柄，另一端残	39.8	残长10.8、宽1.5、厚0.85	二里岗上层一期	青白色	残	1954年郑州商城	同出铜、蚌器

续表

样品编号	器名	标本号	数量	特征	重量（克）	尺寸（厘米）	时代	色泽	完残情况	出土时间和地点	同出玉器等遗物
HNWKⅢ-12	玉柄形器	C11M148：2	1	呈长方体状，一端有柄，另一端有刃	43	长12.95、宽1.8、厚0.9	二里岗上层一期	白色	完整	1956年郑州商城	同出陶、铜、玉器
HNWKⅢ-13	玉柄形器	C11M148：1	1	呈长方体状，体中部有一单面钻孔，一端有柄，另一端有刃	57.1	长14.1、宽1.8、厚0.6	二里岗上层一期	白色	完整	1956年郑州商城	同出陶、铜、玉器
HNWKⅢ-14	玉璜	C7M6：6	1	呈弧形片状，两端各有一孔	21.3	长6.35、宽1.95、厚0.4	人民公园二期	青玉	完整	郑州商城	同出陶、铜、玉、石器
HNWKⅢ-15	玉柄形器	C7H36：2	1	呈长方体状，一端有柄，另一端磨平	20.8	长8、宽1、厚0.9	人民公园二期	青白玉	完整	1956年郑州商城	同出骨、蚌器及鹿角
HNWKⅢ-16	玉饰件	C7M6：5	1	呈长条片状，一边为弧形	12.4	长7.4、宽1.2、厚0.4	人民公园二期	青玉	残	郑州商城	同出陶、铜、玉、石器
HNWKⅢ-17	玉饰件	C7M6：4	1	呈长方体状，一端磨出斜刃	12.6	长6.3、宽1、厚0.7	人民公园二期	灰白色	完整	郑州商城	同出陶、铜、玉、石器
HNWKⅢ-18	玉戈	C7M15：7	1	呈片状，一端有一孔	164.7	残长12.5、宽7.95、厚0.6	人民公园一期	灰白色	残	郑州商城	同出铜、玉、石器
HNWKⅢ-19	玉璜	C7M15：6	1	呈片状，器周边有齿脊，两端各有一孔	9.2	长6、宽1.7、厚0.2	人民公园一期	灰白色	完整	郑州商城	同出铜、玉、石器
HNWKⅢ-20	方形玉器	C7T36：49	1	呈较厚的片状，正面有直线纹	58.4	长4.55、宽3.4、厚1.3	人民公园一期	灰白色	完整	1956年郑州商城	同出陶、石器及绿松石饰等
HNWKⅢ-21	绿松石片	C7T36：53	1	圆形片状	0.15	直径0.62	人民公园一期	绿色	完整	1956年郑州商城	同出陶、石、玉器等

附表二　郑州商城出土玉器pXRF化学成分主量元素测定结果

编号	器名	测试部位	主要物相	化学成分（wt%）														
				Na_2O	MgO	Al_2O_3	SiO_2	P_2O_5	K_2O	CaO	Cr_2O_3	MnO	Fe_2O_3	NiO	CuO	ZnO	CoO	$Mg^{2+}/Mg^{2+}+Fe^{3+}$
HNWKIII-01	玉柄形器	基体	Tremolite	1.11	21.16	2.10	58.17	0.82	0.74	14.86	0.03	0.25	0.58	N.D.	0.18	0.00	N.D.	0.986
HNWKIII-02a	玉柄形器	基体	Tremolite	1.99	24.43	1.33	57.17	0.47	0.61	13.33	0.04	N.D.	0.44	N.D.	0.17	0.03	N.D.	0.991
HNWKIII-02b	玉柄形器	风化处	Tremolite	1.10	19.87	0.76	60.01	0.28	0.69	16.45	0.02	N.D.	0.59	N.D.	0.20	0.03	N.D.	0.985
HNWKIII-04a	玉戈	灰白斑1	Tremolite	1.50	23.01	0.28	57.80	0.39	0.51	15.26	0.04	0.36	0.63	N.D.	0.17	0.03	N.D.	0.986
HNWKIII-04b	玉戈	灰白斑2	Tremolite	1.38	23.06	0.02	58.25	0.69	0.50	14.96	0.04	0.36	0.52	N.D.	0.18	0.02	N.D.	0.989
HNWKIII-04c	玉戈	深灰色基体	Tremolite	1.60	23.03	0.25	57.54	0.32	0.48	15.36	0.03	0.36	0.84	N.D.	0.17	0.03	N.D.	0.982
HNWKIII-06	玉簪	基体	Tremolite	1.94	24.52	1.01	57.55	0.45	0.47	13.05	N.D.	0.08	0.74	N.D.	0.17	0.03	N.D.	0.985
HNWKIII-07	玉蝉形饰	基体	Tremolite	1.97	24.37	1.47	56.90	0.57	0.67	12.98	0.04	N.D.	0.84	N.D.	0.16	0.03	N.D.	0.983
HNWKIII-09	玉柄形器	基体	Tremolite	1.22	22.20	3.66	56.35	0.57	0.73	13.87	0.05	N.D.	1.15	N.D.	0.18	0.02	N.D.	0.975
HNWKIII-10	玉柄形器	基体	Tremolite	1.65	21.79	1.29	55.60	0.46	0.57	14.83	0.03	N.D.	3.58	N.D.	0.18	0.02	N.D.	0.924
HNWKIII-13a	玉柄形器	基体	Tremolite	1.79	24.38	0.36	57.91	0.35	0.57	14.42	0.03	N.D.	N.D.	N.D.	0.17	0.03	N.D.	1
HNWKIII-14	玉璜	基体	Tremolite	2.12	23.02	1.12	58.39	0.54	0.69	13.02	0.03	N.D.	0.87	N.D.	0.17	0.03	N.D.	0.981
HNWKIII-15	玉柄形器	基体	Tremolite	2.33	24.14	1.59	56.21	0.49	0.52	13.56	0.04	N.D.	0.94	N.D.	0.16	0.03	N.D.	0.981
HNWKIII-16a	玉饰件	未风化部分	Tremolite	2.10	22.96	1.65	58.64	0.46	0.62	13.00	0.03	N.D.	0.33	N.D.	0.18	0.03	N.D.	0.993
HNWKIII-16b	玉饰件	风化部分	Tremolite	1.18	22.89	0.66	60.05	0.14	0.46	13.96	0.03	N.D.	0.41	N.D.	0.19	0.03	N.D.	0.991
HNWKIII-18a	玉戈	基体	Tremolite	1.56	21.93	1.61	59.74	0.43	0.54	13.77	0.04	N.D.	0.35	0.042	N.D.	N.D.	N.D.	0.992
HNWKIII-18b	玉戈	沁色	Tremolite	0.81	18.68	2.52	59.67	0.93	0.63	15.27	0.02	0.50	0.92	0.056	N.D.	N.D.	N.D.	0.976
HNWKIII-19	玉璜	基体	Tremolite	1.71	21.13	0.86	60.81	0.32	0.62	13.57	0.03	N.D.	0.88	0.052	N.D.	N.D.	N.D.	0.980
HNWKIII-20a	方形玉器	中间部分	Tremolite	0.82	19.87	2.46	58.71	1.59	1.44	14.68	0.04	N.D.	0.20	N.D.	0.18	0.03	N.D.	0.995
HNWKIII-20b	方形玉器	白色边缘	Tremolite	1.07	19.49	1.61	60.36	1.12	0.76	15.35	0.05	N.D.	0.11	0.052	N.D.	N.D.	0.024	0.997
Tremolite（$Ca_2Mg_5Si_8O_{22}(OH)_2$）					24.81		59.17			13.81								1

续表

编号	器名	测试部位	主要物相	化学成分（wt%）													
				Na_2O	MgO	Al_2O_3	SiO_2	P_2O_5	K_2O	CaO	Cr_2O_3	MnO	Fe_2O_3	NiO	CuO	ZnO	CoO
HNWKIII–03a	玉簪	绿色部分	Calcite+Serpentine	0.52	17.13	N.D.	21.02	0.19	0.70	59.12	N.D.	N.D.	1.01	0.051	0.20	0.05	N.D.
HNWKIII–03b	玉簪	白色部分	Calcite+ Serpentine	N.D.	2.04	N.D.	6.42	0.50	0.81	89.78	N.D.	N.D.	N.D.	0.203	0.20	0.04	N.D.
HNWKIII–05	玉饰件	基体	Calcite+ Serpentine	0.62	2.23	N.D.	8.83	0.37	0.89	86.68	N.D.	N.D.	N.D.	0.156	0.18	0.06	N.D.
HNWKIII–11	玉柄形器	基体	Calcite+ Serpentine	0.08	7.03	N.D.	9.39	0.64	0.73	81.60	N.D.	N.D.	N.D.	0.153	0.19	0.02	0.174
HNWKIII–08	玉管形器	基体	Quartz	1.10	0.34	6.21	89.14	1.42	1.49	N.D.	0.06	N.D.	N.D.	N.D.	0.19	0.04	N.D.
HNWKIII–12a	玉柄形器	一面	Quartz+Tremolite	0.32	8.53	5.62	78.32	1.41	1.02	4.53	0.05	N.D.	N.D.	N.D.	0.18	0.03	N.D.
HNWKIII–12b	玉柄形器	另一面	Quartz+Tremolite	0.80	14.38	2.44	72.33	1.06	0.66	8.08	0.05	N.D.	N.D.	N.D.	0.18	0.03	N.D.
HNWKIII–21	绿松石片	基体	Turquoise	N.D.	N.D.	37.09	10.03	32.84	1.12	N.D.	0.01	N.D.	3.49	0.04	15.38	N.D.	N.D.
HNWKIII–13b	玉柄形器	中间圆形镶嵌物	Quartz+Variscite	N.D.	N.D.	28.89	46.63	16.42	2.21	1.15	0.16	N.D.	4.25	N.D.	0.25	0.03	N.D.
HNWKIII–17	玉饰件	基体	Talc+Lizardite+Apatite	N.D.	1.85	3.94	69.81	8.53	0.62	12.20	0.04	0.08	2.89	0.041	N.D.	N.D.	N.D.

N.D.：低于检出限，未检测出。

附表三 郑州商城出土透闪石型玉器的PIXE化学成分微量元素测定结果（μg/g）

样品编号	器物名称	Mn	Fe	Co	Ni	Cu	Zn	Ga	As	Rb	Sr	Y	Zr	Hg	Pb
HNWKⅢ-01	玉柄形器	3919	6580	25	13	91	144	5	5	3	49	6	24	8	48
HNWKⅢ-02	玉柄形器	315	5530	16	15	56	169	8	0	7	11	0	43	8	23
HNWKⅢ-04	玉戈	3763	4760	20	21	13	62	3	0	0	32	0	40	0	12
HNWKⅢ-06	玉簪	2501	11410	52	62	87	200	11	1	18	67	0	70	19	37
HNWKⅢ-07	玉蝉形饰	660	7350	14	10	38	128	2	3	6	14	1	25	0	15
HNWKⅢ-09	玉柄形器	489	9660	32	27	36	72	4	2	4	9	8	41	102	4
HNWKⅢ-10	玉柄形器	1119	25130	46	17	29	230	0	0	13	9	24	43	12	12
HNWKⅢ-13	玉柄形器	201	1750	14	0	61	121	0	0	4	80	5	17	2	13
HNWKⅢ-14	玉璜	667	8120	23	5	121	241	3	6	3	23	5	39	2	7
HNWKⅢ-15	玉柄形器	314	8120	19	6	10	75	2	0	8	40	0	26	0	14
HNWKⅢ-16	玉饰件	225	3920	37	17	91	123	3	1	6	12	0	23	0	19
HNWKⅢ-18	玉戈	989	4480	21	27	38	129	1	3	0	14	0	35	0	15
HNWKⅢ-19	玉璜	581	7070	49	14	136	180	4	7	3	13	0	22	2	12
HNWKⅢ-20	方形玉器	232	3780	32	9	215	90	3	6	4	53	4	29	5	13

附表四　郑州商城出土玉器的主要材质、检测方法及照片

编号	器名	出土编号	主要物相	测试方法	照片
HNWKIII-01	玉柄形器	C8M7：16	透闪石	PIXE、PXRF、XRD	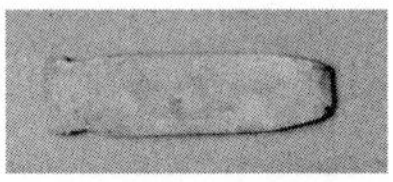
HNWKIII-02	玉柄形器	C8M2：14	透闪石	PIXE、PXRF、XRD、Raman	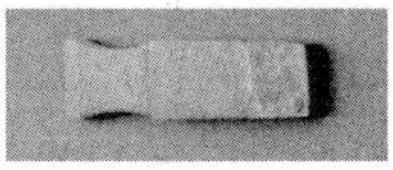
HNWKIII-03	玉簪	C7H128：10	方解石+叶蛇纹石	PXRF、XRD、Raman	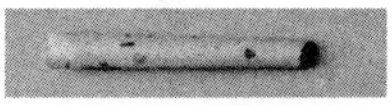
HNWKIII-04	玉戈	C11T106①：112	透闪石	PIXE、PXRF、XRD、Raman	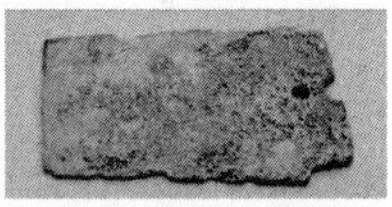
HNWKIII-05	玉饰件	C11H142：1	方解石	PXRF、XRD、Raman	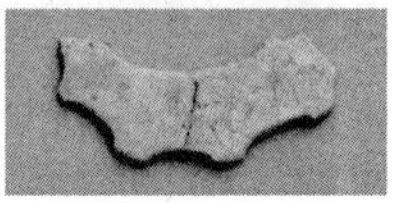
HNWKIII-06	玉簪	C11M149：1	透闪石	PIXE、PXRF、XRD、Raman	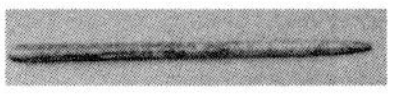
HNWKIII-07	玉蝉形饰	C7H121：2	透闪石	PIXE、PXRF、XRD、Raman	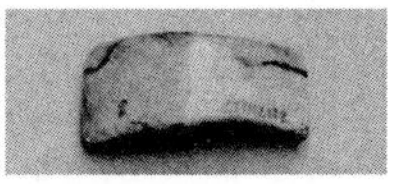
HNWKIII-08	玉管形器	C15M17：1	石英	PXRF、XRD、Raman	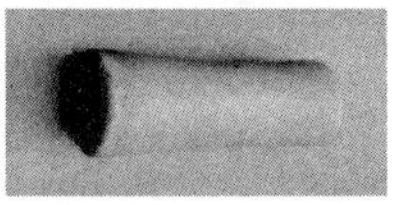
HNWKIII-09	玉柄形器	C11M150：3	透闪石	PIXE、PXRF、XRD、Raman	
HNWKIII-10	玉柄形器	C11M146：2	透闪石—阳起石	PIXE、PXRF、XRD、Raman	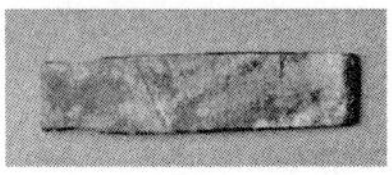
HNWKIII-11	玉柄形器	C15M11：1	方解石	PXRF、XRD、Raman	
HNWKIII-12	玉柄形器	C11M148：2	石英+透闪石	PIXE、PXRF、XRD、Raman	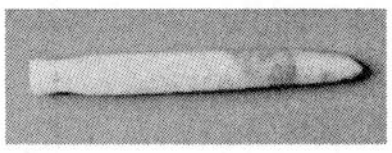
HNWKIII-13a	玉柄形器	C11M148：1	透闪石	PIXE、PXRF、XRD、Raman	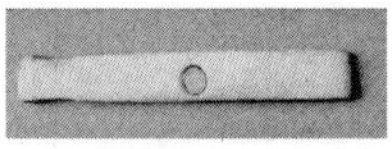
HNWKIII-13b	中间镶嵌物	C11M148：1	磷铝石+石英	PXRF、XRD、Raman	
HNWKIII-14	玉璜	C7M6：6	透闪石	PIXE、PXRF、XRD	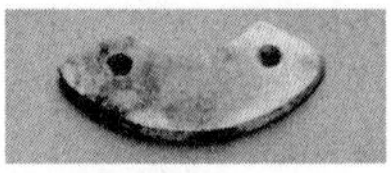
HNWKIII-15	玉柄形器	C7H36：2	透闪石	PIXE、PXRF、XRD	

续表

编号	器名	出土编号	主要物相	测试方法	照片
HNWKIII–16	玉饰件	C7M6：5	透闪石	PIXE、PXRF、XRD	
HNWKIII–17	玉饰件	C7M6：4	滑石+蛇纹石+磷灰石	PIXE、PXRF、XRD	
HNWKIII–18	玉戈	C7M15：7	透闪石	PIXE、PXRF、XRD	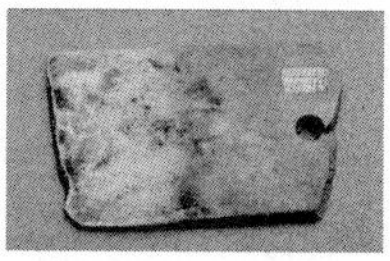
HNWKIII–19	玉璜	C7M15：6	透闪石	PIXE、PXRF、XRD	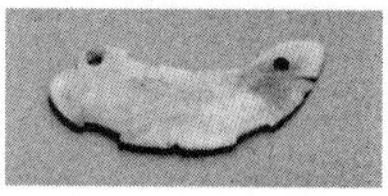
HNWKIII–20	方形玉器	C7T36：49	透闪石	PIXE、PXRF、XRD、Raman	
HNWKIII–21	绿松石片	C7T36：53	绿松石	PXRF、XRD	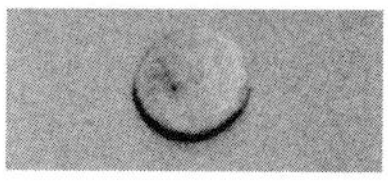

郑州商城遗址考古与遗产保护信息系统建设研究

杨瑞霞[1]　杨树刚[2]

（1. 中国科学院遥感与数字地球研究所；2. 河南省文物考古研究院）

摘　要　考古遗址数字化记录和保护已经成为数字时代的必然选择，而到目前为止，国内外尚没有通用的大遗址考古资料数字化建库和遗产管理软件。本文针对郑州商城遗址特点和用户类型，分析了各类用户对郑州商城遗址考古资料数字化及信息系统功能方面的不同需求，研究并设计了商城遗址数据库与功能系统架构，对系统的数据库进行了分类阐述，设计、规划了子功能系统，即管理子系统和数据共享交换子系统、商城遗址考古调查子系统、考古勘探子系统、考古发掘子系统、考古档案数字化子系统、遗址保护管理子系统和考古辅助研究子系统，以及综合分析子系统和公众门户子系统。并进行了原型系统开发，为郑州商城遗址考古资料数字化和遗产数字化保护提供了参考和依据。

关键词　郑州商城遗址；数字化；信息系统；原型系统

引　言

郑州商城遗址位于郑州市建成区中东部，为商代早中期都城遗址，距今已有3600年历史。自20世纪50年代起，郑州商城遗址历经多次考古发掘，积累了大量发掘资料与研究成果。随着这些资料的不断积累，对其进行科学的整理、管理与展示成为必须解决的主要问题。一方面，海量考古资料大部分以纸质资料保存，存在保存管理的安全隐患，查询、阅览极为不便，很大程度制约了考古研究和商城遗址的保护利用。另一方面，商城遗址考古学研究成果展示形式单一，不利于郑州商城这座具有3600年历史都城遗址的管理与宣传，同时也制约了遗址文化资源的科学开发，不利于商城遗址价值的认知和保护利用。

地理信息系统（GIS）是20世纪中后期起步并不断发展的一项新技术，其最大特点是能够对具有空间信息的资料与数据进行有效保存、管理、分析与展示。而空间特性也是考古资料最主要的特征之一，从考古调查的遗址地点确定，考古调查、勘探，到考古发掘过程中探方布置，平、剖面信息记录，一直到出土遗物位置信息等，空间信息贯穿始终。将GIS技术应用于考古与文物管理工作的优势在于：①所有资料均依据空间属性进行保存，有利于数据的有效管理以及查询、检索与对比分析；②便于与遥感等空间观测技术相融合，有利于遗址保存状况的动态监测与科学管理，为相关工作提供便利；③提供了地图、三维模型、多媒体等多种可视化表达与展示方式，能够为遗址提供更为直观的研究与保护平台，有利于公众对遗址的认识与理解。GIS技术与考古研究、文化遗产保护管理工作的结合成为时代发展的必然趋势[①②③]。

一、郑州商城遗址信息系统需求分析

郑州商城遗址信息系统面向的用户对象包括考古调查、勘探人员、考古发掘历史数据数字化录入人员，遗址内进行后续考古发掘过程的技工、领队，考古研究人员、遗址保护与管理人员和系统管理员等。系统管理对象包括遗址、项目、探方、地层、遗迹和遗物等相关考古对象资料和文献资料，需要满足遗址考古对象和文献的录入、存储、管理和使用。

系统基于地理信息系统，需要满足考古调查、勘探、考古发掘早期数据和近期数据录入，依照田野考古工作规程[④]，满足考古调查、勘探、发掘、考古研究、遗址保护数据的录入、存储、管理和信息查询检索，辅助考古研究和遗址保护等需求。

1. 遗址考古对象功能需求

郑州商城遗址信息系统的重点信息管理对象为考古对象数据，考古对象具体可分为遗址、遗址分区、探方、遗迹和遗物等，每个考古对象都有其相应的功能需求。在功能上系统需要满足考古发掘过程数据录入和编辑，考古调查、勘探数据录入、编辑与结果分析，考古资料检索与查询、考古数据管理、考古研究等全过程。能整合所有考古对象，提供一个展示直观、操作方便的综合管理系统，并提供完善的系统权限管理、日志管理、数据备份等功能。

（1）遗址信息管理与分析功能

系统基于遗址空间数据和总体规划数据，需要满足遗址总体信息的录入、编辑、

① 刘建国：《考古与地理信息系统》，科学出版社，2007年，第126页。

② 鲁鹏、杨瑞霞、田燕：《GIS考古研究综述与前景展望》，《中原文物》2008年第2期。

③ 杨瑞霞、鲁鹏：《数字环境考古理论与实践》，科学出版社，2013年，第112页。

④ 国家文物局：《田野考古工作规程》，2009年。

查询功能；能够基于数据库完成对遗址基本信息编辑、查询以及分类统计功能。

（2）商城遗址分区管理功能

基于遗址地理空间数据，辅助进行发掘规划编制，基于GIS地图进行分区规划等功能；基于GIS地图和发掘基点定位，标绘出发掘位置和范围；提供分区基本信息录入、编辑和查询等功能。

（3）发掘项目数字化管理功能

根据相关规程、标准和要求，系统要满足商城遗址相关发掘项目的规划、申请与批复文件管理，按照领队、技工等不同角色实现发掘现场数据录入、编辑管理，包括工作日志的填写或上传、发掘记录填写与编辑、总体平面图、四壁图、遗迹单元图等图件的导入与编辑功能，遗迹照片、视频的上传、编辑功能等，基于系统完成探方、遗迹、遗物的数子化记录和信息管理，在发掘项目完成后，系统能够辅助进行报告编写，系统自动生成报告，领队基于系统自动生成的报告进行修改生成最终报告。

（4）遗址考古研究辅助功能

系统基于遗址数据需要能够为考古研究人员提供数据统计、辅助分析等功能，具体包括基于GIS地图直观展示考古发掘情况，可方便的查看用户需要的数据，在GIS地图界面，能够直接将遗址范围、分区情况、发掘工地位置等信息进行展示和缩放浏览；根据发掘项目名称、发掘时间、空间查询、坐标范围查询等多种查询方式，快速找到考古人员关注的发掘地点和相关信息；基于地图或属性查询，可关联查询到发掘报告、照片、探方、遗迹等相关信息；通过逐层关联发掘项目–>探方–>遗迹–>遗物，考古研究者可以查看所有相关信息；能够基于数据库进行分类查询和统计，根据预定义的格式，辅助制作图表和文档整理，考古研究人员根据实际需求和权限，实现信息查询、下载、统计分析和成果上传等操作。

2. 商城遗址保护与管理的系统需求

商城遗址保护与管理子系统为遗址管理人员提供遗址信息查询统计、遗址保护规划信息查询展示、遗址保护辅助管理以及遗址保护监控等功能。

（1）商城遗址保护与管理信息查询统计

包括遗址保护区域属性、空间查询，遗址规划报告图件、报告查询，遗址内遗迹、遗物按年代、位置、类型等进行统计分析，统计结果以饼图、柱图、列表等多种形式展示。

（2）遗址保护规划信息管理功能需求

基于GIS地图标注遗址保护范围和界线，遗址保护法规录入和查询；遗址保护、宣传信息档案录入和检索，如对遗址保护“四有档案”进行数字化管理，完整录入保护范围、保护标志、记录档案和保管机构信息，满足文物管理基本要求。基于商城遗址保护与管理数据库，系统能够辅助进行保护规划实施评价。

（3）遗址保护与维修档案管理功能

对商城遗址保护、勘探资料进行录入和编辑等管理，对维修、维护涉及的设计资料（图纸、文本、照片等）、施工记录能够录入、查询，满足对保护区内建筑信息的数字化管理，包括建筑审批手续备案件的导入、查询，违章建筑巡查记录的录入、查询等。

（4）遗址保护在线咨询

系统需要提供公众对遗址保护的在线咨询和解答平台，满足公众在线提问、遗址保护人员在线解答功能。

（5）遗址保护视频监控功能

将遗址保护区域内的视频监控系统接入本系统，基于电子地图实现对保护区内重点保护地段或遗迹的实时监控。

3. 系统管理功能需求

根据商城遗址信息系统的数据安全、用户对象，需要对用户权限与数据共享进行管理，根据用户类型系统赋予用户的不同权限，根据系统数据内容和类型设定数据的共享级别。在充分保护知识产权基础上，实现遗址系统信息共享；通过系统日志管理、数据备份管理、系统安全管理等保证系统顺利运行与安全。

二、郑州商城遗址信息系统总体设计

1. 系统设计要点

（1）遗址属性数据与空间数据的一体化管理

郑州商城遗址信息系统将考虑遗址的属性数据与空间数据进行统一管理，遗址属性数据结构在参考安阳殷墟考古数据库相关成果基础上进行编制设计，空间数据库结构主要参考郑州市智慧城市地理空间数据现有结构，并以郑州市最新的1∶500空间地理数据为基本底图数据。通过发掘项目的坐标定位（每个发掘项目都需要在GIS地图上进行标绘）和探方、遗迹、遗物等的关联关系，实现遗址数据的属性和空间一体化化管理。

（2）遗址信息的全过程管理

根据商城遗址的考古研究和保护管理需求，系统设计要实现考古信息的全过程管理，覆盖考古调查、勘探、发掘、遗址保护、考古研究等业务过程。

（3）考古数据的差异化管理

考古数据按照形成时期不同可分为历史不规范数据、近期规范数据和后续标准数据。2010年之前的郑州商城遗址考古数据为历史数据，2010年以后至信息系统建设之前为近期数据，后续数据以系统数据库建设时期为起始时间，由于数据格式存在差异，需制定相关数据项和录入流程标准，实现数据的统一管理。

（4）系统安全策略

内部用户和外部用户分别访问不同的应用服务网和数据库服务器，保证系统使用安全。设计完善的权限授权使用管理体系，数据所有者分配数据权限，数据使用者只能看到被授权的数据和功能，确保数据和系统的安全性。

（5）系统架构可扩展性

随着业务的发展，未来可能新增子系统或功能模块，系统在架构设计时留有扩展接口，保证系统的可扩展性。

（6）模块化设计

考虑到系统的用户分属多个部门，采用面向对象的模块化设计，每个子系统可独立运行，也可按需组装到一个系统。

（7）一套系统、分布运行

根据商城遗址考古研究和保护用户对象的业务差异性，各自的业务系统可独立部署在各自业务单位或云数据管理中心运行，根据制定的共享机制，通过共享交换平台实现业务单位数据的共享。

2. 郑州商城遗址信息系统总体设计

郑州商城遗址考古与文化遗产管理信息系统总体架构包括标准规范体系以及系统支撑环境、数据库、应用系统等内容（图一）。

（1）标准规范建设

商城遗址信息系统相关标准规范的建设贯穿整个系统，从支撑环境、数据管理到业务应用的各个层次。从数据的处理、录入，到系统规划、建设和使用过程都要严格遵照标准规范，这是系统后续可持续应用的前提，也是系统实现其社会价值的保证。

郑州商城遗址信息系统的标准设计在参照国家基础地理信息标准、国家考古与文物管理相关标准基础上，从数据分类、编码、录入、建库、管理及系统运行管理等多个方面编制相关过程需要遵循的内容。

（2）数据建设内容

郑州商城遗址信息系统数据层划分为基础数据库和业务数据库两大类，基础数据库包括元数据库、基础地理数据库、系统管理数据库三大库；业务数据库包括考古

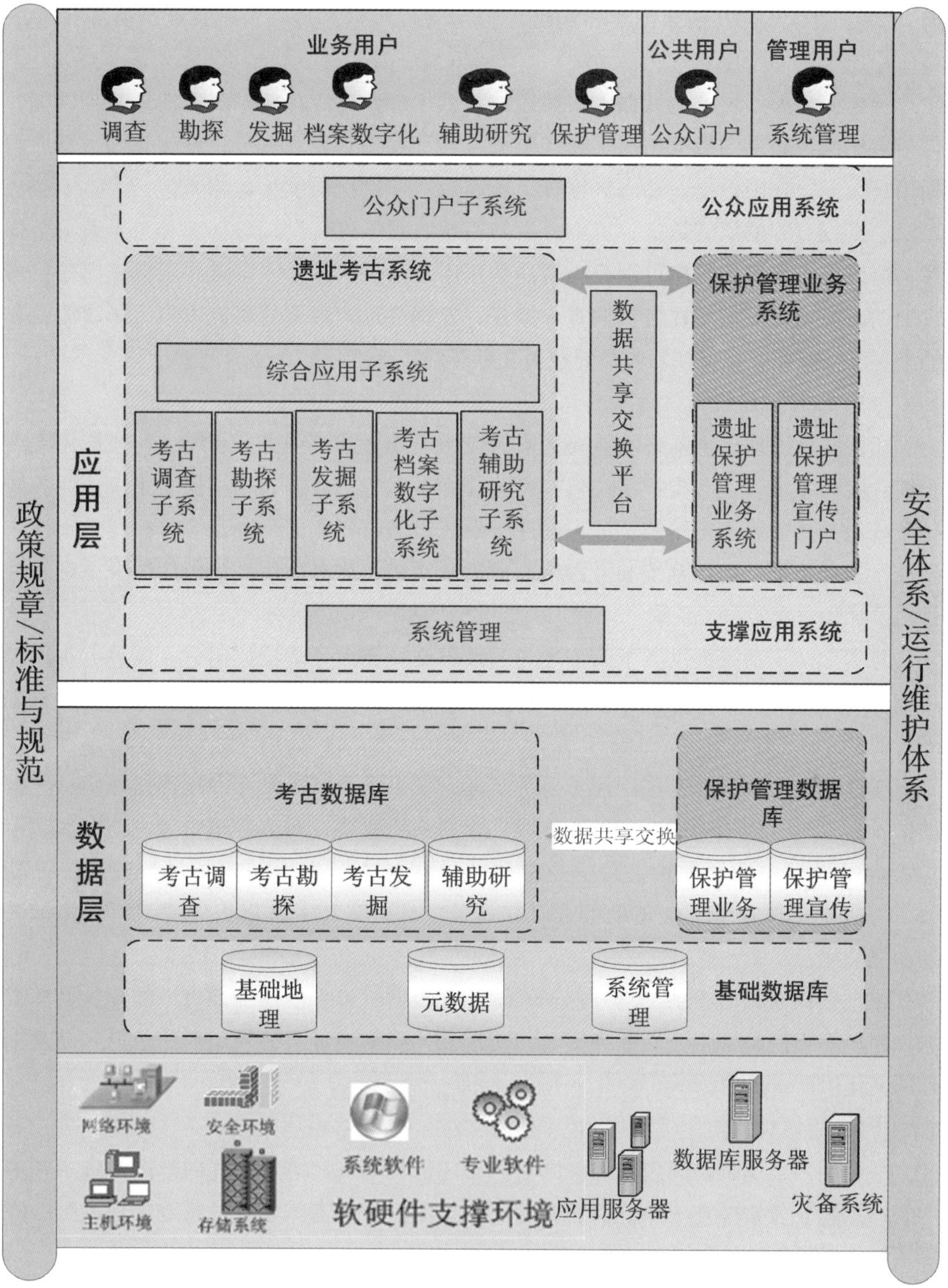
业务用户
调查
勘探
发掘
档案数字化
辅助研究
保护管理
公共用户
公众门户
管理用户
系统管理
应用层
公众门户子系统
公众应用系统
遗址考古系统
综合应用子系统
考古调查子系统
考古勘探子系统
考古发掘子系统
考古档案数字化子系统
考古辅助研究子系统
数据共享交换平台
保护管理业务系统
遗址保护管理业务系统
遗址保护管理宣传门户
系统管理
支撑应用系统
数据层
考古数据库
考古调查
考古勘探
考古发掘
辅助研究
数据共享交换
保护管理数据库
保护管理业务
保护管理宣传
基础地理
元数据
系统管理
基础数据库
网络环境
安全环境
主机环境
存储系统
系统软件
专业软件
软硬件支撑环境
应用服务器
数据库服务器
灾备系统
政策规章/标准与规范
安全体系/运行维护体系

图一　系统总体架构

调查、勘探与考古发掘数据库、遗址保护与管理数据库、考古辅助研究数据库等三类库。

元数据库为系统其他数据库的描述；基础地理数据库存放系统的地理背景数据，包括多比例尺地形图数据、遥感影像数据、遗址发掘基点数据等；系统管理数据库包括用户数据、权限数据、日志数据等；考古调查、勘探与发掘数据库包括考古调查、勘探、发掘过程的所有数据，可细分为考古调查数据库、勘探数据库和考古发掘数据库；遗址保护管理数据库可细分为规划数据库、法规数据库、宣传展示数据库等；考古辅助研究数据库包括在考古调查、勘探、发掘过程中形成的研究成果、年度或几年的考古发掘研究成果，以及收集的相关文献资料。

（3）应用系统设计

郑州商城遗址信息系统功能架构中的应用层划分为应用支撑系统、业务应用系统和综合应用系统。业务支撑系统包括系统管理子系统和数据共享交换子系统；业务应用系统包括考古调查子系统、考古勘探子系统、考古发掘子系统、考古档案数字化子系统、遗址保护管理子系统和考古辅助研究子系统；综合应用系统包括综合查询与分析子系统和公众门户子系统。

共享交换子系统提供各子系统之间的数据交换和对外部授权用户提供数据查询等功能；系统管理子系统提供各子系统集成框架，并提供用户、权限、数据备份、日志等管理。

考古调查子系统、考古勘探子系统、考古发掘子系统提供考古过程遗址信息数据的录入、管理、使用功能；考古档案数字化子系统主要针对海量历史考古档案的数字化需求而设计；遗址保护管理子系统为遗址保护人员提供保护资料管理和统计功能；考古辅助研究子系统辅助考古研究人员遗址研究和考古报告等的编写和文献管理功能。

综合查询与分析子系统整合各子系统业务数据，可方便地查询用户需要的各类数据；门户子系统是提供公众服务平台，实现郑州商城遗址与公众用户的信息互动和遗址的文化遗产宣传功能。

（4）用户对象

系统用户根据其访问内容的不同可分为内部和外部两类用户。内部用户包括考古调查、勘探、发掘专业人员、保护管理人员、考古研究工作者以及系统管理人员；外部用户包括科研和公众用户。

三、商城遗址信息系统原型系统实现与前景展望

1. 郑州商城遗址信息管理原型系统实现

基于对郑州商城遗址考古与保护管理信息系统研究和设计，作者开发了郑州商城遗址信息管理系统的原型系统，通过原型系统的实现，对系统的数据类型、用户对象、应用功能设计进行了检视，成为建设郑州商城遗址考古和遗产保护数字化平台的重要依据和参考（图二、图三）。

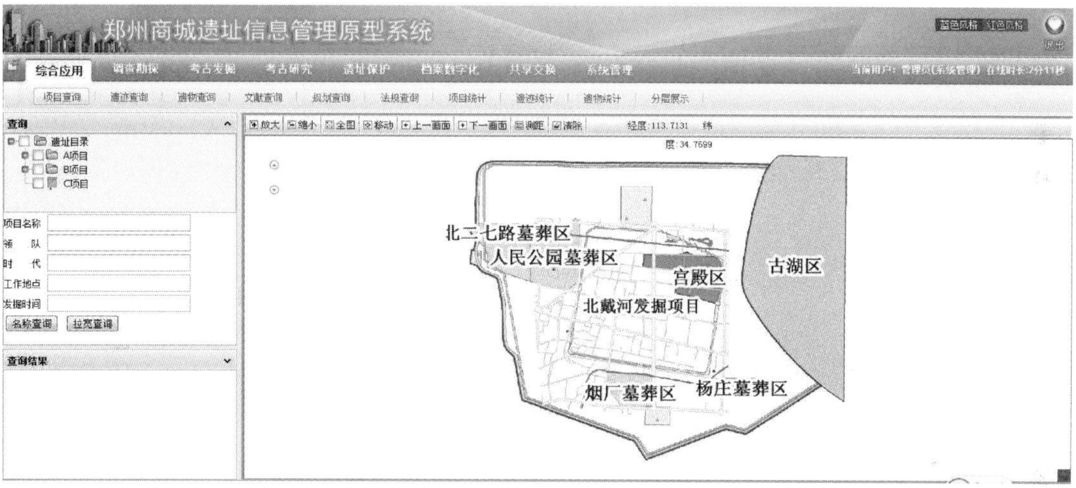

图二　郑州商城遗址信息管理原型系统综合应用功能模块界面

图三　郑州商城遗址信息管理原型系统考古发掘模块界面

2. 郑州商城遗址考古与文化遗产保护、管理数字化前景

大遗址的重要性及价值再发现在最近十多年得到持续的支持和关注，考古遗址数字化记录和保护已经成为时代的必然要求，将现代信息技术技术融入大遗址信息管理、价值发现和遗产保护正在成为发展趋势。国内部分大型考古遗址的数字化管理在借鉴相关技术与遗址结合的探索中获得了一定进展，但到目前为止，尚没有通用的大遗址考古资料数字化建库和遗产管理软件。由于各遗址性质、资料的丰度、研究深度等方面的差异，开发适用于所有大型考古遗址的资料数字化和信息管理的软件系统尚有难度，而针对大遗址特点和需求，利用先进、成熟的商用数据库及地理信息系统等软件工具，通过软件开发建立大遗址考古信息数字化和遗产管理系统是科学、合理、可行的技术方案。郑州商城遗址自20世纪中期以来历经多年考古勘探、发掘与研究，积累了大量田野考古资料与研究成果。随着这些资料的不断积累，对其进行科学的管理、利用与展示成为当前必须解决的问题。作者基于系统需求分析和总体架构设计，完成了郑州商城遗址考古与遗产保护信息系统原型系统开发，为商城遗址下一步考古资料数字化和遗产数字化保护提供了参考和依据，随着郑州商城遗址考古资料数字化和遗产保护信息系统的建设实施，将为郑州商城遗址考古研究、价值再发现及遗产保护与展示提供信息基础和数字化平台。

致谢：感谢贾连敏研究员、王文华研究员、唐际根研究员、马玉鹏先生及曾晓敏先生等在郑州商城遗址信息系统需求及原型系统功能调研中的支持和建议。

郑州市区东周时期仿铜陶礼器墓葬研究

樊温泉[1]　尹以江[2]

（1. 河南省文物考古研究院；2. 武汉大学历史学院考古系）

摘　要　本文通过对郑州市区历年发掘的仿铜陶礼器墓进行分析，将其分为三期六段，年代跨度从春秋末至战国晚期。可以看出，春秋末至战国早期早段，以鼎、罍、尊、盏、敦为核心组合的郑文化因素的仿铜陶礼器墓开始出现；战国早期晚段，以鼎、盖豆、壶为核心组合的韩文化因素的仿铜陶礼器组合取代鼎、罍、尊、盏、敦为核心的组合，此类组合形式发展到战国中期达到顶峰；战国中期晚段，盒取代盖豆成为新的核心器类，延续至战国晚期早段；战国晚期早段出现壶、合碗的组合，至晚段大量流行。

本文选取郑州市区东周时期的仿铜陶礼器墓葬作为研究对象，借鉴前人的研究成果，对这批仿铜陶礼器墓的分期和年代进行梳理，对仿铜陶礼器组合进行分析，尝试对郑州市区仿铜陶礼器墓的发生、发展以及演变进行讨论，同时对各类组合形态的文化内涵进行分析。

关键词　郑州；东周；仿铜陶礼器；郑文化；韩文化

一、基本材料

郑州市区历年出土的仿铜陶礼器墓较多，主要有郑州二里岗①、化工部地质勘探总院②、河南省邮电器材公司③、郑州纺织机械厂④、郑州市加气混凝土厂⑤、郑州市南阳

① 河南省文物工作队：《郑州二里冈》，科学出版社，1959年。

② 郑州市文物考古研究所、荥阳市文物保护管理所：《郑州市两处战国墓发掘报告》，《中原文物》1997年第3期。

③ 郑州市文物考古研究所、荥阳市文物保护管理所：《郑州市两处战国墓发掘报告》，《中原文物》1997年第3期。

④ 郑州市文物考古研究所：《郑州纺织机械厂战国墓葬发掘简报》，《中原文物》1997年第3期；郑州市文物考古研究所：《郑州纺织机械厂东周墓葬发掘简报》，《华夏考古》2000年第4期。

⑤ 郑州市文物考古研究所：《郑州市加气混凝土厂东周墓发掘简报》，《华夏考古》2001年第4期。

路家世界购物广场[1]、郑州市市政工程总公司[2]、信和置业普罗旺世住宅小区[3]等几处墓地，下面对这些墓地材料做一简单介绍（图一）。

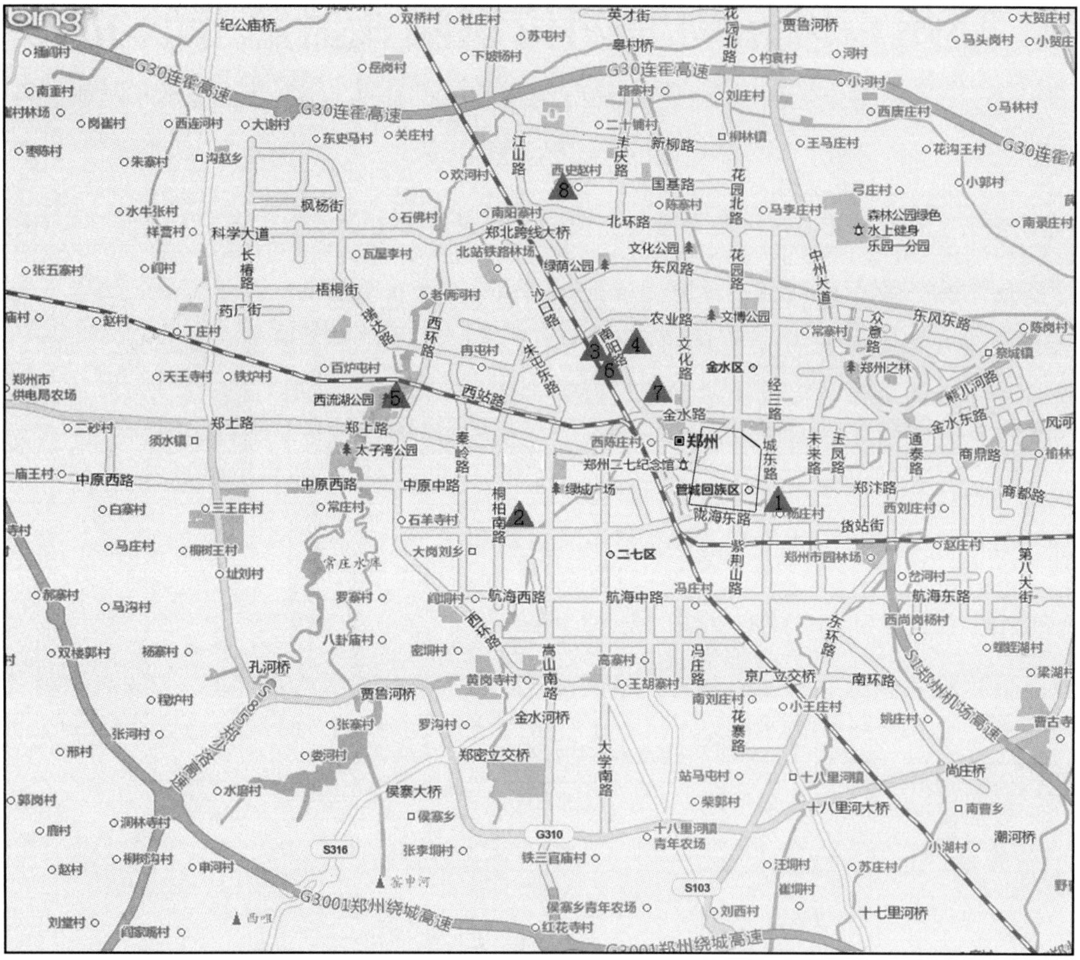

图一　郑州市区东周时期出土仿铜陶礼器墓葬位置图

1. 郑州二里岗　2. 化工部地质勘探总院　3. 河南省邮电器材公司　4. 郑州纺织机械厂　5. 郑州市加气混凝土厂　6. 郑州市南阳路家世界购物广场　7. 郑州市市政工种总公司　8. 信和置业普罗旺世住宅小区

（1）郑州二里岗

1953年9月，在二里岗发掘商代遗址的同时，也发掘了一部分战国墓葬，墓葬分布相当稠密，经钻探后发现古墓500余座，其中90%都是战国时期。发掘的240余座墓

① 郑州市文物考古研究所：《郑州市南阳路家世界购物广场战国墓葬发掘简报》，《华夏考古》2006年第2期。

② 郑州市文物考古研究所：《郑州市市政工程总公司战国墓葬发掘简报》，《中原文物》2006年第3期。

③ 郑州市文物考古研究所：《郑州信和置业普罗旺世住宅小区M126战国墓》，《中原文物》2009年第3期。

葬中，战国墓就有212座，其中仿铜陶礼器墓有151座。仿铜陶礼器主要有鼎、盖豆、盒、壶、簋、盘、匜、合碗。其中鼎108件，盖豆97件，壶136件，盘91件，匜102件，盒10件，簋1件，合碗101件。

（2）化工部地质勘探总院

化工部地质勘探总院位于郑州市陇海路与桐柏路交叉口东北角。为配合其家属楼建设，河南省考古所于1996年8月在此发掘清理墓葬6座，其中仿铜陶礼器墓葬3座。器型有鼎、尊（原为Ⅲ式罐）、盏（原为盒）、舟、盘。其中鼎1件，尊1件，盏1件，舟2件，盘2件。

（3）省邮电器材公司战国墓

河南省邮电器材公司战国墓位于郑州市南阳路西侧的北仓中街，河南省邮电器材公司院内。这一带地势较高，是战国墓区，以往在这里曾多次发掘。1996年配合建设家属楼，发掘清理战国墓13座，其中仿铜陶礼器墓9座。器型主要为鼎、盖豆、壶、盒、匜、合碗。其中鼎4件，盖豆3件，壶10件，盒1件，匜4件，合碗18件。

（4）纺织机械厂东周墓

纺织机械厂已发表的材料有两批，一批是1996年发掘的，另一批是1998年发掘的。

1996年7月，在郑州纺织机械厂生活区住宅楼施工前，钻探发现一批古墓葬，经郑州市文物考古研究所清理，共发掘战国墓葬9座（编号9607ZFJMl-M9），其中仿铜陶礼器墓6座。器型有鼎、盖豆、壶、盘、匜、合碗。其中鼎5件，盖豆7件，壶9件，盘2件，匜3件，合碗2件。

1998年12月，为配合郑州纺织机械厂住宅楼的建设，郑州市文物考古研究所在该厂南生活区发掘清理古墓葬38座，东周墓24座，其中仿铜陶礼器墓3座。器型有鼎、盖豆、壶、盘、匜。其中鼎2件，盖豆2件，壶3件，盘4件，匜3件。

（5）加气混凝土厂东周墓

1998年11月，为配合郑州市加气混凝土厂的住宅楼建设，郑州市文物考古研究所在郑州市西环道西侧、西流湖东岸钻探发现一批古墓葬。在报请上级主管部门批准后，对其进行了抢救性发掘，共清理东周墓葬14座，其中出土仿铜陶礼器墓葬2座。器型有鼎、罍、敦、盘、匜。其中鼎1件，罍2件，敦1件（原为鼎），盘1件，匜2件。

（6）南阳路家世界购物广场战国墓

2003年10～12月，为配合郑州市南阳路家世界购物广场工程建设，郑州市文物考古研究所对工程区内古墓葬进行了抢救性考古发掘，发掘地点位于郑州市区南阳路与黄河路交叉路口西南隅，市商业储运公司院内，南与岗杜相邻共清理古墓葬72座，战国墓葬68座，其中仿铜陶礼器墓46座。器型有鼎、盖豆、盒、壶、盘、匜、合碗。其中鼎34件，盖豆35件，壶41件，盒2件，盘21件，匜25件，合碗13件。

（7）市政工程总公司战国墓

郑州市市政工程总公司战国墓位于郑州市南阳路南段西侧、金水路西段北侧，金水路42号院内。这一带地势较高，是郑州市区战国墓葬分布相对集中的地区，以往在周围地区曾多次进行发掘。这次发掘位于该墓葬区的西南部。2004年2～3月，为配合郑州市市政工程总公司住宅楼工程建设，郑州市文物考古研究所对工程区内古墓葬进行了清理，共发掘战国墓葬52座，其中仿铜陶礼器墓有21座。器型有鼎、盖豆、壶、盘、匜、合碗。其中鼎12件，壶18件，盒11件，盘9件，匜9件，合碗10件。

（8）信和置业普罗旺世住宅小区

2007年12月至2008年3月，郑州市文物考古研究所在郑州市西史赵村城中村改造工程中，清理了135座古墓葬，发表的有M126。M126为长方形竖穴土坑墓，随葬仿铜陶礼器有鼎5件，盖豆5件，壶4件，高柄小壶2件（原为壶形豆），匜2件。

二、仿铜陶礼器墓葬分期及年代

借鉴已有的分期成果，对郑州市区历年发掘的仿铜陶礼器墓葬的分期做系统的梳理，这批仿铜陶礼器墓葬可分为三期六段（表一）。

第一期：春秋末至战国早期。分两段。

第一段：春秋末至战国早期早段。器型有鼎、罍、尊、盏、敦、舟、盘、匜。

包括混凝土厂M11、地质勘探总院M5、地质勘探总院M9、地质勘探总院M10。

第二段：战国早期晚段。器型有鼎、盖豆、壶、高柄小壶、盘、匜。

包括购物广场M15、购物广场M22、购物广场M25、购物广场M27、购物广场M40、购物广场M52、购物广场M55、98年纺织机械厂M7、市政工程总公司M56、二里岗M215、二里岗M221、二里岗M383、二里岗M384、二里岗M405。

第二期：战国中期。分前后两段。

第三段：战国中期早段。器型有鼎、盖豆、壶、高柄小壶、盘、匜。

包括购物广场M16、购物广场M24、购物广场M26、购物广场M28、购物广场M30、购物广场M32、购物广场M34、购物广场M37、购物广场M47、购物广场M50、购物广场M51、购物广场M53、购物广场M54、购物广场M56、购物广场M57、购物广场M64、98年纺织机械厂M42、二里岗M42、二里岗M202、二里岗M211、二里岗M350、二里岗M385、二里岗M405、二里岗M407、二里岗M427、二里岗447、96年纺织机械厂M3、96年纺织机械厂M5、96年纺织机械厂M6、96年纺织机械厂M7、省邮电M3、省邮电M4、省邮电M5、信和置业M126。

表一 郑州市区东周时期出土仿铜陶礼器分期表

期段		器物组合
第一期	第一段	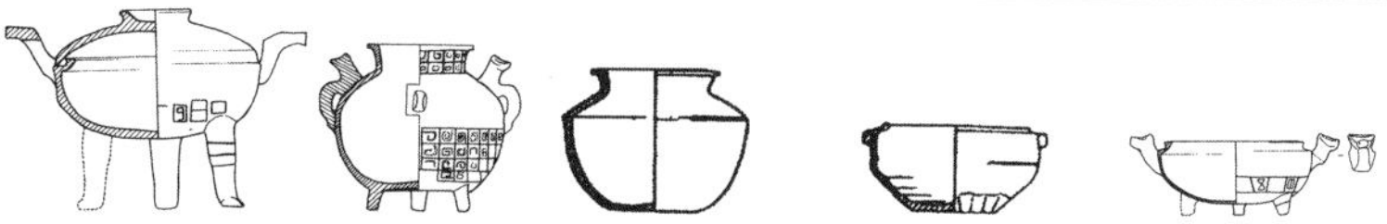 混泥土厂M11：2 混泥土厂M11：5 地质勘探总院M5：2 地质勘探总院M5：4 混泥土厂M11：3
	第二段	 二里岗M215：2 购物广场M55：1 市政工程总公司M56：5 二里岗M215：1 二里岗M215：3 购物广场M22：3 二里岗M221：1
第二期	第三段	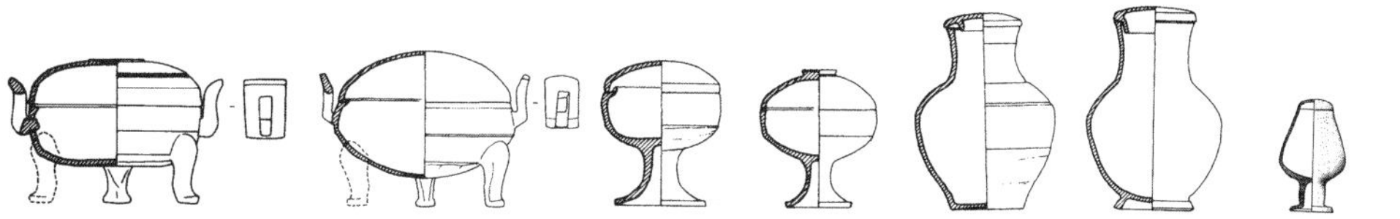 购物广场M64：1 购物广场M28：1 购物广场M64：2 购物广场M26：2 购物广场M64：3 购物广场M54：1 二里岗M202：3
	第四段	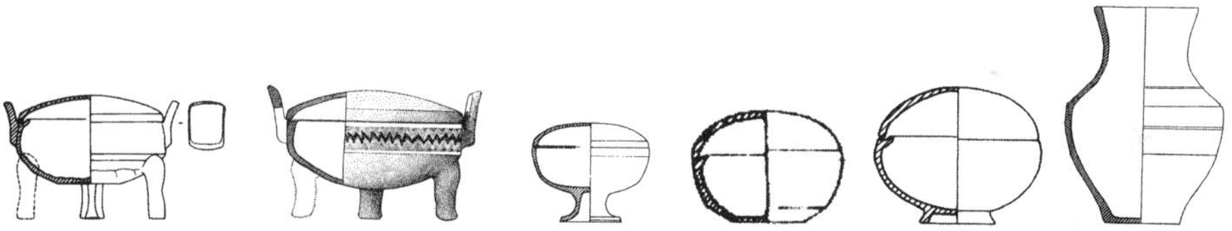 购物广场M31：1 二里岗M342：5 购物广场M35：2 省邮电M11：4 市政工程总公司M42：5 二里岗M396：1
第三期	第五段	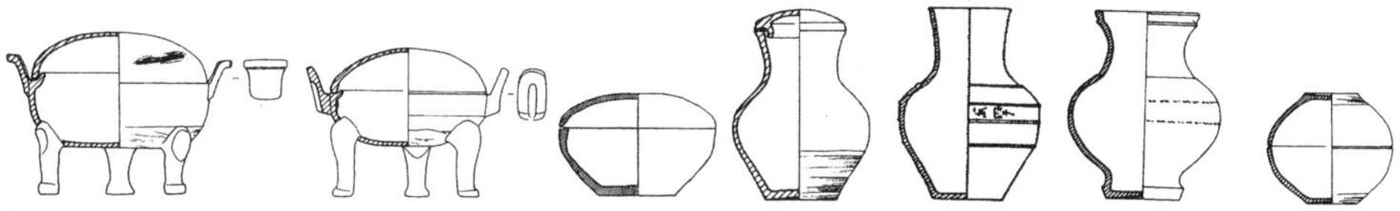 市政工程总公司M44：3 市政工程总公司M45：1 二里岗M200：1 市政工程总公司M10：3 96年纺织机械厂M2：3 购物广场M19：3 购物广场M19：1
	第六段	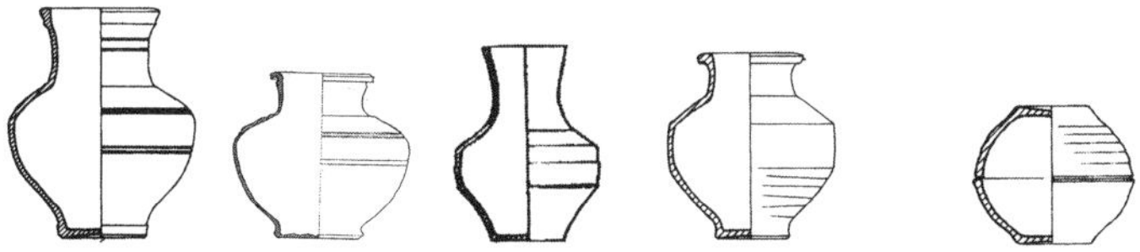 购物广场M11：1 二里岗M442：3 省邮电M2：2 市政工程总公司M36：1 市政工程总公司M4：3

第四段：战国中期晚段。器型有鼎、盖豆、盒、壶、高柄小壶、盘、匜。

包括二里岗M25、二里岗M39、二里岗M44、二里岗M50、二里岗M56、二里岗M60、二里岗M97、二里岗M36、二里岗M103、二里岗M122、二里岗M145、二里岗M147、二里岗M151、二里岗M165、二里岗M330、二里岗M342、二里岗M396、二里岗M406、二里岗M409、二里岗M451、96年纺织机械厂M4、购物广场 M1、购物广场M31、购物广场M35、购物广场M44、购物广场M58、购物广场M60、购物广场M61、购物广场M62、省邮电M11、市政工程总公司M40、市政工程总公司M42。

第三期：战国晚期。

第五段：战国晚期早段。器型有鼎、盒、壶、盘、匜、合碗。

包括二里岗M52、二里岗M200、二里岗M428、二里岗M430、市政工程总公司M3、市政工程总公司M8、市政工程总公司M10、市政工程总公司M37、市政工程总公司M44、市政工程总公司M45、市政工程总公司M47、市政工程总公司M53、市政工程总公司M55、购物广场M2、购物广场M19、购物广场M21、购物广场M33、购物广场M66、购物广场M65、96年纺织机械厂M2、省邮电M7、省邮电M10。

第六段：战国晚期晚段。器型有壶、合碗。

包括购物广场M6、购物广场M11、购物广场M45、购物广场M48、省邮电M2、省邮电M6、省邮电M12、市政工程总公司M4、市政工程总公司M32、市政工程总公司M36、市政工程总公司M46、市政工程总公司M48、市政工程总公司M49、市政工程总公司M50、二里岗M16、二里岗M17、二里岗M33、二里岗M167、二里岗M442。

第一期第一段器形组合主要以鼎、罍、敦或鼎、尊、盏为核心配以舟、盘、匜的组合。第一期第二段至第二期，第一段的器物组合已经不存在，取而代之的是以鼎、盖豆、壶为核心，配以高柄小壶、盘、匜的器物组合，到第二期晚段新出现盒，盒是取代盖豆从而构成新的以鼎、盒、壶为核心的器物组合，这类组合数量较少。第三期早段主要是以鼎、盒、壶为核心、配盘、匜的器物组合，此时盖豆、高柄小壶已经消失，而且新出现了少量的壶、合碗的组合形态。第三期晚段，传统的仿铜陶礼器组合已经不存，取而代之的是大量的壶、合碗的组合。

三、器物组合及文化内涵分析

通过对这批仿铜陶礼器的组合形态的分析，我们可以将其分为四类不同的组合形式。

第一类：以鼎、罍、敦或鼎、尊、盏为核心的组合。可细分为以下几类：

鼎、罍、敦、盘、匜

鼎、尊、盏、舟

舟、盘

舟

第二类：以鼎、盖豆、壶为核心的组合。可细分为以下几类：

鼎、盖豆、壶、高柄小壶、盘、匜

鼎、盖豆、壶、盘、匜

鼎、盖豆、壶

鼎、盖豆、盘、匜

鼎、盖豆、壶、盘

鼎、盖豆、壶、匜

鼎、盖豆、盘

鼎、壶、盘、匜

鼎、高柄小壶、匜

鼎、壶、盘

鼎、壶、匜

盖豆、壶、盘、匜

鼎、壶

鼎、盖豆

鼎、匜

鼎、盘

盖豆、壶

壶、高柄小壶

壶、盘

壶、匜

鼎

盖豆

壶

盘

第三类：以鼎、盒、壶为核心的组合。可细分为以下几类：

鼎、盒、壶、盘、匜

鼎、盒、壶、匜

鼎、盒、壶

鼎、盒、盘

鼎、盒

盒

第四类：以壶、合碗为核心的组合。可分为以下几类：

壶、合碗

壶

合碗

第一类：该类组合形态目前在郑州市区发现的比较少，这类组合在春秋中晚期到战国早期在新郑地区大量流行，禹州春秋晚期到战国早期的墓葬中也有不少发现①，该组组合形态和器物形态与张辛《中原地区东周陶器墓葬研究》中的Z3组基本一致，Z3组中的A型簋即是我们这里的敦。关于Z3组所属，作者认为是郑国末等贵族之墓②。因此该类组合所代表的应是郑文化。

第二类：战国时期鼎、盖豆、壶、盘、匜的组合形态在中原地区分布极广，总体趋同的背景下，各地也有自己的特点，这类组合形态在新郑、禹州、登封等地极为普遍，同时该组墓葬大量流行壁龛，随葬品多放置于壁龛内。可以看出该组合形态大量流行与韩统治的区域，并且基本处于战国早期到战国中晚期，而以战国中期较为集中，因此此组所代表的应是韩文化。

第三类：该类组合形态流行于战国中期晚段到战国晚期早段，和第二类组合形态基本一致，只是盒取代了盖豆在组合中成为核心器类。该组是第二类的发展，但数量已明显减少，可以看出传统的仿铜陶礼器组合到战国中晚期已经开始衰退。因此此类所代表的也是韩文化。

第四类：该组合形态基本处于战国晚期，一般出于空心砖墓。其组合形态和战国早中期的组合形态差异极大，可以说是战国早中期的鼎、盖豆（盒）、壶、盘、匜发展到战国晚期的壶、合碗的组合有一个极大的转变。该组壶的形态特征明显，广泛分布于郑州、新郑一带，以西的登封、豫西南的南阳盆地及鄂西北地区，以南的许昌、平顶山等地。这些地区战国晚期基本属于韩人统治或韩文化影响的区域。此类组合同战国早中期差异极大，这有可能是战国晚期墓葬形制等丧葬观念变化或其他一些原因造成的。此组所代表的也应是韩文化。

四、结　　语

通过上述的分析可以看出，郑州市区仿铜陶礼器墓葬春秋末至战国早期前段开始

---

① 陈公柔：《河南禹县白沙的战国墓葬》，《考古学报》第七册。

② 张辛：《中原地区东周陶器墓葬研究》，科学出版社，2002年，第21页图八，第126页。

出现，是以具备郑文化因素的鼎、罍、尊、盏、舟、盘、匜的组合为代表的。到战国早期后段韩文化因素为代表的鼎、盖豆、壶、高柄小壶、盘、匜的组合形态取代了鼎、罍、尊、盏、舟、盘、匜的组合形态。此类组合发展到战国中期晚段时盒取代了盖豆成为组合核心，一直延续至战国晚期早段。战国晚期随着埋葬制度等丧葬观念的变化，壶、合碗的组合大量流行，之前的传统仿铜陶礼器组合到战国晚期早段少量存在，此后就消失了。同时我们还可以看出，在郑州市区韩文化对郑文化的取代以及韩文化在战国各时期的发展演变的轨迹。

我们知道，以郑州商城为中心的郑州市区一带，在西周时期是管叔鲜的封地，也就是古管国所辖之地。到了春秋时期属郑国，战国时期先后隶属于韩国和魏国。但在郑州商城周围的历年考古发掘中，西周时期和春秋时期的文化遗存都比较少见。到了战国时期，特别是韩灭郑以后，从军事需要的角度出发，在郑州商城商代城垣的基础上修筑了战国夯土城墙，也正是如此，在战国时期夯土城垣的内外发掘了较为丰富的战国时期的文化遗存①。这一点，从本文所要探讨的东周时期仿铜陶礼器墓葬上也有所反映，从战国早期开始，特别是到了战国中期以后，以韩文化为代表的仿铜陶礼器墓葬发展到了顶峰时期，这种考古学文化现象也从一个侧面印证了战国时期韩国统治者对郑州商城一带作为军事重地的高度重视。

① 河南省文物考古研究所：《郑州商城》，文物出版社，2001年。

郑韩故城出土战国无字碑及其遗存解析

蔡全法

（河南省文物考古研究院）

摘　要　1997年，河南省文物考古研究所在新郑郑韩故城西城发掘一处称之为“宫城”的遗址，获得了一块巨型无字石碑，出土后考证是当时国内仅有，且时代最早的宗庙碑，其遗存属战国时代韩国的宗庙遗址。此发现不仅能与历史文献互为印证，也为我国碑刻起源研究提供了珍贵资料，并成为确定遗址性质为韩国宗庙的有力证据。

关键词　郑韩故城；无字碑源流；宗庙与祭祀

一、无字碑发现经过

图一　韩国宗庙碑出土现场

1997年，河南省文物考古研究所在新郑郑韩故城西城南部偏东发掘一处称之为“宫城”的遗址，获得了一块巨型石碑，该碑形体高大，石质为黄灰色花岗岩，圭形，首为三角形锐锋，二侧出棱带翼，中部平直，阴阳两面磨制光滑，中下部有圆形透穿，底部一段为毛石，未经大的修整，为一边略有缺损的斜尖状，此段为立碑时埋入土中部分。该碑通高3.26、中部宽0.45、厚0.26米（图一）。此碑发现后，我国著名的考古专家黄景略、安金槐、严文明、李伯谦等先生，都先后到出土现场考察。由于出土于战国地层中，时代较早，形体硕大，造型独特、鲜见，又确为碑形，即便无字，都仍称其谓“中华第一碑”。

石碑的出土经过与位置。碑出于郑韩故城西城内的一座小城中。西城又称内城，是郑韩两国的宫殿遗址区。据20世纪60年代的勘探普查结果，该城内发现大大小小的建筑夯土基址达百余处。1977年在郑城的西城中南部偏东侧地下，发现了这座长方形小城址。城址东西长500、南北宽320米。均为夯土所筑。城的东南角被新郑县明代城墙打破，其北、西两面墙基在地下保存较好，东、南两面墙基均存在不同程度的破坏。墙基均用夯土筑成，宽10～13米。在北墙和西墙的中部，各探出一宽约3米的缺口，缺口中间都有古代道路通过，故推测可能是原来的城门缺口遗存。当时的调查人员将这座小城确定为“宫城遗址”①。

1997年，我们根据原钻探资料，曾对“宫城”中心的大型建筑遗址进行试掘，遗址在汉代层以下，向下揭露的范围内均为夯土。我们配合局部开探沟的方法，找出了这座夯土台基的四边，知其南北长114米，东西宽97米，面积11 058平方米。夯土台基位于该城址的中心，从规模和位置看应是城中的主要的高台建筑遗存（图二）。由于这一带原有较高的建筑基地，不仅土质纯净，且堆积深厚，到西汉早期被辟为烧制瓦件的陶窑作坊区，使夯土台基的上层遭到严重的破坏。房基上丢弃的石块（柱础石）和砖块（铺地砖）成堆成片，仅有个别的柱础石和方形带有米字纹的凹槽砖还遗留在原来地面。在房基上我们还发现有战国时期的排水管道与并连的蓄水井和饮水井，这些井修建讲究，都是用陶井圈套接垒砌，还有一定数量的灰坑和窖穴。在一灰坑中还出土一件饰有绳索纹的战国青铜圆壶（图三）。房基上还有大量的建筑材料、筒瓦、板瓦和砖等。在房基的中心处，发现了这件石碑，出土时石碑斜卧于地层中。从现状分析原来石碑并没有底座，碑下端是未被多加修整的毛石，此部分直接埋于夯土台基内，似遇突发事件被人为拉倒在地。到汉代烧窑制瓦取土遇到石碑时，停止下挖，使土层保留了原来的样子。后来对这处夯土基址进行解剖，时代为战国，当与下面的夯土台基和周围的夯土城墙同时。

图二　韩国宗庙遗址发掘现场

图三　韩宗庙遗址出土祭器铜圆壶

---

① 河南省博物馆新郑工作站等：《河南新郑郑韩故城的钻探与试掘》，《文物资料丛刊》（3），文物出版社，1980年，第56页。

二、碑及遗存性质

石碑及其相关遗存的性质。先秦时期出土的石碑十分罕见，作为科学发掘出土，更是孤例，十分难得。此碑由于无任何文字，不可能是铭功记事之用。

《说文·石部》曰："碑，竖石也。"《礼记·祭义》说："君牵牲，穆答君，卿大夫序从，既如庙门，丽于碑。"孔颖达疏："君牵牲入庙门，系著中庭碑也，陈用之日，公食大夫礼遮羞，陈于碑内，庭实，陈于碑外，燕礼、聘礼。昔云:宾自碑内听命，又士婚礼。宾入庙门，乡饮酒。宾入庠门，乡射。射宾入庙门，皆有当碑揖。则诸侯、大夫、士之宫，皆有碑。"郑玄曰："宫必有碑，所以识日影，引阴阳。凡碑引物者，宗庙则丽牲焉，以取毛血。其材，宗庙以石，窆用木。"这些话是陈述碑在宗庙祭祀中的作用与部分祭祀情况，先有国君牵祭祀用牲，进入庙门，将其系于庙之中庭所立之碑上。由国君或负责祭祀供品的大夫宰牲，将供品陈于碑的后面，摆满后剩余的供品摆放于碑的前面。举行燕礼和聘礼。以往说：来的宾客都是在碑的后面听从安排，举行士昏礼。宾客入庙门，郷饮酒（郷通享，即享受义。郷当为饗之简，又简化为飨），即以酒食招待。宾客入庠门，乡射。谓其享受射礼。行射礼的宾客入庙门，都要对着碑作揖（分大射、宾射和燕射等礼仪）。树碑不仅限于诸侯，大夫、士的家庙里也都有碑。按郑玄的说法，宫必有碑，是为观测日影。而宗庙中的碑则是为栓系祭祀用牲，以取毛血和肉食供品。宗庙碑是用石料制成，而丧葬下棺系绳索用的碑是木料制成，材质有所不同。

通过以上分析，这处遗址中的碑是石质，这里又没有墓葬，故不会是用于下葬所用之碑。由于是无字碑，也不会是为铭功，记事所立。它处于大型建筑基址的中心，似立于宗庙的中庭位置。碑身中部偏下的穿，或是专门为栓系祭祀用牲而开凿。从文献所记，碑虽然是为了丽牲，但其地位并不一般，碑是宗庙的象征，故上至天子，下至诸侯和士大夫，否则，就不会让宾客作揖行礼。碑是宗庙祖宗神的象征，故上至天子，下至诸侯，大夫和士之宫皆有碑，可以说碑是宗庙中的不可或缺之物。庙中的碑有两种功能，一是测日影，看时晨；二是丽牲，备祭品。据此，该碑的用途亦当兼而有之，测日影，仍待在原地树碑测试，因为碑上有穿，且见磨损痕迹，但其为丽牲的宗庙用碑则是可以肯定的。

宗庙是祭祀祖先的场所。《尚书·太甲》上："社稷宗庙，罔不祗肃。"它是当时国家最神圣的地方。除祭祀活动外，其他重要的政治活动，如国君的即位大典，朝聘、用兵、册命等军国大事，都要在这里举行，具有国家礼堂的性质。所以，《左传·襄公十八年》说："凡邑有宗庙先君之主曰都，无曰邑。"据此，韩宗庙城址又确在都城之内，证明韩都郑时期，已形成三城制，东城为郭城，西城为内城，在内城的南面又有一小城，即宗庙所在。唐兰先生的《作册令尊及作册令彝考释》和陈梦家先生的《西周铜器断代》（二），都认为西周东西两都为双城，即王宫和宗庙的所在，此观点曾受到一些学者的怀疑。这一宗庙城址的发现证明，宗庙的确另筑有城。为两位先生的论断提供了另一资料旁证。

三、碑之源流

碑在我国古代是特有的一种文化现象，而且源远流长。碑，“有广义和狭义之分。广义的碑是指镌有述德、铭功，纪事与纂言等文字的刻石，如碑碣、摩崖、造像记与墓志等。狭义的碑是指东汉以后，立于纪念地、建筑和墓前，刻镌文辞的长方形石版”[①]。故张鸿来《书法》说：“树石书丹谓之碑。”清叶昌炽在《语石》中也曾说：“凡刻石之文皆谓碑。”其实，新郑韩宗庙碑的发现再一次说明，刻石与碑还是有区别的。这一认识马衡先生早在其《凡将斋金石丛稿》中就指出：“今人谓文之载于石者皆曰碑，其实不然。刻碑之兴，当在汉季，石只谓之刻石。秦始皇议海上也，其群臣上议曰：‘古之帝者……犹刻金石以自为记……今皇帝并一海内……群臣相与诵皇帝，刻于金石，以为表经。’故其东行郡县诸刻，皆曰刻石，初未尝谓之碑也。碑之名始于周代，为致用设，非刻辞之具。《礼记·祭义》：‘君牵牲……既入庙门丽于碑，谓庙门之碑。’《礼记·檀弓》‘公室视丰碑’，谓墓所用之碑也。庙门之碑用石，以丽牲，以测日景（影）。墓所用之碑为木，以引绳下棺（见《仪礼·聘礼注》及《礼记·檀弓注》）……刻文于碑，为汉以后事，非所论于古刻，然相传古刻，亦有所谓碑者，故古刻之真伪，不可不辨。”通过出土实物例证和相关研究可知，碑的原形是没有文字的竖石，也就是说中国最早的碑，是没有刻字的，仅是作为一种标志，这是有它的实用功能所决定的。这在周代的宫中、宗庙、墓葬下棺处才可以见到。碑上有刻文，是古代封建帝王刻石封禅，记功德之用物。如秦始皇在峄山勒石记功。为死者树碑立传的风气，至东汉初年才大为兴起。

宗庙碑的碑形来源，最早无字的称碑，有字的称刻石，其功用也有别，东汉以后混称为一。圭形碑是最早的碑，来源遍查出土文物，除玉戈（直内戈）、玉圭之形制较为接近外，还有甲骨文和小篆中的祖字，作“”形。他们之间似乎也有关联。宗庙即祖庙。我国最早的祖字均不从示，作“且”形。祖，《说文》：“始祖庙也，从示且声。”《说文句逗》：“祖，始，庙也。”其将始、祖点开，就变成两层意

① 蒋文光、张菊英：《中国碑帖艺术论》，中国工人出版社，1995年，第5页。

思。正如《说文通训定声》所说：“始，女之初也，……子孙之始为祖，初生之始为胎。”《说文解字义证》：“女之初也者言初生也。”可见祖字是子孙之始。金文里的祖字，还有铸作“贝”形的，当是女性生殖器的符号，与“且”同为“祖”的初文。这都是母系氏族社会的遗俗，随着父系社会的形成，“祖”就只代表男性祖先，女性祖先则用“妣”来表示。《尔雅·释亲》：“父为考，母为妣。”郭沫若先生《释祖妣》：“祖妣者，牡牝之初字也。卜辞牡牝字无定形，牛羊犬豕马鹿均随类赋形而不尽从牛，作其字之存考。……余谓丄匕即祖妣之省也，古文祖不从示，妣不从女。……是则且实牡器之相形，故可省为丄，匕乃匕相字之引申，盖以牝器似匕故，以匕为妣若牝也。”金文也曾见个例有从示之祖，如齐子中姜镈始作“祖”（见增考中14页）。由于商周文字还不定型，字体异形者常见，到周代不从示之祖仍有较多的存在则是肯定的，或是参考古老传统祖之偶像制作，或是直接根据文字字形加工，而用于宗庙使其更具有象征性则不无可能。对于祖字旧说还很多，主要有王国维的“俎几”说①，和詹鄞鑫的“罐形”“酉”字说②（图四），尽管各有所据，作为象形文字，从形音义出发，还是郭老的观点较接近历史的现实。因为祖先崇拜和生殖崇拜是密不可分的，且由来已久，最早可追溯到远古时代。具茨山岩画与新石器时代遗址出土的女神、男神与男根雕塑形象即是明证。我们认为，圭形碑是否来源于祖形虽暂难肯定，但其寓意或引申义与祖有关则是讲得通的。

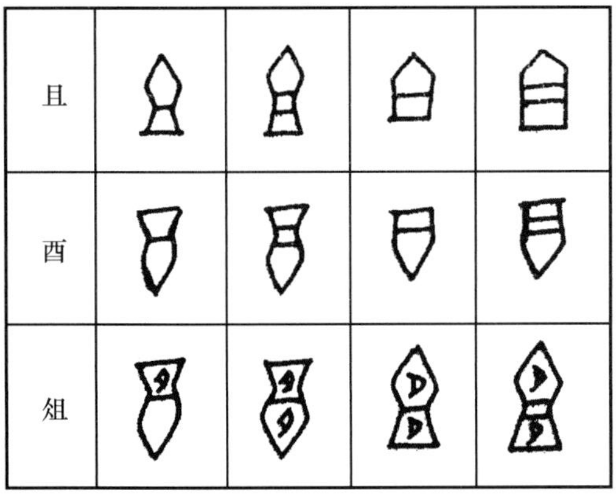

图四　“且”、“酉”与“俎”字形对照表
转引自詹鄞鑫《神灵与祭祀》文字表，以次见：古研8.89，乙869，古研3.34，276，萃341，续4.35.5，古研3.29.254之明2318，邺2.41，京3974，明1904，续5.17.4

碑为圭形，其形或来源于圭也不无可能。古代圭的形制与用途，《说文·土部》曰：“圭，瑞玉也，上圆下方。公执桓圭，九寸；侯执信圭，伯执躬圭，皆七寸。子执穀璧，男执蒲璧，皆五寸，以封诸侯。从重土。”这是说，圭是用玉制成，上圜下方，不同的封爵，有着不同形制不同的尺寸。公爵执的是桓圭，长九寸；侯爵执的是信圭，伯爵执的是躬圭，皆七寸；子爵执穀璧，男爵执蒲璧，皆五寸。天子以此标准封于诸侯。由两个土字重叠为会意。《周礼·春官·典瑞》也说：“王执镇圭，公执桓圭，侯执信圭，伯执躬圭。”又增加了王所执之圭，其他与《说文》相同。许氏认

① 王国维：《观堂集林》卷三《说俎》，中华书局，1959年，第155页。

② 詹鄞鑫：《神灵与祭祀—中国传统宗教与祭祀》，江西古籍出版社，1992年，第251页。

为圭为上圜下方，此形状在先秦时期是较少见的。先秦墓中出土的玉圭，多是长条状的尖顶，而非圜形，圜形碑首基本是汉及以后才出现。大概许氏是以汉代出现的碑形，推及先秦圭亦如是，或是将远古的斧钺推认为圭。先秦时期圭是帝王、诸侯地位和权力的象征，也是古代礼制的重要组成部分。帝王、诸侯朝聘、祭祀、丧葬、差使任务的瑞信之物。其形制大小是因爵位的不同而有异，据《周礼疏注》：王执镇圭以朝日。镇圭尺有二寸。公、侯、伯所执的桓、信、躬圭，是用于朝见天子，也是诸侯约会所用之物。这些圭都是数寸或盈尺余之物，与圭形碑并不同类，但碑形仍折射出圭的影子，更相圭的放大型。我们分析这种圭形碑或是借用了玉圭的形制，诸侯以此形制来显示其地位、权力与尊崇。詹鄞鑫先生认为："圭来源于兵器，是贵族权力的象征，……考古工作者在原始遗址发现的玉器有斧有戈而没有圭和璋，而文献的玉礼器有圭有璋却没有斧和戈，有趣的是，商代和周初的出土物中可以称为圭和璋的玉器恰恰是斧或戈的遗形。"①从形制考其渊源，可以说先秦时期的戈与圭形制确很相近，但新石器时代有玉戈而无玉圭显然是不对的，到新石器时代晚期的龙山文化已有玉圭发现，分二型：其一，长方条状，中下部有一穿，圭锋略有残缺，似经修整；其二，为长方形，两端平齐无锋（图五，1、2）。至商代仍有平头的玉圭，而有锋的玉圭罕

1　　2

图五　玉圭

1. 龙山文化锐锋玉圭　2. 龙山文化平头玉圭

（均转引自杨伯达《中国玉器全集》上）

① 詹鄞鑫：《神灵与祭祀——中国传统宗教与祭祀》，江西古籍出版社，1992年，第131页。

见（图六）。文献记载的玉礼器中有圭而无戈，这是因为圭是礼器，而戈为兵器，原本就不在礼器之列。而商周时期的玉戈与玉圭确是形制相近，但是圭的下端平齐，而戈的下端两侧向内折收分，这些差异应和他们自身的功能需要相关。春秋时期的圭仍是有锋的长方条状，又有有穿和无穿之分，并与长方形玉圭共存（图七，1、2）。

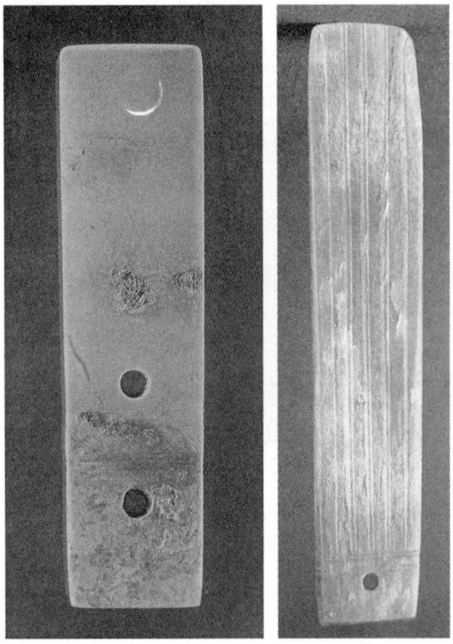

1　　2

图六　玉圭

1、2. 商代玉圭

（转引自杨伯达《中国玉器全集》上）

1　　2

图七　玉圭

1. 有锋玉圭　2. 无锋玉圭

（转引自杨伯达《中国玉器全集》上）

从圭和戈出现的时间看，圭显然早于戈。如果单从形制的演变来追其源头，玉钺道是可作为参考的对象，因为钺产生的更早，新石器时代的仰韶文化和良渚文化都已出现，并传至三代而不绝。钺，《说文·金部》注说：“今俗钺作斧。”实是大斧为钺，即钺来源生产工具斧，后来又演化为地位和权力的象征，作为仪仗，成为礼器（图八，1、2）。从文化内涵分析，钺虽为兵，但仍属礼器，是地位和权力的象征，圭在文化内涵上与其有共性。其形制钺、圭下端均较平齐，下部有穿，两侧斜直，顶部突起，仅是圭锋较锐，这应是后者对前者的改造而已。这或就是《说文》所说，圭，上圆下方的缘启。从出土物观察，圭的出现比戈要早，圭来源于戈目前暂难成立。圭起源于生产工具斧的可能性较大，兵器戈当为后来者。圭形缘起于礼器钺，其文化内涵近似。碑形似圭，寓意以祖，其形义合一，既丰富了文化内涵，又可增加它的尊崇地位则是可能的。另外，东周时期的墓葬中常见有毁兵现象，这是人们祈望和平厌恶战争在丧葬中的反映，兵被视为凶器，是不祥之物，所以古人不可能作为宗庙碑的原形来加以发挥和利用。

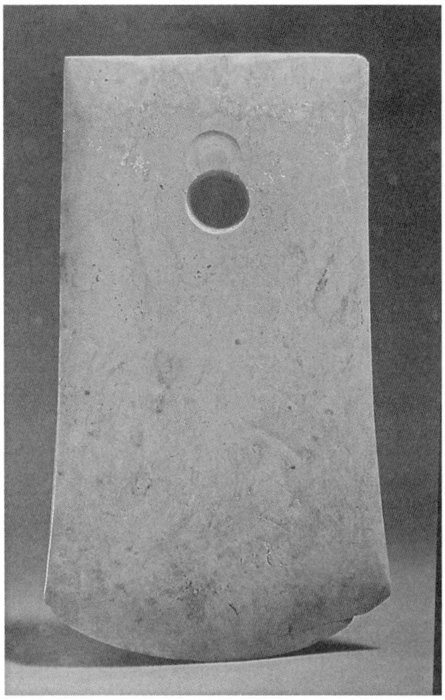

1

2

图八 玉钺

1. 良渚文化福泉山74号墓出土 2. 良渚文化福泉山9号墓出土

四、碑、庙与郑城的关系及作用

新郑出土的碑是宗庙之碑，周围的小城墙当是宗庙的神墙。城中的大型夯土基址，就应是宗庙中的殿堂基址，不仅中庭位于其中，其他配套建筑也都应排列其上。发掘中发现的青铜圆壶，应是庙堂中的祭器。这处宗庙遗存的国别、年代以及坐落方位，据田野考古资料，这处遗址地层关系与出土遗物特征可知，遗址建于战国中期废址于战国末年。郑韩故城是郑国和韩国的故都，春秋初期郑武公由今陕西华县一带迁到新郑溱、洧水（今黄水河和双洎河）交汇之地，所立新都仍称“郑”。郑国在郑建都长达390余年，更替二十二君，于公元前375年（韩哀侯二年），被韩哀侯灭掉。韩哀侯将国都由阳翟（今禹州市），迁往郑（新郑市），更替三侯五王，立都145年，于公元前230年（秦始皇十七年，韩王安九年），韩被秦所灭。从年代看，从春秋初到公元前375年，正经历了春秋早中晚和战国早期四个阶段，从战国中期到公元前230年，则是经历了战国中期和晚期两个阶段，由于韩在秦统一六国的战争中首当其冲，是东方最早被灭之国，其灭亡时间距战国晚期结束之年提前了八年。这些历史梗概《战国策》《史记》等历史文献多有记载。由此可知，这处小城遗址，国别当属韩，年代上限不会早于公元前375年，下限不晚于公元前230年。

该宗庙的方位，坐落于西城中南部偏东一侧。郑城的坐落方位，郑国初建与使用阶段，分西城和东城两部分，西城为内城，有许多宫殿基址分布在一带，当是郑国的政治中心区和高级贵族的居住区。东城是郭城，是手工业作坊区。诸如铸铜、铸铁、制骨、制陶等遗址都分布其中，另外还有多处大型墓葬区，郑的高级贵族陵墓区多分布这里，还在东城的西部偏南侧，今新郑城市信用社和中国银行新郑分行（以下简称中行）发现了郑国社稷祭祀遗址[①]。又在该遗址以北千余米的新郑市政府后院发现了郑国的大型夯筑建筑基址，并有多座祭祀坑。疑其为郑国的宗庙遗址。在裴大户寨村西发现的郑城东城墙缺口，疑是郑城的东门遗存，从城门缺口向西望去，市政府后院的郑国建筑遗址和城市信用社、中行社稷祭祀遗址正好位于其以西左右两侧，再向前不远处即是内城。据《考工记》的记载，古代的礼仪性建筑，是在王宫的前方，"左宗庙、而右社稷"。由此观之，郑城的座向当是坐西朝东，东门为正门，发现的春秋郑国宗庙和社祭遗存，正吻合此记载。杨宽先生也认为新郑的整个"西城"和"东城"的分布是坐西朝东，是以东门为正门[②]。韩国的宗庙遗址位于内城的东南部，以北直至北墙都有密集的夯土基址。说明韩国灭郑后因袭了郑以西城为内城的旧制。韩在西城的中北部一带重新修筑了宫城和宫殿建筑。1995年，在新郑褚庄村北（西城偏西侧）发现了韩宫城西墙。宫城西门和通往城内外的道路。城墙南北向，清理出的长度50米。基宽2.5米，残存高度1～3米。城墙为夯筑，外有壕沟，后来探知该墙西起西城北墙，南至褚庄村内止，已知长度650米。在宫城中部偏南还发现一条战国时期的东西大道，路宽5米，路面铺设平整而坚硬。道路穿过城墙缺口深入宫城内，当为宫城西城门遗址。韩的宗庙是建在王宫的前方左侧。说明到战国时期，韩国已改变了城的坐落方位，以内城为主体，成为坐北朝南的布局[③]。原来称为"宫城"的遗址，实是宗庙，而真正的宫城是在宗庙以北，在新发现的宫城西墙东部一带。

商周时期，《左传》说："国之大事，在祀与戎。"祭祀与战争都是事关国家存亡的头等大事。所以《礼记·祭统》云："凡治人之道，莫急于礼，礼有五经，莫重于祭。"宗庙与社稷，在周代都演化成国家的象征，其活动也是最高的政治，所以祭祀就成无与伦比的头等大事。宗庙祭祀的对象主要是祖先神，所以祭祀祖先主要是为追宗望祖和祈求祖先的护佑。祖先神在原始社会，主要是氏族的保护神，即是到了商代这一表现也是非常显著的。卜辞中的对祖先祭祀，都有明确的求告目的。自周始，以嫡庶制为核心的宗法制规定了贵族子孙有法定的等级区别：嫡为君，庶为臣。且支

---

① 河南省文物考古研究所：《新郑郑国祭祀遗址》，大象出版社，2006年。

② 杨宽：《中国古代都城制度史》，上海古籍出版社，1993年，72页。

③ 蔡全法：《郑韩故城韩文化的重要收获》，《群雄逐鹿》，大象出版社，1994年，第117页。

系子孙又继续分嫡庶，由此形成不同层次的大宗小宗关系。这样一来大、小宗不仅政治地位不同，对祖先的祭祀权力也有别。故《礼记·郊特牲》说："诸侯不敢祖天子，大夫不敢祖诸侯。"否则就是"非礼"的行为。在宗法制度下，"始祖"不再是血缘意义上的祖先，而是宗法意义上的祖先，即分族的第一代祖先。这就形成了大宗上祭至太祖，小宗上祭至高祖，宗法与政治组织二位一体，祖先祭祀的政治意义和重要性就十分突显出来。这样贵族宗庙祭祀的断绝就等于政权的丧失，此也是周代贵族极为看重宗庙祭祀之动因。春秋时期卫献公为了复辟，就与大夫宁喜约定，"苟反（返国），政由宁氏，祭则寡人"①。此说明祭祀权比政权更重要。如果两者不可兼得时，宁肯丢掉政权也要保住祭祀权。我国历史文献中很多记述国家灭亡时，常常以宗庙社稷祭祀的断绝为标志。关键词常有"绝其祀""不祀""七庙隳"等，都是指国家灭亡而言。因而诸侯封邦建国，都首先要营建宗庙、社稷，于王侯宫殿之前，"建国之神位：右社稷，而左宗庙"②。"君子将营造宫室：宗庙为先，厩库次之，居室为后；凡家造：祭器为先，牺赋次之，养器为后。"③这些文献再次证明诸侯的赐封建邦，确是以国之头等大事来办的。韩国的宗庙遗址，周筑有城垣，占地16万平方米，城内主要庙堂基址占地1万余平方米，这在先秦考古史上是十分罕见的。考古发现的陕西岐山西周宗庙遗址是我国较早，且布局完整的建筑基址④。凤翔发现的秦国宗庙遗址，其布局也基本完整，其主殿在后，配殿在前方左右两侧，显示了昭穆制度的布局⑤。这些宗庙都各据特点，展示了周代宗庙的发展状况，但前者还未见有宗庙的城垣和庙碑。说明韩国的宗庙又有所发展。这样的宗庙一定是国家的象征，为韩之大宗所有，是韩之太庙。韩祭奉的先祖，据《史记·韩世家》载："韩之先与周同姓，姓姬氏。其后裔事晋，得封于韩原，曰韩武子。武子后三世有韩厥，从封姓为韩氏。"《索隐》按："《左氏传》云：'邘、晋、应、韩，武子穆，'是武王之子，故称'韩侯出祖'。"⑥由此看来，至韩哀侯时，灭郑建庙，祭祖的太初祖或始祖，可以追溯周武王，但诸侯不能祭天子，只能祭始封之君，以韩姓可追溯到韩武子，为太祖，而其后的继承者为太宗。

宗庙的作用，《礼记·祭统》说："筑为宫室，设为宗祧，以别亲疏远迩，教民反古复始，不忘其所由生也。众之服自此，故听且速也。"其大意是说，建筑宫室，

---

① 杨伯峻：《春秋左传注·襄公二十六年》，中华书局，1981年，第1112页。

② 王梦鸥：《礼记今注今译·祭义》，天津古籍出版社，1987年，第626页。

③ 王梦鸥：《礼记今注今译·曲礼下》，天津古籍出版社，1987年，第44页。

④ 陕西周原考古队：《陕西岐山凤翔村西周建筑发掘简报》，《文物》1979年10期，第162、163页。

⑤ 《人民画报》1986年第1期，第16页。

⑥ 司马迁：《史记·韩世家》，中华书局，1957年，第1865页。

作为宗庙祧庙，以区别恩情关系亲疏远近，教人们慎终追远，纪念氏族的始祖，亦使人们不忘自身的来源，让大家服其教导，而且很快的信从。也可以说，古之宗庙是血缘关系的纽带，祖先崇拜的结晶，也是周之礼制的重要组成部分，氏族乃至国家的神位，以及国家的象征。通过宗庙的政治活动，使氏族成员不忘其本，遵守族规礼法，来维护氏族内部的团结，从而为氏族的发展，国家的巩固作出贡献。

五、结　　语

综上所述，新郑郑韩故城发现战国时代的韩宗庙与宗庙碑，是东周考古的一次重大发现。它的发现对于认识郑韩故城的城址建筑布局，城址坐落方位的改变，以及“宫城”性质的确定，都起到不可替代的重要作用。特别是宗庙碑的发现，为我国碑刻起源，提供了最早的实物资料，也是先秦考古史上的首次发现，并能于文献互为印证的宗庙实物，其弥足珍贵。

韩国是战国七雄之一，新郑也是韩国从强盛走向衰亡之都。韩国不惜工本修筑高大的城垣，恢宏、规整的宫殿庙堂遗址，成为其氏族血缘关系的纽带和周礼的重要组成部分。他的发现为研究东周时期的礼制建筑发展状况，宗庙规制的演变等提供了重要资料。此也为东周考古发现所罕有，在中国建筑史和政治宗教史上将占有重要的一页。

具茨山文化与中华文明
——具茨山型岩画微腐蚀断代初探

刘五一

（郑州市供销合作社）

摘　要　丙戌年黄帝故里拜祖大典现场现“彩虹”祥瑞，使黄帝故里新郑更加引人注目。位于新郑西南的具茨山作为黄帝出生建都的核心区域，如果能够证明具茨山岩画出现的年代与黄帝时期相吻合，那么就可以证明具茨山岩画是黄帝时期先民所遗留下的文明痕迹，甚至可侧面证明黄帝时代的存在。

关键词　岩画；断代；微腐蚀分析；题记；标准参照；片岩；花岗岩；片麻岩

一、具茨山岩画与中华文明的关系

我们首先要搞清楚文明的定义：野蛮与文明是相比较而存在的相对概念，人类从动物分离出来后，一直在从野蛮向文明进化，人类发展史就是从动物到文明人的进化史。

就文明的手段来说，文明始于文字的使用，“文字的使用是文明伊始的一个最准确的标志，……没有文字记载，就没有历史，也没有文明”　。

雅斯贝尔定义古代文明四要素为文字、青铜器、城市、宗教礼仪。这些显然是外部特征的定义，且不完全。如印加文明没有文字，玛雅文明没有青铜器，印度非雅利安史前文明没有城市。

西方一直认为，与两河文明、尼罗河文明、爱琴文明、印度河文明齐名，中华所在的黄河流域的商文明是存在的，而我们中华公认的夏文明，甚至史前三皇五帝文明是压根不存在的，因为没有考古证据。尽快找到相关的文物实证已成为当务之急。

中华文明5000年，源远流长，作为文物实证的物证一直在探索中。

具茨山岩画的发现，我认为也许就是甲骨文之前一种文字形式的存在（或文明元素的雏形的存在形成）。就是文明的具体体现。

文字作为文明的表现形式，也是能够具体认识的一种形象，一直被我们中华民族所追捧，探究文字起源，追溯文明最古老的呈现形态，也是我们所不懈追求的。

中华文明最早是在什么样的形式上呈现的？到底有什么样的发展？直到看到了具茨山岩画，才有了一个明晰的答案。

文明的存储方式也经历了一个从低级到高级螺旋上升的过程，比如说现在我们大部分都把文字储存在磁盘、硬盘、U盘等无机存储介质中，与此同时或者在计算机文明没有出现之前，我们大部分都把文字记录在纸上或者竹简上，当然同时期在瓷器或者一些铜器上也有部分的文字，但是主流的记载物体仍然是有机物介质，再往前，就是牛骨、龟甲。再追溯就有可能是结绳记事了，那么最原始的文字，或者说最初文明的原始形态是什么样的呢，是承载在什么介质上呢？从具茨山岩画的发现可以看出来是可能是刻画在岩石之上，那么这就应该是比甲骨文字更早的一种文明表述方式，我们可以把它叫做岩画，岩石艺术（Rock Art），也可以看作远古时期，文明初萌字画不分的雏形时期（书画同源），如果能够断定具茨山岩画的年代，那么我们就可以证实这个大胆的猜想，因为具茨山毕竟是黄帝出生建都的核心区域，而且是整个地区的圣山，如果能够证明具茨山岩画出现的年代与黄帝时期相吻合，那么就可以证明具茨山岩画是黄帝时期先民所遗留下的文明痕迹，甚至可以侧面证明黄帝时代的存在。这必将是让人激动不已的！

因此我们采用了微腐蚀断代法对具茨山岩画进行断代，以期望得到准确的岩画年代。

首先，必须对岩画的概念有一个清晰的认识。那么究竟什么是岩画呢？我国岩画研究的著名专家、中央民族大学教授、联合国教科文组织国际岩画委员会执行委员、中国岩画研究中心名誉主任陈兆复先生是这样对岩画定义的①：岩画是一种原始文化，在人类社会早期发展进程中，人类祖先以石器作为工具，用粗犷、古朴、自然的手法，来描绘、记录他们的生产方式和生活内容。它是人类社会的早期文化现象，是比甲骨文更为年代久远的原始文字，是人类先民们留给后人珍贵的文化遗产。从以上我们看出，陈兆复先生认为岩画不仅仅是“画”，而且认为岩画还是一种比甲骨文更为久远的文字。无独有偶，中国环境考古学的奠基人、中科院地质地球物理研究所研究员周昆叔研究员则在谈到具茨山岩画时则认为：具茨山岩画不是文字，但它有数的表达和逻辑思维，这为甲骨文出现创造了前提。正因为岩画具有如此重要的作用，所以在2008年北京奥运会开幕式上展示中华文明的第一个文化要素就是岩画。

通过刚才的介绍，我们可以知道，具茨山岩画发现于中华文明起源的核心地区，具茨山上又分布着大量的黄帝活动遗址、遗迹。因此，具茨山岩画一经发现并被公

① 陈兆复：《岩画：人类早期的视觉表达》，《西南民族大学学报（人文社科版）》2003年第12期，第12～16页。

布，便产生了石破天惊般的效果，在中国岩画界、考古界产生了轰动，被专家们认为是填补了中原地区岩画考古发现的空白，丰富了中原地区古文化的内涵，为研究包括传说中的黄帝时代在内的中原上古文化提供了一类新的事物资料，具有重要的学术和文化价值。

二、具茨山岩画的重要文化意义

具茨山是一座圣山，在中华文明起源中具有特殊地位。河南省社会科学院历史与考古所研究员、中华伏羲文化研究会顾问、河南省炎黄文化研究会副会长马世之指出[①]：黄帝，姓公孙，名轩辕，号称有熊氏，是中华民族的人文始祖。他生于轩辕丘，建都有熊。轩辕丘和有熊氏之墟，均在今河南新郑市境。黄帝都有熊期间，曾经“登崆峒而问广成，至具茨而事大隗”，到处寻求治国之道。他又在黄帝宫、力牧台、讲武山练兵讲武，在西太山大会诸侯，表现了其文功武治的雄才大略。“轩帝曾经具茨游”，在具茨诸峰及其附近的河谷平原，到处都留下黄帝的踪迹，从而形成了一个巨大的黄帝文化中心。要破解黄帝文化的千古之谜，探索中华人文始祖的丰功伟绩，需从具茨山始！河南省博物院研究员张维华认为：具茨山所处地理区位，最终使之成为一座圣山、神山，充满神话色彩十分浓郁的仙山。具茨山系一带分布着十分丰富的人类文化遗址和遗迹，旧石器发现地数百处，裴李岗文化、仰韶文化、龙山文化遍地皆是。夏文化发源于此，禹都阳城，启都阳翟早已昭示于世，早商之亳都竖立于旁。两周方国、诸侯国林立于此。中原的青铜文明和冶铁文明显赫寰宇。早已证明，这一带是中华民族的摇篮，是华夏文明的发祥地。

具茨山岩画的发现，国内考古界、史学界等给予了非常高的评价。许多专家认为，具茨山岩画对中国远古文明萌芽起源的探索，带来新的启发，为研究包括传说中的黄帝时代在内的中原古文化提供了新的证据。

三、具茨山岩画调查过程[②]

（1）2008年10月8日第一次对具茨山岩画进行踏查。

（2）2008年11月28～29日具茨山现场研讨会。

（3）2009年1月21日北京大学“新郑具茨山岩刻汇报研讨会”。

（4）2009年2月9日徐光春书记批示：“把具茨山岩画作为论坛的一个亮点。”

---

① 马世之：《试析炎黄文化的发祥地》，《炎黄文化研究丛书》（四），河南科学技术出版社，2007年。

② 刘五一：《具茨山岩画》，中州古籍出版社，2010年。

（5）2009年3月2日河南省文物局举办“具茨山岩画研讨会”。

（6）2009年3月28日召开“具茨山与黄帝文化研讨会”。

（7）2009年7月5～21日与中央民族大学合作按照三普标准调查具茨山岩画，得到了第一个完整的数据库资料：GPS，全站仪，线描图等资料①。

（8）2009年9月28日新郑市召开“具茨山岩画调查报告会”。

（9）2010年4月15日“具茨山岩画与黄帝文化研讨会”在郑州未来康年大酒店召开。

（10）2010年9月11～13日与三峡大学合作“2010岩画与史前文明国际学术研讨会”，联合国教科文组织顾问、国际岩画委员会原主席、卡莫诺史前研究中心主任阿纳蒂与国际岩画委员会执委、中国岩画中心名誉主任陈兆复参加会议②。

（11）2011年4月4日第五届黄帝文化国际论坛与“岩画座谈会”。

（12）2012年3月24日许嘉璐先生参观新郑博物馆的岩画展并做重要指示。

（13）2013年11月2日“具茨山与中华文明学术研讨会”③。

（14）2014年6月28日具茨山岩画断代国际合作项目启动，世界岩画协会联合会主席Robert Bednarik、印度教授Giriraj Kumar和汤惠生合作断代结果的数据分别投稿荷兰爱思唯尔（Elsvier）“Journal of Archaeological Science”④和《科学通报》发表⑤。

（15）2015年5月28日香港文汇报专访许嘉璐先生《黄帝乃民族符号　倡大典升为国祭》。

（16）2015年5月30日由许嘉璐先生提议召开并参加的“黄帝故里拜祖大典与中华文明研讨会”在北京举行，刘五一作了报告“具茨山岩画与中华文明”。

（17）2015年6月23～26日世界岩画协会联合会主席Robert Bednarik、印度教授Giriraj Kumar和汤惠生教授再访具茨山就岩画断代进行学术交流。

（18）已出版岩画方面书籍：《具茨天书》《具茨山岩画》《具茨山岩画猜想》《具茨山探秘》《中原岩画》《岩画与史前文明》《具茨山岩画调查报告》《具茨山与中华文明》等。

自2008年10月具茨山岩画调查以来，在国内学术界产生了重大的影响，国内考古界、岩画界的专家学者如李学勤、张文彬、陈兆复、李伯谦、殷玮璋、朱士光、汤惠

---

① 中央民族大学民族学与社会学学院、河南新郑黄帝故里文化研究会：《具茨山岩画调查报告》，光明日报出版社，2014年。

② 杨超、刘五一：《岩画与史前文明》，九州出版社，2010年，第93页。

③ 刘五一：《具茨山与中华文明》，光明日报出版社，2014年。

④ 汤惠生，Robert Bednarik，Giriraj Kumar, “The 2014 microerosion dating project in China”, Journal of Archaeological Science （Elsvier）2015已接受，待发表。

⑤ 汤惠生等：《2014年中国岩画微腐蚀断代工程》已投《科学通报》，待发表。

生、龚田夫等先后到新郑考察或者听取汇报，对具茨山岩画的发现给予了很高的评价。具茨山岩画的发现，为本地区上古文化的研究提供了又一类新的实物依据，具有重要的学术价值。目前，可以初步确定具茨山岩画的时代，应该可以追溯到史前时期，并一直延续到历史时期。具茨山岩画的发现和认定，填补了中原地区岩画发现和研究的空白。

具茨山岩画的调查研究工作得到了各级党委和政府的重视和支持。2009年2月8日，河南省政协主席、河南省己丑年黄帝故里拜祖大典组委会主任王全书提请河南省委书记、省人大常委会主任徐光春同意将具茨山岩画作为拜祖大典期间举办的黄帝文化国际论坛的主题，遵照各级领导指示，岩画成为第三届黄帝文化国际论坛的热点，清华大学李学勤教授、中央民族大学中国岩画研究中心主任龚田夫教授围绕具茨山岩画，分别作了《具茨山岩画发现的意义与黄帝文化带来的启示》《缺少了岩画文化中国的历史将不完整》①的演讲。论坛期间，新郑市还与中央民族大学达成协议，双方共同在具茨山上设立了中国岩画研究中心具茨山岩画研究基地。2009年6月，新郑市成立具茨山岩画研究中心，时任新郑市副市长、黄帝故里文化研究会副会长的刘五一博士担任研究中心主任。

图一 中华炎黄文化研究会会长、第九、十届全国人大常委会副委员长许嘉璐听取作者汇报

① 高林华、刘五一：《文明圣典》，光明日报出版社，2011年。

2012年3月24日，中华炎黄文化研究会会长、第九、第十届全国人大常委会副委员长许嘉璐在新郑博物馆考察时指出：具茨山的岩画是个宝，要好好研究，请国内外的专家，特别是西北地区从内蒙古一直到新疆的岩画专家，应该对具茨山的岩画好好研究一下。

2012年4月15日，许嘉璐在郑州考察时指出：我是这么看具茨山的岩画的，首先这是一个奇特的现象，大家熟知的在中国东北、内蒙古、宁夏、新疆等多处地方发现的岩画，没有这样的点阵式和圆穴式的。我一个基本理念就是，如果我们能够通过科学研究，确定具茨山的岩画和具茨山旧石器时代、新石器时代的古文化遗址互相印证，那么“黄帝故里”这四个字就更加有理有据。这一点，不仅仅是新郑的需要，河南的需要，也是整个中华民族的需要。

2013年11月2日，汇集李学勤、李博谦、陈兆復等国内顶级专家学者的“具茨山与中华文明学术研讨会”在北京召开。研讨会通过的《会议纪要》强调：“加强对具茨山岩画的研究、保护力度。今后要进一步提高对具茨山岩画的认识，要尽快作出具茨山整体保护规划，申报国家重点文物保护单位，依法采取严格的保护措施，保护好具茨山的一草一木、一花一石。严格禁止一切可能破坏具茨山自然风貌的工程和项目。”

图二　具茨山与中华文明学术研讨会现场

四、具茨山岩画的类型和分布规律

根据现有的资料分析来看，我们认为河南境内目前已经发现的岩画，完全可以认定为属于同一类型岩画，并可以命名为“具茨山型岩画”。这些岩画风格类似、数量庞大、内涵丰富的特征，告诉我们这些岩画是远古时期，有着同一文明特征的族群，历经长时期的创作而成，这个族群有着极为相似的价值观念和有着较高的文明程度，也有着数量庞大的人口，换句话说也就是同一“民族”的作品。以上这些也与文物部门的调查结果互相印证。

（1）单凹穴

单独凿刻在独立岩石上的圆形凹穴，大者深度可达十几厘米，浅者2～3厘米（图三）。

图三　单凹穴

（2）双凹穴

在一块岩石上，有两个圆形凹穴组成，深度一般为2～3厘米（图四）。

（3）双排凹穴

具茨山岩画中，双排凹穴有很多，并且以单排6个双排12个的居多，也有单排12个双排24个，但它们并不是一成不变的，每一组双排凹穴与旁边一个、两个凹穴结合，又构成了各不相同的图形。凹穴的数目有明显的规律，这些重复性的符号可能具有固定的含义，代表着一定的文化内涵（图五）。

（4）梅花状环凹穴

梅花状凹穴在具茨山岩画中独具特色，颇具代表性。在具茨山东端的一个名为悬摞岭的山上，分布最为集中。在这个山脊上约200平方米的范围内，刻有近150幅梅花

图四　双凹穴

图五　双排凹穴

状环凹穴。它们一般是以凹穴为基础，以中间一个较大凹穴为中心，周边5～12个凹穴共同构成梅花形状，间或也出现有中央凹穴与周边凹穴以沟槽相连的类型（图六）。

（5）散状凹穴

散状凹穴为圆形凹穴的不规律的表现形式，数量不等，组合方式不一，深度一般为2～3厘米（图七）。

图六　梅花状环凹穴

图七　散状凹穴

（6）方形凹穴类

方形凹穴有正方形、长方形两种，一块岩石上一般为一至两个，大小不一（图八）。

（7）沟槽

在具茨山岩画中，大部分沟槽是与凹穴、方形凹穴等元素相组合，共同构成类型复杂、内涵丰富的一幅幅画面，仅有几幅岩画是由沟槽单独组合成的（图九）。

（8）字符

在具茨山岩画中，字符形岩画（表一）也占有一定比例，并且这类岩画常与圆形凹穴、方形凹穴等组合在一起，构成内涵更为丰富的画面（图一〇）。

图八　方形凹穴类

图九　沟槽

图一〇　字符

表一　具茨山岩画原始图形、文字符号分类表

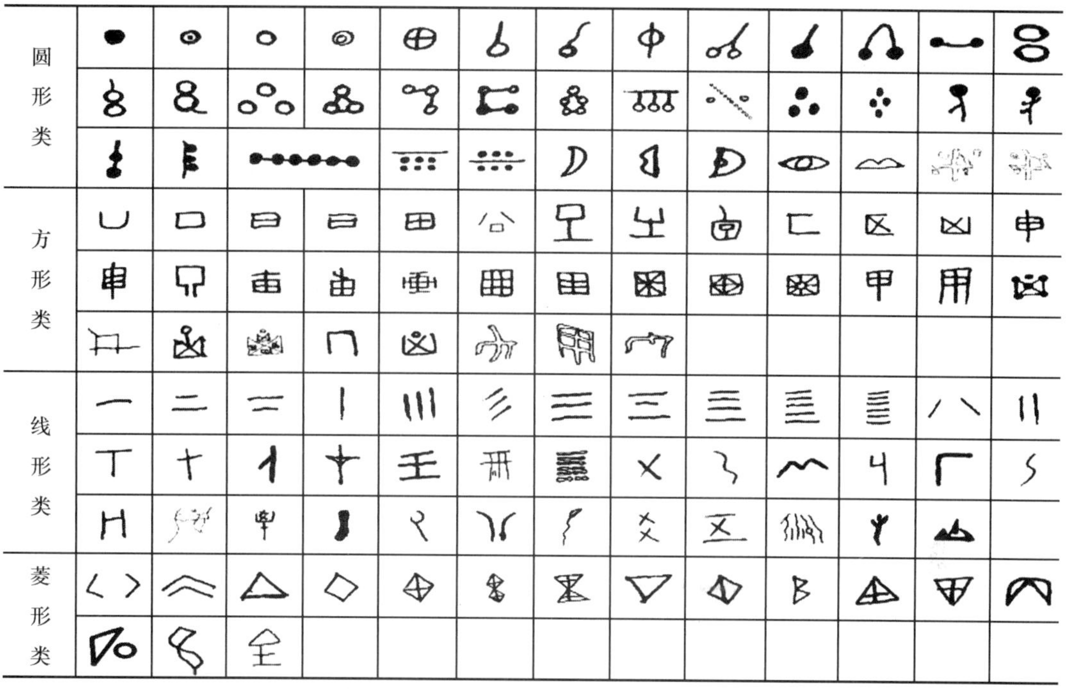

（9）人物

这类岩画在具茨山上仅发现一处，这幅岩画由三个人、一个网格和六个凹穴组成。岩石北部有两个小人，每个小人的双腿分立，中间有一个菱形穴，剖面呈V字形，推测为女阴或代表女人所生的孩子。其中一个小人的东面是三个符号，中国古文字专家冯时认为是“入柙子”，表示女人生孩子的意思。一个为平行四边形，深2厘米。在岩石西北部是一个男性小人（图一一）。

图一一　人物

（10）组合型

在数量众多的具茨山岩画中，除了一些形状相似、有规律的凹穴排列外，还有一些由凹穴、沟槽和方形凹穴、棋盘格等组合而成的形状复杂的岩画，它们或似星座，或若地图、军事布阵图（图一二）。

图一二　组合型

五、具茨山型中原岩画的特点①

自2008年10月河南新郑具茨山岩画发现并向社会公布以来，在河南省南阳市的方城县、淅川县、南召县、镇平县，平顶山市的叶县，舞钢市，驻马店市的泌阳县、驿城区等地都发现了大量的岩画，这些岩画与在具茨山发现的岩画极为相似，并有着明显的共同特征，并得到考古专家、岩画专家的认可。

河南其他地区新发现岩画的类型主要有单凹穴型（图一三）、双凹穴型（图一四）、双排凹穴型（图一五），梅花状环凹穴型（图一六）、散状凹穴（图一七）、方形凹穴型（图一八）、沟槽型（图一九）、字符型（图二〇）、组合型（图二一）、具象型（图二二、图二三）。

六、具茨山岩画微腐蚀断代

2013年11月2日，在北京召开的具茨山与中华文明学术研讨会上，我们与南京师范大学汤惠生教授共同签署了《具茨山岩画微腐蚀断代合作框架协议》，明确了双方的责任和义务，为微腐蚀断代工作奠定了坚实基础。进入2014年以后，通过汤惠生教授

① 刘五一：《中原岩画》，中州古籍出版社，2010年。

图一三　南阳方城县马蹄坑岩画

图一四　平顶山叶县岩画

图一五　南阳市方城县下河岩画

图一六　平顶山叶县高楼庄东山岩画

图一七　南阳市方城吐雾山岩画

图一八　方城县小顶山岩画

图一九　南阳市方城县关庄岩画

图二〇　平顶山叶县岩画

图二一　平顶山市方城复合岩画

图二二　驻马店泌阳岩画

图二三　巩义市金驹岭岩画

与国际岩画联合会（IFRAO）主席贝德纳里克（Robert G. Bednarik）时刻保持沟通和联系。2014年4月，贝德纳里克先生提出邀请印度岩画协会会长、本迪支利大学教授库玛尔（Giriraj Kumar）一起参与具茨山岩画微腐蚀断代工作。

2014年6月26日，汤惠生、贝德纳里克、库玛尔等先后来到新郑，微腐蚀断代工作随即开始。

2014年6月27日上午，汤惠生、贝德纳里克、库玛尔首先来到具茨山主峰风后岭，考察了南崖三宫沿途摩崖石刻、岩画点，确定"第一山门"处题记及摞摞石岩画点可作观测对象，当即进行了实测，采集了数据。下午至风后岭北侧的黑龙潭考察了龙母潭、霖雨苍生题记，并在龙母潭做了观测。

2014年6月28日，汤惠生、贝德纳里克、库玛尔走出新郑，先后来到有凹穴岩画分布的泌阳县、鸭河工区、方城县、叶县、驻马店驿城区板桥镇等地对摩崖石刻、岩画进行观察、实测。在泌阳县，库玛尔先生来到了小马庄遗址进行了实地考察，仔细观察了地形地貌和发现的石器、陶片。并于7月2日在此进行岩画实验考古，在现场发现了有可能是加工岩画所使用的工具：石锤（图二四）。7月3日所有人员在叶县考察后返回新郑。7月4日，汤惠生、贝德纳里克、库玛尔等到禹州市白马寺村狮子岭、旋落岭考察岩画。

图二四　石锤

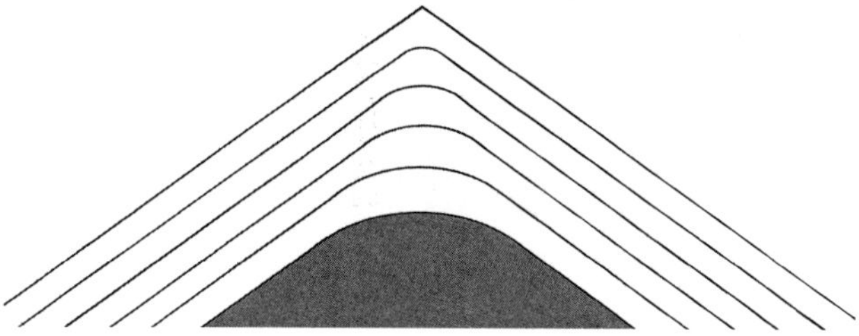

图二五　石英晶体蚀亏示意图

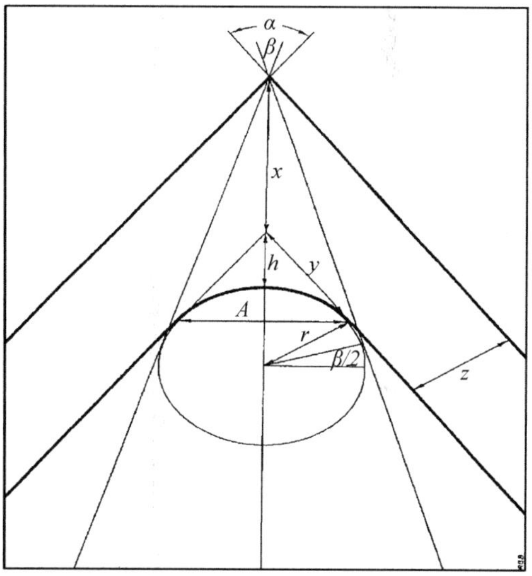

图二六　石英晶体蚀亏度线性函数

作为一种岩刻画断代法，微腐蚀分析法最根本的优势就是既便宜又简单；相比其他已知的岩画直接断代法，它只会给出岩刻画的实际年代的标准函数（其他所有方法迄今为止都是给出明确数据，却忽略了岩画的断代可能存在一定的误差范围）；相比其他方法，它还是一种完全不损害甚至不接触岩画的断代方法；整个过程也是完全不可逆的，对于样品作伪的可能性几乎没有。而目前其他岩画断代法的可逆性问题，也需要得到研究者的关注。在岩刻画制作过程中，刻痕内暴露在外的被截断的晶体颗粒，经过长时间的自然风蚀，其边、角将逐渐由锋锐变钝，形成弧面，我们将此弧面称之为“蚀亏”（wane）。微腐蚀分析法也就是研究蚀亏的形成和年代之间的关系。该过程遵循特定的几何法则，并可作出相应的时间的线性函数（Bednarik 1992，1993）（图二六）。

目前只能在长石和石英这两种矿物上应用，尤其是石英。显然，只有耐磨性好、耐腐蚀性强、且比较坚硬的岩石，而非那些很容易呈颗粒状剥离或受到化学腐蚀的沉积岩，可以运用这种方法进行观测分析。我们所要研究的是在前者上制作过程中形成了近乎完美断裂的晶体断面的刻划形象。也就是选择石英晶体断面角度接近90°的晶体颗粒进行测量，才能得到有意义的数据。而且，观测的岩石必须从始至终整体都处

图二七　石英晶体

于露天环境中（图二七）。

以上这些条件大大限制了微腐蚀分析法的运用：实际上全世界只有不到1%的岩刻画符合这些先决条件。最后，该方法的运用也受自然环境的影响，尤其是降水天气时岩石表面的大气水会对观测造成影响。在每个地区，都需要根据已知年代古迹来确定岩石表面的腐蚀程度，然后根据观测矿物类型不同制定不同的标准曲线。因此，墓碑、罗马桥、题记、纪念碑和石结构建筑，甚至是晚更新世的冰溜面擦痕，都曾被用作标准参照。其中最为准确的参照物当属已知年代的题记。中国保留有大量的年代精确到天的题记和大量适合微腐蚀断代的天然岩石，这也是为什么这次工作选择在中国开展的原因。中国的文字记载远远早于很多其他国家，而且中国的大部分岩刻画，成分多为花岗岩和片麻岩，或者是含有石英的片岩、千枚岩、粗粒砂岩、砾岩和角砾岩，都是成功运用微腐蚀分析的很好载体。

七、微腐蚀断代结果

河南德云山石英微腐蚀标准曲线被用于河南省和宁夏回族自治区的石英蚀亏结果的年代分析，而观音山的长石微腐蚀标准曲线被用于河南省的长石蚀亏结果的年代分析（宁夏回族自治区和江苏省的观测工作中没有进行长石蚀亏的观测）。

（1）具茨山的具茨1号凹穴的年代为距今E3170+620/–440年（由于该项目于2014年进行，因此该年代结果也是相对2014年而言）。尽管年代较晚，但是却完全可信，因为在直方图中有一个明显的顶点，而且年代结果与片岩基质的风化程度相符。

（2）小马庄岩画点的几个凹穴都取得了很好的数据，蚀亏分别被标记物小马庄1～5号。第一个凹穴的年代为距今E1240 + 280 / – 180年。紧挨着的一个凹穴，小马庄2号，由长石分析所得结果为距今E1540 + 70 / – 30年。小马庄3号，在前两个之上的另一个凹穴，也得到了不错的分析结果，距今E1450 + 60 / – 110年。这个由四个凹穴组成的小集合中，最后一个凹穴，小马庄4号的石英分析结果为距今E1610 + 210 / – 250年。出自同一岩刻画的后两个结果的明显不同，可能是由于标准曲线本身固有的不精确性。明显的是，后两个结果实际上在150年之内有重叠范围。由以上结果可知，这个凹穴群的制作时间虽不尽相同，但都为距今约1500年前后。然而，小马庄2号旁边的一个凹穴年代结果是前一个凹穴群的两倍。作为一个几何排列的凹穴群的其中一员，年代为距今E2840 + 180 / – 240年。该凹穴，即小马庄5号的年代结果是由大量数据中分析而来，所以完全可信。它只是证明了在这个地区，凹穴岩画的制作从未停止。这与此前一般的假设——认为先有偶然出现的岩画之后才有成批出现的岩画——这个理论相悖。

（3）回回末岩画点，三个凹穴提供了微腐蚀年代数据，蚀亏分别标记为回回末1 ~ 4号。第一个蚀亏的直方图分布较为分散，年代为距今E2260 + 770 / – 440年。同样的，回回末2号的石英蚀亏分析结果有一个较大的公差，年代为距今E2950 + 380 / – 540年。然而，同一个凹穴的一个毫米级的长石蚀亏分析结果则显示年代为距今E3140 + 130 / – 120年，命名为回回末2a。回回末3号，一个相当好的石英蚀亏，其年代结果也相当可信。虽然公差范围近15%，但由于读取了16个数据分析所得，这应该算是这一次研究过程中所得最好的数据之一，为距今E2890 + 440 / – 470年，与之前凹穴的两个结果也很相近。很明显后两个岩刻都是距今E3000年左右，而回回末1号则相对较新。

（4）五福岭的一个凹穴，尽管看起来相当古老，其年代结果却是距今E910 + 300 / – 150年。

（5）赵店山谷的花岗岩凹穴的石英蚀亏年代为距今E4520 + 330 / – 580年。而附近的石硼沟岩画点，被认为可能与宗教仪式有关，十二个几何排列的凹穴中的一个年代为距今E2650 ± 380年。

（6）悬摞岭的一个石英蚀亏年代结果不到2000年，为距今E1830 + 140 / – 310年，是中国凹穴岩画断代中最新的几个凹穴之一。

这次研究获得的最早的数据是E4520+330/–580年。但样本不是最老的。

具茨山型岩画的年代可以初步证明，在四五千年以前，先民在中原地区刻划的如此体量巨大、逻辑性强、规律一致、整齐划一的岩画群，是一种文明、文化的表征。是严肃的、神圣的。

可以想象在遥远的上古时期先民在此生活繁衍，是许多部族或聚集的先民在一起创造了光辉灿烂的中华文明。

从轩辕丘、轩辕黄帝，到这些神秘的岩画，再到我们已经发现的几幅与甲骨文相似的车字的刻画，这些岩画似乎向我们展示着神秘的信息入口。 梳理这些信息的碎片，把它们串联起来，也许我们可以得出某些结论，为我们已经提供文物的实证。

八、具茨山文化是中华文明的重要起源

仔细审视在河南发现岩画的地域，我们就会发现，中原岩画分布地区多位于以具茨山为核心的中原低山丘陵地带地区。这一带的山区，位于华北大平原的西南边缘，

大多为浅山丘陵区，海拔大多在1000米以下。远古时代，这里的浅山区，有一定的海拔，又不太高，则成为人类的宜居之地。松软的岩体、低矮的山系、初步发展起来的水平相近的生产力，共同的信仰和观念，为具茨山岩画的形成奠定了基础。

具茨山岩画存在人群基础、物质基础、文化基础。在河南发现岩画绝不是偶然，而是逻辑的必然。因为河南深厚的文化底蕴或者文明底蕴，是孕育产生岩画的必然。具茨山岩画所在地附近，新郑是裴李岗文化的首掘地，大量出土的石磨盘，充分说明这里农业起源之早、之盛。新郑市唐户遗址，从旧石器时代晚期文化到近现代一直而在平顶山发现的贾湖遗址出土的骨笛和文字符号，充分说明这一地域古代文明的先进和繁荣。当然，我们也绝不能忽视在这一地区关于黄帝、祝融、大禹的种种记载与传说，与岩画产生的可能关系。就全世界的范围而言，无论是说岩画最早起源于20多万年前也好，或者1万多年前也罢，总之，在具茨山不缺乏岩画产生所必不可少的人群基础、文明基础和经济基础。远古时期繁荣的中州大地，为具茨山岩画的产生提供了一切必须的条件。

中原自古以来就是主导整个中华文明发展的核心地域，是中国历史上绝大部分时间的政治、经济和文化中心所在地。这里是中华民族的摇篮，也是中华文明的摇篮。因而，在这里发现的中原岩画，无疑对于中华文明起源的研究也就有着特殊的意义。

具茨山岩画的意义，在年代上同传说中的黄帝文化相吻合，应该推测，具茨山文化与黄帝文化有着密切关系。

卜辞雍地地望及其他*

陈 絜

（南开大学历史学院）

摘　要　晚商田猎卜辞中的著名田猎地“雍”，一般以为在今河南西部的沁阳一带，也有学者认为在今山东范县附近。通过梳理甲骨资料中的相关地名组似不难发现，“雍”地与榆（山东肥城附近）、丧（山东章丘东南）、宫（山东临淄一带）、成（山东宁阳附近）等东土田猎地点或商王东征经由地相临，故可推测，“雍”地或在作为汶水与淄水共同发源地的今山东原山附近，与《史记·齐太公世家》等文献所载的齐地“雍林”当有密切关系。与“雍”地仅有半日行程的“害”地，似在龟山北麓“龟阴之田”一带。作为榆族分支所建立的林方，或亦在是原山附近。而卜辞中旧读为“淮”的“”字，或当读作“雍”，与淮水无关。

关键词　商周；卜辞；田猎地；雍；东土地理

卜辞雍字多作“”“”之形，也有作“”甚或径作“”者，但在无名组与黄组田猎卜辞中，作为田猎地名的“雍”，一般是写成第一种字形。按雍地经常与榆、宫、丧、害、𤉲、高、就（《合集》36560、《英藏》2561）、召（《合集》36600、《英藏》2561）、𩫖（《英藏》2547）、荐（《合补》11288，亦有学者隶释为“庆”）等卜辞地名同版出现，是晚商时期非常著名的重要田猎点。雍之地望，过去学界有种种不同的意见，例如王国维以《左传》“郜雍曹滕”之雍当之，以为在河内山阳县西[①]，郭沫若主张在沁阳县西北[②]，陈梦家亦主是说[③]，此均沿袭王氏之意见。钟柏生则认为乃《尚书·禹贡》“雷夏即泽，雍、沮会同”之雍，在山东濮县（今山

---

* 本文撰作得到教育部人文社科项目“殷墟田猎卜辞综合研究”（13YJA770006）、国家社科基金重点项目“西周金文地名集证”（14AZD112）与南开大学“百名青年学科带头人”培养计划经费支持。

① 王国维：《殷虚卜辞中所见地名考》，《观堂别集》卷1，《观堂集林（附别集）》，中华书局，1959年，第1154页。

② 郭沫若：《卜辞通纂·序》，《郭沫若全集·考古编》第2册，科学出版社，1982年，第13、14页。

③ 陈梦家：《殷虚卜辞综述》，中华书局，1988年，第260页。

东范县）附近[①]。而鄙意以为，雍应该属于东土地名，其地望大致是在今汶水与淄水的共同发源地原山附近。

下面，我们将联系相关资料作简单分析。

（1）丁亥卜，贞：田曺，往来亡灾。王占曰……

辛卯卜，贞：王田榆，往来亡灾。

壬辰卜，贞：王田宫，往来亡灾。

戊戌卜，贞：王田雍，往来亡灾。

辛丑卜，贞：王田于丧，往来亡灾。引吉。

壬寅卜，贞：王田雍，往来亡灾。（《合集》37620，黄组）

（2）……

辛酉卜，贞：王田丧，往来亡灾。王占曰：吉。

壬戌卜，贞：王田雍，往来亡灾。

……（《合补》11326，黄组）

上引第一版卜辞共涉及田猎地5个，其中榆地大致是在山东肥城一带；丧则在泰山北麓，介于当时的乐（山东历城）、灉（山东临淄以西）之间，故大致是在今山东章丘东南方向；宫或在今山东淄博市境内[②]。这些问题此前我们已有讨论[③]，故不再展开。值得注意的是，商王辛丑日田猎于丧，转天的壬寅日则欲田猎于雍。同样，第二版卜辞辛酉日田丧、第二天壬戌日田雍，时日间隔与第一版同。由此可见，雍距离丧地至多一天行程。若依当时日行40千米左右计，雍应该是在以丧为圆心、以40千米为半径的范围之内。换言之，西可抵达济南历城附近，东则至于淄水流域，北可到达古济水下游一带，而最南不会超过汶水上游地带，也即后来齐国的中心区域范围内。

又《英藏》2555（即《合集》41818）有云：

戊申卜，贞：【王田】于雍，往……

辛亥卜，贞：王田宫，往来亡灾。引吉。

壬子卜，贞：王田雍，往来亡灾。引吉。

戊午卜，贞：王田雍，往来亡灾。吉。

壬戌卜，贞：王田宫，往来亡灾。吉。

壬午卜，贞：王田高，往来亡灾。

---

① 钟柏生：《殷墟卜辞地理论丛》，艺文印书馆，1989年，第67～71页。

② 山东临淄曾出土"齐宫乡"铜量，或可说明卜辞宫地在临淄附近。参魏成敏、朱玉德：《山东临淄新发现的战国齐量》，《考古》1996年第1期。

③ 陈絜、赵庆淼：《"泰山田猎区"与商末东土地理》，《历史研究》2015年第5期。

丁亥卜，贞：王田雍，往来亡灾。　（黄组）

上引卜辞共计7条，前后历时40天，涉及田猎地有雍、宫、高三处，其中应该注意的是第2、第3两条，言及商王辛亥日田宫、壬子日田雍，宫、雍之间也是一日行程。将之与上引两版卜辞资料结合在一起，大致可以断定，雍应该在丧、宫之间去寻找，即它在丧之东（包括东南与东北）、宫之西（包括西南与西北），相应的范围又可得到进一步的缩小。

上述推论，还可以通过它与軎地间的关系得以进一步验证。例如：

（1）辛酉卜，贞：王田雍，往来亡灾。

【壬】戌卜，贞：王【田】軎，往【来】亡灾。（《合集》37654，黄组）

（2）壬（？）子卜，在軎贞：田雍（？），往来亡灾。（《合集》37781，黄组）

例（1）辛酉日田雍、壬戌日田軎，二地相距一天。例（2）雍字有残，若所补存立，则说明軎、雍相去亦在一日之内，甚至当天便可折返，也即20千米左右的范围内。而据相关卜辞推测，軎地又介于丧、榆之间，例如：

（1）……

辛未王卜，贞：田丧，往来亡灾。王占曰：吉。

壬申王卜，贞：田軎，往来亡灾。王占曰：吉。

丁丑王卜，贞：田丧，往来亡灾。王占曰：吉。

戊寅王卜，贞：田軎，往来亡灾。王占曰：吉。兹孚。

（《英藏》2546，黄组）

（2）……雨。

辛巳王卜，贞：田軎，往来亡灾。王占曰：吉。

壬午王卜，贞：田丧，往来亡灾。王占曰：吉。

……往……占……　（《合集》37665，黄组）

就其占卜时日判断，軎、丧相距应在一日之内。类似的证据还有《合集》37574等，就不再一一列举了。同样，軎与榆地亦为一日行程，例如：

（1）……

辛酉王卜，贞：田軎，往来亡灾。王占曰：吉。

壬戌王卜，贞：田榆，往来亡灾。王占曰：吉。兹孚。获鸟一。

……　（《合集》37511，黄组）

（2）……

丁未王卜，贞：田書，往来亡灾。王占曰：吉。

戊申王卜，贞：田榆，往来亡灾。王占曰：吉。

……　　（《合集》37619，黄组）

类似的证据还有《合集》37661、《合补》11295等。按丧在鲁北淄水流域，而榆则在今山东肥城一带，所以書应该在二者之间，初步推测，当在汶水上游泰山与龟山之间的“龟阴之田”一带，似与当时著名的盂地临近。

如果以丧、宫、書三个点为基准，则雍地似应在莱芜谷地的北段，也即淄水与汶水的源头一带。又《甲骨拼合集》第56则有云：

【丁】亥卜，王贞：弜弗其以雍眔（逮）奠。四月。（宾组）

雍字此写作“”，卜辞主要占卜弜是否会带领雍与奠作某事。众所周知，卜辞中族群首领名、族名及族居地之名往往三位一体，其中的奠在黄组征人方卜辞中亦曾作为地名出现，如：

乙巳卜，在【商贞：】王田殸（磬），亡【灾。获】兕廿又□，【唯王】来征人【方】。

丙午卜，在商贞：今日步于乐，亡灾。

己酉卜，在乐贞，今日步于丧，亡灾。

庚戌卜，在丧贞：今日王步于香，亡灾。

辛亥卜，在香贞：今日王步于敢，亡灾。

甲寅卜，在敢贞：今日王步于奠，亡灾。

乙【卯卜】，在奠贞：王田𠂤（次）东，【往】来亡灾。兹孚，获鹿六、狐十。

丙辰卜，在奠贞：今日王步羌（羌），亡灾。

……

癸……肜……步……亡灾。（《合集》36501+36752+37410+36772，黄组①）

这里所提到的香、敢、奠、羌诸地，基本上均位于莱芜谷地附近，所以作为雍的族居地大致也应与奠临近。上面所推测的雍在莱芜谷地北段之说，或可由此而得到进一步的验证。

① 按该骨版为门艺博士在蔡哲茂先生缀合成果基础之上所作的加缀新成果。

此外，前掌大墓地M18所出𡚸盉，其铭文有“人方雍伯”被擒的记载[①]，也同样为卜辞雍地之方位地望提供了有效的线索。按商末人方的主要活动范围大致是在莱芜谷地及以东地带，据后面将要提及的《合集》37434推断，其中“人方邑旧”者，距离羌地仅半日行程，所以雍地亦必然近羌。

而据文献记载，春秋时期的齐国境内有“雍林”之地，如《史记·齐太公世家》有曰：

> 桓公元年春，齐君无知游于雍林。雍林人尝有怨无知，及其往游，雍林人袭杀无知。

司马贞《索隐》云：“亦有本作雍廪。”无论雍林或雍廪，其名显然都是以雍为基础而衍生的。所以我们认为，卜辞雍地与春秋齐境之雍林至少在地望上是比较接近的。

总而言之，卜辞田猎地雍当属东土地名，大致应该在今山东原山附近。

黄组卜辞中还有一“[illegible]”地，它既是商王游猎地，同时还是商末征人方的经由地。兹列相关资料如下：

（1）壬辰卜，贞：【王】逖于召，【往】来亡灾。
戊戌卜，贞：王逖于召，往来亡灾。
己亥卜，贞：王逖于[illegible]，往来亡灾。　　（《合集》36642，黄组）

（2）丙戌【卜，在】[illegible]【贞：今日王步】于【滈，亡灾】。
庚寅卜，在滈次贞：王[illegible]林方，亡灾。
壬辰卜，在滈贞：今日王至于智藋［濎］，往来亡灾。
甲午卜，在滈次贞：今日王步于[illegible]，亡灾。（《合集》36968，黄组）

（3）丙【戌王卜，在】[illegible]【贞：今日王步于滈】，亡灾。
庚寅王卜，在滈次贞：[illegible]林方，亡灾。
壬辰王卜，在滈贞：其至于智藋［濎］，往来亡灾。
甲午王卜，在滈次贞：今日王步于[illegible]，亡灾。在十月二，十祀肜。
……
丁【酉王卜，在絴】次【贞】：今日……往来亡灾。在正月。
己亥王卜，在絴次贞：今日步于溇，亡灾。　　（《英藏》2563，黄组）

（4）丙辰王卜，在【奠贞】：今日步于【[illegible]（羌），亡灾】。
戊午王卜，在[illegible]（羌）贞：田旧，往来亡灾。兹孚。获鹿、狐。
己未王卜，在[illegible]（羌）贞：今日步于僭，亡灾。

① 中国社会科学院考古研究所：《滕州前掌大墓地》上册，文物出版社，2005年，第303页。

庚申王卜，在㑴贞：今日步于𠡯，亡灾。

【壬】戌王卜，【在𠡯】贞，【今日步于】⿰水隹，【亡】灾。

……　　（《合集》37434，[①]黄组）

（5）乙卯卜，在⧅贞：王其𠭯……灾。

辛巳卜。

癸未卜，在旧贞：王步于滅，亡灾

乙酉卜，在滅立贞：王步于⿰水隹，亡灾。

……卜，在【⿰水隹】贞：王步……亡灾。

（《英藏》2564，即《合集》41762、《金璋》574，黄组）

上引5版卜辞可分为两类：第一版属田游；二至五版属王步，其中第二、第三版又可视为成套卜辞，区别在于第二版由专门的神职人员占卜，第三版则由商王亲自贞问，故用词稍有出入。按上引诸版所涉及的"⿰水隹"字，从水从隹，隶定过来肯定是"淮"，所以很多学者认为就是指淮河，也就是说，商末征人方曾途经淮水，所以，与之相关的诸多经由地均被安排在今淮河流域，如其中受商人𠭯伐的林方，学界一般认为其活动区域是在鲁南苏北或安徽东北部一带。

但我们仔细分析相关卜辞内容似不难发现，这个通行的说法其成立的可能性似乎不大。今不妨以《合集》37434为例加以说明。按该版王步卜辞共涉及地名有五，即羌、旧、㑴、𠡯与⿰水隹。其中的旧由于与著名的丧地并称"丧旧田"，故其地望大致是在原山附近，而羌地与旧仅半日行程，故亦应在原山一带。而根据行程关系，㑴去羌一日，也即40千米的范围内，𠡯去羌两日，最多是80千米，⿰水隹去羌4天，最远不会超过160千米的范围，也就是说向南至多能到济宁、滕州与临沂一线，距离淮水流域还有相当长的距离。故即便⿰水隹确为淮字，它与淮水关系也不大。又《合集》37434第5辞言及，商王在𠡯地占卜，欲前往⿰水隹地，而据卜辞记载，𠡯地近麦。如《合集》37517有云："……巳卜，在𠡯……田麦麓……亡灾。"尽管其文辞残缺不全，但就一般情况而言，占卜地与田猎点往往相去不甚远，多在半日行程内，也即20千米左右的范围间。卜辞麦地，我们以为是在汶水上游一带，尚未出莱芜谷地，所以尽管不太清楚𠡯究竟是在今天的什么地方，但大概位置还是可以想见的。这就是说，商王己未日从羌到㑴、庚申日从㑴到𠡯，两天内的行程基本还是在泰山东南麓一带盘桓，故要说⿰水隹即淮水，根本行不通。李学勤先生主张，⿰水隹当读作潍，所指即潍水[②]。是说很有建设性。潍字以隹为谐声偏旁，读⿰水隹为潍自然有成立的可能性。

① 最后两辞之残片又著录于《合补》，其编号为11269。

② 李学勤：《帝辛征夷方卜辞的扩大》，收录于氏著《通向文明之路》，商务印书馆，2010年，第73页。

当然，我们还有一种不太成熟的想法，就是或当读作雍。按这种意见事实上姚孝遂等《殷墟甲骨刻辞类纂》已有体现，该书便是将、、、归为一字而统一读作雍[①]。这种处理方式，粗看似有些突兀，但经由细究，还是有道理的。众所周知，黄组田猎卜辞中雍、召二地联系密迩，经常是前后辞出现，间隔多在一二日内，试举两例如下：

（1）乙巳卜，贞：王遂于召，往来亡灾。在十月。

丁未卜，贞：王遂于宫，往来亡灾。

戊申【卜，贞】：王遂雍，【往】来亡灾。王占曰：吉。

己酉卜，贞：王遂于召，往来亡灾。　　　　（《合集》36643，黄组）

（2）乙巳卜，贞：王遂召，往来亡灾。

丁酉卜，贞：王遂于雍，往来亡灾。　　　　（《合集》36644，黄组）

将之与前引《合集》36642相关内容作比较，至少从行程间距上看，与雍还是相对契合的。从现有资料看，可以确定的雍字的早期写法作，而以黄组卜辞为代表的晚期的雍字多写作，该形构可以理解为在初文的基础上添加字，这一字或是作为声符使用的。这就是说，与读音应该相同。总之，不管读潍、读雍，至少有一点是明确的，即这一所谓的“淮”字，与淮水了不相干。目前也没有坚实的证据可以说明商末征人方曾达到过殷都东南方的淮水流域，过去将人方等同于传世文献及西周中晚期铭文中的淮夷，事实上是不成立的。

最后，我们对林方的大致方位问题再简单说上几句。按《殷周金文集成》著录两件亚俞器，其铭文曰：

（1）林𡚁作父辛宝尊彝。亚俞。　　　　（鬲，《集成》613）

（2）林。亚俞。　　　　（卣，《集成》5013）

按器主“林𡚁”之林当为族氏名，而“俞”同样也是该族氏组织的族氏名号，这种现象我们一般称之为“复合氏名”[②]。这就是说，林或为俞族之分支族氏，其中的“亚”形即表述亚族、分族之义。笔者等曾撰文指出，商末周初的俞（榆）族，其主要活动区域是在今山东肥城一带[③]，是一个名不见经传的小部族，所以作为其分族的林氏当然不会离其所自出之母族过远。而这一林𡚁也可能就是卜辞林方的首领之一。商末纣

① 姚孝遂主编：《殷墟甲骨刻辞类纂》，中华书局，1989年，第655页。

② 朱凤瀚师：《商周家族形态研究》（增订本），天津古籍出版社，2004年，第89～99页；陈絜：《商周姓氏制度研究》，商务印书馆，2007年，第139～155页。

③ 陈絜：《㲋方鼎铭与周公东征路线初探》，李宗焜主编：《古文字与古代史》第4辑，“中央”研究院历史语言研究所，2015年，第261～290页；陈絜、赵庆淼：《“泰山田猎区”与商末东土地理》，《历史研究》2015年第5期。

王征讨林方，在短短的一天内从占卜、出征，到当晚返回驻地，干净利索，颇能说明林方势力之弱。这与它是俞族的分支族氏非常相称。由此似可推测，林方或在泰山南麓或东麓一带，也就是原山附近区域，绝无可能远至今安徽境内。其实，晚商时期，商人的主要经营方向是在殷东，具体说来就是在泰山周围，尤其是淄、汶流域一线，商末征人方是在这里，商王及贵族田猎同样是在此地，通过与《春秋》经传及商周金文资料的对比，商末征人方途径地及田猎地，至少有七八十个可以在泰山周边得以坐实。商人何以会对泰山一带如此感兴趣，恰恰是日后需要重点关注与讨论的新课题。以上所论或有不当，敬请专家同好多予批评指正。

2015年6月25日初稿

2017年1月24日再订

从宁乡炭河里古城陶鬲再论商末周初楚都*

刘俊男　易桂花

（重庆师范大学历史与社会学院）

摘　要　湖南宁乡炭河里商周古城出土的几件陶鬲不应是西周晚期或战国早期鬲，从地层来说，它们属商末周初地层；从类型来说，与江西九江神墩、湖北圻春毛家咀等商周遗址所出鬲有相似之处。而神墩遗址的^{14}C年代印证了其自身商晚期的时代，双堰塘遗址的^{14}C年代也证实了其自身周初至周中期的年代。楚式鬲虽然总体来说是二里头文化三期以来即受中原文化影响并结合南方鼎的风格而生，而商末周初之时早期楚式鬲有一个从东而西的推进环节。这个环节再一次印证炭河里古城当为商末周初之楚国重要文化中心，或即商末周初之楚都。

关键词　楚国；陶鬲；炭河里遗址

一般认为楚文化形成于西周中期，至于西周早期的楚文化，学术界还多有未确定之处，存在北来说、东来说、西来说、南方土著说等各种观点。笔者曾发表过两文（详后注），论证了南方土著说的可能性，本文拟再从湖南宁乡炭河里发现的陶鬲进一步研究这个课题。

笔者在研究中发现，2014年故宫出版社出版的《中国陶鬲谱系研究》可谓中国陶鬲研究的集大成之作。其中一篇《华中地区两周时期的陶鬲》是系统总结华中地区陶鬲谱系的重要篇章，为我们学习与研究提供了极大的便利，该文所作的归纳与总结总体说是科学的、可信的。但该文依据外形的部分特征将湖南宁乡炭河里商周古城出土的陶鬲05G5⑦：3（图一，2）归入西周末期，将05G5⑥：46（图一，3）归入战国早期的观点①值得进一步讨论。这虽然只是关于几件遗物年代的小问题，但它们的年代影响到楚文化源头的判断，故有再作研究的必要。本文拟在余西云教授的基础上发表一些浅见，并欲论及炭河里陶鬲所反映出来的楚文化源头问题，以期就正于诸专家。

＊　本文为国家社科基金“中国南北两大生业区早期文明进程比较研究”（编号13XZS030）成果。

①　余西云：《华中地区两周时期的陶鬲》，《中国陶鬲谱系研究》，故宫出版社，2014年，第459、476页。

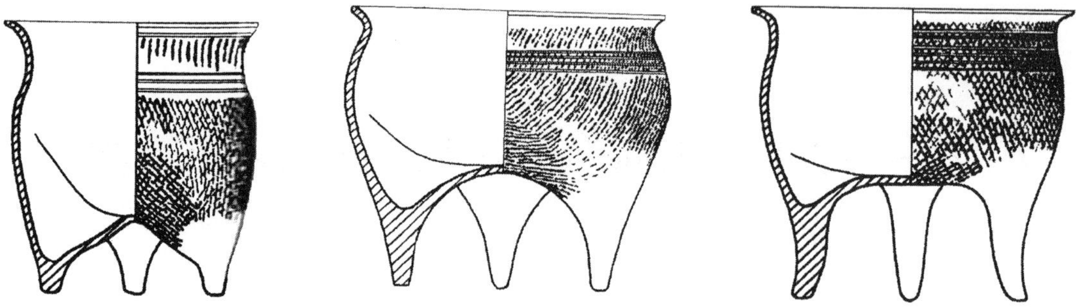
1　2　3

图一　炭河里古城出土陶鬲
1. 05G5⑥：38　2. 05G5⑦：3　3. 05G5⑥：46

一、炭河里出土陶鬲的年代与文化源头

湖南宁乡炭河里城址出土的陶鬲较少，但很典型，可分三型。

A型分裆鬲。标本05G5⑥：38，夹砂黑褐陶，侈口，圆唇，长颈，深腹，裆部微瘪，三矮柱足，足根平，通体饰绳纹，口下及颈部饰凹弦纹。口径20.6、腹径l9.2、高21.5厘米（图一，1）。

B型弧裆鬲。标本05G5⑦：3，夹砂红陶，侈口，圆唇，束颈，圆肩，腹较浅，三柱足较高，通体饰较浅的斜绳纹，颈部饰凹弦纹。口径26、腹径26.6、高23.2厘米（图一，2）。

C型平裆鬲。标本05G5⑥：46，夹砂灰褐陶，侈口，方唇，颈微束，袋足极浅，三柱状足较高，足根外撇，通体饰交错绳纹，颈部饰多道凹弦纹。口径26、腹径24.8、高24.4厘米（图一，3）。

据发掘报告可知，此3件鬲皆出于壕沟G5中，G5分8层，其中①～③层为秦汉以后堆积，④～⑦层为商周时期堆积[①]，因此，出于此沟⑦层的05G5⑦：3当为商代之物。从类型学来说，3件鬲除05G5⑥：38有些类似荆南寺第六、七期的商代中晚期陶鬲外，其余两件整体形态既不同于中原地区商代早中期鬲，也不同于鄂西地区荆南寺商代早中期鬲（如图二，最大腹径在下部，腹边高大于或等于腹径），而与江西九江神墩遗址[②]、湖北圻春毛家咀遗址[③]、岳阳对门山遗址等商代晚期及商末周初的鬲相类似（图三）。不过，神墩的鬲腹中下部及足部满饰绳纹、腹之上端与颈部饰线纹；毛家咀的鬲除鬲身饰绳纹、线纹之外，足部开始抹光，比赣西北的更接近两周的楚式鬲。至炭

① 湖南省文物考古研究所等：《湖南宁乡炭河里西周城址与墓葬发掘简报》，《文物》2006年第6期，第19页。

② 江西省文物工作队等：《江西九江神墩遗址发掘简报》，《江汉考古》1987年第4期，第20～22页。

③ 中国科学院考古研究所湖北发掘队：《湖北圻春毛家咀西周木构建筑》，《考古》1962年第1期，第6页。

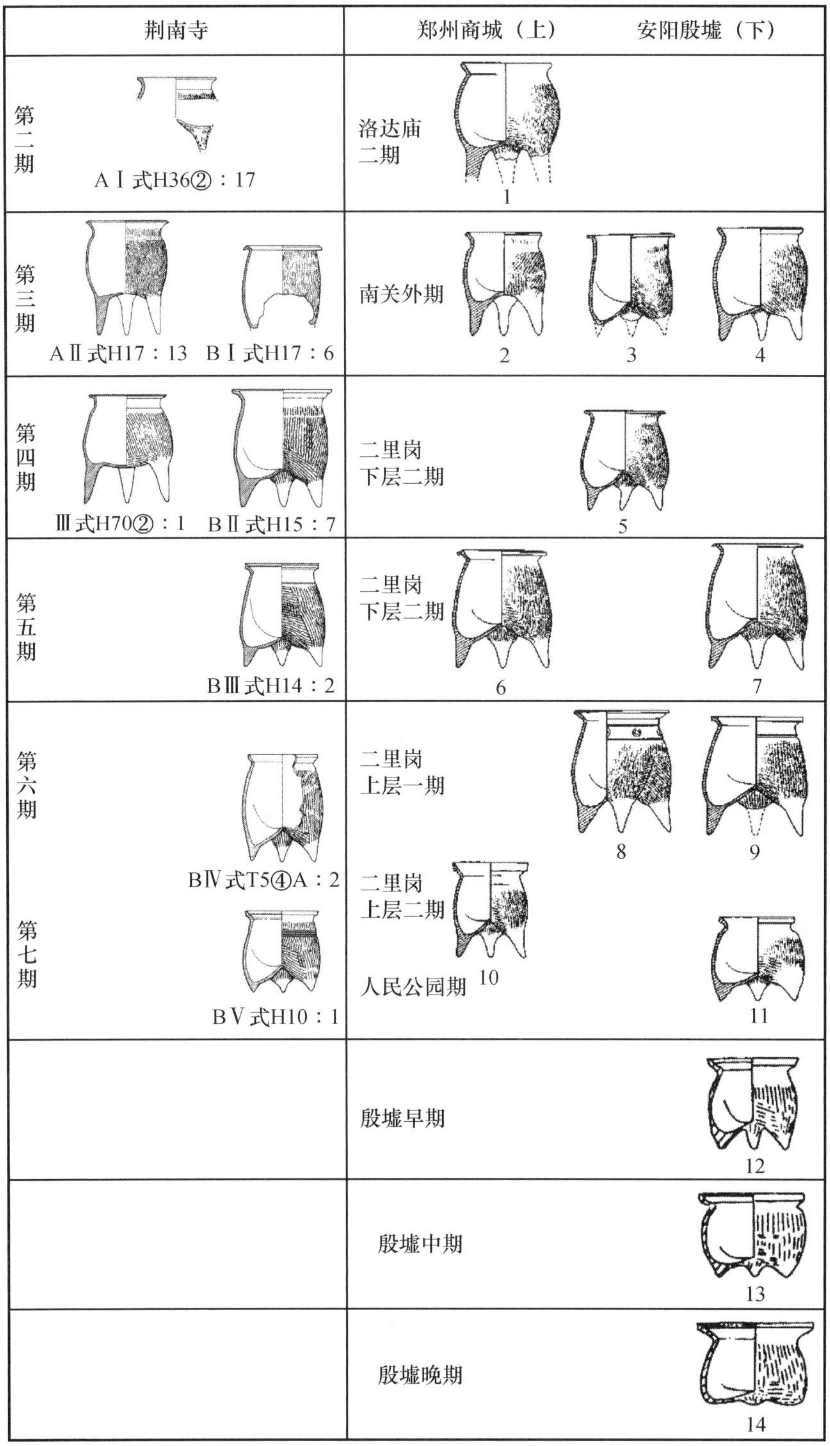

图二 郑州商城、安阳殷墟、荆州荆南寺商代早中期陶鬲对比

1～11. 出自河南省文物考古研究所：《郑州商城——1953～1985年考古发掘报告》，文物出版社，2001年，第47页
12～14. 出自张之恒：《中国考古通论》，南京大学出版社，2009年，第281页 荆南寺鬲出自荆州博物馆：《荆州荆南寺》，文物出版社，2009年，第145～147页

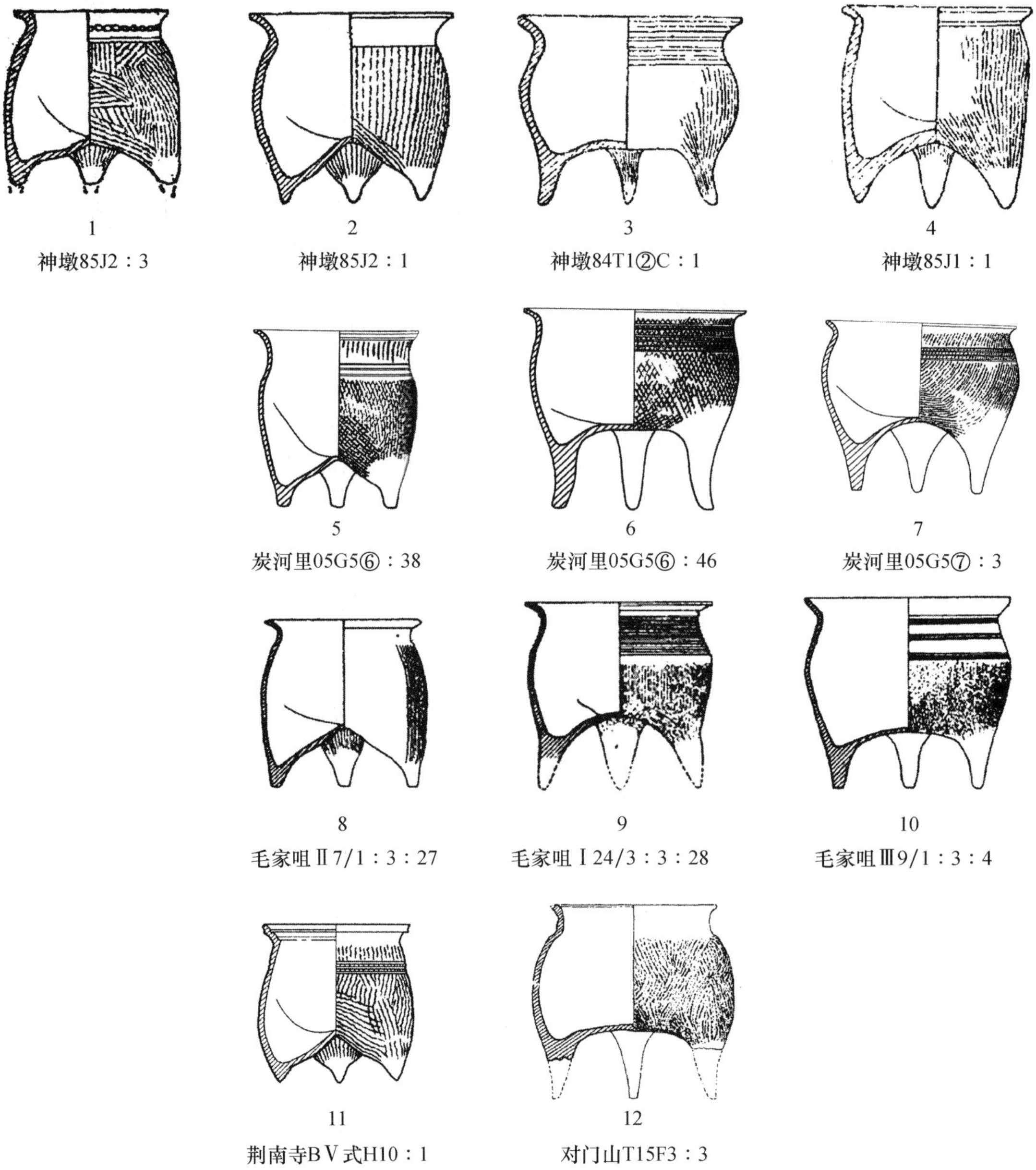

图三　神墩、毛家咀、炭河里、对门山商末周初陶鬲对比图

河里的鬲，⑦层的B型鬲仍饰绳纹，⑥层的C型鬲则除在颈部仍有横向凹弦纹与神墩及毛家咀颈部的横线条纹有些类似之外，腹部饰了交错绳纹（05G5⑥：46），这种纹饰上的变化体现了先后的时序和地区差别，这种交错绳纹也开启了西周时期楚式鬲的新纹饰（详后双堰塘鬲），足部则继续抹光。因此，炭河里的鬲，其文化源头当即鄂东南与赣西北的鬲，其形态比赣西北、鄂东南的更接近楚式鬲。

湖北圻春毛家咀遗址的鬲，按原报告，其时代为周初或更早①。江西九江神墩的几件鬲则更早一些，神墩的鬲出自85J2及84T1②C层，陶器为商代晚期风格，其^{14}C年代为：ZK-2075（样品出自小井J2中），年代1390B.C.，校正为1625～1441B.C.，大井J1所测年代更早一点，ZK2076校正后为1676～1469B.C.②，大体相当于商代中晚期。原报告认为，从裆部离足尖较高，分裆处有所瘪来看，也当为商末周初风格。笔者以为神墩的器物可能还未到周初，当属商晚期，^{14}C及校正年代应当有说服力。

再从长江中游地区商末周初所出陶鬲的整体形态看，袋足形的分裆鬲（如图一，1）与商晚期风格类似。而足为近锥形的实足鬲，或足尖有所外撇的鬲当更早一些，这也可从地层关系看出。例如，炭河里05G5⑦：3（如图一，2）为G5第7层，而上述袋足形分裆鬲在第6层，说明第7层的那件更早，这种鬲，其足从足尖外撇向足尖正立过渡。从锥形足向柱形足过渡，当是楚式鬲（束颈、弧形联裆、包制实足、足窝很浅、具有鼎的作风的鬲③）的前身。岳阳对门山T15F3：3（如图三，12）为商晚期鬲，与炭河里05G5⑥：46足部、裆部类似，唯口部较小，这也当是另一种型式的早期楚式鬲。

总之，商晚期至周初之时，在江西西北、湖北东南、湖南中北部已经形成一种有别于中原的鬲，这种鬲当是典型楚式鬲的前身（图三），或者说是早期楚式鬲。而炭河里所报告的3件鬲也分别是商末和周初之鬲。

二、炭河里遗址鬲文化的去向

关于炭河里商末周初鬲文化的去向，我们先看看余西云教授的观点。他列出了一个演变顺序（如图四，自1至6的顺序④），即认为先有庙坪⑤的鬲，再有双堰塘⑥的鬲，至西周晚期才有炭河里的鬲。笔者完全赞同这种演变的连续性，只是对演变的顺序有不同看法，应为倒序。首先，如前文所论，炭河里的鬲比其他两地的要早，年代当为商末周初。其次，双堰塘与庙坪的鬲时代有交叉，皆属西周中期前后，但以双堰塘的为早。理由有二：其一，双堰塘的鬲（图四，4、5）腹部饰交错绳纹或网格纹，

① 中国科学院考古研究所湖北发掘队：《湖北圻春毛家咀西周木构建筑》，《考古》1962年第1期，第9页。

② 中国社会科学院考古研究所：《中国考古学中碳十四年代数据集（1965～1991）》，文物出版社，1991年，第129页。

③ 张万高：《江陵荆南寺夏商遗存文化因素简析》，《湖北省考古学会论文选集（二）》，《江汉考古》1991年增刊。

④ 余西云：《华中地区两周时期的陶鬲》，《中国陶鬲谱系研究》，故宫出版社，2014年，第458页。

⑤ 湖北省文物事业管理局等：《秭归庙坪》，科学出版社，2003年，第57页。

⑥ 中国社会科学院考古研究所长江三峡工作队：《巫山双堰塘遗址发掘报告》，载重庆市文物局：《重庆库区考古报告集》（1999卷），科学出版社，2006年，第95页。

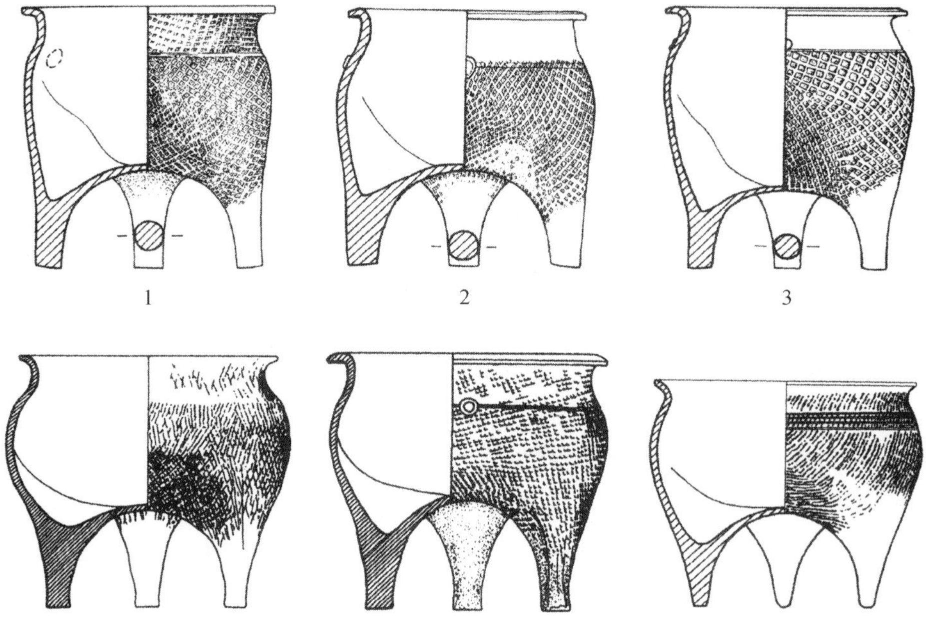

图四　鄂西及邻近地区西周时期陶鬲

1～3. 庙坪（H7①：1、H7②：2、H7①：3） 4、5. 双堰塘（H2：2、H5：1） 6. 炭河里（05G5⑦：3）

颈部饰凹弦纹，高度分别为26.7厘米、23厘米，陶质分别为夹砂灰褐陶、夹砂红褐陶，这些特征与炭河里的鬲（05G5⑥：38、05G5⑥：46）雷同，尤其是纹饰直接继承了炭河里的交错绳纹，并发展出网格纹，进而发展至庙坪的方格纹——方格纹也可能是直接从炭河里等南方传来，因为炭河里器物多有这种纹饰；更为重要的是双堰塘遗址西周时期的几个^{14}C数据证明其年代为西周早、中期，有的甚至早到商代。据报告，该遗址⑤、⑥两个自然层为西周遗存，遗物接近，土色不同，故称⑤A、⑤B层。从⑤B层取了几个标本进行测年，所测ZK–3146、ZK–3147、ZK–3148、ZK–3149、ZK–3150以半衰期5568年所得结果分别为距今2914±50、3084±60、3620±56、2976±52、3086±67、3087±67年，校正数据分别为公元前1210～前1000、前1430～前1260、前2040～前1880、前1310～前1120、前1430～前1260、前1420～前1290年[①]，除第三个数据太远外，其他几个皆落在商末周初，因此双堰塘⑤B层为商末周初，⑤A层与⑤B层遗物接近，因此，⑤A层当为周中期偏早。上面所列两个标本的灰坑开口于⑤A层下，打破⑤B层，其年代当接近炭河里遗址的年代，当为周初、周中期偏早，并与庙坪遗址时代有交叉。其二，余教授所列序列中，庙坪鬲甚至延续至西周中期偏晚阶段，或晚

① 中国社会科学院考古研究所考古科技实验研究中心碳十四研究室：《放射性碳十四测定年代报告（三十）》，《考古》2004年第7期。

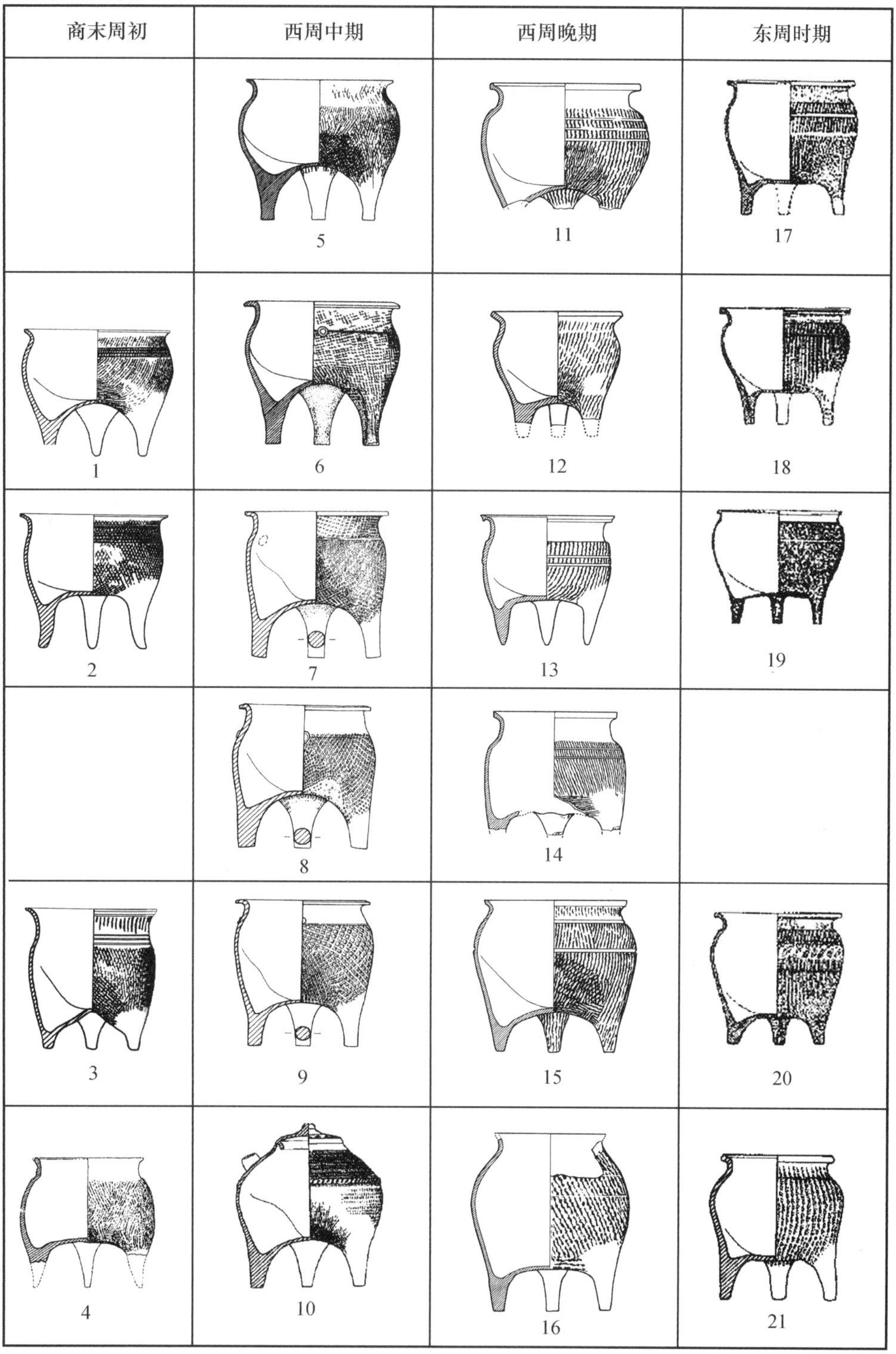

图五 楚式鬲发展演变轨迹

1～3. 炭河里（05G5⑦：3、05G5⑥：46、05G5⑥：38） 4. 对门山（T15F3：3） 5、6. 双堰塘（H2：2、H5：1） 7～9. 庙坪（H7①：1、H7②：2、H7①：3） 10. 放鹰台（T③2：1） 11～16. 荆南寺（H75：1、H1：11、H191：1、T45③A：7、T18③：51、H1：1） 17、18、20、21. 官庄坪（T15G8：1、H8：11、H72：5、H72：8） 19. 上磨塘（T2⑤：2）

至西周晚期，《秭归庙坪》的作者认为其二三期当即熊挚（约公元前886～前877年在位）所建之夔国文化，夔国直到春秋时才被楚所灭。因此庙坪的为晚，当西周中期偏晚。这样，炭河里—双堰塘—庙坪就构成一个西周早、中及中期偏晚的发展序列。

不过，我们认为双堰塘所出的鬲与庙坪所出的鬲虽有早晚，但分别出现后又能继续流传，因而又能同时存在于中期，并且是西周中期当地陶鬲之五式，它们延续发展而演化为西周晚期的五式，并发展至东周的各型楚式鬲。其发展演化轨迹的总体特点是：足由锥状外撇演化为柱状正立；裆部由弧裆、平裆、分裆内瘪演化为微弧裆、平裆；最大腹径由商代早中期在腹下部变成商末周初在腹中部，再发展至西周晚期移至腹上靠肩部处；主体纹饰则由绳纹发展到交错绳纹，再发展到网格纹、方格纹、绳纹；鬲足由商末饰绳纹至西周无纹饰发展至东周又或饰绳纹；口部特征也有相应的变化。南方西周鬲口沿一般为卷沿圆唇或方唇，至东周出现少量折沿方唇鬲，但仍以卷沿为主流，如官庄坪遗址①出土的鬲。详见图五。

三、楚式鬲与周式鬲的关系

余西云教授认为炭河里弧裆鬲是受西周同类鬲的影响而产生的，他说：“鄂西及邻近地区西周时期的弧裆鬲有一个渐次向南推进的过程：西周早期，这些鬲似乎只达到了汉丹地区与随枣走廊等地；西周中期到达荆山南麓东部的荆州一带；西周晚期偏早阶段到达三峡东段的秭归一带；西周晚期偏晚阶段到达三峡中段的重庆东部的巫山一带，大体在西周末年，出现在湖南中部的宁乡一带。”②

笔者以为，西周的鬲确实对汉北及汉东地区有所影响，或者说就是西周系统的鬲，尤其是西周前期，周昭王、周穆王多次伐楚，势力到达汉北、汉东地区，并分封“汉阳诸姬”在这地区行使周的主权。因此，随枣走廊、汉北、汉东地区理所当然地是周文化分布区。

从地下遗存来看，湖北随州叶家山③以及与叶家山相隔仅1000米的庙台子④出土了西周时期的陶鬲，余西云教授对这二处的鬲进行了深入的分析，并作了与原报告不尽

---

① 国务院三峡工程建设委员会办公室、国家文物局：《秭归官庄坪》，科学出版社，2005年，第117～486页。

② 余西云：《华中地区两周时期的陶鬲》，《中国陶鬲谱系研究》，故宫出版社，2014年，第459页。

③ 湖北省文物考古研究所、随州市博物馆：《湖北随州叶家山西周墓地》，《考古》2012年第7期；湖北省文物考古研究所、随州市博物馆：《湖北随州叶家山M65发掘简报》，《江汉考古》2011年第3期；湖北省文物考古研究所、随州市博物馆：《湖北随州叶家山西周墓地发掘简报》，《文物》2011年第11期。

④ 武汉大学考古系考古研究室等：《西花园与庙台子》，武汉大学出版社，1993年。

相同的时代排序①，其序列如图六，分别为1发展到4，5发展到10。笔者认为这种排序是合理的。湖北黄陂鲁台山西周墓地②出土了西周前期昭、穆王及以前的鬲、湖北大悟吕王城遗址③也出土西周早、中、晚期鬲，湖北麻城吊尖遗址④出土了西周中晚期的鬲，这些鬲与西周中心地区（如沣西）的鬲有些相似，如图七、图八。不过，西周中心地区的早中期的鬲，弧裆者皆非扁腹，扁腹者又皆为平裆，直到西周中期才零星出现扁腹、弧裆、中柱足的鬲，如张家坡56号墓之鬲（56：2）⑤，扶风召陈遗址第4~5期（如T165G1①：18）。因此，汉北、汉东地区的这种扁腹、中柱足、弧裆鬲更可能是受南方楚式鬲影响的结果。到东周时期，汉东、汉北地区随着楚灭“汉阳诸姬”而变成楚的范围，其鬲也逐渐变成了楚式鬲。

楚式鬲与周鬲是有明显差别的，楚式弧裆、高柱足、扁腹鬲并不是受西周鬲的影响而产生的，它形成的时间远比西周弧裆鬲要早。如果是受西周文化的影响，那么我们来看看西周中心地区亦即关中地区西周鬲的演变，如图八。扶风县召陈遗址西周陶鬲共分五期，沣西遗址也分五期，但沣西二期相当于扶风召陈三期，沣西四五期相当于扶风召陈第五期。从图八可知，西周陶鬲的弧裆与高柱足并不典型，第二期才出现弧裆，但弧裆鬲明显的均为袋足，而短柱足的又多为平裆。至第五期才出现高弧裆鬲，但口径又明显大于腹径，与楚式鬲有明显区别。而楚式鬲的弧裆或平裆、高柱足的特征早在商代即已经形成，如图九。因此，楚式鬲不是西周鬲发展而来的，而当是湘鄂赣交界地区商末周初鬲自然发展的结果。

随枣走廊、汉北地区比汉东地区，其受西周文化影响要大些，汉东地区西周早期的鬲，其实是介于西周鬲与楚式鬲之间的鬲。《钟祥六合遗址》的作者对此进行了论述，其文说：

> 六合遗址西周时期的鬲，其柱足中高，时代大体在西周中期，文化面貌与汉水流域西周遗存均一致，大体属于一个地方类型，与关中地区相比，风格比较接近。如两地鬲同为瘪裆，制法完全一致。只是汉水流域所出陶鬲多为柱足，陶色以红陶为主，与关中地区以灰陶为主不一致。与楚鬲相比，不同之处在于楚文化的陶鬲裆部不内瘪，为圆弧裆，但二者以红陶为主的风格是一致的。汉水流域是“汉阳诸姬”的属地，周王室为了加强对江汉地区的

---

① 余西云：《华中地区两周时期的陶鬲》，《中国陶鬲谱系研究》，故宫出版社，2014年，第459~462页。

② 黄陂县文化馆等：《湖北黄陂鲁台山两周遗址与墓葬》，《江汉考古》1982年第2期，第37~61页。

③ 孝感地区博物馆：《湖北大悟吕王城遗址》，《江汉考古》1990年第2期，第31~43页。

④ 湖北省文物考古研究所等：《湖北麻城吊尖遗址发掘简报》，《江汉考古》2008年第1期，第3~14页。

⑤ 中国社会科学院考古研究所沣西发掘队：《1967年长安张家坡西周墓葬的发掘》，《考古学报》1980年第4期，第484页。

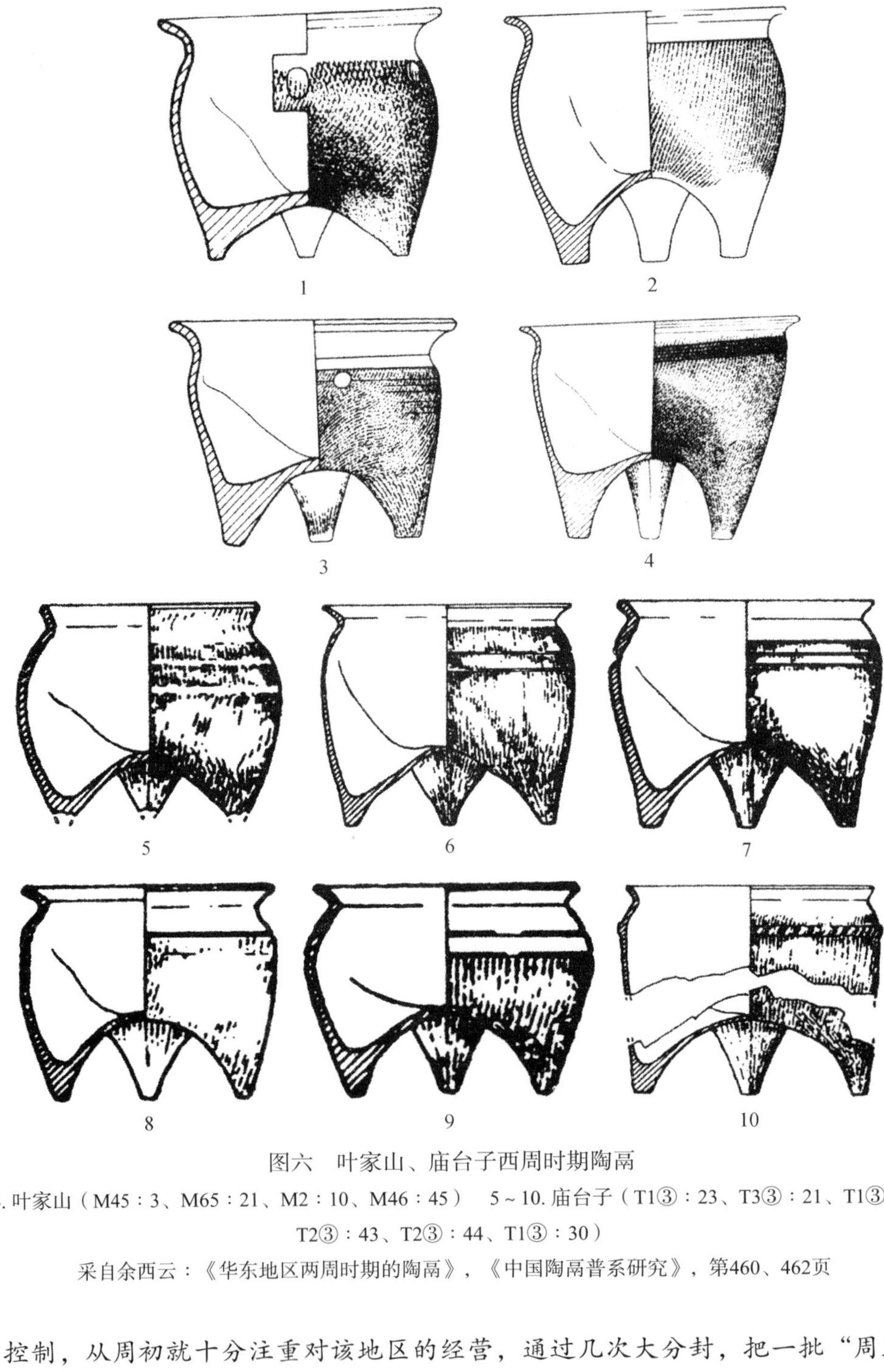

图六　叶家山、庙台子西周时期陶鬲

1～4. 叶家山（M45：3、M65：21、M2：10、M46：45）　5～10. 庙台子（T1③：23、T3③：21、T1③：17、T2③：43、T2③：44、T1③：30）

采自余西云：《华东地区两周时期的陶鬲》，《中国陶鬲普系研究》，第460、462页

控制，从周初就十分注重对该地区的经营，通过几次大分封，把一批“周王子孙”分封到这里。六合遗址当是“汉阳诸姬”的活动地点之一。[①]

---

① 荆州地区博物馆、钟祥县博物馆：《钟祥六合遗址》，《江汉考古》1987年第2期。

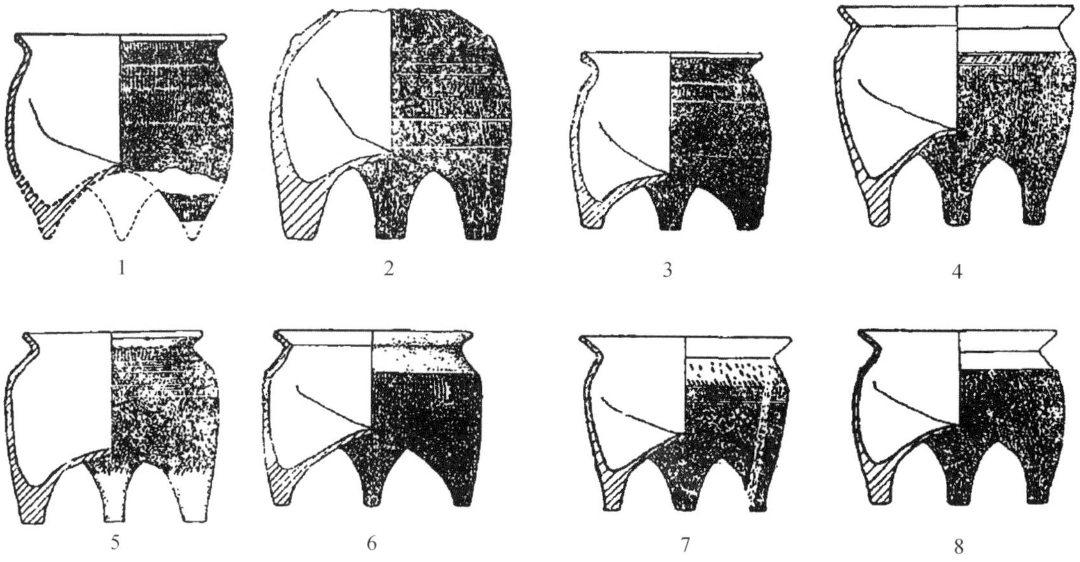

图七　湖北大悟吕王城西周陶鬲

1. T5⑦：159　2. T5⑥：162　3. T5⑥：147　4. T5⑥：138　5. T5⑤B：118　6. T5⑥：137　7. T5⑤：120　8. T5⑤B：121

1. 早期　2～4. 中期　5～8. 晚期

笔者以为这种分析很正确，楚式鬲与周式鬲是有明显区别的，楚式鬲来源于南方。从目前所发掘的遗址看，楚式鬲也多集中在江汉之间的地区，更集中于鄂西，如赵家湖遗址、官庄坪遗址、双堰墩遗址、庙坪遗址等。至楚向北向东扩张势力后，才将楚式鬲带向北、东地区。

四、余　论

在2011年由中国先秦史学会、清华大学楚简研究中心、武汉大学区域历史文化研究所举办的“楚简·楚文化与先秦历史文化国际学术研讨会”上，笔者交流了《关于楚史的几个问题》[①]一文，在该文中，笔者发表了“郑，祝融之墟”（《左传·昭公十七年》）中的“祝融”指天帝，楚祖女禄（位于湘水支流渌水流域的古渌国之女，颛顼妃）所生老童留在母方氏族，其后裔祝融（吴回）也生活于湖南南岳附近地区，商末周初之楚祖鬻熊至熊狂仍生活在宁乡及附近的沩山、熊山，商末周初的楚文化中心在湖南，直到周成王分封熊绎至丹阳，楚文化中心才并从湖南迁至湖北沮漳河与荆山之间。楚式鬲、甬钟、编钟的演变印证楚文化中心从湖南向湖北的迁转等一系列观

① 刘俊男：《关于楚史的几个问题》，《楚简楚文化与先秦历史文化国际学术研讨会论文集》，湖北教育出版社，2013年，第579～601页。

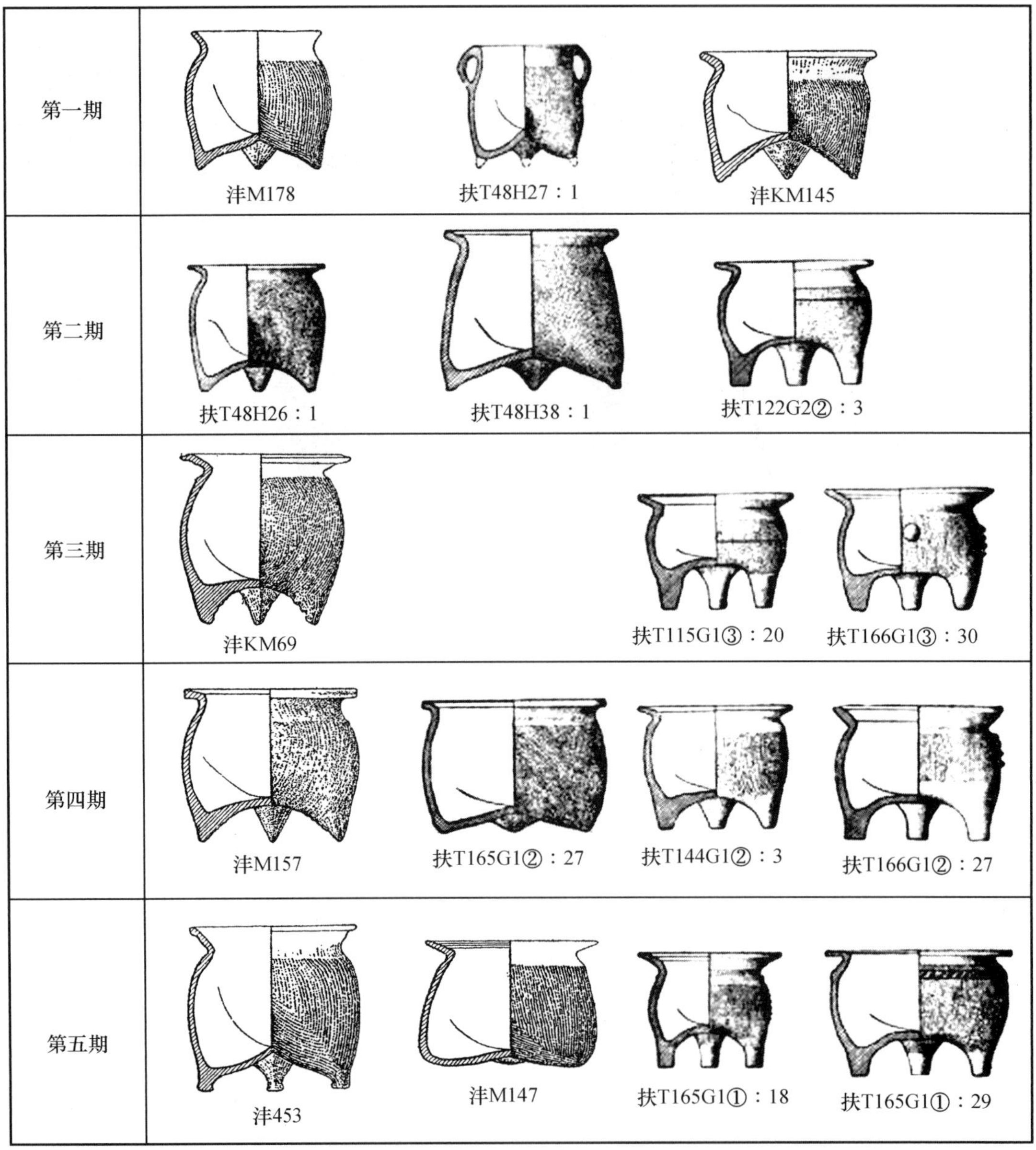

图八　西周中心区陶鬲分期（以扶风召陈分期为准）

沣，指西安沣西遗址；扶，指扶风召陈遗址

点。在2013年9月天津召开的“中国出土文献与上古史国际学术研讨会”上，笔者又从与夔国、夔氏有关的一组通假字，如“为”“归”“沩”等，从《楚居》“盘”字之义，以及炭河里遗址等进一步探讨商末周初时楚文化渊源[①]。本文则进一步从炭河里三

① 刘俊男：《从楚夔（蔿、远）氏渊源及清华简〈楚居〉等再论商末周初楚文化源头》，《叩问三代文明》，中国社会科学出版社，2014年，第366～381页。

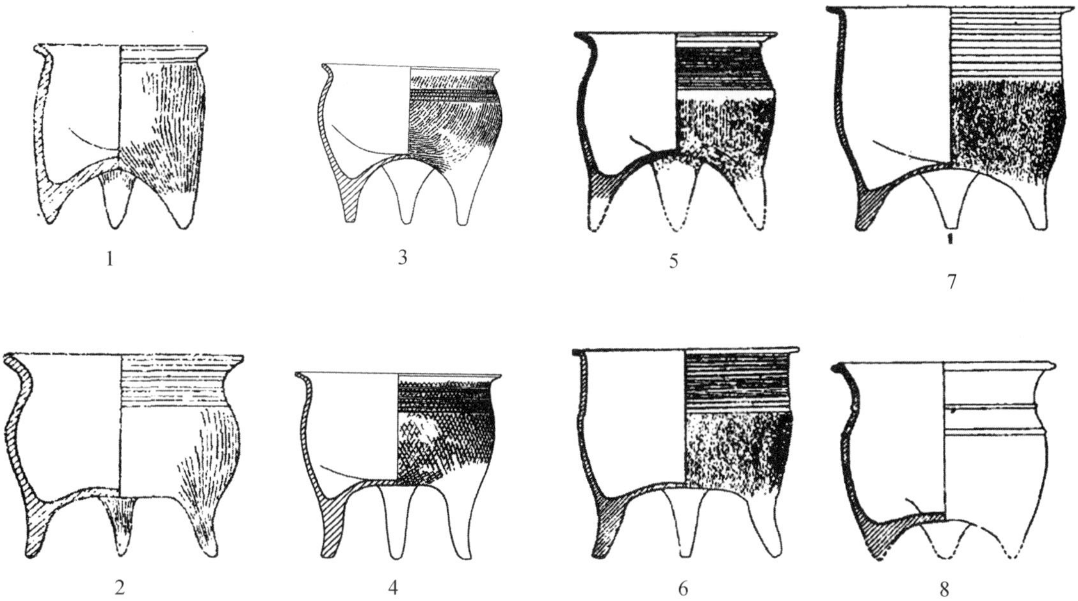

图九 商末周初楚式弧裆、平裆鬲

1、2. 神墩（85J1：1、84T1②c） 3、4. 炭河里（05G5⑦：3、05G5⑥：46） 5～8. 毛家咀（Ⅰ24/3：3：28、Ⅱ12/2：3：10、Ⅲ8/1：3：3、Ⅱ7/1：3：27）

件陶鬲的源头与去向作讨论。当是对前文的进一步论证。

通过以上讨论，我们认为自商代武丁大伐荆楚以来，武汉盘龙城被摧毁，楚文化龟缩在以江西、湖北、湖南交界处为中心的地区，其陶鬲的形制与中原陶鬲发生严重变异，楚地自身特征的鬲应时而生，并且在商末周初之时形成以湖南宁乡炭河里古城为中心的楚文化中心。至周初，周成王封熊绎于丹阳，楚文化中心才从宁乡转向鄂西地区①。双堰塘、庙坪的鬲与炭河里鬲的雷同是最好的证明。

西周时期，在江汉地区存在风格各异的鬲，形成了以湘鄂西地区为中心的楚鬲文化区及受西周王朝文化影响的西周式陶鬲文化区，即江汉之间及江南沿岸为楚文化区，汉东、汉北地区为西周文化影响区，有关陶鬲图谱及介绍详前文提及的余教授之大作。直到西周末年、春秋时期楚国奋力北进才将势力扩张到中原，又同时影响故土湘赣地区。炭河里出土之鬲与邻近地区鬲前后风格的对比，表明炭河里的鬲起着时间上由商末传至周初，地域上由赣西北、鄂东南向湘鄂西地区转变的中间环节的作用。

在近年出土的楚式鬲中，尤以秭归地区的鬲最多，详《中国陶鬲谱系研究》之附录二《陶鬲研究资料目录》。这是三峡大坝建设过程中抢救性发掘的结果。秭归当为

① 部分观点与论证详刘俊男：《长江中游地区文明进程研究》，科学出版社，2014年，第222～268页。

古夔国所在地[①]，为楚之嫡系熊挚所建，从大的方面来说，也当属楚文化。鄂西丹阳地区是西周楚熊绎的封地，当有更多地下遗存。鄂西、三峡地区尤其是双堰塘西周早中期的鬲与宁乡炭河里的鬲极类似，而且比炭河里的晚，因此，早期楚文化从湘中地区迁至鄂西地区是有明确的考古学证据的。

① 湖北省文物事业管理局等：《秭归庙坪》，科学出版社，2003年，第144页。

夏商周时期的广西

蒋廷瑜

（广西壮族自治区博物馆）

摘　要　广西僻处岭南，是商周时期的荒服之地，通过贡纳关系实现远距离贸易，打开封闭局面，接受中原先进文化，与周边民族融合，形成独具特色的民族文化。这种地方文化是中华远古文化的重要组成部分。

关键词　夏商周；青铜器；荒服；贡纳关系

邹衡先生是我的恩师，我们的商周考古是他讲授的。安金槐先生也是我们尊敬的老师，我在郑州实习半年，多次向他请教。也就在那时，我有机会参观商城发掘工地，邹衡先生来郑州大学历史系讲学，再次聆听邹衡先生的教诲。

邹衡先生讲的夏商周考古当年称为“奴隶制时代考古”。这门课一个学期十六周，每周一节三个课时，其中九次讲课，七次参观。邹衡先生很注重实践，强调摸陶片、写卡片、画器物图。记得1961年3月他带我们去中国历史博物馆参观，商代一段讲得特别详细。4月去一次，又给我们讲了一个小时的商代考古，在陈列室教我们画器物素描图；接着上第二课，讲西周、东周考古，又留一个半小时让我们进陈列室画图。7月邹先生领我们去故宫博物院参观铜器馆，就各个时期铜器的特征讲了半个多小时。

1963年下半年我和马林彪、陈绍棣、郭振禄、王宇信、林秀贞到河南省文物工作队作毕业实习，11月中旬邹先生到郑州指导，11月14日郑州大学历史系请邹先生讲学。我们这些实习学生都去听了。记得邹衡先生讲的是《近四十年来商代考古的三大发现——殷墟、郑州、偃师二里头（或郑州洛达庙）》。他说：殷墟发掘使人们知道殷代是青铜发展的高峰，为了寻找它的来源，考古工作者曾到山东城子崖找到龙山文化，新中国成立后才发现郑州，在二里岗、人民公园找到了早商文化层，现在开始试掘商城，为了找早商文化的来源，又找到了洛达庙文化。邹先生说：商城还等待着证实，现在只能说它是夯土建筑。

我来自遥远的广西，是“荒服”以外之人，虽然学过邹先生的商周考古，参加过安阳殷墟考古实习，但对夏商周文化还是陌生。邹先生很注重边疆考古，在商周考古中专门安排了一节讲边区青铜文化。但是那时对周边地区了解太少，尤其是僻处岭南的广西。他只讲了在左右江流域采集到有肩石器，这些石器是巫师收藏的，没有出土地点；那时在广西没有找到几何印纹硬陶。广西是否有夏商周文化，我感到十分茫然。

我回到广西，从事田野考古三十多年，时时把先生的教导记在心上，留心商周考古的事。苏秉琦先生说过：岭南也有自己的夏商周。我想，广西的夏商周是什么呢？

根据一些历史文献很模糊的记载，在夏、商、周时代，广西应属“百越（粤）”。越既称“百”，当是古国林立，广西各族同中央王朝的关系在一些古籍中隐约可见。

《墨子·节用中》说：“古者尧治天下，南抚交趾，北降幽都，东西及日所出入，莫不宾服。”①《史记·五帝本纪》也曾说道：“申命羲叔，居南交。”②

这“交趾”“南交”都是指岭南“蛮夷”之区。《礼记·王制》曰：“南方曰蛮，雕题交趾。”③指的正是这些部族。

《淮南子·修务训》说：舜“南征三苗，道死苍梧”。《山海经·海内南经》也说：“苍梧之山，帝舜葬于阳，弟丹朱葬于阴。”④

舜本是中原地区传说中的部落首领，他向南巡狩，死葬苍梧，这个苍梧是否同后来广西苍梧有关，在学术界还有争议。但在《逸周书·王会解》叙述西周初周武王成周之会，四方部落代表前来贡献方物中，有岭南的观赏鸟“苍吾翡翠”，这个“苍吾”自注为“苍吾蛮”⑤。说明在西周初年在南方还有一个以苍吾（即苍梧）命名的部族，这个部族的活动地域应该与广西有关。

夏对中国的控制办法是：天子之国以外五百里甸服，甸服外五百里侯服，侯服外五百里绥服，绥服外五百里要服，要服外五百里荒服，其中三百里蛮，二百里流。广西应在要服之外的荒服。注释家说：要服就是要束以文教；荒服就是“政教荒忽，因其故治而治之”。而“蛮”者，“慢也。礼简怠慢，来不距，去不禁”⑥。夏对这里的人群无法直接控制，你愿意来你就来，愿意走你就走，一切听便。

《诗经·商颂·殷武》说：“挞彼殷武，奋发荆楚”⑦，记述了商人后裔追颂商王朝武丁率军南征时的事。河南安阳发现的甲骨文中，也有商代晚期向南用兵的记载。

---

① 《墨子》，唐敬杲选注本，商务印书馆，1925年，第61页。

② 司马迁：《史记》，中华书局，1975年，第16页。

③ 宋元人注：《四书五经·礼记》王制，天津市古籍书店，1988年，第74页。

④ 袁柯译注：《山海经全译》，贵州人民出版社，1991年，第235页。

⑤ 《逸周书》卷七第五十九，丛书集成初编本，第253页。

⑥ 司马迁：《史记·夏本纪》，中华书局，1975年，第75、76页。

⑦ 宋元人注：《四书五经·诗经》殷武，天津市古籍书店，1988年，第168页。

殷墟出土的海贝、龟板，经鉴定有不少是南海所产，这些都透露了岭南地区同商王朝发生联系的信息。《诗经·大雅·江汉》记载周宣王时“王命召虎，式辟四方”，“于疆于理，至于南海”[①]，也应包括广西在内。

甲骨文中有地名郁方。香港中文大学饶宗颐教授在《古代香药之路》一文证明殷卜辞郁方即在郁林，以出郁金香致贡而得名。《周礼》有“郁人”，司郁金香和鬯酒之专职。汉代改桂林郡为郁林，盖用殷人郁方旧名，故其地有郁水[②]。郁水即今郁江，是西江上源，从横县至桂平段现在仍称郁江。郁江平原在战国时期就已开发，在郁江岸边的贵港当时就是一个经济文化中心。到秦始皇统一岭南之后，在岭南设立三郡，其中桂林郡的郡治就选在今贵港市所在的地方，当时称布山县，到汉武帝平定南越国以后，撤销桂林郡，改设苍梧、郁林、合浦三郡，郁林郡郡治仍设在布山县，即今贵港市。甲骨文所记载的时代是商代，商代的郁方就在贵港这一带。由此可见，距今3000年前殷商人的势力已及于岭南地区。汉代人著的《淮南子》，其《泰族训》称商（殷）人的疆土是：“左东海，右流沙，前交址，后幽都”，交址也就是岭南地区。

这些一鳞半爪的记载，是模糊的，不免有时间、空间上的错相，要说明和证实它们，还必须依靠考古发现。

相当于中原地区夏商周时期的三代考古在广西还很薄弱，一些新石器时代晚期的聚落遗址，也许是古国的活动中心。在桂东北发现大量几何印纹陶，是这个时期的重要遗迹；在桂南、桂中发现一些商周岩洞葬，在武鸣马头元龙坡发现西周至春秋墓群，还有许多遗物的零星发现，为寻找商周时期广西古国提供了线索。

一、桂东北地区的几何印纹陶

从20世纪50年代以来，在广西发现几何印纹陶的地点已不下70处。主要分布于湘桂铁路以东的各个县、市，尤以桂东北地区最集中，贺江流域的贺州、富川，发现遗物多，纹饰花样丰富多彩。由此往西北有恭城和灌阳的灌江流域，往南有钟山的思勤江流域，都有类似的地方。往西南散布到桂东南各个县，最南则达北部湾畔防城港市的江山半岛。东部完全与广东的几何印纹陶分布区连成一片。以夔纹、雷纹为主的几何印纹陶可能是从广东北部传入的。很可能是在中原地区青铜文化影响下发展起来的。这种纹饰作风传入广西之后，即与当地原有的的制陶工艺相结合了。

---

① 宋元人注：《四书五经·诗经》大雅，天津市古籍书店，1988年，第184页。

② 饶宗颐：《西南文化创世纪——殷代陇蜀部族与三星堆、金沙文化》后记，2010年。

二、商周时期的岩洞葬

属于商周时期的岩洞葬有大新歌寿岩、龙州更洒岩、武鸣岜马山、宜州鹞鹰山、来宾古旺山等。

歌寿岩位于大新县榄圩乡新球村歌寿山。1973年农民上山积肥挖岩泥时发现。从文化层中挖出绳纹夹砂陶器和磨制石器多件。

更洒岩位于龙州县逐卜乡三叉村谷更屯东的更洒山上，2006年发现，2007年3月进行实地调查、清理。出土陶器都是夹细砂陶，质地普遍较差，胎质疏松，表皮有剥落现象，纹饰大多数为细绳纹，制作方法均为泥片贴塑，绝对年代约当距今3500～3000年。

岜马山岩位于武鸣县陆斡镇覃内村旁岜马山东侧山脚。1986年3月发现并清理。出土陶器17件、石器9件、玉器1件。陶器都是夹砂陶，薄胎，器形较规整，火候较高，器类有壶、釜、杯及纺轮。石器都通体磨光，计有锛、戈、刻刀、砺石。玉器有镯。属商末周初。

鹞鹰山岩位于宜州市祥贝乡古龙村下地梁屯鹞鹰山上，出土遗物有石器、玉器、骨器、陶器和海贝。玉石器有铲、斧、锛、玦。石铲、玉锛、玉玦都用墨绿色玉精细磨制成。

古旺山岩位于来宾市兴宾区溯社乡古旺村西北的古旺山上。出土石器有双肩石斧和单肩石钺；铜器有钺、匕首和镦，钺有靴形的，有双斜弧形刃的，与武鸣元龙坡西周春秋墓出土的相似，当是西周至春秋时期墓葬。

此外，1997年发掘的那坡感驮岩遗址，文化层分为四期，其第一期是新石器时代晚期，第二期是青铜文化早期。出土遗物包括石器、玉器、骨器、陶器等。玉石器磨制精细，刃部锋利，器类丰富，包括斧、锛、凿、杵、拍、镞、戈、钺、玦、璜、T形环、镯、管等。骨器数量丰富，包括铲、锥、匕、簪和一件牙璋。牙璋用动物的角体切割琢磨而成，呈暗红灰黑色，杂有灰白色斑点，整体作略弧的扁长条形，端刃斜直，一面弧形内凹，一面平直，身部（射）宽短，微束腰，柄、身界限分明，柄比身窄，柄上无穿，柄部两侧有前后阑，阑间有一小齿，阑上无牙，一侧阑齿已损，仅见根部，端刃有疤痕，器身两面见清晰竖向擦痕，柄端一角有片状裂痕。通高5.8、身高4.1、刃端宽1.4、柄宽0.7、厚0.2厘米。小巧得不能再小了。骨牙璋的发现，证明岭南西部早在夏商时期就与中原内地有比较密切的联系。

三、在武鸣发现西周墓葬

1985年3月在武鸣县马头乡元龙坡顶部发现一件铜盘，由此引发了对这个墓群的发掘。这件铜盘平唇，折沿，浅腹，双耳，高圈足，外腹饰窃曲纹，圈足饰勾曲纹，圈足内有一个半环纽，盘内中心饰六瓣花纹，六瓣花纹外是三道重环纹，通高10.5、口径30.3、足径22厘米，具有西周中晚期的特征①。该墓群中的 147号墓出土一件铜卣。垂鼓腹，圈足有直裙，圈形捉手盖，提梁作绳索状，两端提环作牛首状。上腹部饰夔龙纹带，盖上饰勾连云纹，通高28.5、身高16.2、口径10×12.5、底径13.2×16.4厘米。外形与传世西周器作旅彝卣、某作父乙卣相近②。卣口、盖及腹部饰变形窃曲纹，可断为西周中晚期。该墓位于元龙坡西坡顶，是该墓地中一座较大的墓，根据出土遗物及^{14}C年代测定，墓群的年代最早为距今2960±85年，最晚为距今2530±100年，正处西周至春秋时期。③

四、出土过一些零星青铜器

在广西境内历年出现一些青铜器，其中有些是属商周时期的，包括酒器、乐器和兵器。

1. 酒器

（1）1976年8月于兴安县土产公司收购站拣选出一件铜卣，通高22.8、腹径15.3厘米，重1.6千克。盖已遗失，提梁作绹索形，置于左右脊上，颈饰夔龙纹，器身两面饰浮雕式兽面纹，器底内有阴刻“天父乙”三字铭文。此类铜卣在安阳殷墟屡见，都是扁椭圆形，绳索提梁，无兽头，前后面浮雕大饕餮纹，颈带对夔龙纹，足弦纹。其中属殷墟四期的夔纹提梁卣（HGH10：6）器形完全相同，上腹也有一周夔龙纹，也缺盖。扁圆形口，沿面略内倾，鼓腹圜底，扁圆形圈足，半环形耳，绹索形提梁④。无论从造型、纹饰和铭文风格，都与黄河流域的晚商铜卣相似。

（2）1974年1月在武鸣马头乡勉岭出土一件铜卣，器、盖都全，器壁厚重，器表呈灰黑色，是所谓“黑漆古”。通高40、腹径24、足径19厘米，重10千克。器盖和器

---

① 广西壮族自治区文物工作队等：《广西武鸣马头元龙坡墓葬发掘简报》，《文物》1988年第12期。

② 容庚：《商周彝器通考》，哈佛燕京学社，1941年，图663、图635。

③ 广西壮族自治区文物工作队等：《广西武鸣马头元龙坡墓葬发掘简报》，《文物》1988年第12期。

④ 中国社会科学院考古研究所：《殷墟青铜器》，文物出版社，1985年，单色版二三九。

身四面都有高耸的扉棱，提梁安装在正背脊上，提梁两端饰牛首。通体以云雷纹为地，上饰夔龙、兽面、蝉纹。器盖内，有一个阴刻“天”字族徽铭记。从造型、纹饰来看，与湖南宁乡王家坟山晚商戈卣很相似，不仅器形相同，连盖侧和腹侧所饰的扉棱、犄角均相同，只是戈卣所饰主要纹饰为凤鸟纹，勉岭卣腹部所饰是水牛角兽面纹。也与安阳殷墟出土的鸢卣近似，鸢卣提梁饰蝉纹，两端作兽首形，遍体饰饕餮及夔纹，盖器内铭各一字[①]。应是商代晚期或西周早期的器物。

（3）1978年1月于陆川县乌石镇塘城村出土铜罍一件，通高47.5、口径28.8、底径25厘米。器形正视呈“亞”字形，圆体，敞口，短颈，喇叭形口，斜肩，斜腹，底附双层高圈足，肩附二只细长反首的兽形耳，耳上饰雷纹，颈下饰圈点纹和弦纹，肩部饰兽面纹，耳上饰云雷纹，肩腹交界处饰一周重环纹，重环纹上下各饰一道突出的绳纹，腹部饰三角夔纹，肩部以耳为界，每边饰两组对称的兽面纹，过耳处有一周重环纹，重环纹上下各有一道突出的绳纹，腹部饰三角形夔纹，圈足上层饰环带纹，下部为云雷纹[②]。

（4）1978年9月于荔浦县东镇乡栗木马蹄塘出土铜罍一件，通高54、口径31.5、底径28.2厘米，器胎较薄，有铁锰锈。其造型、纹饰和陆川塘城村罍基本相同，略有区别之处仅在于，荔浦马蹄塘罍肩部的兽面纹有突眼，陆川塘城村罍肩部的兽面纹眼不明显[③]。

荔浦、陆川的这2件铜罍的形状，与一般广肩而锐下的商周铜罍一致，器形呈“亞”字形，体现出商周时期同类器物的作风，立体兽耳装饰及其高圈足的做法，与四川彭县窖藏的西周铜罍颇相似。从整体来看，也与湖南湘阴出土的西周罍近似。外形也与陕西长安普渡村西周墓中出土的铜罍近似。器物饰的花纹，多摹自商周时期的铜器，如肩饰的兽面纹，为商至周器物上的主要纹饰，肩腹之交的重环纹，是西周晚期盛行的典型纹饰。腹部的三角形夔纹，通行于商周，圈足上的环带纹，盛行于西周晚期。这些时代特征表明，这两件铜罍的铸造年代应不早于西周晚期。从铸法上看，罍体大，器壁较薄，这种大而薄壁器早期冶铸业是难以完成的。器体和器耳分铸，然后焊接，采用这种方法，在中原地区始于西周晚期，到岭南地区实行这种技术，恐怕略晚。

（5）1978年冬宾阳县武陵乡廖寨村木荣屯村民取土时发现铜罍一件。通高38、口径24、底径22厘米。器表有翠绿色锈，胎内呈紫色，有砂眼。造型、纹饰与荔浦马

① 容庚、张维持：《商周彝器通论》，文物出版社，1984年，图版捌玖，173。

② 梁景津：《广西出土的青铜器》，《文物》1978年第10期，以下勉岭铜卣、灌阳钟山铜铙、忻城大塘铜钟、横县妹儿山铜钟同。

③ 广西壮族自治区博物馆：《近年来广西出土的先秦青铜器》，《考古》1984年第9期。

蹄塘罍和陆川塘城罍大体相同，正视也作“亞”字形，但口部略小，颈稍长，肩部稍隆起，形成双肩式样，肩上的二耳作牺形，牺头向外，牺背上各铸一环耳。牺耳较粗壮，器壁也较厚重，纹饰较繁缛精致。时代当属西周。西周青铜器，从形制上看，早期凝重敦厚，晚期轻薄简陋；从花纹上看，早期庄严典重，晚期趋于简化。宾阳铜罍具有西周早期铜器特征，可能是岭南地区西周中期的遗物。

2. 乐器

有铜铙、铜镈、铜钟3种，其中铜铙、铜镈各1件，铜甬钟4件，分别出土于灌阳、贺州、忻城、横县、宾阳和桂平。甬钟钲部都有枚，一面有纹饰，但都无铭文。

（1）灌阳仁江铜铙

1976年5月灌阳县红旗公社仁江大队（今灌阳镇仁江村）在县城南的钟山放炮炸石，从岩洞裂隙中发现。甬残，残高36、铣间宽28厘米，重10.5千克，干上饰乳钉纹和窃曲纹，钲周边饰圈中有小点的圈带纹，枚作尖锥状，篆间饰细线雷纹，并用圈点纹框边。此器与陈梦家在《西周铜器断代》一文中提供的材料相比，其面部纹饰与“中期钟”相同，篆间界格与“中期钟”第三、第四例相同，干与“中期钟”第二例相同，因而可以推断是西周中期遗物。高至喜在《中国南方出土商周铜铙概论》中把它定为“铙”。黄展岳在《论两广出土的先秦青铜器》一文中认为属南方铜铙发展序列中的晚期，时代约当西周早期。仁江铙属于铙的晚期类型，是西周早期的遗物。铜铙主要流行于湖南湘江流域，仁江铙出土地点处湘江上游支流灌江边，是目前所知铜铙分布的南界。

（2）贺州英民铜镈

1976年冬在贺州市桂岭镇英民村红军岭出土。纽已断缺。通高38.5、顶宽12、底宽18.5厘米。从残存部分判断，属梯形鼻纽，栾出对称勾形扉棱。据发现者称，鼻纽原有5对，现每边仅存其中之一，最上的一对超出舞面，棱脊上饰线纹，镈身前后两面上下各有一排乳钉，上排2枚，下排5枚，以弦纹分界。乳钉之间饰波浪纹。纽与棱脊同体一次浑铸，合范线通过扉棱和纽脊中心，舞面因合范不齐而高低不平。这件铜镈形制接近藏于日本东京的一件铜镈，整个体态瘦长，栾侧棱脊的勾形和钲部上下的小乳钉都极相似。与湖南衡阳的一件铜镈也很相似，栾侧棱脊有勾形，兽面纹已简化，地纹已消失，出现了用细线组成的波状纹，除了纹饰少异之外，形制基本相同，同是罕见之物。高至喜认为，铜镈主要产地在湘江流域及其邻近地区，岭南地区只发现此一件，贺州桂岭是目前铜镈出土的最南地点，把它列为A型Ⅷ式，其年代定在西周中晚期。

（3）忻城大塘铜钟

1976年5月于忻城县大塘中学后背山出土。钟高34.5、甬残长10、铣间宽20、舞间宽13.5厘米，重7.4公斤。钟身饰乳钉纹，舞饰兽面纹，鼓部正中饰窃曲纹，造型和纹饰与陕西长安普渡村西周长由墓出土的编钟相似，时代应属西周中期。

（4）横县那桑铜钟

1958年5月于横县镇龙乡那旭村那桑屯妹儿山路边崩塌出土。鼓部饰窃曲纹，正面鼓部左右两侧在窃曲纹地之上附以浮雕式装饰物（似螭），这种做法在别处未见，似为本地铸造的证据。钲、篆间、舞面饰雷纹和斜角雷纹，以二层乳钉纹为界格，栾边和篆间饰水波纹三道。此钟器体厚重，通高68.5、甬长20.5、铣间宽33.5、舞间宽21.4厘米，重34千克，有似特钟。正面观几成矩形，从整体形态看，也应是西周时期的作品。

（5）宾阳刘村铜钟

宾阳县古辣乡刘村大北庙出土。通高41、甬长12.5、铣间宽22、舞间宽14.5厘米。扁圆直甬，甬不通钟体，甬上有干，干上有旋，钲两面有枚，枚尖短，无景，钲间、篆间纹饰已锈蚀不清，可辨认的有圆圈纹，舞饰兽面纹。甬、干、旋、枚、钲、篆俱全的甬钟，是西周中期以后发展起来的，其甬端没有封闭，表明年代较早。舞面饰兽面纹，甬与内腔不通，是西周中晚期的特点。

（6）桂平铜鼓滩铜钟

1993年4月于桂平县桂平镇浔江铜鼓滩捞获。器表呈黄绿色，通高47.5、舞间宽22、铣间宽25.1厘米，重11.5千克。圆直甬，中空，衡不封，与体腔相通，甬上有旋、干，正背两面均有枚，枚长有景。正面钲间饰蕉叶纹，篆间饰斜角勾连雷纹，背面钲间和篆间均饰斜体勾连雷纹；正背两面鼓部中间皆饰由勾连雷纹组成的窃曲兽面纹，正面钲边和鼓边皆饰波折纹夹勾连雷纹纹带，而背面钲边和鼓边仅饰波折纹纹带。从器形看，此钟表造型比较清秀，是西周典型的长腔甬有旋干阔鼓式钟。

3. 兵器

1974年1月在武鸣县马头乡全苏村勉岭山麓与铜卣伴出铜戈。此戈长胡二穿，已残，援残长14.2、胡残长7.8、内残长2.5厘米。按一般情况，长胡戈时代似较晚，但此戈的援、内平直，仍是早期铜戈特征，它与安阳后岗圆坑墓出土的二穿戈、山东长清县复河北岸出土的Ⅲ式戈都很相近，应是商代戈。戈体阑侧饰云雷纹一道、栉纹二道。其云雷纹常见于商代晚期和西周早期的铜器上。栉纹则是南方特有的装饰，说明此戈可能是当地铸造的。

1976年1月于武鸣县马头乡那堤村敢猪岩出土一件无胡铜戈，器体扁薄，直援，直内。援前部残失，从残留部分观察，原似是近三角形援，残长6厘米，中脊起棱，上下栏突出，内呈长方形，长4厘米，内后部有斜向而相邻的二穿。这种戈与河南殷墟商代晚期戈和灵宝出土的商代铜戈相近，应是晚商之物。敢猪岩于2006年进行了发掘，其年代大致在距今3200～3000年间，约为商代中晚期。

1978年7月于灌阳县新街出土一件无胡铜戈，援作长三角形，援中脊起棱，断面呈菱形，中脊近栏有一圆形穿孔，孔径1.2厘米，内作长方形，大部残断，援两面饰对称的夔凤纹和斜角云雷纹。援长16.5、最宽处7、内残长2.5厘米。从形制看，此戈与陕西宝鸡西周铜戈相似，也接近四川出土的西周初期蜀式铜戈。《湖南省文物图录》收录一件商代铜戈，形制与此很接近，但同这些铜戈相比，纹饰不同，具有早期楚器的装饰风格，可视为西周时期。

从以上的情况可以看到，在广西零星发现的商—西周时期的青铜器大多数具有中原文化色彩。如兴安、武鸣的铜卣，从造型、纹饰和铭文看，都是中原风格；忻城大塘的铜钟，与长安西周墓的铜编钟如出一模。显然，这些铜器是从黄河流域传入广西的。有一部分青铜器，如甬钟，形制与中原地区的相似，但装饰花纹有浓厚的地方色彩，有的正背两面的装饰花纹繁简不同；有的正面有装饰花纹，背面则光素；表明它们是当地的仿制品。又如横县那桑铜钟，在鼓部两侧饰浮雕式装饰物，在别处未见，很有地方特点。灌阳新街的凤纹铜戈，形制、纹饰都很奇特；武鸣勉岭铜戈，长胡二穿，形制与中原铜戈近似，但阑侧饰云纹和栉纹，又与中原铜戈不同。还有一些青铜器，如角形杯，从形制到纹饰都很奇特，在中原内地找不到参照物，则纯粹是本土文化产品。这就说明，在中原先进文化的影响下，到西周时期，广西土著民族也已有了自己的青铜铸造业。联系到广西东北地区存在大量的几何印纹硬陶文化遗存，其中不少陶器纹饰是仿中原商周青铜器的，又是这种土著文化存在的佐证。

那么，中原地区的青铜器何以能远涉千山万水传到广西来呢？这还是一个未解之谜。从《墨子》《尚书》《礼记》《逸周书》等历史文献来看，远在传说时代，生活在广西的先民就同黄河流域发生了联系。从考古发现来看，1974年在湖北黄陂盘龙城发掘了商代中期的城址，其出土文物和郑州商代城址出土的十分相似，说明商王朝的统治区已到达长江中游的云梦泽畔。从1977年起，在湖南石门皂市也发掘到一处类似盘龙城的商代文化遗址，进一步说明商王朝的统治区域已越过长江天堑。至于发现商周青铜器的地域，远比这些还要广阔得多，湖南发现青铜器的地点遍及湘北、湘中和湘南，最南的地点已到衡阳和常宁。湖南与广西壤地相接，如果从衡阳、常宁溯湘江而上到广西境，只是几天的水程。在漫长的历史年代里，商周青铜器经过河南、湖北、湖南，渐次向南递进，而后进入广西是完全可能的。这些青铜器传入广西的方式不外有如下几种可能：一是馈赠，生活在广西的部族首领向商周国王贡献方物，得到回赠，这些青铜器作为回赠的礼器被带回广西；二是掳掠，南方部族和方国在同商周或其属国打仗，从对方手中虏获过来带回广西的；三是商周奴隶主在中原战乱时，失败的奴隶主贵族南逃时随身带入广西的。但不论从哪方面来讲，这些青铜器的发现，都说明了广西在当时已同中原地区发生经济文化交流，开始接受中原先进文化的影响。

广西因南岭山脉的阻隔，长期与内地隔绝，历史文化有自己的发展历程，近几十年的考古发现证明，80万年前已有人类居住，右江流域的百色旧石器是迄今为止东亚地区年代最早的含有西方阿舍利文化因素的石器工业，在广西南部崇左发现有距今11.1万年的木榄山人，在广西中部发现距今六七万年的柳江人化石，广西居民在距今1万年左右，发明陶器、种植水稻、饲养家畜家禽，形成聚落，在距今4000年左右，一些地方的部族形成古国乃至方国。

苏秉琦先生认为五帝是古国君王，夏商周是方国之君。尧舜时期中原与岭南就有交往，《尚书·尧典》“申命羲叔宅南交”，《礼记·少问篇》“虞舜以天德嗣尧，……南抚交趾”，《史记·五帝本纪》载唯禹之功为大，“披九山，通九泽，决九河，定九州，各以其职来贡，不失厥宜。方五千里，至于荒服，南抚交趾、北发……”甚至又说，帝舜“践位三十九年，南巡狩，崩于苍梧之野，葬于江南九疑，是为零陵”[①]。1973年长沙马王堆三号汉墓出土帛书《地形图》在九嶷山处出现“帝舜”二字，证明汉代人已认定帝舜南巡到了湖南南部山区。

商周时期广西部族建立方国，《逸周书·王会解》：“伊尹受命，于是为四方令曰：正南瓯、邓、桂国、损子、产里、百濮、九菌，请以珠玑、玳瑁、象齿、文犀、翠羽、菌鹤、短狗为献。”同书还提到商周时期南方贡品中还有“仓吾翡翠”，“路人大竹”。

其中的瓯、邓、桂国、损子、产里、仓吾都应是广西境内的古国或方国。

商王朝与周邻诸侯方国的关系是一种臣服称首的关系，《逸周书·王会解》记载成汤下令伊尹制定诸侯 商王朝贡纳制度时说：“诸侯来献，或无牛马所生而献远方之物，事实相反不利，今吾欲因其地势所有献之，必易得而贵，其为四方献令。”规定正南诸国献珠玑、玳瑁、象齿等方物之外，还规定正东、正西、正北之国献各地物产。《诗经·商颂》曰：“昔有成汤，自彼氐羌，莫敢不来享，莫敢不来王。”[②]敢不来纳贡，敢不来朝见臣服？夏代已是方国，商周已是成熟国家，广西境内的方国已与商周有频繁交往，与商周王朝的关系是贡纳关系，广西的方国向商周王朝进贡什么？

---

① （汉）司马迁：《史记·五帝本纪》，中华书局，1975年，第43、44页。

② 宋元人注：《四书五经·诗经》，天津市古籍书店，1988年，第168页。

《逸周书·王会解》说到有珠玑、玳瑁、象齿、文犀、翠羽、菌鹤、短狗，这些东西都是广西及其邻近海域的特产。但这些东西绝大部分是有机物，无法保存到今。很多学者考证，商人用作占卜的龟甲有从岭南送去的。卞美年曾对殷墟甲骨作过种族鉴定，在《河南安阳遗龟》一文中说："中国胶龟ocadia sinensis……仅仅产于南方（福建、广东、广西、海南和台湾）。"海贝在商代具有早期货币性质，安阳小屯M5出土6880枚，经鉴定，其产地为台湾、南海以及阿曼湾、南非的阿果阿湾等地，其中当然也包括今广西在内。商周王朝向广西的方国回赠什么？没有说。在广西境内发现具有中原文化风格的青铜器，其中不排除有商周王朝回赠品。贡纳关系实际上是部族之间的远程贸易关系。

广西方国与商周的交往，除了物资的往来，还有文化的交往，其中包括生产技术的交流。

武鸣马头勉岭铜卣、铜戈，是中原器物，元龙坡墓葬出土的铜卣、铜盘、部分铜矛，也是中原器物，应是武鸣方国与商周王国高层交往所获的赠送品。在这些高档礼品背后是技术的交流。铸铜是一种系统的工业技术工程，首先是要认识铜矿，然后是技术、冶炼技术。广西商周时期青铜铸造工艺是受中原青铜文化影响产生的，是这种文化交流的结果。

从鲁东南地区商文化遗存的发现谈商人东征

刘延常

（山东省文物考古研究所）

摘　要　本文分析了山东省东南部地区商文化遗存的分布、年代、聚落等级等特点，认为该地区商文化遗存应与商王朝军事打击、军事统治、文化东渐相关。而周边地区则显示出商文化中心区或夷商文化融合融洽区等特征，说明夷商关系相对稳定。结合甲骨文、金文、历史文献和前人研究成果，认为鲁东南地区商文化遗存反映了商王朝从中商时期开始直至商代末期持续对该地区的夷人进行征伐，不同时期征伐的东夷族支系有所不同，尤其是帝乙帝辛时期大规模征伐的人方也主要分布在这一地区。

关键词　山东省东南部；商文化遗存；商人东征；商文化东渐；夷商关系

有商一代，山东地区是商王朝的重要组成部分，即文献中记载的东土，东夷关系着商王朝的兴盛衰亡，夷商关系是商代历史的重要研究内容。诸多学者从不同角度对商文化东渐、夷商文化融合等重大学术问题进行了探讨，一般认为这种现象主要是商王朝对东夷军事征伐向东扩张形成的，并随着山东地区商文化遗存的发现而不断深化认识。本文在前人研究基础上，分析近年鲁东南地区商文化遗存的发现，认为鲁东南地区及其东夷势力是商王朝东征的主要方向和对象之一，从而全面控制了东方局势。不当之处，请大家指正。

一、鲁东南地区商代文化遗存的发现

1. 关于鲁东南地区

鲁东南地区（山东省的东南部区域），地理区划包括沂山山脉以南、蒙山山脉以东至黄海的区域，或为沂沭河流域及以东的滨海地区，行政区划包括临沂市、日照市及淄博市南部、潍坊市南部和青岛市南部的一部分。该区域地形以低山、砂岩与砂土丘陵、河流冲积扇为主，因自然力破坏、人类活动等因素致使古文化遗存暴露较多，建国以后至今文化文物部门进行了三次全国不可移动文物普查，因而目前的考古发现基本能够讲清楚本区域古代文化的演变。

2. 鲁东南地区先秦时期古代文化演变

鲁东南地区旧石器时代晚期、细石器文化遗存发现较多；大汶口文化晚期至龙山文化中晚期遗存最为丰富、最为强盛，有著名的莒县陵阳河大汶口文化晚期遗址，日照两城镇、尧王城、五莲丹土等大汶口文化和龙山文化城址；西周中晚期至战国早期为富有地域特色的莒文化[①]，尤其发现较多大中型墓葬，出土大量青铜器、陶器等。而新石器时代后李文化遗存、北辛文化遗存、大汶口文化早期遗存仅有零星发现，大汶口文化中晚期文化遗存数量也不多，龙山文化晚期遗存相比龙山文化中期急剧减少，岳石文化遗存则更少，商代文化遗存为数不多。总之，鲁东南地区相对独立的地理单元，形成了东临黄海、南连江苏、北接鲁北和胶东半岛的重要通道与文化走廊，腹地则西向内陆，这一区域的先秦时期古代文化几经变化、出现数次高峰与低谷，其文化演变成因发人深省，在文明起源、华夏文化和齐鲁文化形成过程中、在中华民族文化交互作用融合的过程中扮演着重要角色。

3. 鲁东南地区商代文化遗存的发现

鲁东南地区商文化遗存过去只是零星报道几处发现，如苍山县（2013年更名为兰陵县）东高尧[②]、沂水县信家庄遗址出土商代青铜器[③]、费县拣选青铜器[④]等，众多学者撰写研究山东地区商文化文章时也限于资料而对鲁东南地区较少涉及。笔者于2007年借在莒南县工作之机会，考察文物库房时开始注意到这里有典型商文化青铜器和陶器，直至2014年两次集中时间到鲁东南地区各市、县博物馆考察库房文物与标本，又发现众多商文化遗存和部分夷人文化——珍珠门文化遗存，填补了山东地区商代考古空白，并立即发表调查报告，以期促进学术研究[⑤]。

目前，在10个县（区）共有54处文物点发现商代文化遗存，包括临沂市平邑县10处（1处出土青铜器）、费县8处（3处出土青铜器）、原临沂县（包括现在的兰山区、罗庄区、河东区）6处（1处出土青铜器）、兰陵县7处（原苍山县，3处出土青铜器）、莒南县3处（1处出土青铜器）、日照市东港区1处、莒县4处（1处出土青铜器）、临沂市沂南县7处、沂水县7处（1处出土青铜器）、淄博市沂源县1处（出土青铜器）（图一）。其中50处商文化文物点中有12处出土青铜器、其余为陶器标本，8处

---

① 刘延常：《莒文化探析》，《东南文化》2002年第7期。

② 临沂文物收集组：《山东苍山县出土青铜器》，《考古》1988年第1期。

③ 沂水县文物管理站：《山东沂水县出土商代青铜器》，《考古》1990年第8期。

④ 程长新等：《北京拣选一组二十八件商代带铭青铜器》，《文物》1982年第9期。

⑤ 刘延常、赵国靖、刘桂峰：《鲁东南地区商代文化遗存调查与研究》，《东方考古》第11集，科学出版社，2014年。

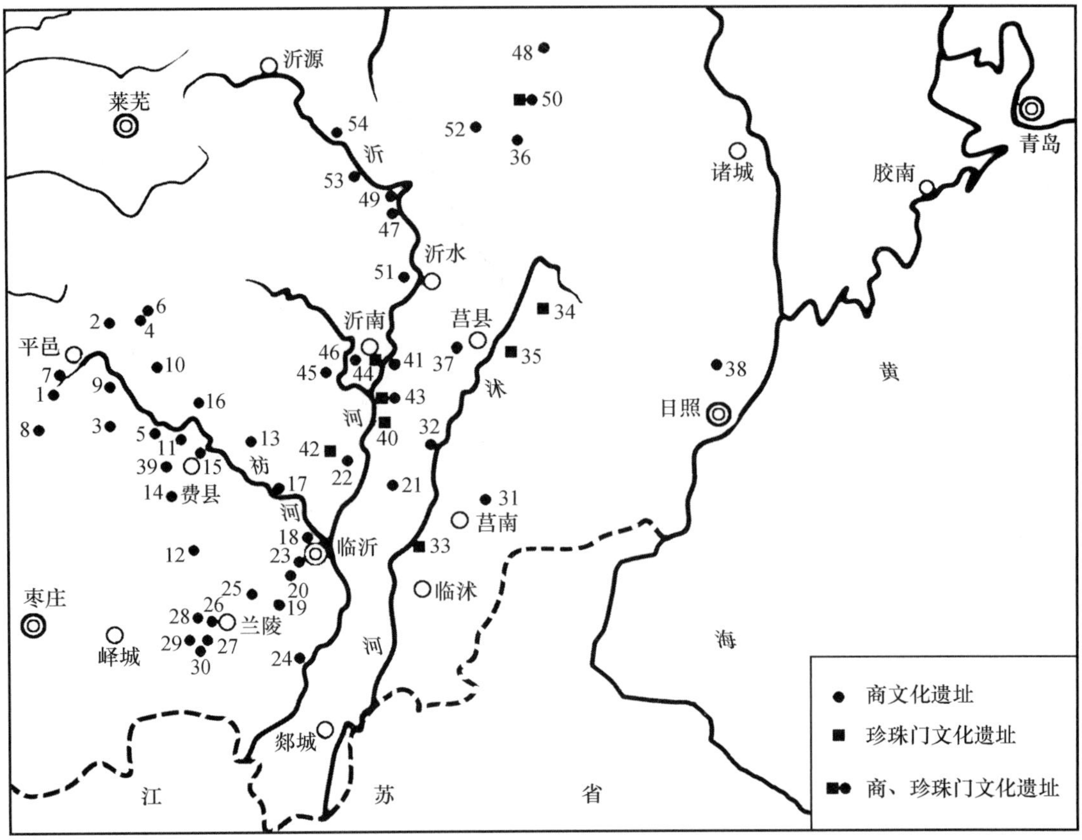

图一　鲁东南地区商文化、珍珠门文化遗址分布示意图

1. 平邑洼子地遗址　2. 平邑前南埠崖遗址　3. 平邑李家遗址　4. 平邑杨谢南墩遗址　5. 平邑地方遗址　6. 平邑杨谢天公庙遗址　7. 平邑蔡庄遗址　8. 平邑瓦子埠南遗址　9. 平邑铜石西南遗址　10. 平邑左庄遗址　11. 费县曹车遗址　12. 费县轴沟遗址　13. 费县故城　14. 费县吴家村遗址　15. 费县崮子村遗址　16. 费县双丘遗址　17. 费县墩头遗址　18.（临沂市兰山区）临沂县革委会大院　19. 临沂市罗庄区西店子遗址　20. 临沂市罗庄区后盛庄遗址　21. 临沂市河东区上郑庄村东遗址　22. 临沂市兰山区呼家墩遗址　23. 临沂市兰山区金雀山遗址　24. 兰陵东高尧遗址　25. 兰陵密家岭遗址　26. 兰陵晒米城遗址　27. 兰陵作字沟遗址　28. 兰陵杭头遗址　29. 兰陵高王庄遗址　30. 兰陵刘家堡遗址　31. 莒南县虎头水库　32. 莒南墩后遗址　33. 莒南王家坊庄遗址　34. 莒县西苑遗址　35. 莒县石龙口遗址　36. 莒县东莞遗址　37. 莒县前石窑遗址　38. 日照两城镇联合村　39. 费县朱田镇　40. 沂南榆林遗址　41. 沂南孔家庄遗址　42. 沂南高家坊庄遗址　43. 沂南孙家黄疃遗址　44. 沂南埠子顶遗址　45. 沂南南匣石遗址　46. 沂南南寨遗址　47. 沂水信家庄遗址　48. 沂水西黄家庄遗址　49. 沂水仙姑寨遗址　50. 沂水姑子顶遗址　51. 沂水大匡庄遗址　52. 沂水五山遗址　53. 沂水群子峪遗址　54. 沂源东安故城遗址（本图及说明采自刘延常、赵国靖、刘桂峰：《鲁东南地区商代文化遗存调查与研究》，《东方考古》第11集，科学出版社，2014年）

文物点出土珍珠门文化陶器标本（沂水县1处、沂南县4处、莒县2处、莒南县1处），3处文物点既有商文化也有珍珠门文化陶器标本。这些青铜器和陶器标本绝大部分是20世纪80年代以前征集、收购和调查采集所得，其数量和文物点分布密度具有较高的代表性。

二、鲁东南地区商文化遗存分析

1. 文化特征

商文化陶器主要以夹砂灰陶、红褐陶、泥质灰陶为主，火候较高；纹饰以交叉拍印绳纹、绳纹、附加堆纹、三角划纹为主；鬲足全部为抹实足根，绝大部分内勾，实足与袋足黏结痕迹明显；器类主要有鬲口沿、鬲足、豆盘、簋、簋口沿、圈足、盆口沿、罐口沿等。从陶质、陶色、纹饰、器形等特征分析，与郑州地区、殷墟商文化陶器、山东地区商文化陶器特征基本一致，为典型商文化特征。

青铜器有鼎、甗、觚、爵、觯、簋、尊、提梁卣、铙、戈、弓形器等，器物组合及其形态、纹样、铭文字体及铸造方法等均为典型商文化特征。

2. 年代分析

（1）陶器标本年代

主要依据鬲足抹实足根的变化和鬲口沿、豆盘、罐口沿、簋圈足、盆口沿等特征，与陈淑卿女士关于山东地区商文化分期中同种陶器的对比①，参考邹衡先生关于殷墟文化分期②和唐际根先生关于中商文化研究中同种陶器的分析③，将鲁东南地区商文化遗存分为中商时期、殷墟一期至四期。

（2）青铜器年代

将鲁东南地区出土商代青铜器（表一）与郑州商城、河北藁城、湖北盘龙城、山东滕州前掌大、安阳殷墟等遗址出土同种类器进行比较，大致确定其年代。

莒南县虎园水库铜觚、铜爵，费县墩头遗址出土铜戈，莒县浮来山镇前石窑遗址出土铜戈和沂源县东安故城出土铜戈，与郑州回民食品厂、藁城台西、黄陂盘龙城遗址出土同类器一致，可定为中商时期。

沂水信家庄出土铜戈与安阳大司空村83M663出土一件铜戈相似，沂源土产公司拣选铜戈与安阳殷墟郭家庄商代墓葬M64出土有銎铜戈形制基本一致，可定为殷墟二期早段。

平邑县洼子地遗址出土铜觯，兰陵县庄坞镇东高尧遗址出土铜觯、铜觚、铜甗、铜簋及其铭文族徽所见人左手持戈右手持盾族徽也见于安阳殷墟遗址，兰陵县神山密家岭遗址出土铜觚、铜觯，兰陵晒米城遗址出土两件铜卣，沂源东安故城遗址出土铜

① 陈淑卿：《山东地区商文化编年与类型研究》，《华夏考古》2003年第1期。

② 邹衡：《试论殷墟文化分期》，《夏商周考古学论文集》，文物出版社，1980年。

③ 唐际根：《中商文化研究》，《考古学报》1999年第4期。

表一　鲁东南地区出土商代青铜器地点分布与年代对照表

中商	殷墟二期	殷墟四期
莒南虎园水库（觚、爵）	沂水县信家庄（觚、爵、戈）	平邑县洼子地（觚、爵、觯、提梁卣）
费县墩头戈（戈）		临沂县革委会大院（鼎）
莒县前石窑（戈）		兰陵县东高尧（甗、簋、觚、爵、觯、尊、戈、铃）
沂源东安故城（戈）		兰陵县密家岭（鼎、觚、觯）
		兰陵县晒米城（鼎、觚、爵、尊、提梁卣）
		沂源县东安故城（铙、弓形器）
		费县上冶双丘（爵）
		费县朱田（鼎、甗、簋、豆、觚、爵、角、觯、提梁卣、斝、尊、罍、盉、勺、刀、戈）

铙、太阳纹弓形器、八角形纹弓形器，与殷墟郭家庄、花园庄东地、滕州前掌大等墓地出土同类器比较一致，可定为殷墟四期晚段。

总之，通过对各遗址出土陶器标本和青铜器的比较分析，而有些遗址包含多个时间阶段，将鲁东南地区商文化遗存年代大致统计如下：中商13处、殷墟一期23处、殷墟二期11处、殷墟三期10处、殷墟四期8处，详细情况见表二。

表二　鲁东南地区商文化遗存年代分析对照表

中商	殷墟一期	殷墟二期	殷墟三期	殷墟四期
平邑县李家	平邑县前南埠崖	平邑杨谢南墩	平邑县左庄	平邑县洼子地
平邑县蔡庄	平邑县地方	平邑县地方	兰山区金雀山	临沂县革委会大院
费县曹车	费县曹车	平邑杨谢天公庙	兰陵县密家岭	兰陵县东高尧
费县故城	费县轴沟	平邑县瓦子埠南	莒南县墩后	兰陵县密家岭
费县吴家村	费县崮子村	平邑县铜石村西南	莒县东莞	兰陵县晒米城
费县墩头	罗庄区西店子	费县曹车	日照两城联合村	沂源县东安故城
兰陵县刘家堡	罗庄区后盛庄	费县轴沟	沂南县埠子顶	费县朱田
莒县前石窑	河东区上郑庄村东	沂南县南匣石	沂南县南寨	费县上冶双丘
沂水西黄家庄	兰山区呼家墩	沂水县信家庄	沂水县姑子顶	
沂水县仙姑寨	兰陵县作字沟	沂水县西黄家庄	沂源县东安故城	
沂水县姑子顶	兰陵县杭头	沂水县大匡庄		
沂源东安故城	兰陵高王庄			
莒南虎园水库	兰陵县刘家堡			
	莒南县墩后			
	莒南王家坊			
	沂南孔家庄			

续表

中商	殷墟一期	殷墟二期	殷墟三期	殷墟四期
	沂南孙家黄疃			
	沂南南匣石			
	沂水姑子顶			
	沂水大匡庄			
	沂水县五山			
	沂水群子峪			
	沂源东安故城			

3. 聚落分析

（1）分布特点

商文化遗存比较集中分布于鲁中南山区东南部的兰陵县、临沂市西南部，沂河支流——浚河（祊河）的平邑县、费县，沂河中游西侧的沂南县、沂水县，沂河上游的沂水县与沂源县，沭河上游的莒县北部、沂水县东北部。遗址面积不大，背山临河，多为河边台地，遗址文化堆积较厚，一般包含多个时期；主要沿沂河西侧、沭河上游分布，个别向东越过沭河（莒南虎园水库）。

（2）聚落分析

中商时期聚落已经较多分布，并到达沭河东侧，其中出土青铜器的较高等级聚落（出土青铜器）增多，且兵器为主。相对集中分布于三个区域：一是沂河上游、沭河上游，以沂源东安故城为中心（据点）；二是蒙山南侧的沂河的支流——浚河（祊河），费县墩头出土铜戈（据点）；三是鲁中南山区南侧。它们基本沿河呈线性分布，但相对集中成片而尚未连接成面，个别向东跨过沂河（莒县前石窑出土铜戈），且越过了沭河（莒南县虎园水库出土铜觚与爵）。

殷墟一期聚落分布最多，达到顶峰，沿沂河西侧分布，比中商时期的几片区域有所扩大、增加，并连接成面。殷墟二期聚落较多，但相对一期的数量则大大减少，由西向东沿浚河、祊河再向北至沂河中游分布更加密集。殷墟三期聚落与二期数量相近，但是浚河、祊河流域分布变少，而在鲁中南山区南侧、沭河流域明显增加。殷墟一期至三期商文化遗存丰富，聚落密度增加，但仅在沂水信家庄出土殷墟二期的铜戈，其他地点未见青铜器。殷墟四期商文化一般聚落少见，出土大量青铜器（包括礼器、乐器、车马器、兵器）高规格的聚落却增加不少，沂河上游西部（沂源县）、浚河与祊河流域（平邑与费县）、鲁中南山区东南部（兰陵县）成为区域聚落中心。

三、鲁东南地区商文化遗存反映的商王朝东征

关于商王朝征伐东夷，甲骨卜辞、金文等有大量记载，历史文献却记载较少且语焉不详，诸多学者撰文研究，但观点分歧较大。除了地名、族名、人名难以考证外，关于东夷包括多少族系和支系等具体情况也不清楚，考古发现遂成为推进这一课题研究的主要抓手。结合历史文献记载分析，我们认为鲁东南地区商文化遗存主要与商王朝对这一地区东夷势力持续征伐的历史背景相关，伴随着而来的是商文化的东渐。

1. 关于对商王朝征伐东夷的认识

甲骨文、金文中多见商王伐“人方”“尸方”“虘”“夷方”“东夷”等，尽管学者研究意见多有不同，且多是对帝乙、帝辛征人方的地点、路线有争议，但基本共识是商王朝东征对象主要是东夷、淮夷，尤以前者为主。郭沫若先生认为“旧多释尸为人，余谓当是尸字，假为夷。他辞言在齐次隹王来正尸，则夷方即东夷也。征尸方所至之地有在淮河流域者，则殷代尸方乃合山东之鸟夷与淮夷而言”（《卜辞通纂》五六九）。陈秉新先生认为“人方之写法，在甲骨文中与尸字区别甚严，不容混淆。人方与林方、尸（夷）方等都是东夷集团中的方国之一并非东夷或淮夷的泛称。人方当是淮夷中势力较强、对商王朝威胁较大的一个方国。在商王朝的几次讨伐中损伤惨重，曾有两位首领被掳为牺牲”①。

据陈秉新、李立方先生统计甲骨文中关于“人方”卜辞，一期“令人方”仅有1条，三期有“人方不出”2条，四期有“征人方”与“敦人方邑”各1条，五期全为“征人方”43条详细记载往返行程；殷墟卜辞关于“尸方”21条，除有1条是四期外，余皆为一期卜辞；殷墟卜辞关于“虘”16条，一期1条、三期9条、五期5条。

历史文献所见商王朝征伐东夷的记载不多。《竹书纪年》载“仲丁即位，征于蓝夷”，《后汉书·东夷列传》载“至于仲丁，蓝夷作寇。自是或服或畔，三百余年”，《竹书纪年》载“河亶甲征于蓝夷，再征班方”；《后汉书·东夷列传》载“武乙衰敝，东夷浸盛，遂分迁淮、岱，渐居中土”，《左传》昭公四年“商纣为黎之蒐，东夷叛之”、昭公十一年“纣克东夷，而陨其身”。

综合甲骨文、金文和历史文献记载，结合考古发现出土实物资料，很多学者对商人东征、商文化东渐等进行了研究。我们认为商王朝东征主要是针对商代的“东土”，包括今山东地区、苏北、皖北和豫东地区，以分布在山东地区的东夷为主要征伐对象，还涉及东南区域的淮夷；东夷是东方的族团，包括淮夷，同时又分别包含众

---

① 陈秉新、李立方：《出土夷族史料辑考》，安徽大学出版社，2005年。

多方国、支族系，它们因局势动荡又应该是发展、迁徙和变化的。因此，商王朝既有对鲁北地区、胶东半岛东夷的征伐，也有对鲁东南地区东夷的征伐，还有对苏北地区东夷（含淮夷）的征伐。结合考古发现，我们认为见于文献记载的东征，应以鲁东南地区的东夷为主要对象。

2. 鲁东南地区商文化遗存反映的商王朝东征

中商时期鲁东南地区商文化遗存分布在三个区域中心，可以看出商王朝对这一区域东征大致分为北、中、南三条线路：北部自鲁北潍河上游到沭河上游、向西至沂河，进驻沂源县东南部的东安古城；中线自泗水上游沿蒙山南侧向东，顺浚河（平邑）、祊河（费县）推进；南线沿鲁南山区南侧自西向东到达兰陵县。我们认为北部征伐的对象主要是“人方”“虘”（“虘”之地望晚商在费县东南部，周代在莒国中心区域①），南部（包括江苏北部）征伐对象为“尸方”，中部主要征伐的为仲丁和河亶甲时期征伐的蓝夷和班方，我们同意丁山先生的考证意见：“征伐蓝夷或许与仲丁迁敖有关，自洙泗上游进入沂蒙山区”，“蓝夷应是春秋时期的滥邑，位于汉代东海郡昌虑县蓝乡，今滕州市东南”；“班方，引《荀子》《水经注》证明位于汉代东海郡的襄贲”，今临沂东部②。商王朝驱赶这里的东夷并占领该区域，同时向东对东夷进行追踪和军事打击，沭河西侧的莒县前石窑出土铜戈、沭河东侧的莒南县虎园水库出土铜觚、爵就是证明。

尽管文献记载殷墟一、二期商王朝征伐东夷不多，而鲁东南地区商文化遗存在中商占领、征伐的基础上，有了新的扩展，聚落密度增加，但是出土青铜器地点较少，说明此时商王朝平稳推进。武丁时期，有卜辞记载东夷与商王朝往来，夷商关系相对缓和，主要精力对西方、北方进行征伐，对东夷偶有征伐，对鲁南、苏北地区的尸方征伐较多。到廪辛、康丁时期，主要征伐虘，卜辞中伐“虘”的有三期9条，“虘”在沂河以东、沭河中游区域，如上所述在今莒县为中心的周代莒国区域。武乙、文丁时期商王朝衰弱，偶尔对人方、尸方进行征伐。

鲁东南地区出土殷墟四期商文化遗存主要是青铜器，年代当为帝辛时期，青铜器包括礼器、乐器、车马器、兵器，同时青铜器铸有“史”“戎”等铭文，规格相当高，如出土铙、镶嵌绿松石的八角形纹的弓形器等，其地位堪比青州苏埠屯、滕州前掌大，应该与文献记载帝辛时期大规模征伐东夷相关，“纣克东夷，而陨其身”。鲁东南地区商文化这些高等级聚落分布在沂河沿线，都是以前征伐后已经占领的统治中

① 孙敬明：《莒史缀考》，《东夷古国史研究》第2辑，三秦出版社，1990年。

② 丁山：《商周史料考证》，中华书局，1988年。

心，我们认为主要征伐的东夷对象是“䖒又”和“人方”的主力。殷代金文有“䖒又”字青铜礼器18件，据传为山东费县朱田出土（按：朱田位于祊河下游东南），属殷代末期，包括鼎、甗、簋、豆、觯、斝、尊、卣、爵、觚、罍、盉等[①]，如上所述“䖒又”的地望和卜辞、金文关于伐“䖒”的地点和认识是一致的，自中商至殷末、到周代一直在鲁东南地区腹地，属东夷族团一支，在费县及以东的沂河、沭河中游为中心区域。

帝乙帝辛时期，卜辞和金文中记载有十祀、十五祀和二十祀三次征伐“人方”大的战争，其中以十祀规模最大、时间最久。关于征人方的研究目前还存在不同观点，我们同意王恩田先生、方辉先生的考证意见，认为人方主要在山东[②]，同时人方在鲁北、鲁东南、鲁南和苏北地区均有分布，它应该包含比较多的族支系，其中鲁东南地区的人方是帝辛时期主要征伐对象。

以王恩田先生根据1950年代、1970年代滕州后黄庄一带出土的铭文青铜器考证，这一代应是“攸”的地望，攸至迟在武丁时已经建国，是帝乙、帝辛十祀征人方最重要的地点，也是西周早期分封予鲁的“殷遗民中的条氏”[③]。商王或所派军队在攸地（出土青铜器地点在滕州柴胡店镇后黄庄，距离前掌大比较近）与当地方国（前掌大史族、攸族等）共同商讨并从这里向东征伐东夷。殷末两条卜辞载“醜”参与了征伐夷方活动，如“……小臣醜其作圉于东……”，“……醜其驿至于攸……”[④]，学者均认为“醜”即来自山东青州苏埠屯出土“亚醜”青铜器之方国或族系。

方辉先生根据殷末金文和卜辞考证，并同意丁山、李学勤先生从卜辞、金文分析的意见，认为二十祀征伐人方地点已经到达沭水以东莒地一带，且自北部沿沭水至苏北地区[⑤]。

另外，鲁东南地区发现有8处珍珠门文化遗存（莒县西苑遗址、莒县石龙口、莒南县王家坊、沂水县姑子顶、沂南榆林、沂南县高家坊庄、沂南县孙家黄疃、沂南县埠子顶），年代基本为殷墟四期，聚落少，等级低，分布散，有的比较偏僻如在沭河上游、沭河中游东岸和沂河北部，有3处文物点夷商文化因素共存，与商文化聚落形成插

---

① 程长新等：《北京拣选一组二十八件商代带铭铜器》，《文物》1982年第9期。

② 王恩田：《人方位置与征人方路线新证》，《胡厚宣先生纪念文集》，科学出版社，1998年；方辉：《从考古发现谈商代末年的征人方》，《东方考古》第1集，科学出版社，2004年。

③ 王恩田：《人方位置与征人方路线新证》，《胡厚宣先生纪念文集》，科学出版社，1998年。

④ 方辉：《从考古发现谈商代末年的征人方》，《东方考古》第1集，科学出版社，2004年。

⑤ 方辉：《从考古发现谈商代末年的征人方》，《东方考古》第1集，科学出版社，2004年。

花式分布[①]。同时，鲁东南地区岳石文化遗存也非常少。那么，这里的东夷人都到哪里去了？我们认为与中商、晚商征伐有关，商王朝将东夷势力打败，或伤亡、或俘获，还有部分则逃亡，总之东夷主力已不在鲁东南地区。从历史来分析，东夷势力强大主要指其军事势力，具有游动性和不长期固定据点的特点，与考古学文化意义上的遗址、墓葬等聚落不能完全对应。

总之，商王朝自中商时期征伐鲁东南地区的东夷，占领区域至沂河西侧，以此为前沿阵地，向东进行军事打击；殷墟一至三期时期对这一地区又不断扩展，帝乙、帝辛时期针对东夷的反扑进行了坚决地镇压，却也耗尽了元气。商王朝征伐鲁东南地区东夷采取北、中、南三条线路，占领三个区域，以据点为中心进行统治与军事打击。这种战略战术分别依托北部、中部和南部三个大后方进行的：北部自鲁北南部（青州至安丘一带）越过沂山山脉向沂沭河上游征伐，西部从邹城、泗水一带沿蒙山南侧顺浚河向东推进，南部以滕州东南部前掌大等地为依托沿鲁南山地南侧向东进攻至兰陵县、向东南地区伸入到苏北铜山并直达连云港，形成三面包围之势，打败俘获鲁东南地区东夷势力，从此稳定住了整个地方局势。

四、余　论

由于过去鲁东南地区商代文化遗存考古发掘少，资料报道极少，影响了山东地区商代考古学文化时空关系、文化谱系、夷商关系等课题的全面认识与深入研究。最近我们通过调查与研究，基本搞清楚了鲁东南地区商文化面貌，对商王朝东征等学术问题提出了新的认识。鲁东南地区商代考古学文化对研究区域文化融合与演变，对研究东夷与淮夷、夷商关系，对研究周代莒文化的渊源等诸多重要学术问题都具有重要意义，需要今后科学地做大量的区域考古调查和发掘工作，需要加强周边地区商代考古学文化的比较研究，需要学术界同仁共同关注与研究。

鲁北地区在中商时期商王朝已经扩张到青州弥河流域[②]，但文献中不见对此区域的征伐。甲骨文卜辞贞问是否征伐“莱”中属一期的一条，据考证莱在今山东龙口市归城一带，属东夷文化范畴，说明中商晚期夷商还对峙。晚商时期，东夷文化的珍珠门文化会泉庄类型分布至潍河以西，淄弥河流域则显示夷商文化因素共存，说明该地区局面相对稳定。

潍河流域和胶东半岛在早商、中商时期分布着岳石文化，晚商时期则分布着珍珠

① 刘延常、赵国靖、刘桂峰：《鲁东南地区商代文化遗存调查与研究》，《东方考古》第11集，科学出版社，2014年。

② 陈雪香：《山东地区商文化聚落形态演变初探》，《华夏考古》2007年第1期。

门文化[①]，文化遗存丰富，聚落分布比较密集。

鲁中南地区自中商至商末的商文化遗存分布密集，也出土不少青铜器，主要集中在泗水县和邹城市境内，这里也是商王朝稳固的统治中心；鲁南地区发现了诸多中商时期商文化遗存，如滕州前掌大、轩辕庄、吕楼、大康留出土了较多的青铜器，直到商末枣滕地区都是商王朝比较稳定的统治中心[②]。

江苏省北部地区商文化遗存主要集中在中商时期和殷墟四期，长江以北地区典型商文化遗存的发现，证明商王朝已经扩展到东南部并牢牢控制了该地区[③]，而这一地区征伐的对象主要是淮夷，也包括鲁东南地区和苏北地区的东夷。

综上所述，鲁东南地区之南部的苏北地区，西部的鲁中南、鲁南地区，北部的鲁北南部地区均被商王朝占领，为典型商文化区域；其东北部为胶东半岛岳石文化、珍珠门文化的东夷文化分布区；而鲁东南地区商代夷人文化——岳石文化、珍珠门文化遗存较少，商文化在这一区域推进到沂河西岸。因而说明了商王朝对鲁东南地区东夷进行了持续而彻底的征伐。

商王朝东征伴随着是商文化的东渐，同时促进了夷商文化的融合，为我们探讨东方区域文化的演变和中华民族传统文化的形成提供了极好的案例。

① 方辉：《岳石文化区域类型新论》，《刘敦愿先生纪念文集》，山东大学出版社，2000年；刘延常：《珍珠门文化初探》，《华夏考古》2001年第4期。

② 唐际根：《中商文化研究》，《考古学报》1999年第4期；高广仁：《海岱地区的商代文化遗存》，《考古学报》2000年第2期；邵望平：《商王朝东土的夷商融合》，《东方考古》第4集，科学出版社，2008年；燕生东：《泗水流域的商代——史学与考古学的多重构建》，《东方考古》第4集，科学出版社，2008年。

③ 燕生东：《江苏地区的商文化》，《东南文化》2011年第6期。

二里头M3及随葬绿松石龙形器的考古背景分析

许　宏

（中国社会科学院考古研究所）

摘　要　2002年，二里头遗址贵族墓2002VM3中出土了一件大型绿松石龙形器，这是中国早期龙形象文物和绿松石镶嵌文物的又一重要发现。这座墓葬及随葬的绿松石龙形器，出现于二里头都邑初始兴盛期的宫殿区。此时的二里头聚落已经具备了东亚地区超大型都邑的内涵与气象。M3则属于迄今所知二里头都邑中最高等级的墓葬之一，墓主为具有特殊身份的较高等级的贵族。

本文拟对此器及这座墓葬的考古背景做一粗浅的分析，除了M3所处的时空位置、M3的墓葬层级定位，还涉及M3的器物组合与相关问题。这些问题包括铜铃与绿松石镶嵌器的组合关系，以及对铜铃与玉石铃舌、圆陶片与漆觚等器物组合的分析。

关键词　二里头；绿松石龙形器；贵族墓；铜铃；牌饰

2002年，二里头遗址贵族墓2002VM3中出土了一件大型绿松石龙形器①，这是中国早期龙形象文物和松石镶嵌文物的又一重要发现。本文拟对此器及这座墓葬的考古背景做一粗浅的分析。

一、M3所处时空位置

随葬绿松石龙形器的墓葬2002VM3，位于二里头遗址宫殿区，时代属二里头文化二期晚段②。

自二里头文化第二期起，二里头都邑进入兴盛期。遗存基本上遍布已发掘区域，文化堆积丰厚。遗址总面积逾300万平方米，遗址东南部的微高地成为宫殿区（图一）。

① 中国社会科学院考古研究所二里头工作队：《河南偃师二里头遗址中心区的考古新发现》，《考古》2005年第7期；中国社会科学院考古研究所：《二里头（1999—2006）》，文物出版社，2014年，第1005、1006页。下引这一阶段的发掘成果均见于该报告，一般不另注明。

② 中国社会科学院考古研究所：《二里头（1999—2006）》，文物出版社，2014年，第998～1006页。

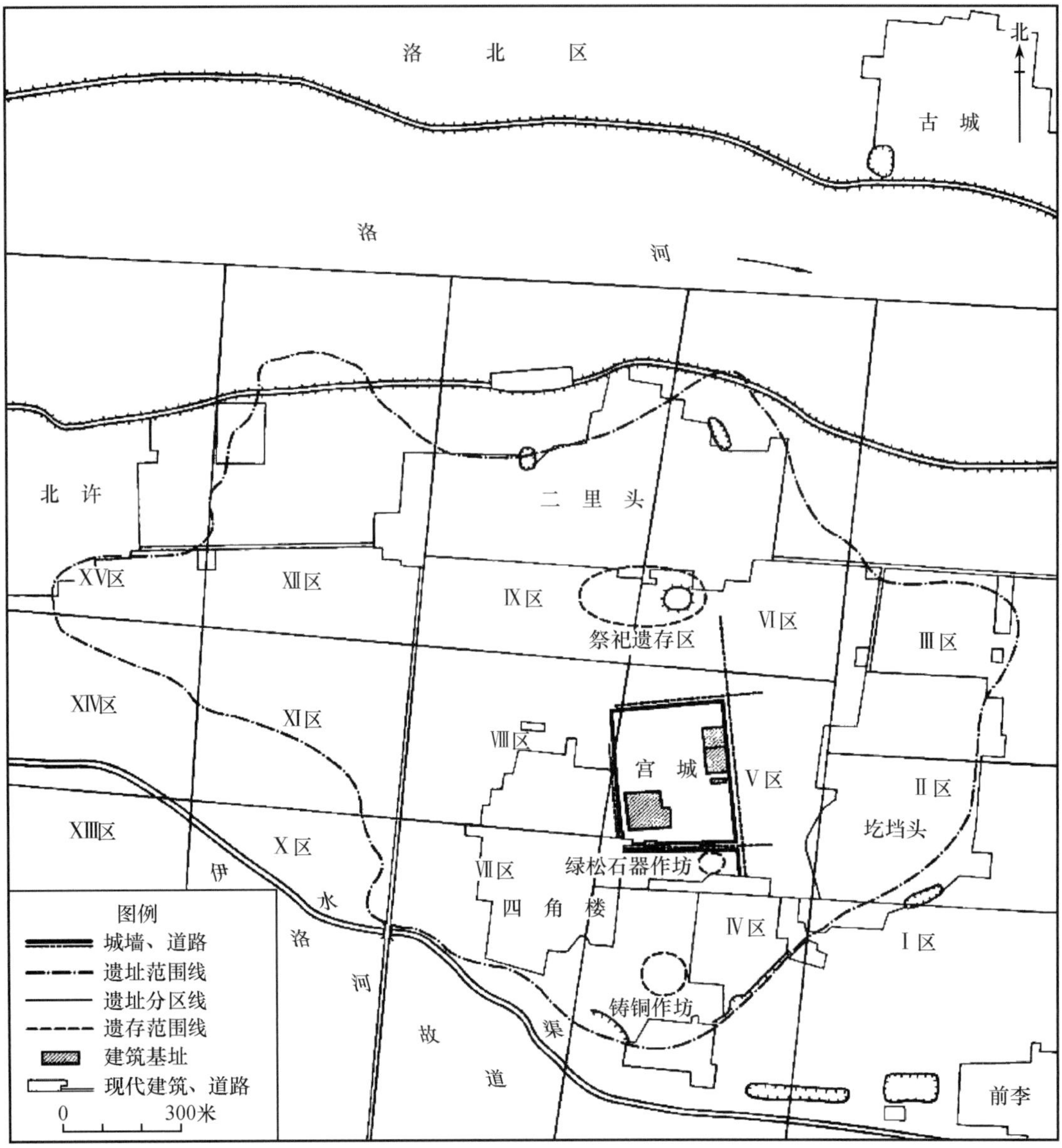

图一　二里头遗址平面图

发掘结果表明，进入二里头文化二期早段，墓葬M3所在的区域已作为宫殿区得到开发。已发现了大面积的夯土台基和大型多院落建筑。大型建筑基址群的外围已形成道路。至少自二里头文化二期晚段始，该区域的外围垂直相交的大路已全面使用，最宽处逾20米[①]。

① 中国社会科学院考古研究所二里头工作队：《河南偃师市二里头遗址宫城及宫殿区外围道路的勘察与发掘》，《考古》2004年第11期。

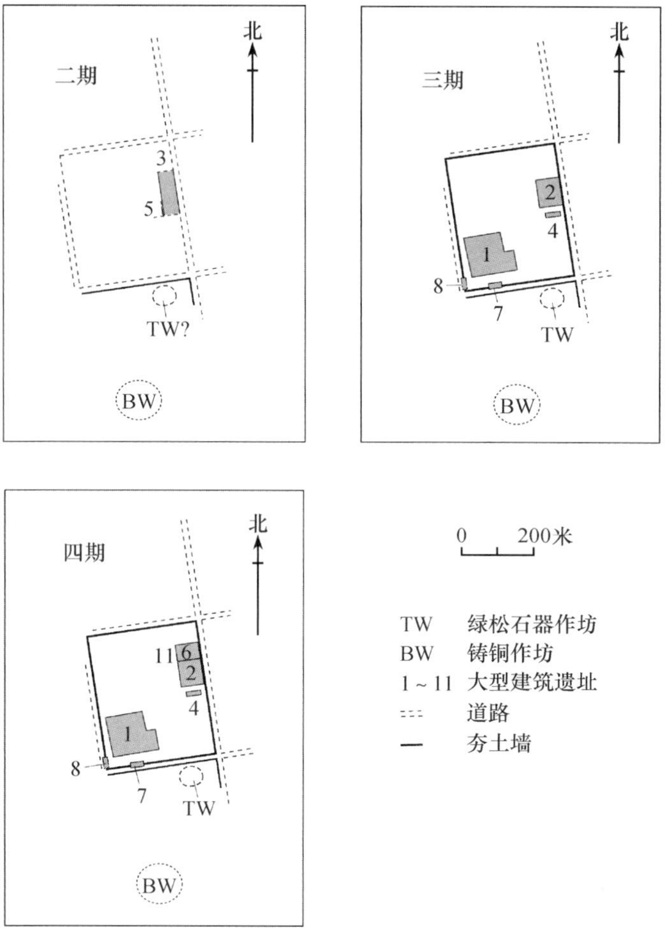

图二　二里头遗址中心区布局的演变过程

宫殿区以东大路的内侧，已发现了3号、5号两座东西并列的大型建筑基址。两座基址之间以宽约3米的通道相隔，通道沿3号基址西墙向南北延伸，长逾百米，通道的路土下发现有木结构排水暗渠。

3号基址是一座（或一组）带有多进院落的组合式建筑。由于其上叠压着二里头文化晚期的4号、2号和6号三座夯土基址，我们对3号基址布局结构的细节尚不十分清楚。在发掘区内长约150米、宽约50米的范围内，属于二里头文化二期晚段的夯土及其使用时期的路土遗存普遍存在。可以肯定的是其南院、中院和北院的西庑经统一规划，拥有共同的建筑轴线。3号基址的北院内发现有积水迹象的大型池状遗迹，总体呈圆角长方形，方向与3号基址相同，面积逾1200平方米。在偏北的6号基址下仍发现属于二里头文化二期的夯土，其是否与南部的基址属于同一座（组）建筑，尚难遽断。

新近发掘的5号基址也至少有三进院落，发掘区内南北长约45米，南缘超出发掘范

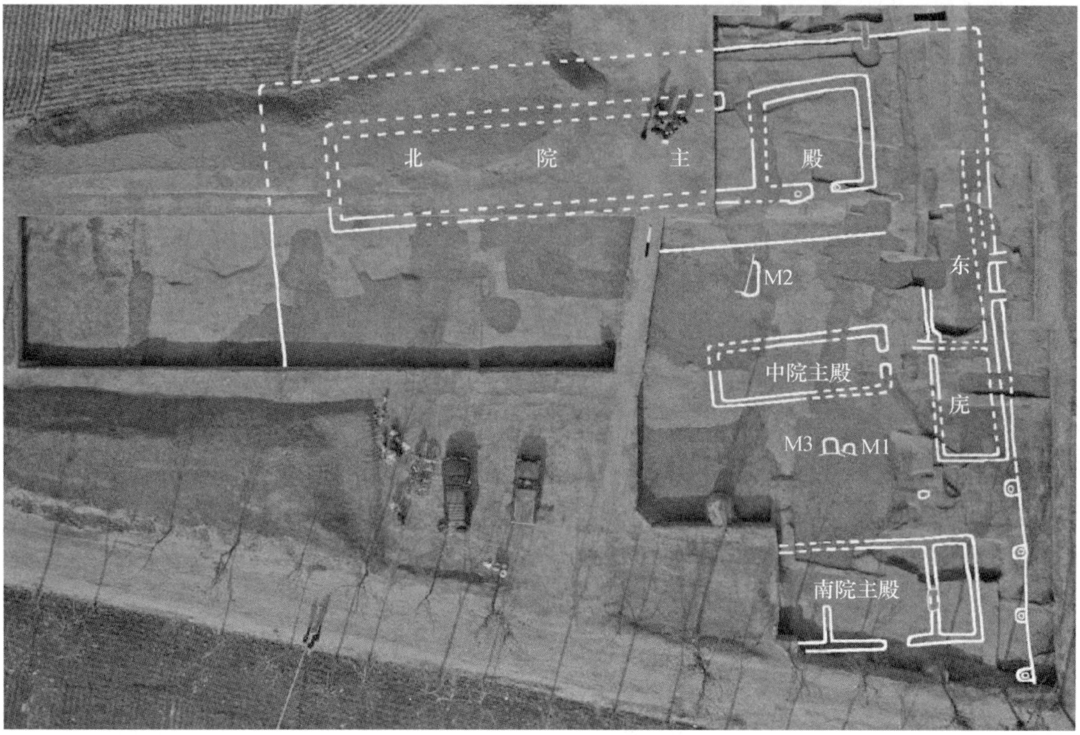

图三　二里头遗址5号基址

围继续向南延伸，上层夯土东西宽约48米，总面积超过2100平方米。鉴于3号基址被二里头文化晚期的基址所叠压，具体面貌不详，5号基址是迄今所知保存最好的二里头文化早期的大型宫室建筑①。

在宫室建筑群以北，还发现了平面呈圆角长方形、总面积达2200平方米的巨型坑，该坑的形成时间不晚于二里头文化二期。坑内发现有大片陶片铺垫的活动面、以幼猪为祭品的祭祀遗迹等②。

与此同时，宫殿区以南的围垣已兴建起来，其内的铸铜作坊、绿松石器制造作坊等都已投入使用；宫殿区周围的贵族聚居区已有墓葬分布；宫殿区以北的祭祀遗存区已存在，且发现有墓葬③。

这就是出土绿松石龙形器的M3所处的聚落形态背景。

---

① 赵海涛、许宏、陈国梁：《二里头遗址宫殿区2010～2011年度勘探与发掘新收获》，《中国文物报》2011年11月4日。

② 赵海涛、许宏、陈国梁：《二里头遗址宫殿区2010～2011年度勘探与发掘新收获》，《中国文物报》2011年11月4日。

③ 许宏、陈国梁、赵海涛：《二里头遗址聚落形态的初步考察》，《考古》2004年第11期。

二、M3的墓葬层级定位

在3号基址的南院和中院，迄今发现多座墓葬。已清理了5座，另有1座被破坏殆尽。前述5号基址的中院和北院内，也发现有同时期的墓葬。

这些墓葬东西成排分布，墓葬间距相近，方向基本相同，均为南北向。墓葬均为土坑竖穴墓，多铺朱砂、有棺痕，出有铜器、玉器、漆器、白陶器、印纹釉陶器（或原始瓷器）、绿松石器、成组蚌饰、海贝和大量陶器。从层位关系上看，这些墓葬多为院内路土叠压，又打破更早的路土，说明当时埋入死者后大型建筑仍在使用，也即这些墓葬均为3号、5号基址使用时期的遗迹；从随葬遗物看，其时代为二里头文化二期早段至二期晚段。这是二里头遗址发掘中首次在宫殿区内发现的规格较高的墓葬。

从这批墓葬的规格上看，当时是有一定身份的死者才可以入葬其中的。也许除了贵族外，他们还有其他特殊的身份，而这种特殊的身份又应与建筑的性质有一定的关系①。埋于宫殿区内的青铜时代的墓葬，可类比的有安阳殷墟妇好墓②、花园庄东地M54③等，但其原因与性质或许并不相同。已有学者对包括M3在内的这些墓葬所在建筑基址的性质加以讨论，大多认为应属宗庙建筑④，到目前为止还难以做出确切的推断。无论如何，可以排除这些墓葬属祭祀活动形成的人牲坑的可能，它们所在之处也绝非当时的墓地，应属有较高社会地位者的正常埋葬⑤。

迄今为止，二里头遗址所发现的二里头文化时期的墓葬达400余座，均为中小型墓。到目前为止，还没有发现与大型宫室建筑相应的大型墓葬⑥。正常埋葬的二里头文化墓葬一般被分为三个大的等级：

甲类墓（第Ⅰ级）墓穴面积在2平方米以上，有木棺，随葬铜、玉、陶、漆礼器和绿松石器等；

乙类墓（第ⅡA、ⅡB级）面积在1～2平方米之间，或有木棺，随葬陶礼器、玉器、绿松石器等；

---

① 李志鹏：《二里头文化墓葬研究》，《中国早期青铜文化——二里头文化专题研究》，科学出版社，2008年。

② 中国社会科学院考古研究所：《殷墟妇好墓》，科学出版社，1980年。

③ 中国社会科学院考古研究所：《安阳殷墟花园庄东地商代墓葬》，科学出版社，2007年。

④ 陈旭：《偃师二里头遗址近年考古新发现的意义》、杜金鹏：《中国龙　华夏魂——试论偃师二里头遗址“龙文物”》，杜金鹏、许宏主编：《二里头遗址与二里头文化研究：中国·二里头遗址与二里头文化国际学术研讨会论文集》，科学出版社，2006年。

⑤ 杜金鹏：《中国龙　华夏魂——试论偃师二里头遗址“龙文物”》，杜金鹏、许宏主编：《二里头遗址与二里头文化研究：中国·二里头遗址与二里头文化国际学术研讨会论文集》。

⑥ 许宏、陈国梁、赵海涛：《二里头遗址聚落形态的初步考察》，《考古》2004年第11期。

图四　墓葬2002ⅤM3（西—东）

丙类墓（第Ⅲ、Ⅳ级）墓穴面积一般在1平方米以下，基本无木质葬具，随葬日用陶器、生活用品，或无随葬品[①]。

据李志鹏的统计，在能够确定期别的265座墓葬中，甲类墓24座，乙类墓60座，丙类墓137座，呈金字塔式结构。就二里头文化第二期墓葬而言，共74座，其中甲类墓仅3座，2002ⅤM3位居其列。

M3为近长方形竖穴土坑墓，方向356度，墓口长2.24米，宽在1.1米左右，墓葬残深0.5～0.6米。墓主葬式为侧身直肢，头朝北，面向东。经鉴定，墓主为成年男性，年龄在30～35岁之间。墓底散见零星朱砂，未发现明确的棺痕[②]。

二里头遗址已发现的甲类墓中，已知墓圹面积超过2平方米（即大体为2米长、1米宽）的贵族墓只有10座，而属于第二期的仅有2座，M3是其中的一座。所以，M3属于迄今所知二里头都邑中最高等级的墓之一。同时，M3又是3号基址院内发现的6座墓中最接近建筑中轴线的一座，其面积、位置和随葬品的丰富程度也是成正比的。

三、M3的器物组合与相关问题

2002ⅤM3墓内出土随葬品丰富，包括铜器、玉器、绿松石器、白陶器、漆器、陶

---

① 李志鹏：《二里头文化墓葬研究》，《中国早期青铜文化——二里头文化专题研究》，科学出版社，2008年，第28、29页。

② 中国社会科学院考古研究所二里头工作队：《河南偃师二里头遗址中心区的考古新发现》，《考古》2005年第7期；中国社会科学院考古研究所：《二里头（1999—2006）》，文物出版社，2014年，第998、999页。

器和海贝等，总计37件（组）（详见表一）。这里仅就绿松石龙形器及其同类器——嵌绿松石铜牌饰与铜铃的组合关系，以及铜铃与铃舌、圆陶片与漆器的组合关系做进一步的讨论。

（一）铜铃与松石镶嵌器的组合关系

M3墓内出土铜铃1件，置于墓主腰部，绿松石龙形器之上。铃内有玉质铃舌，铜铃表面黏附一层红漆皮和纺织品印痕。

目前在二里头遗址，还没有发现二里头文化二期的青铜容器。在前述被定为第二期的3座甲类墓中，都出土有铜铃，另一座保存基本完好的墓中还伴出有嵌绿松石铜牌饰。如是，铜铃与嵌绿松石铜牌饰，就是二里头文化第二期仅见的两种与礼仪相关的青铜器。鉴于二里头文化第一期尚未发现此类铜器，它们也是二里头文化最早的与礼仪相关的青铜器。依这一分期意见，嵌绿松石铜牌饰和绿松石龙形器这两种松石镶嵌器就具有共时性，都见于二里头文化第二期。

但这一结论，还有详细分析的必要。

墓葬2002VM3之外的2座出有铜铃的二期墓葬，分别是82ⅨM4①和81VM4②。

前者遭盗扰，仅发现铜铃、玉铃舌、玉钺和2件绿松石饰。在没有可资断代的陶器出土、没有交代任何层位关系的情况下，简报作者明确地将其断为第二期，其他几座墓也有类似的情况，不知何据。据发掘者介绍，同时发掘的这批墓葬分属于第二期和第三期，不排除该墓属二里头文化晚期的可能性。该墓出土的所谓玉钺，两侧带扉齿，应为广义的钺之一种——戚③，除此器外，这类器物均见于二里头文化第四期，此器扉齿的形态则颇近于属于第三、四期的璧戚④。

墓葬1981VM4也遭盗扰，出土了铜铃、玉铃舌、嵌绿松石铜牌饰、玉柄形饰、绿松石管珠、漆钵、漆觚、漆鼓等漆器，以及陶盉和圆陶片。简报中只说“根据地层叠压关系及随葬品分析：M4、M5属二里头二期偏晚，M1、M3则属二里头三期……”，却没有给出具体的层位关系，M4出土的陶盉的文字和图像资料也没有刊布。

---

① 中国社会科学院考古研究所二里头工作队：《1982年秋偃师二里头遗址九区发掘简报》，《考古》1985年第12期。

② 中国社会科学院考古研究所二里头工作队：《1981年河南偃师二里头墓葬发掘简报》，《考古》1984年第1期。

③ 栾丰实：《二里头遗址出土玉礼器中的东方因素》，韩国河、张松林主编：《中原地区文明化进程学术研讨会文集》，科学出版社，2006年。

④ 中国社会科学院考古研究所：《偃师二里头（1959年～1978年考古发掘报告）》，中国大百科全书出版社，1999年，第251页。原报告定为第三期的墓葬75VIKM3，应属四期早段。详，许宏、赵海涛：《二里头遗址文化分期再检讨——以出土铜、玉礼器的墓葬为中心》，《南方文物》2010年第3期。

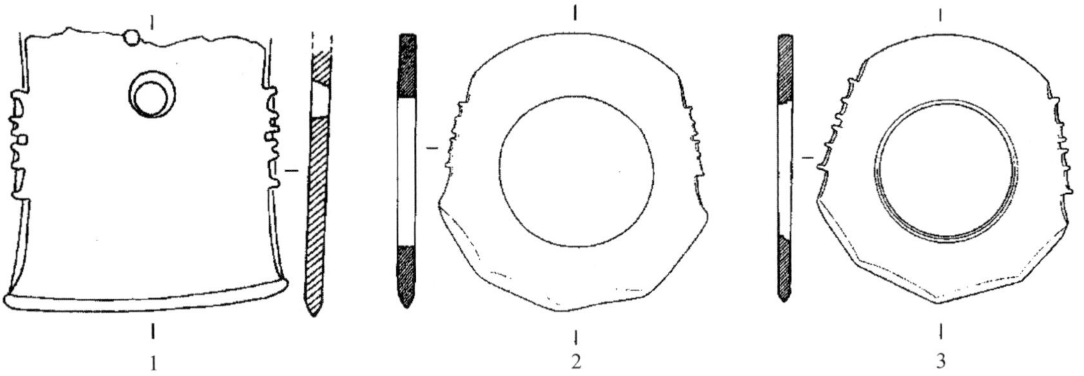

图五 玉石器扉齿形态的比较

1. 戚（82ⅨM4） 2. 璧戚（ⅧKM5） 3. 璧戚（ⅥKM3）

从空间关系上看，“M3、M4、M5三座墓自东向西分别排列在夯土基址的北面”。叶万松等认为M3、M4、M5应同属二里头文化第三期。其理由是：“虽然M4出土的陶盉等器物由于与其他墓内出土的同类器相似或未及复原等原因未发表，但简报公布了与M4同期的M5出土的一组陶器。M5出土的陶盉（M5：4）与《二里头陶器集粹》‘陶器分期图’中的第三期陶盉（85VIM4：1）相近……M5出土的陶豆是典型的二里头三期的浅盘高圈足无镂孔豆……从整体观之，M5的年代当属二里头三期，而与其同期的M4的年代亦应为二里头三期。”①李志鹏更将81VM5的时代定为三期晚段②。

迄今为止，已发表的出土于二里头遗址的铜牌饰共3件，另外的两件均属第四期。而上述分期意见应可信从，那么，M4所出铜铃和嵌绿松石铜牌饰也就很可能早不到二里头文化第二期。

除了李志鹏定为甲类墓的上述3座出有铜铃的“二期”墓葬外，还有一座出土铜铃的墓（62VM22），在发掘报告中也被定为二期③。经查对原简报④，其中披露了M22出土的鬶、小罐（报告称高领罐）的线图（该简报未按遗存单位发表器物），这2件器物当时被定为“晚期”即后来的第三期，说明发掘者原本即认定该墓属第三期。近来学者把这座墓划归三期早段⑤，是妥当的。要之，这件出有铜铃的墓可以排除在二

① 叶万松、李德方：《偃师二里头遗址兽纹铜牌考识》，《考古与文物》2001年第5期。

② 李志鹏：《二里头文化墓葬研究》，中国社会科学院考古研究所编：《中国早期青铜文化——二里头文化专题研究》，科学出版社，2008年，第100页。

③ 中国社会科学院考古研究所：《偃师二里头（1959年～1978年考古发掘报告）》，中国大百科全书出版社，1999年，第124～137页。

④ 中国科学院考古研究所洛阳发掘队：《河南偃师二里头遗址发掘简报》，《考古》1965年第5期。

⑤ 李志鹏：《二里头文化墓葬研究》、陈国梁：《二里头文化铜器研究》，中国社会科学院考古研究所编：《中国早期青铜文化——二里头文化专题研究》，科学出版社，2008年；许宏、赵海涛：《二里头遗址文化分期再检讨——以出土铜、玉礼器的墓葬为中心》，《南方文物》2010年第3期。

期之外。

鉴于此，2002VM3所出铜铃是迄今为止唯一一件因具有明确的层位关系和器物组合而可以确认属二里头文化第二期的铜铃；而如前所述，嵌绿松石铜牌饰很可能早不到二里头文化二期，从而与绿松石龙形器不一定具有共时关系，而很可能是早晚相继。如是，2002VM3的青铜铃也就是迄今可确认的二里头文化二期（早期）唯一一件礼仪性铜器，也是二里头文化最早的礼仪性铜器。

目前所知随葬铜铃的墓葬共6座，除前述4座外，还有2座属二里头文化第四期，即84VIM11[①]、87VIM57[②]。我们将这6座墓的情况列表如下（表一）。

表一　二里头遗址随葬铜铃、松石镶嵌器的墓葬

墓葬单位	保存状况	墓圹 长×宽-深（米）	铜礼器	玉石器	陶器	漆器及其他	原分期	笔者分期
2002VM3	较好	2.24×1.1-（0.5～0.6）	铃（含铃舌）	绿松石龙形器、绿松石珠2	斗笠状白陶器3，爵、盉2、长流盉、鼎、豆3、高领尊3、平底盆2、器盖，圆陶片3	觚、钵形器、带柄容器等。海贝逾90枚	二期	二期晚段
81VM4	扰	2.5×1.16-?	铃（含铃舌）、嵌绿松石牌饰	绿松石管珠2	盉（无图）、圆陶片2	觚、鼓、钵2	二期	三期?
82ⅨM4	扰	—	铃（含铃舌）	钺、绿松石饰2			二期	三期?
62VM22	好	2.05×0.6-0.4	铃	绿松石大扁珠2	鼎、鬶、爵、觚2、豆2、折沿盆、高领罐、瓮	海贝1	二期	三期早段
84VIM11	好	2.4×（0.8～0.9）-0.9	爵、铃（含铃舌）、嵌绿松石牌饰	刀、圭、璧戚、柄形器3，绿松石管饰2	爵、盉，圆陶片6	盒，海贝58	四期	四期早段
87VIM57	好	2×1.05-0.35	爵、铃（含铃舌）、嵌绿松石牌饰	戈、刀、半月形器、柄形器2、小玉饰多枚，绿松石珠2、绿松石片若干	盉、簋、圆腹罐、盆，圆陶片5	觚（？），海贝5，石铲	四期	四期早段

① 中国社会科学院考古研究所二里头工作队：《1984年秋河南偃师二里头遗址发现的几座墓葬》，《考古》1986年第4期。

② 中国社会科学院考古研究所二里头工作队：《1987年偃师二里头遗址墓葬发掘简报》，《考古》1992年第4期。

我们先看6座墓中2座不出松石镶嵌器墓葬的情况。如表一所示，82ⅨM4遭盗扰，原器物组合不清。62ⅤM22则显得较为特殊。首先，该墓的宽度较小，只有0.6米，面积不足2平方米；而其余5座墓的面积都超过了2平方米。其次，这座墓中仅有铜铃，而无铃舌，响器组合不全；而其他5座墓的铜铃和铃舌都是伴出的。此外，该墓还缺乏玉器和漆器，也与其他墓形成对比。总体上看，62ⅤM22的规格偏低，随葬铜铃不甚符合规制，可能为特例。这或可解释该墓未出松石镶嵌器（铜牌饰）的原因。

除上述两墓，其他4座墓都是铜铃与松石镶嵌器（嵌绿松石动物纹铜牌饰，或大型绿松石龙形器）共出。偏早的绿松石龙形器与铜铃、偏晚的铜牌饰与铜铃的组合关系相对固定；绿松石龙形器和铜牌饰在墓葬中的位置相近，都置于墓主人的上半身。种种现象，表明绿松石龙形器和铜牌饰应大致属同类器，铜铃与动物母题松石镶嵌器应是二里头文化贵族墓随葬品中一个较固定的组合。以这一组合随葬的墓主人或许有特定的身份。

这样，二里头文化铜铃与松石镶嵌器可能的分期组合关系可表述为（表二）：

表二　铜铃与松石镶嵌器可能的分期组合关系

墓号	二期晚段	三期?	四期早段
2002ⅤM3	铜铃+松石龙形器		
81ⅤM4		铜铃+松石铜牌饰	
84ⅥM11 87ⅥM57			铜爵+铜铃+松石铜牌饰

（二）其他器物组合分析举例

1. 铜铃与铃舌

关于铜铃与玉石质铃舌的对应关系，还有一个认识过程。

二里头遗址二里头文化墓葬中的铃舌，最早发现于1981年发掘的墓葬81ⅤM4。当年抢救性清理的6座墓葬是否均遭扰动，简报没有明确交代，只提及“清理的六座墓，以M1和M6被破坏的最严重”，暗示这批墓葬均遭到了不同程度的损坏。从81ⅤM4平面图中器物的分布上看，该墓可能也遭扰乱。铜牌饰和铜铃位置相近，位于墓葬中部偏北处，铃舌与铜铃分离，但位于其近旁。原状如此还是经扰动，不得而知。或许1960年代在墓葬62ⅤM22中发现第一件铜铃没有伴出铃舌，而此墓中铃舌又与铜铃分离，所以发掘者没有将其联系在一起，而称铃舌为“玉管”和“玉管状物”（该

1　　　　2

图六　铜铃与松石镶嵌器的组合

1. 铜铃+松石龙形器（2002ⅤM3）　2. 铜爵+铜铃+松石铜牌饰（84ⅥM11）

简报图注）①。

1980年代在82ⅨM4中又有铜铃和铃舌共出。此墓也经扰乱，但铃舌“与铜铃为社员取土时从墓中发现，该器置铃内”，已透露出二者关系的重要信息，遗憾的是未保存下图像资料。发掘者或许出于慎重的考虑，仍称铃舌为“管状玉器”②。

随后，墓葬84ⅥM11、87ⅥM57中又先后出土了铜铃与铃舌。这两批墓葬都是在正式布设的探方中发现的，从简报介绍的情况看，应未遭扰动。铜牌饰和铜铃都位于墓穴中部，铃舌与铜铃分离，或位于铜牌饰与铜铃之间（84ⅥM11），或在铜铃近旁（87ⅥM57）。这或许提示我们二者在下葬时就可能分开放置？1984年发掘的简报仍称铃舌为“玉管状器”③，到1987年简报，始称其为“玉铃舌”，且介绍“铃舌下端周缘

① 中国社会科学院考古研究所二里头工作队：《1981年河南偃师二里头墓葬发掘简报》，《考古》1984年第1期。

② 中国社会科学院考古研究所二里头队：《1982年秋偃师二里头遗址九区发掘简报》，《考古》1985年第12期。

③ 中国社会科学院考古研究所二里头工作队：《1984年秋河南偃师二里头遗址发现的几座墓葬》，《考古》1986年第4期。

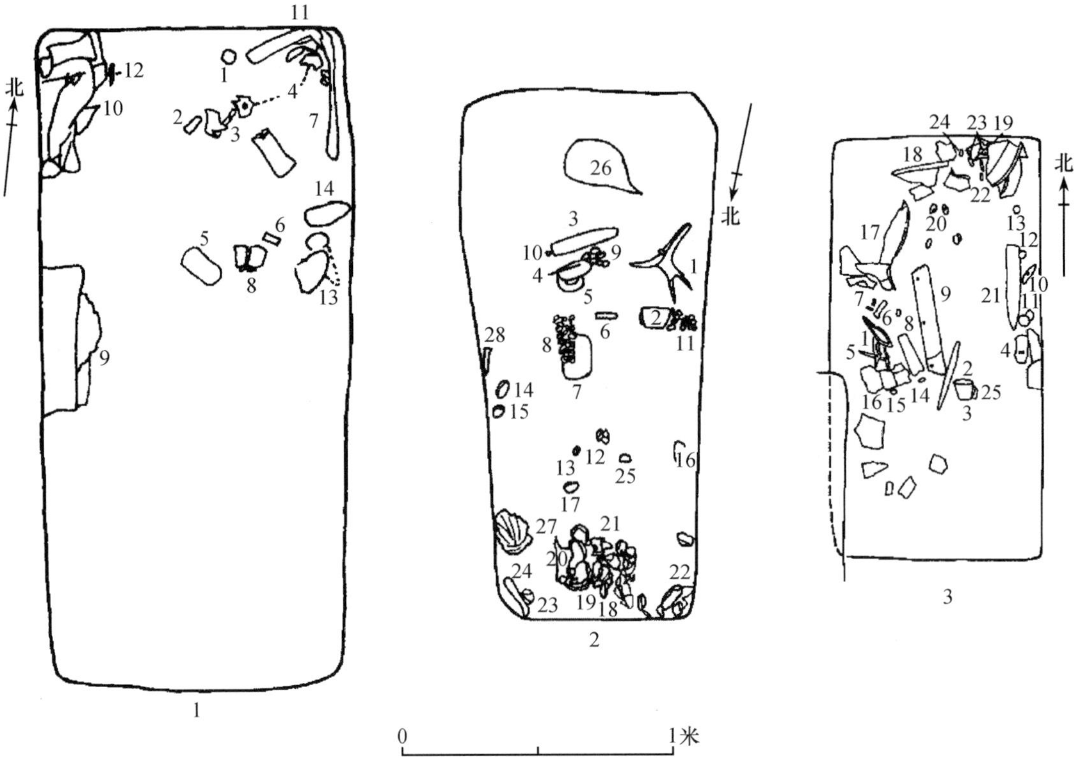

图七　出土铜铃与铃舌的墓葬平面图

1. 81ⅤM4　2. 84ⅥM11　3. 87ⅥM57

有撞击痕”①。至此，铃舌的性质得以确认。

在2002ⅤM3中，玉石质铃舌置于铜铃内，显现出其原真的使用状态。这是首次经正式清理的、按原真使用状态放置的二里头文化铜铃与铃舌组合，因而具有重要的史料价值。

2. 圆陶片与漆觚

在历年清理的二里头遗址墓葬中，除了成组的陶质容器外，还经常出土有圆陶片。这些圆陶片“由器底或陶片磨成，大部分留有纹饰和麻点”，并不十分精致，但表面往往涂朱。其直径多在3厘米余，大者直径在5.3～7.3厘米之间②。

1980年代，发掘者已注意到二里头文化的墓葬中“规格较高者有柄形饰、铜铃、

① 中国社会科学院考古研究所二里头工作队：《1987年偃师二里头遗址墓葬发掘简报》，《考古》1992年第4期。

② 中国社会科学院考古研究所：《偃师二里头（1959年～1978年考古发掘报告）》，中国大百科全书出版社，1999年，第259页。

绿松石饰、绿松石镶嵌兽面纹铜牌饰、圆陶片、漆器等随葬”[①]。随后有研究者在梳理墓葬材料时也注意到这类小物件的存在。如缪雅娟、刘忠伏提及“二、三、四期中型墓绝大多数还随葬有圆陶片，数量一至六枚不等”[②]。郑若葵更将其与陶质容器一起做了统计。论及墓葬的陶器组合，作者认为“（陶器器形数量和种类）应用场次的多寡区别，如实地反映了它们在组合中的主次地位或主从关系”。他指出，“圆片在小型二、三期墓中地位不显，至四期方明显提高，但在中型墓中，圆片在二期的作用虽也不太明显，但至三、四期则明显占据核心器形地位。此外，从组合总体特点看，小型墓较偏重罐、豆、三足盘，而中型墓则突出盉、圆片”[③]。小型墓偏重的均为日用盛食器，中型墓则突出酒器和圆陶片，这是个非常值得重视的现象。但郑若葵的分析止于对现象的观察和统计。

李志鹏《二里头文化墓葬研究》一文，是目前关于二里头文化墓葬最为深入系统的研究[④]。在他划分的层级最高的Ⅰ级墓中，“随葬有青铜礼器、玉礼器、绿松石器和比较精致的陶礼器（如白陶器），往往还随葬有漆器和圆陶片。圆陶片的数量一般与墓葬随葬品的丰富程度成正比”；ⅡA级墓“一般随葬成组陶质酒器、玉礼器和圆陶片”。据他的统计结果，“各期不同等级墓葬的墓圹长宽（尤以宽度反映更为明显）、圆陶片、铜器、玉器的数量随着墓葬等级由高往低呈递减趋势。也就是说，墓葬的等级差别在墓圹规模和随葬圆陶片、铜器、玉器的数量上反映得最明显”。到第三、四期，“圆陶片基本成为铜器墓必出的器物，而且其数量多寡一般与随葬品的丰富程度和墓葬等级高低有着对应关系”。“因此圆陶片数量的多寡可能代表着铜器墓内部等级的区分”。他进而指出，“圆陶片主要是一种身份象征物，很难界定为礼器”。

一种与墓室规模、铜玉礼器等同为墓葬等级划分标志物的随葬品，又“很难界定为礼器”，这是非常不合情理的。一种普通陶容器残片的简单改制品，又如何能成为“身份象征物”？显然，这种不起眼的“小件”不应是以独立的身份而出现的，它最有可能与铃舌一样，属于某种高等级器物的附件或组成部分？多年来对二里头文化墓葬的发掘与研究，都没能给出令人满意的答案。

M3的发现为圆陶片功用问题的探索提供了重要的线索：“漆器种类和数量较多，

---

① 中国社会科学院考古研究所二里头工作队：《1984年秋河南偃师二里头遗址发现的几座墓葬》，《考古》1986年第4期。

② 缪雅娟、刘忠伏：《二里头遗址墓葬浅析》，《文物研究》第3期，黄山书社，1988年。

③ 郑若葵：《论二里头文化类型墓葬》，《华夏考古》1994年第4期。

④ 李志鹏：《二里头文化墓葬研究》，中国社会科学院考古研究所编：《中国早期青铜文化——二里头文化专题研究》，科学出版社，2008年。

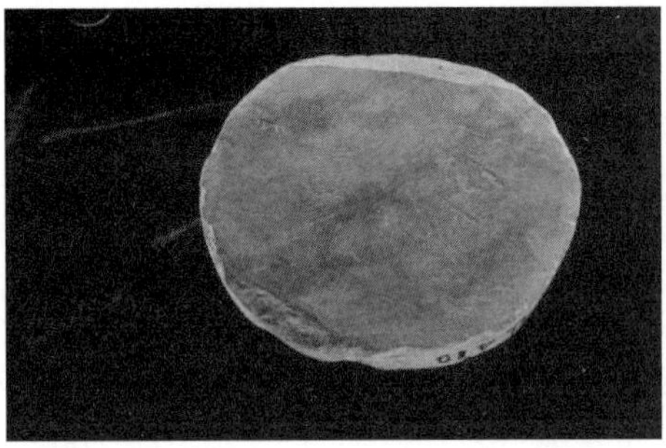

1

2

图八　圆陶片及其出土状况

1. 圆陶片（01ⅤM1）　2. 圆陶片与漆觚的关系（02ⅤM3）

见于墓内四周，而以近东壁处最为集中，可辨器形有觚、钵形器、带柄容器等，有的漆器如觚的底部垫有一枚圆陶片”①。已有学者注意到这一信息并加以分析：“值得注意的是，M3为了以漆成形带圈足的觚，圈足部分必须以陶器成形，显出以漆、陶合作，以罕见材质成形特有漆类的努力。”②

梳理既往圆陶片出土情况的材料，我们注意到，圆陶片与漆器的关联性，早有蛛丝马迹。

表三　二里头遗址出土圆陶片的墓葬统计表

墓号	等级	期段	圆陶片数量	漆器	保存状况
81ⅤM4	Ⅰ	二晚	2	觚、鼓、钵2	好
83ⅨM20	ⅡB	二早	1		扰
2002ⅤM3	Ⅰ	二晚	3	觚、钵形器、带柄容器等	较好
ⅢKM1	Ⅰ	三	5		扰
ⅢKM2	Ⅰ	三早	5		盗

① 中国社会科学院考古研究所二里头工作队：《河南偃师二里头遗址中心区的考古新发现》，《考古》2005年第7期。

② 陈芳妹：《二里头M3——社会艺术史研究的新线索》，杜金鹏、许宏主编：《二里头遗址与二里头文化研究：中国·二里头遗址与二里头文化国际学术研讨会论文集》，科学出版社，2006年。

续表

墓号	等级	期段	圆陶片数量	漆器	保存状况
75ⅥKM3	Ⅰ	三晚	6		较好
76ⅢKM6	Ⅰ	三晚	6	若干	盗
76ⅢKM10	Ⅰ	三	3	若干	扰
80ⅢM2	Ⅰ	三早	4	盒、豆、觚	较好
80ⅢM4	Ⅰ	三	1		盗
80ⅤM3	Ⅰ	三晚	1		好
81ⅤM3	ⅡB	三晚	2		较好
82ⅨM8	ⅡB	三晚	1		较好
82ⅨM11	ⅡB	三	1		好
87ⅥM28	ⅡA	三早	1	有	好
87ⅥM44	ⅡB	三早	1	有	好
ⅣM12	ⅡB	四	1		好
80ⅥM6	ⅡB	四早	2		较好
84ⅥM3	Ⅲ	四早	1		好
84ⅥM6	Ⅰ	四早	1		较好
84ⅥM9	Ⅰ	四早	3	觚	好
84ⅥM11	Ⅰ	四早	6	盒	好
87ⅥM57	Ⅰ	四早	5	觚？	较好

由表三可知，在出有圆陶片的22座墓中，有10座出土了漆器，其中又有半数确认有漆觚。其余12座未发现漆器的墓葬，有9座遭到不同程度的破坏，信息不全。

众所周知，黄河流域的早期漆器保存状况较差，一般仅存漆皮甚至痕迹，不易辨识器形、起取保护。二里头文化较高等级的墓葬又常铺有朱砂，朱砂与漆器的成分尚无确切的科技分析。发掘者所谓“朱砂”者，不排除包含漆器的遗痕。报告和简报中所谓圆陶片大多“涂硃（朱）”，“表面粘有朱砂”，“有朱砂红痕迹”，“大部分一面涂一层红彩”，或与漆器的表面着色有关。墓葬75ⅥKM3出土数枚圆陶片“涂朱或涂墨”[①]，最能说明问题：除了红色外，二里头文化的漆器也发现有髹黑、褐、白色漆者[②]。

这些圆陶片在墓葬中往往分布范围较为集中。如在75ⅥKM3中，“六个圆陶片零

① 中国社会科学院考古研究所：《偃师二里头（1959年～1978年考古发掘报告）》，中国大百科全书出版社，1999年，第241页。

② 中国社会科学院考古研究所：《中国考古学·夏商卷》，中国社会科学出版社，2003年，第117页。

散分布在中部一带"[①]；ⅢKM2"北部有涂硃小圆陶片5件"、76ⅢKM6"北部有涂朱小圆陶片6件"、76ⅢKM10"西壁北部下面有二堆朱漆残迹和涂朱圆形陶片3件"[②]；1984年Ⅵ区发现的4座墓，"圆陶片大部分……置于墓底中部两侧，个别在头部附近"[③]；87ⅥM57出土的5件圆陶片，有3件近墓室东壁，而恰恰"在墓坑的东壁上发现朱红漆皮，形似觚"[④]。

上述墓葬中圆陶片一方面分布范围相对集中，另一方面则未见摞放一起的现象，在比较明确的描述和墓葬平面图中可以看出均单置各处。如果说圆陶片的性质可能与单件的某类漆器相对应或者就是某类漆器成形的组成部分，墓葬中的圆陶片不应该摞放在一起，而且彼此之间当有一定的间隔。从目前的考古发现来看，上述推断至少与考古现象并无矛盾处，而且可以看出圆陶片确实与漆器有一定的关联性[⑤]。

由于出土圆陶片的墓葬有的被扰乱、破坏，且相关发掘简报与报告介绍器物位置时并不都特别具体，因保存状况与现场清理、提取技术的原因，有时难以分辨漆器的器形器类，导致圆陶片和漆器的具体关系难以确切把握。因此，我们还不能说二里头文化墓葬中所有的圆陶片都与漆器有关，以上的分析也只是提示了一种可能性。圆陶片功用问题的解决，有赖于更多更翔实的考古资料的发现。

至于二里头文化之前或之后墓葬中发现的圆陶片的功用问题，更要另当别论了。诚如有学者指出的那样，"（二里头文化）处在我国青铜文明的早期阶段，青铜礼器的使用尚不普遍，因此，礼器（主要指容器类的）的组合，往往是青铜器与陶器、漆器相配伍，青铜器单独配置成套的情形，并不多见。铜礼器与其他质料礼器搭配成组，主要是铜爵与陶盉、漆觚的组合……青铜器与漆器、陶器共同组成礼器群，构成二里头文化礼器制度的重要特征"[⑥]。这也应是圆陶片习见于二里头文化高等级墓葬的

---

① 中国科学院考古研究所二里头工作队：《偃师二里头遗址新发现的铜器和玉器》，《考古》1976年第4期。

② 中国社会科学院考古研究所：《偃师二里头（1959年～1978年考古发掘报告）》，中国大百科全书出版社，1999年，第240、241页。

③ 中国社会科学院考古研究所二里头工作队：《1984年秋河南偃师二里头遗址发现的几座墓葬》，《考古》1986年第4期。

④ 中国社会科学院考古研究所二里头工作队：《1987年偃师二里头遗址墓葬发掘简报》，《考古》1992年第4期。

⑤ 这一观察蒙李志鹏博士见告。他是M3的具体发掘者和《二里头文化墓葬研究》的作者，对各种相关现象的观察梳理细致入微。关于圆陶片与漆器的关联性，在上文中几乎呼之欲出，但却未正式提出。近日交流，方知他是因我在主持当年发掘时就有类似看法，而又未正式见诸文字，认为不应先提。此乃多虑，其实我们在报道中提及"有的漆器如觚的底部垫有一枚圆陶片"（《考古》2005年第7期），已有相当的倾向性。志鹏博士对此未能展开讨论，是很遗憾的事。特记于此并致谢。

⑥ 中国社会科学院考古研究所：《中国考古学·夏商卷》，中国社会科学出版社，2003年，第107页。

大的社会背景。

“早商时期，圆陶片多出现在随葬青铜器、玉器或成组陶器的墓中”；“而晚商时期少见或不见”[①]。随着成套铜礼器组合的出现，铜、漆、陶器合组礼器群的现象，也就逐渐退出历史舞台。

四、余　论

二里头2002ⅤM3及随葬绿松石龙形器，出现于二里头都邑初始兴盛期的宫殿区，此时的二里头聚落已经具备了东亚地区超大型都邑的内涵与气象。M3则属于迄今所知二里头都邑中最高等级的墓葬之一，墓主为具有特殊身份的较高等级的贵族。M3出土的绿松石龙形器和铜铃的组合，开二里头文化铜铃与动物母题松石镶嵌器配套的固定礼器组合的先河，与不同材质的酒礼器组合在一起，构成独具特质的华夏早期国家礼器群。那些可能与沟通人与祖先或天地、神灵有关的神话性动物形象，出现在青铜器铸造技术成熟以前的二里头时代的松石镶嵌器、玉器等美石器的图案或纹样母题上，此后则成为青铜器纹饰最重要的构成部分，并且始终与当时社会中高等级贵族乃至王室有着密切的关系，成为礼器或威权物品最重要的纹样母题。这启示我们，早期中国以龙等神化或半神化性动物图案为代表的动物母题与华夏早期礼器的特殊关系及其文化内涵，可能是我们理解中国早期文明文化底蕴的关键元素之一。与绿松石龙形器和铜铃相辉映的，还有铜、漆、陶礼容器构成的多彩的早期礼容器群。能力有限，无法展开论述。本文只是从个别侧面，窥探了其中的若干细节，如能稍稍增益对华夏早期国家礼器群的认识，则幸甚。

（原刊于《古代文明》第10卷，上海古籍出版社，2016年）

① 胡洪琼：《试论早商时期墓葬陶器组合》，《殷都学刊》2012年第2期。

郑州商城发现之旅

曾晓敏

（河南省文物考古研究院）

摘　要　郑州商代遗址（又称郑州商城遗址）是新中国成立后的50年代初期新发现的一处分布面积广大，各种遗迹与遗物埋藏丰富的大型遗址，并于1961年被国务院公布为第一批全国重点文物保护单位。

关键词　郑州商城；发现；过程；概述

郑州商城遗址最早由一位“小学教师”发现，后经过几代考古人不断发掘探索，遗址的中部发现了郑州商城。该城由外郭城、内城、宫城三重城组成。内城垣，平面近长方形，四周城垣周长近7000米，城内分布有宫城和宫殿建筑基址、房基、窖穴、生活设施和大型水井、输水管道、蓄水池、供水管道等城市供水设施。外郭城垣位于内城之外，平面大体呈圆形圜抱内城，南北直径约4000米，内外城之间还分布有商代二里岗期的铸铜、制陶、制骨等手工业作坊遗址。并且在郑州商城内外，还发掘出了许多商代二里岗期的灰坑、水井、房基、墓葬和祭祀、青铜器窖藏坑等遗迹，出土了数万件商代二里岗期的陶器、石器、骨器、蚌器、青铜器、玉器、硬纹陶器、原始瓷器、象牙器、金器与卜骨、卜甲等遗物，还出土有习刻字骨等珍贵文物，为研究商代政治、经济、文化等方面的历史，提供了极为重要的实物资料。

同时它还是新中国考古工作的发祥地。1952年10～11月，文化部社会文化事业管理局、中国科学院考古研究所和北京大学联合举办了全国第一届考古人员训练班，这期训练班被新中国考古界称之为考古界的“黄埔一期”。

以郑州商城出土遗物命名的“郑州商代二里岗期”文化，成为衡量商代前期文化的一把标尺，并为此后为全国各地商代考古学所应用。

发现了商代 “习刻字骨”，这是继安阳小屯发现商代甲骨文以后在中国第二个发现商代文字的地区。

郑州商代“原始瓷器”的发现，为我国瓷器的出现找到了源头。

郑州商城还发现了由输水管道、蓄水池、供水管道组成的一套完整的城市供水系统，这是我国目前发现的最早的城市供水设施。

郑州商城的发现引发了全国性的“亳”“隞”之争大讨论，但无论争论双方孰是孰非，就郑州商城的发现而言，无疑是新中国考古工作中最重大的发现之一。

这一发现为夏商周断代工程提供了大量的测年标本，对建立比较完整的商前期考古学文化序列和推定商前期的年代奠定了坚实的基础。

郑州商城遗址的发现与发掘，开拓了我们对商代考古实物资料的认识视野，在原来只知道安阳殷墟商代后期都城遗址的基础上，又逐步认识了商代前期的商代二里岗期的郑州商城都城遗址和早于商代二里岗期约相当于夏代的洛达庙文化时期的实物资料，为研究商代前期的政治、经济、文化等方面的历史提供了丰富的实物资料。

一、前　　言

郑州商代遗址是新中国成立后的50年代初期新发现的一处分布面积广大，各种遗迹与遗物埋藏丰富，其时代又早于安阳殷墟，以商前期（即二里岗期）为主的大型商代遗址。1961年已被国务院公布为第一批全国重点文物保护单位。

遗址位于郑州市区偏东部（即郑州旧城区内外一带），东起凤凰台村，西至京广铁路西，南到陇海铁路，北达纬三路，分布面积达25平方千米。

通过六十余年的大量考古钻探、调查与发掘工作，证明郑州商代遗址的内涵是以商代前期的商代二里岗期遗址为主，并包含有一些早于商代二里岗期的龙山文化、洛达庙类型文化和南关外期文化遗存。从1955年至今发现的规模巨大的“郑州商城”就位于郑州商代遗址的中部。基本探明郑州商城是由外郭城、内城、宫城三重城组成。首先发现的是郑州商城内城垣，平面近长方形，四周城垣周长近7000米，城内分布有宫城和宫殿建筑基址、房基、窖穴、生活设施和大型水井、输水管道、蓄水池、供水管道等城市供水设施。外郭城垣位于内城之外，平面大体呈圆形圜抱内城，南北直径约4000米，内外城之间还分布有商代二里岗期的铸铜、制陶、制骨等手工业作坊遗址。并且在郑州商城内外，还发掘出了许多商代二里岗期的灰坑、水井、房基、墓葬和祭祀窖藏坑等遗迹，出土了数万件商代二里岗期的陶器、石器、骨器、蚌器、青铜器、玉器、硬纹陶器、原始瓷器、象牙器、金器与卜骨、卜甲等遗物，还出土有习刻字骨等珍贵文物，为研究商代政治、经济、文化等方面的历史，提供了极为重要的实物资料。郑州商城出土的青铜礼器数量之多，形制之大，铸造工艺之精致，都是前所未有的，处处都张扬着一种王都之气。郑州商城宫殿建筑规模之宏大，布局之完整、设施之齐全，在4000年前同期世界文明史上也是少见的。由此证明，郑州商城是一处具有重要历史价值的商代大型都城遗址，是属于我国考古学上的重大发现之一。为了全面保护郑州商代遗址，国务院于1961年3月4日将“郑州商代遗址”公布为全国第一批重点文物保护单位之一①。

今年，在纪念郑州商城发现六十周年之际，首先让我们向为郑州商城发现、发掘和研究作出重大贡献的韩维周先生、安金槐先生、邹衡先生表示最崇高的敬意和深深的怀念。并向为郑州商城的发掘、保护、研究付出辛勤劳动和无私奉献的考古工作人员及专家学者和各界人士表示最衷心的感谢。

韩维周先生（1908～1961年），河南巩县（今巩义市）人。20年代就读于河南国学专修馆，毕业后就参加了设在开封的河南古迹研究会，专事考古。1938年日军攻陷开封，研究会溃散，韩维周返回家乡巩义，做了小学教师，新中国成立后调到郑州南学街小学任教。课余时间，他还是倾心于考古，总是在破旧的城垣周围“散步”，就是在这种散步中在郑州二里岗发现了一些古陶片、石器。当时他初步推测这些陶片应是商代遗存，感觉事关重大，他立即向省文化部门汇报，请求深入调查。后经有关部门调查、试掘、研究，确证这是商代文化遗存，由此确立了早于殷墟的商代前期文化的二里岗文化发现。韩维周因此契机被调到当时的河南省文物工作队。

韩维周应该算是中国考古学开创初期的前辈之一员。韩维周最早供职的河南古迹研究会，是“中国现代考古学团体。1932年2月8日成立。当时，由于中央研究院历史语言研究所与河南省有关单位，在安阳殷墟的考古发掘问题上发生争议，经中央研究院与河南省政府协商，合组该会负责河南地区的考古工作。……该会的主要人员还有董作宾、关百益、刘耀、石璋如、赵青芳、韩维周等。1937年抗日战争爆发后，研究会的工作宣告结束”。

韩维周后来的命运则是在1957年被划成右派，遣返回乡劳动改造，当时报纸上给他定名为“冒牌考古学家”，可见其处境艰难。他的儿子韩其逸说起这一段生活自是不堪回首，对考古学家变成“爱好者”这一身份改变的疑问，他回答说：到了1958年，与韩维周一起工作的考古学家裴明相先生在写郑州二里岗考古报告时，坚持尊重事实要写上韩维周的名字，但又恐其右派身份而有妨碍，就委曲求全地冠之以“小学教师”的幌子，他的功劳才得以记录下来。韩维周回乡之后的生活，困苦窘迫，1961年1月饥病而死。两个月之后，郑州商城被国务院公布为全国第一批重点文物保护单位，80年代韩维周的“右派”帽子被摘掉，现在“小学教师”的名分却越做越实②。

安金槐先生（1921～2001年），河南省登封市安庙村人。安金槐先生是我国著名的考古学家之一，1948年毕业于河南大学历史系，1949年9月参加革命工作，1950年调

① 河南省文物考古研究所：《郑州商城：1953～1985年考古发掘报告》（上、中、下），文物出版社，2001年，第2页。

② 舒可文：《迷失在郑州的古与新之间》，《三联生活周刊》2005年36期。

到河南省直文物考古部门工作。1952年参加由中央文化部、中国科学院和北京大学联合举办的第一届全国考古工作人员训练班学习。他长期担任原河南省文化局文物工作队副队长和河南省文物考古研究所所长职务，又先后担任河南省政协委员、全国政协委员、中国考古学会常务理事、中国古陶瓷学会副会长、中国文物学会理事、全国哲学社会科学规划办公室考古学科组成员、国家夏商周断代工程专家组成员、中国社会科学院古代文明研究中心专家委员会顾问、河南省文物考古学会名誉会长、河南省科学技术学会理事长、河南省社会科学联合会顾问、郑州大学历史系客座教授、河南大学历史文化学院兼职教授、河南省文物局考古专家组组长等职，为新中国的文物考古事业做出了杰出的贡献。

半个世纪以来，安金槐先生以惊人的毅力和忘我的敬业精神，全身心地投入到文物考古工作中去。长期坚持在田野考古第一线，参加和主持过泌阳板桥水库、信阳三里店、郑州商城、新郑郑韩故城、密县打虎亭汉墓、南阳杨官寺汉墓、登封双庙沟、淅川下王岗、洛阳含嘉仓、登封王城岗与阳城等多处考古发掘，并参加偃师城关汉墓、渑池仰韶村遗址、荥阳青台及秦王寨遗址、巩县铁生沟遗址、巩县石窟寺、密县和登封古瓷窑址、丹江库区遗址和墓地、颍河上游遗址等许多地方考古调查。他从20多岁的年轻人到后来的满头白发，走遍了中原大地的山山水水，有许多重大的考古发现。其中20世纪50年代，他发现了郑州商城，在我国第一次找到了早于安阳殷墟的商代前期王都，他还以相当充分的证据最先提出了商代二里岗文化的考古学分期；20世纪60年代，他根据从郑州商城发掘出土的“釉陶”片经过认真研究后，明确指出这是在新石器时代晚期的白陶和几何印纹硬陶的基础上发展起来的原始青瓷，从而纠正了过去认为我国瓷器起源于东汉或魏晋时期的看法，把我国瓷器的时间至少提早了1500年，20世纪70年代，他发现并发掘了登封王城岗河南龙山文化晚期古城址，提出了龙山文化晚期为夏文化的早期，王城岗城址即禹都阳城说，这是我国探索夏文化的重大突破。这些都是河南考古中无可替代的里程碑，也是中国考古学的璀璨亮点。

除夏商周考古之外，安金槐先生的学术研究还涉及考古学的各个方面。曾撰写过登封双庙沟、泌阳板桥、郑州牛砦及后庄王、信阳三里店等新石器时代遗址，密县打虎亭及后土郭、禹县白沙、南阳杨官寺、永城芒砀山等汉代墓葬，巩县铁生沟汉代冶铁遗址，郑州晋墓，洛阳隋唐含嘉仓，密县和登封唐宋瓷窑址，郑州宋墓，密县宋代塔基，开封北宋石经等一批考古发掘报告，简报和学术论文，在诸多考古研究领域里均有建树。

安金槐先生著述甚丰，出版他主编或参与编写的考古报告专集和学术专著12部，即《河南名胜古迹》《郑州二里冈》《巩县石窟寺》《中国陶瓷史》《登封王城岗与阳城》《中国考古》《密县打虎亭汉墓》《中国陶瓷》《安金槐考古文集》《中国美术分类全集·新石器时代陶器卷》《中国美术分全集·夏商周陶瓷卷》《郑州商城》。发表了《郑州商代城遗址发掘报告》《试论郑州商代城址——隞都》《对于我国瓷器起源的初步探讨》《豫西夏代方化初探》《登封王城岗遗址的发掘》《河南夏商考古与“夏商周断代工程”》等130多篇考古发掘报告、简报和论文，总计在500万言以上。其中《登封王城岗遗址的发掘》，涉及早期夏文化研究，引起国内外学术界的关注，获河南省社会科学优秀成果二等奖；《登封王城岗与阳城》为国家社会科学基金重点项目，获河南省社会科学优秀成果一等奖和夏鼐考古学基金优秀成果二等奖；《密县打虎亭汉墓》为河南省社会科学重点项目，获河南省社会科学优秀成果一等奖和夏鼐考古学基金优秀成果鼓励奖。由于这些骄人的学术成就，安金槐先生被评为国家有突出贡献专家并享受国务院颁发的政府特殊津贴，并成为中共河南省委宣传部的授予的“河南省十大新闻人物”，同时又是河南省直机关优秀共产党员和河南省文化厅系统先进工作者。

特别要提出的是2001年10月出版的《郑州商城》一书，是国家社会科学基金重点项目，共三大本1500页，包括100多万文字，650幅线图，41个统计表，48页彩色图版，280页黑白图版。资料丰富翔实，文图并茂，是全国篇幅最大的考古发掘报告之一。《郑州商城》依据考古地层学和考古类型学的理论，亦即地层叠压关系及典型器物演变规律，建立了商代二里岗期详细的年代学框架，并为中原地区与周边广大地区商代商期考古学的分期断代，提供了明确的比照尺度和标准。这是一部反映中国商代文明的扛鼎之作，不但展现了商代前期政治经济、文化艺术、科学技术、商业交通、社会生活的面面观，而且通过二里岗期文化与洛达庙期文化的研究，向前追溯可以作为探索夏文化的重要起点和基石。通过二里岗文化与商代人民公园期文化的研究，向后延伸又可以把郑州商城与安阳殷墟文化联系起来，从而加强了商文化与夏文化之间、商前期文化与商后期文化之间的比较研究，其历史价值和科学价值绝对不可低估。这对夏商周断代工程的开展，也起到了不可或缺的重大作用。郑州商城的考古发掘、资料整理和报告编写，都是在安金槐先生的主持下进行的，可以说安先生为此付出了大半生的精力。《郑州商城》出版时，安先生已过世3个多月。该书是他留给我们最宝贵的遗产。《郑州商城》和安金槐先生其他的科研成果，均成为反映中国文物考古的历史长卷，也是了解古代中国的必据典籍。这既奠定了河南文物大省的历史和学术地位，也使他自已成为河南文物考古阵地上的一面旗帜①。

邹衡先生（1927～2005年），湖南省澧县人。邹衡先生是我国著名考古学家、北

① 杨育彬：《河南文物考古阵地的一面旗帜——缅怀良师益友安金槐先生》，《安金槐先生纪念文集》，大象出版社，2005年，第55页。

京大学考古文博学院教授、中国殷商文化研究会副会长、中国考古学会常务理事。

邹衡先生1927年1月30日生于湖南省澧县。1947年考入北京大学法律系，两年后转入史学系，1952年毕业后随即在史学系攻读副博士学位，师从郭宝钧、苏秉琦、张政烺先生，为北大乃至全国第一位考古学副博士研究生。

1955年毕业后到兰州大学任教。1956年调回北京大学历史系，先后任讲师、副教授和教授。1986年被国务院批准为博士生导师。80年代以后曾应聘为郑州大学、河南大学名誉教授，安徽省文物考古研究所、河南省洛阳市第二文物工作队等单位顾问。

在50余年的学术生涯中，邹衡先生对中国考古尤其是夏商周考古学的研究与发展做出了巨大贡献，享誉国内外学术界。

邹衡先生是国内外公认的夏商周考古学研究的学术权威。1956年他发表《论郑州新发现的殷商文化遗址》，首次科学地论证了郑州商文化与安阳殷墟文化的分期及两者年代的早晚关系及其性质；1964年发表的《试论殷墟文化分期》一文，最早对安阳殷墟晚商文化进行了全面的科学分期，成功地建立起殷墟文化的年代标尺，由此引起了国内外学术界的极大关注；1979年和1980年两年内先后出版了《商周考古》和《夏商周考古学论文集》两部重要的学术著作。《商周考古》是我国第一部权威性大学考古教材，该书首次构架了我国夏商周考古的框架，用实物资料重写了中国先秦史，1988年获全国高等学校优秀教材奖，1989年被译为日文在东京出版发行。《夏商周考古学论文集》收入20世纪50年代初至1978年先后完成、发表和修订的重要论文7篇。该书是成功实践考古学研究基本方法的典范，其主要的学术贡献是：一，最早系统地论证了夏文化，提出了二里头文化一至四期都是夏文化的著名论断，并首次把夏文化分为二里头和东下冯两个类型；二，最早提出和论证了先商文化，把先商文化划分为漳河、辉卫和南关外三个类型，而漳河型为商文化的主要来源，从而将夏文化和商文化从根本上区分开来；三，提出著名的“汤都郑亳说”，由此引发了中国考古学史上一场空前激烈而重要的学术争论；四，最早提出和论证了先周文化，并首次对先周文化进行了分期和文化因素分析，根据陶器、铜器和历史文献等材料论证了先周文化除青铜器源于商文化之外的东西两个来源，由此把周文化的研究提升到一个新的阶段。此外该书对商周青铜器研究也做出了重要贡献。总之，该书出版进一步奠定了邹先生在中国考古学及史学界崇高的学术地位。1995年荣获全国高等学校首届人文社会科学优秀成果一等奖。

他参加和主持了河北邯郸涧沟、洛阳王湾、北京昌平雪山与房山琉璃河、山东临淄、山西天马—曲村等一系列重要考古发掘，对夏商周田野考古的发展做出了巨大贡献。他主编的《天马—曲村》是国内少见的大型考古发掘报告，其编写体例科学合理，正在逐渐成为考古界编写考古发掘报告的范例。

几十年来，邹衡先生一直工作在教学第一线，为新中国考古学培养了大批人才。20世纪80年代以来指导了国内、国外数十名硕士研究生和博士研究生。曾应邀在全国许多大学举办讲座。1983年还应邀赴美国哈佛等大学讲学，在国际学术界享有崇高威望①。

二、郑州商代遗址的发现

1. 一位“小学教师”的重大发现

同世界上许多伟大发现一样，郑州商城的最初发现也带有一定的偶然性和其必然性。20世纪50年代，新中国建立初期，各族人民朝气蓬勃，掀起了建设新中国的浪潮。1950年秋，时任郑州南学街小学教师的韩维周先生在郑州市二里岗一带的建筑工地不经意间拾到了几块绳纹陶片和磨光石器，鉴于先生曾经从事文物考古工作的经历，他认为这些都是古代文化遗物，于是在教课之余，他经常到郑州旧城四周新开挖的工地边转悠，寻找地下出土的古代遗物。也就是在这段时间里，他发现了许多古代陶片，尤其是在郑州烟厂工地发现了数量较多的陶片和陶器。他将这些收集起来的陶片和陶器进行初步分析研究，认为这些陶器和陶片有可能是商代遗物，其出土地点可能存在有商代的遗址。于是韩维周先生便向当时刚刚成立的河南省文物管理委员会（当时在开封）做了书面汇报②。

2. 郑州商代遗址的发现

河南省文物管理委员会（1950年8月在开封成立）接到韩维周先生的报告后，迅速派出安金槐先生、赵全嘏先生、裴明相先生等三位专职文物干部赴郑州调查。该调查组通过认真的实地调查，又分别在郑州老城东郊的凤凰台、南关外、北城门外和西郊等地发现多处同类文化遗存，依据调查所得遗物的分析，初步意识到郑州发现的这些古代文化遗存“和殷商文化是直接有着密切的关系”。调查结果表明，郑州二里岗与南关外一带确实是一处商代遗址。他们三人带着在郑州获得的陶器、石器等标本回到开封向河南省文物管理委员会进行了汇报。为了慎重起见，他们同时又将调查结果分别上报文化部社会文化事业管理局及中国科学院考古研究所，并要求派中国科学院考古研究所专家前来复查。1951年春，夏鼐先生率领中国科学院考古研究所河南调查发掘团来到郑州对发现的遗址进行考古调查，根据他们采集到的标本，进一步研究分析

① 长桦：《邹衡先生生平》，《华夏考古》2006年第1期。

② 河南省文化局文物工作队：《郑州二里冈》，科学出版社，1959年，第1页。

推断，确认郑州地区所发现的这一类古文化遗存就是“属于殷代的遗址”，并认为这是河南甚至是整个中原地区继安阳殷墟之后，在黄河以南首次发现的殷商文化遗址，而且有可能是比安阳殷墟更早的商代前期遗址。这一重大发现，立刻引起国内外考古界的一片哗然。

与此同时，赵全嘏先生在《新史学通讯》1951年1卷1期发表题为《河南几个新石器时代遗址》的报告，首先报道了这些考古新发现。从此郑州发现的商代文化遗存开始正式公之于世①。

1952年秋，文化部、中国科学院和北京大学联合举办的第一届全国考古工作人员训练班在郑州二里岗进行一个多月的田野考古发掘实习，发掘清理出丰富的商代遗存，并由安志敏先生写了一篇《一九五二年秋郑州二里岗发掘记》②。

1953～1954年，河南省文化局文物工作队继续在郑州二里岗进行发掘，发现有大量商代灰坑、墓葬和大段的夯土墙。

1956年安金槐、裴明相等先生完成了考古发掘报告《郑州二里冈》一书初稿的编写，同年8月署名河南省文化局文物工作队编著的《郑州二里冈》一书出版，这是第一部全面反映、论述二里岗文化遗址出土遗迹和遗物的大型考古发掘报告③。

同年邹衡先生发表了《试论郑州新发现的殷商文化遗址》一文④，这是第一篇系统地研究二里岗期商文化及其与殷墟晚商文化关系的论文。作者认为二里岗文化上下层之间关系“紧密衔接”，应是一个文化整体。而其上层即晚期“比起小屯商文化甚至它的早期来还要早一些”，从而确定了二里岗文化与殷墟文化之间的早晚关系。论文还首次对殷墟晚商文化进行了分期。

后来经过多年的考古调查和发掘，了解到郑州商代遗址分布很广，东起凤凰台，西逾西沙口，北抵花园路，南过二里岗，遍及整个市区，面积达25平方千米⑤。

由此，郑州商代遗址的发现很快引起了国内外文物考古界的高度重视。

3. 新中国考古工作的发祥地

新中国建立初期，中国还没有正式的考古机构，北京大学也还没有开设考古课。由于国民党的中央研究院迁往台湾，留在大陆的专业考古人员总共不超过10人。而刚刚成立的新中国，正突飞猛进地进行基本建设，因此考古工作迫在眉睫。

---

① 赵全嘏：《河南几个新石器时代遗址》，《新史学通讯》1951年第1卷1期。

② 安志敏：《一九五二年秋季郑州二里岗发掘记》，《考古学报》1954年第8期。

③ 河南省文化局文物工作队：《郑州二里冈》，第42页。

④ 邹衡：《试论郑州新发现的殷商文化遗址》，《考古学报》1956年第3期。

⑤ 河南省文物考古研究所：《郑州商城：1953～1985年考古发掘报告》（上、中、下），第1页。

为此，1952年10～11月，文化部社会文化事业管理局、中国科学院考古研究所和北京大学联合举办了全国第一届考古人员训练班，训练班设在北京沙滩红楼。接到通知，全国各地纷纷争相送人到北京培训。河南参加这次培训的有安金槐、裴明相和蒋若是三位先生。这期训练班被新中国考古界称之为考古界的“黄埔一期”。

经过在北京大学进行3个多月的考古知识学习之后，全体师生于10月21日至25日分批到郑州、洛阳两地进行实习。实习队由著名考古学家郭宝钧先生亲自领导（他在20世纪二三十年代曾多次领导安阳殷墟的考古发掘，是一位国际知名学者）。发掘辅导工作由安志敏、白万玉、钟少林、王仲殊、陈公柔等先生担任，北京大学宿白先生任教务，他们都是全国著名的考古学家，在中国考古事业的发展进程中有过不同凡响的经历。这次先后在郑州二里岗参加实习的学员有六十多人，他们都是来自全国各地的文物干部①。

在著名考古学家郭宝钧先生等人的带领和指导下，郑州实习分队在郑州二里岗遗址进行田野考古实习，训练班学员以二里岗为重点，拉开了对郑州商代遗址考古发掘的序幕，并发掘出土了丰富的古代遗迹和遗物，并首次发现了商代文化层与河南龙山文化层的直接叠压关系。

1953年1月，随着基本建设的开展，二里岗一带要动土兴建。为了配合建设进行文物保护工作起见，由前河南省文物管理委员会派裴明相、张建中、董祥等同志和当时郑州市文教局文物干部组成文物发掘组。该组在中央文化部文物局、中国科学院考古研究所及河南省文化局的领导下，发掘业务由裴文中先生具体负责指导②。主要的发掘成果是：一，再次发现商代早期文化层直接叠压龙山文化层的层位关系；二，已经开始注意到郑州二里岗发现的商代遗址的文化内涵与安阳殷墟的文化内涵有所不同；三，首次发现完整的卜骨和骨簪；四，发现一件燕尾式铜镞，这是在郑州首次发现的青铜器；五，在一个灰坑中发现了四个人头骨和一具完整的猪骨架并列埋葬在一个坑内，这应为当时的祭祀遗迹。

1953年3月，随着郑州市区内市政建设工程的增多和考古调查与发掘任务的日渐加重，为了适应工作的需要，经河南省文化局和郑州市文教局协商，又专门成立了由河南省文物队和郑州市文教局双重领导下的“郑州市文物工作组”，负责全市区内的文物调查、保护、发掘与整理研究工作，并任命安金槐为组长，组员有王润杰、赵鞠卿、盘庆山和王怀堂等同志。河南省文物队的裴明相、张建中、韦文义等同志继续留在郑州协助郑州市文物工作组工作。郑州市文物工作组成立后，除继续在二里岗一带

① 河南省文物考古研究所：《郑州商城：1953～1985年考古发掘报告》（上、中、下），第14页。

② 河南省文物考古研究所：《郑州商城：1953～1985年考古发掘报告》（上、中、下），第13页。

进行大面积考古发掘外，还开展了对郑州市区内的全面文物普查工作。在普查中又有许多新的商代文化遗址与历代古墓葬的发现。由于郑州商代遗址的分布面积大，内涵丰富，为了保证发掘质量，1953年5月，文化部社会文化事业管理局王冶秋副局长、中国科学院考古研究所夏鼎副所长和文化部社会文化事业管理局博物馆处裴文中处长等亲临郑州视察考古发掘工作。他们看到当时郑州市文物工作组的考古发掘人员的发掘经验少，经文化部社会文化事业管理局和河南省文化局研究决定，郑州市文物工作组的发掘业务工作由裴文中先生具体负责指导。在1953～1954年间，裴文中先生曾四次来郑州指导工作，帮助郑州市文物工作组解决了考古调查与发掘工作中的许多难题。与此同时，文化部社会文化事业管理局王冶秋副局长在郑州视察工作时，发现已发掘的文物都放置在所建席棚的简易仓库内，对保护文物极不安全，遂决定由文化部社会文化事业管理局拨款在郑州南关外购置地皮修建文物仓库，为郑州市文物工作的开展奠定了基础。

1954年7月，在文化部社会文化事业管理局王冶秋副局长主持下，在郑州召开了“郑州文物考古工作研讨会”，会议决定抽调华东地区文物干部支援郑州考古发掘工作。1954年8月，华东文物工作队在尹焕章和赵青芳二同志的带领下共15人（其中南京博物院6人，福建3人，浙江2人，安徽2人，山东2人）。来河南支援郑州市的考古发掘工作。1955年秋，华东文物工作队撤离郑州，在此支援期间，华东文物工作队的同志们曾参加了郑州市多处商代文化遗址和历代古墓葬的发掘与研究整理工作做出了重大贡献。同时，原“郑州市文物工作组”正式改名为“河南省文化局文物工作队第一队”。

1954年秋，由河南省文物工作队第一队负责，在郑州市人民公园内设立“郑州市出土文物陈列室”，并举办“郑州市配合基本建设出土文物展览”，该陈列室成了后来“郑州市博物馆”的前身。

同年秋天，文化部文物局王冶秋副局长和裴文中先生来郑州视察文物考古发掘工作时，发现郑州的基建单位太多，考古发掘任务量太大，如果发掘经费全部由文物部门承担实在困难，认为在配合基本建设的考古发掘中，工人工资由建设单位承担比较合理，经与郑州市市长协商研究后，决定在郑州市范围内配合基本建设的考古发掘中，工人工资由基建单位承担。这为以后“国务院关于发布文物保护暂行条例的通知”中第九条“凡因建设工程关系而进行的勘探、发掘、拆除、迁移等工作应当纳入工程计划所需经费和劳动力，由基建部门分别列入预算和劳动计划”提供了依据①。

---

① 河南省文物考古研究所：《郑州商城：1953～1985年考古发掘报告》（上、中、下），第15页。

4. 二里岗文化的命名

为配合郑州城市基本建设，做好文物保护和考古发掘工作，河南省文物管理委员会于1953年成立了郑州市文物工作组，由安金槐先生任组长，具体负责管理、组织郑州商代遗址的考古调查与发掘事宜。通过1953～1954年对郑州二里岗一带商代遗址的发掘（二里岗位于郑州市区东南，东西长约1500米，南北宽约600米，是一处高出附近地面5～10米的土岗）。根据出土的主要陶器形制特征，清楚地判断出郑州二里岗的商代陶器稍早于河南安阳殷墟商代晚期。为了便于将郑州二里岗商代遗址与安阳殷墟商代晚期遗址考古学文化有所区别，考古人员即把郑州商代遗址的时代以最早发现地与发掘地的二里岗命名为“郑州商代二里岗期”文化，并依据郑州二里岗商代遗址的上下地层叠压关系和上下层内包含主要陶器特征的明显变化，在时代上又区分为上、下两大层，即“商代二里岗期下层”和“商代二里岗期上层”两期，从而使郑州商代二里岗期遗址成为衡量商代前期文化的一把标尺，并为此后在全国各地商代考古学所应用①。

1988年10月，安金槐先生在充分的整理和研究的基础上，发表了《关于郑州商代二里岗期陶器分期问题的再探讨》一文，将二里岗期上下二层又细分为四期，从此二里岗文化四期说取代了原来的二期说并在学术界取得了共识②。

1992年9月，安金槐先生又发表了《对郑州商代二里岗期青铜容器分期问题的初步探讨》一文，对郑州地区出土的二里岗期的青铜容器进行综合研究，将青铜容器与陶器对应也分为四期③。

5. 商代“原始瓷器”的发现

50年代末，随着郑州商城的发现，安金槐先生在研究商代陶器时，偶然发现有的“陶器”表面带釉，而这些釉一般施在器表和部分口沿内，器内施釉的极少，且釉的颜色以青绿为主，部分釉呈褐色或黄绿色。这些“釉陶”，说是陶器吧，但胎质细腻坚硬；说是瓷器吧，表而略显粗糙。为了对这种器物有个确切的叫法，他数次前往密县陶瓷厂参观、求教，并拿去标本化验。化验结果证明这些“釉陶”的胎质就是用高岭土（瓷土）做成，青绿色釉成分主要由硅、铝、钙、铁、镁等元素组成，并且这些“陶器”表面的釉和胎骨结合非常紧密，没有发现脱落现象，火候一般都在千度以上，击之发出清脆的响声，放入水中不吸水分。不久，他的《谈谈郑州商代瓷器的几

① 河南省文化局文物工作队：《郑州二里冈》，科学出版社，1959年，第6页。

② 安金槐：《关于郑州商代二里岗期陶器分期问题的再探讨》，《华夏考古》1988年第4期。

③ 安金槐：《对郑州商代二里岗期青铜容器分析问题的初步探讨》，《中原文物》1992年第3期。

个问题》和《对于我国瓷器起源问题的初步探讨》等论文，相继在国内最具权威的文物学术刊物《文物》和《考古》上发表。文中明确指出：“瓷器起源于商代，到了东汉才臻于成熟，从商周到东汉是瓷器的过渡阶段，应称为‘原始瓷器’。”

一石激起千层浪。安金槐先生“商代原始瓷器说”的提出，在陶瓷界反应强烈，或赞同，或反对，众说纷纭，莫衷一是。反对者中有人认为瓷器应具备半透明的胎，有光泽的釉，有坚硬的胎骨和清脆的声音，胎骨不吸水分，而郑州商代的“釉陶”不具备半透明的胎，不能称为瓷器；有人认为瓷器是用高岭土羼石英或长石等粉末作坯，放在窑内先进行第一次素烧，然后上釉，再放进窑内重烧，这样火候高，质坚硬，击之才会发出清脆的金石声，瓷胎才不吸水分。而郑州商代出土的“釉陶”不具备这些条件，不能称为瓷器。还有人特别强调瓷器必须具备一定高度的火候，而商代出土的“釉陶”比之不够……安金槐先生针对以上说法认为，这应从历史发展上去看问题。由于瓷器的高度发展，瓷胎不仅可以半透明，而且还可以达到“半脱胎”。但是不应该要求瓷器在开始出现的时候就具备半透明的胎，不应该以发展到相当高度水平的瓷器，去衡量初级阶段的瓷器。瓷器有两次烧成的，也有一次烧成的，因此也不能用两次烧制作为瓷器必备的条件。烧制瓷器的火候当然要比陶器高得多，但由于所用燃料、鼓风设备以及技术水平的不同，早期瓷器的烧制必然比后来瓷器的烧制火候低些，绝不能不分时间、条件去要求所有瓷器的火候都得很高。总之，安金槐先生认为只要具备以下几个特征就可以算是瓷器：①胎骨是用高岭土做成，有的胎骨也羼有石英或长石等粉末；②有光亮的釉；③质坚硬，火候高，击之可发出金石声；④胎骨不吸水分。

1978年，陶瓷界权威云集浙江共同讨论编写《中国陶瓷史》一书事宜。经过激烈争论，多数陶瓷专家终于对我国瓷器起源问题达成共识，取得一致意见，赞同了安金槐先生的观点，即我国瓷器起源于商代。最后并确定安金槐先生为《中国陶瓷史》主编之一，承担夏、商、周陶瓷部分的撰写。瓷器起源的问题在经过近20年的激烈争论后，终于随着我国第一部《中国陶瓷史》的诞生而平静下来，“原始瓷器”这个前所未闻的名词，终于被安金槐先生浓重的一笔载入史册。十多年后，由国家文物局组织编写、由安金槐先生担任主编之一的另一部文物教材——《中国陶瓷》，也于1994年出版。书中皆明确阐述了我国瓷器起源于商代的学术论点①。

6.“习刻文字”的发现

1953年4月，在二里岗遗址的发掘中，发现一件商代刻字牛骨，这是一件两端均已

① 朱凯：《安金槐先生与中国陶瓷研究》，《中州今古》2000年第5期。

残缺的牛肋骨，残留长度约7厘米，上面刻有10个文字，经古文字学家陈梦家先生鉴定，这些文字是当时的一种习刻文字，称该字骨为“习刻字骨”，9月，在二里岗遗址区内又发现一件习刻字骨。这是继在安阳小屯发现商代甲骨文以后的第二个发现商代文字的地区①。

1989年秋，在河南省水利第一工程局的发掘中，发现一件用动物的肢骨加工的骨料，两端锯痕明显，并在近端发现有2个刻划文字，1990年夏，在郑州电力学校清理J3外侧夯土坑H10时，在填土中发现片残骨片，上面有锯切痕，在骨料正面偏中部中间位置也发现2个刻划的文字，其中第一个字的写法与河南省水利第一工程局出土的2个字中的第二个字写法相同。这种巧合出现在相距数百米的两个遗迹单位确实少见，同时也说明郑州这种骨刻文字的发现不是偶然的，而是在一定程度上带有普遍性，说明中国文字在这个时候已经基本成熟，为研究中国文字的发展提供了重要的实物资料②。

7. 郑州商代遗址发现的重要意义

通过郑州商代遗址的发现，第一次找到了盘庚迁殷之前的商代都邑，填补了商代前期文化的历史空白，为早商文化和夏文化的探索开阔了视野和思路，也为后来的夏商周断代工程的研究起了极其重大的作用。诚如著名古文字学家、历史学家唐兰所言：“它的发现的重要意义，是为我们提供了一把钥匙，来打开研究商代前期以及夏王朝历史文化的大门，开拓了我们的眼界。在这个意义上，它比安阳殷墟的发现是更上一层楼的。”

1954年5月，由文化部主办的“全国基本建设中出土文物展览会”在北京中国历史博物馆开幕，自开展以来，历史与考古专家对郑州商代遗址及其出土的文物展品给予了高度的评价，认为“出土了习刻字骨和其他器物的郑州，是安阳以外发现的又一个重要殷文化遗址”；“殷代的遗物，这次展出的有郑州出土的陶器（包括带釉硬陶）、卜骨和两片带字的骨，铜器等。这是安阳以外的又一个殷代重要中心”。

1961年3月4日，国务院公布郑州商代遗址为全国第一批“全国重点文物保护单位”之一。

---

① 杨育彬：《河南考古》，中州古籍出版社，1985年，第92页。

② 宋国定：《1985～1992年郑州商城考古发现综述》，《郑州商城考古新发现与研究：1985～1992》，中州古籍出版社，1993年，第48页。

三、郑州商城的发现与探索

郑州商城位于分布面积约25平方千米的郑州商代遗址中部，即现今郑州市区内偏东部的管城区和金水区所辖的郑州旧城区一带。是以首先发现郑州商城内城垣开始的，并将其命名为“郑州商城”。郑州商城内城垣平面略呈南北纵长的长方形，其中东城墙长约1700米，南城墙长约1700米，西城墙长约1870米，北城墙长约1690米，总周长约6960米。在四面城墙上共发现大小不同的缺口11处。这些缺口有的是商城墙废弃后被挖土损毁的，有的缺口可能与商城城门有关。

1. 郑州商城内城墙的发现

郑州商城内城墙是在配合基建工程中的一个偶然机会发现的。1955年秋，由安金槐、张建中、刘东亚、东红等同志，在白家庄西北部（即黄河医院门前）配合顺河路向东通过一片高地挖沟铺设地下水管道工程的考古发掘中，发现在两座商代二里岗上层一期的房屋基址下面还叠压有商代的夯土层。最初认为这片商代夯土层所在地的地势较高，下面的商代夯土可能是一座商代大墓内填打的夯土（因为安阳殷墟发掘的商代大墓内的填土都经过夯打）。但通过对这片夯土周围的考古钻探，发现夯土层还继续向东南与西北方向延伸，于是又怀疑这样长的夯土层可能是一条夯土堤坝。因为夯土层的东北面便是和黄淮平原相接地带，地势比较低洼。随后，经过对沿夯土层继续向东南和向西北进行钻探调查，发现这里的夯土层向东延伸已和白家庄一带南北走向的所谓的白家庄夯土层寨墙相衔接，而夯土层向西延伸则又和所谓的紫荆山下面的东西走向夯土层相衔接。并在郑州旧城的东城墙、西城墙和南城墙下面，钻探出了有可能是商代夯土城墙的残存部分。从而证明，这应是商代二里岗期的一座城垣夯土基址。而最早发现并怀疑可能是商代夯土堤坝的那段夯土墙，则是属于郑州商城的北墙东段略呈东南到西北的夯土城墙。依此可以看出郑州商代夯土城址略呈南北纵长方形，周长约6960米，近7千米，为进一步了解郑州商城夯土城垣的地层关系和为证明城墙时代提供依据。从1956年下半年起，即开始有计划有目的地对郑州商城四面夯土城墙分别采用横截城墙开挖探沟的方法进行了解剖性发掘。

通过考古发掘发现城垣夯土被部分商代墓葬和房基叠压着，并在墓葬中出土了许多商代二里岗期的陶器、骨器、石器等遗物，由此可见这里发现的夯土时代不会晚于商代二里岗期。从夯土层内包含的陶片等遗物来看，没有发现比商代二里岗期时代再晚的遗物，以此证明这里发现的夯土层应是属于商代二里岗期。夯土颜色呈淡红色，十分坚硬。从钻探的整个情况看，商代夯土圜围郑州旧城一圈，南北长约2千米、东西宽1700余米、全长6960米，包含范围比郑州旧城还大三分之一。这个发现立即引起了国内考古界的高度重视，因为这是当时新中国考古工作中发现的最早一座商代城垣遗址。由于已被国内外考古界与历史界所公认的商代晚期都城遗址的安阳殷墟一直没有发现夯土城垣遗址，这次突然在比安阳殷墟还要早的郑州商代前期的遗址中发现了一座规模巨大的商代夯土城垣遗址，让人感到大为振奋。

1966～1971年的"文革"期间，郑州商代遗址的考古发掘工作几乎处于停顿状态。从1952～1966年的十多年间，通过对郑州商代遗址的考古钻探调查与考古发掘工作，对于商代遗址的分布与内涵已经有了较多的了解，但要弄清郑州商代遗址的全面布局与内涵，则还需要做大量认真细致的考古调查与发掘工作。特别是对于郑州商城城垣和城内商代遗址的内涵，都需要进行大量的工作。

1972年9月，在河南省文物工作队与河南省博物馆合署办公期间，根据国家图博口（即后来的国家文物局）负责人王冶秋同志的指示，需要对郑州商城遗址继续进行考古发掘。为进一步证明郑州商城遗址的时代和城垣内商代遗迹与遗物的埋葬情况，经研究确定，组成了以安金槐先生主持，并有裴明相、杨育彬、王与刚、冯天成和郑州市博物馆李昌韬等同志参加的郑州商城工作组，继续对郑州商城及其城内外进行全面钻探复查和发掘工作。

通过对郑州商城四面夯土城垣的进一步全面钻探复查，不仅进一步证明1955～1956年对郑州商城四面夯土城墙的考古钻探资料是正确的，而且在这次钻探复查的基础上，经报请当时的国家图博口和省文化局的批准，又在东、西、南三面城墙上，各选择了一个地点进行了考古发掘。通过这几条探沟的发掘，为证明郑州商城的修建和使用年代又提供了一部分重要的地层依据，并且在这几条探沟内部发现有城墙底部的基础槽设施，以及夯土城墙的版筑方法等重要内涵。

当城墙的考古发掘工作初步告一段落后，邀请了省内外的有关考古专家、学者和文物工作者来到郑州商城城墙发掘现场进行参观指导，并举行座谈，大家认为郑州商城城墙发掘出的地层是清楚的，城墙属商代二里岗期也是可靠的。

到1981年底，环绕城墙共开挖了22条探沟，为确定这坐商代城垣的建造和使用年代，提供了重要依据。综合22条探沟的考古发掘资料，郑州商城范围甚大，北城墙长约1690米，西城墙长约1870米，南城墙和东城墙都长约1700米，城垣周长6960米。墙基最宽处达32米，其高度复原起来约10米，顶部宽度约5米。地面上残留最高约5米。城周共有缺口11个，有的可能就是城门。郑州商城应建于商代二里岗下层时期，其使用时间应是从商代二里岗期下层开始，一直延续到二里岗期上层时期[①]。

---

① 河南省文物考古研究所：《郑州商城：1953～1985年考古发掘报告》（上、中、下），第19页。

2. 郑州商城外城墙的发现与探索

郑州商城外城墙，是指在距郑州商城内城墙以之外600～1100米处，发现的一道围绕着郑州商城内城的商代夯土城墙。在过去发表的简报中，也曾把这道城墙称作“郑州商城外夯土墙基”。从商城外城墙的筑法、夯土层结构、夯杵窝印痕形状和夯土层内包含的碎陶片来看，其时代应和郑州商城内城的夯土城垣相同。

（1）郑州商城外城墙的最初发现

郑州商城外城墙早在20世纪50年代已经发现，并且在《郑州二里冈》一书中有所反映。只是由于郑州商城的长久论证，加之相继而来的“反右”斗争，以及突如其来的“文革”的冲击，许多考古工作者才被迫中止了自己的研究与探索。这样一来，郑州商城外城墙的考古发掘与研究工作也因此而搁浅。

（2）老一代考古工作者与郑州商城外城墙的情结

“文革”结束后，部分从冤假错案中解放出来的考古工作者，打破长久以来的精神禁锢，以加倍的热情投入到郑州商城的考古发掘和研究工作中。东红同志原为河南省文物工作队的一名考古工作者，他在20世纪50年代，曾亲自参加过外城墙的考古发掘，1957年因为遭受不公正待遇，而丧失了工作的权利。二十多年以后，当他重新获得了工作的权利时，第一件事情就是要弄清楚郑州商代外城墙年代和布局，这是他渴望已久的愿望。20世纪80年代初期，在河南省文物考古研究所每年年底召开的年会上，他都提出应继续对郑州商城外城墙进行考古发掘和研究工作。在老一代考古工作者的积极倡导和参与下，河南省文物考古研究所郑州工作站再次拉开了大规模寻找郑州商城外城墙的序幕。

（3）郑州商城外城墙的探索

根据50年代调查和试掘资料反映，1953年12月，为配合郑州铁路局东站北侧仓库工程，在二里岗遗址东北部发现一道东北西南走向的夯土墙基槽，长300余米，宽约7米，深5米左右，夯土层厚度在10厘米左右，夯土层面有明显的夯窝痕迹。1954年春，沿着二里岗新发现的夯土墙基继续进行钻探，初步确认该墙基向东北一直延伸至今天的凤凰台村西，西南延伸到今南关大街时折向西北，探明长度为2100多米。后来的发掘证明，这段夯土墙基就是郑州商城外城的南城墙部分①。

1986年6月，河南省文物考古研究所科技服务部在配合建设郑州振兴商场（后改建为银基商贸城）的文物钻探中，在郑州一马路中段发现了一段南北走向的夯土墙。由于基建施工期紧迫，为了争分夺秒尽快弄清夯土墙的结构和走向，由河南省文物考古

---

① 河南省文化局文物工作队：《郑州二里冈》，第6页。

研究所郑州工作站陈嘉祥领队，并有冯天成、曾晓敏、孙建国等同志组成的考古队日夜兼程，展开了一场突击会战。这次共开挖探沟 2 条，在每条探沟内都发现有夯土墙基，夯土墙基槽口残存宽度为12米左右，槽内残存的夯土厚度为0.75 ~ 2米。夯土多为泛白红褐色花土，土质坚硬，每层都有清晰的夯窝。这些都进一步证明该夯土墙就是郑州商城外城西城墙的一段。

这次发掘结束后，考古队又沿着夯土墙的南北两端继续向前钻探和试掘，结果发现夯土墙向北一直延伸到兴隆街和福寿街北端，另外在郑州饭店东侧，地下管道沟槽的南北断面上，也发现与振兴商场性质相同的夯土墙基，两处夯土墙基连成一线，方向约为353°，向北一直延伸到东方红影剧院门前。另外在郑州饭店东侧，地下管道沟槽的南北断面上，也发现与振兴商场性质相同的夯土墙基，两处夯土墙基连成一线，方向为353°，同时夯土还一直向北延伸着。

通过这次发现的商城外城墙的确认，结合50年代的调查、试掘材料中发现的夯土城墙，考古队又组织力量对这两段夯土墙的延伸地带进行了钻探。西墙长度已探明了700余米，南墙1100余米，在探明的南墙位置上布置探沟6条，面积149平方米。二者的宽度和结构相同，应为同时修筑成的夯土城墙，均为郑州商城的外城墙①。

1994年3月，在对郑州饭店建筑工地进行抢救性考古发掘中，又揭露出长约58米的一段外城墙，属于外城西城墙的南段。该段外城墙下面还叠压有龙山文化晚期的堆积。通过解剖可以看出，这段夯土墙的筑法、结构与其他地段发现的外城墙基本相同。

既然有外城郭，那么它的平面形状如何，它的西城墙与南城墙的拐角又是怎样连接在一起的，它与郑州商城的关系又如何？带着一连串的问题，1991 ~ 1992年由宋国定、曾晓敏、冯天成等人组成的考古队又对三德里和花园新村两处外城墙通过的地段进行了大面积的考古发掘。通过发掘，发现了外城西城墙向南转折处的夯土墙基，断断续续长约435米。该夯土墙从西墙向南，继而转向东南，与内城东北部的形制接近。从而验证了外城墙的存在②。

（4）郑州商城外城墙的性质与作用

根据郑州商城外城墙与郑州商城内城墙的关系及其位置来看，可以认为“外郭城墙”可能是在郑州商城内城垣之外依据地形地势修建的第一道城市防御设施。其理由有以下三点：

---

① 河南省文物研究所：《郑州商城外夯土墙基的调查与试掘》，《中原文物》1991年第1期。

② 河南省文物研究所：《郑州三德里、花园新村考古发掘简报》，《郑州商城考古新发现与研究：1985 ~ 1992》，中州古籍出版社，1993年，第228页。

一是从已发现的外郭城墙的筑法和夯土层内包含的遗物来看，它与郑州商城内城垣都是商代二里岗期修建的。既然它们是同一时期修筑的，那么，为什么在一座规模巨大、形制完整的近长方形城垣之外600～1100多米的地方修建外郭城夯土墙呢?这就说明为了保卫郑州商城内城，而在其外修筑外郭城墙，主要是为了增强郑州商城的城市防御能力，也充分说明了郑州商城的重要性，郑州商城的这种规划布局，对后世诸王朝也产生了较大影响。

二是从已发现的三段外郭城墙与商代遗址的分布关系看，在外郭城墙的内侧，既内外城之间，多分布有商代作坊遗址、灰坑、墓葬和其他遗存，而在外郭城墙的外侧，则基本不见或很少见有商代遗存。

三是从外郭城墙的布局来看，主要以圆形围绕在郑州商城内城垣之外，东起郑州商城东南角外的凤凰台，向西南经二里岗和郑州商城南城墙外的南关外后折向西北，向西北一直延伸到郑州商城夯土城垣西南角外，然后又折向郑州商城西城墙外。2006～2010年期间，郑州市文物考古研究院再次对外城墙进行了调查和发掘。据以往和近几年的考古发掘和钻探资料表明，外城墙形制基本清楚，东起凤凰台，南部穿过货栈街、新郑路、陇海路，向西折向福寿街、解放路、太康路、北二七路，北部从金水路穿过至纬五路一带折向东，穿过花园路、经三路，东部与古湖泊、沼泽地相接，大致呈圆形。

因此可以说郑州商城外城墙基本上是依自然地理形势修筑的夯土城墙，主要是为了保护郑州商城免遭来敌攻击。这种不甚规整的圆形夯土外城墙应该属于郑州商城外围的第一道防御设施①。

3. 郑州商城宫殿区遗址的发现

商代宫殿区遗址（简称“商代宫殿区”，或可叫做“商代宫城区”），位于郑州商城内的东北部一带。其范围以郑州市现今规划的道路和保留的古城墙为界线，大体是：东靠郑州商城的东城墙北段内侧，西至工人第一新村的工一街东侧，北临顺河路，南到郑县旧城（即汉代及其以后管城县和郑县旧城）北城墙东段北侧（即外侧）。商代宫殿区遗址的范围，东西长约800、南北宽约500米。总计面积约40万平方米。

商城内东北部一带商代宫殿区遗址的发现，是在郑州商城夯土城垣遗址于1955年发现之后，相隔了十八年（1955～1973年）之久，经过对郑州商城的四面夯土城墙进行过多次考古钻探与发掘工作，证明确系商代二里岗期夯土城垣遗址之后的1973年

---

① 袁广阔、曾晓敏：《论郑州商城内城和外郭城的关系》，《考古》2004年第3期。

秋，才开始在郑州商城内寻找商代宫殿区遗址工作的。1973秋，之所以把寻找商城宫殿区遗址工作提到议事日程上来，是基于下述几个原因：第一，当时郑州商城夯土城垣遗址已被发现与证实。第二，1952～1955年夏，曾围绕郑州商城夯土城垣遗址的外侧已经发现和发掘出商代二里岗下层二期与商代二里岗上层一期的铸铜、制陶、制骨等手工业作坊遗址和众多的商代二里期的灰坑和墓葬等遗迹，并出土了大批商代二里岗期的青铜器、玉器、石器、骨器、蚌器和少量象牙器、原始瓷器与三片骨刻文字等遗物资料，说明郑州商城遗址绝不是商代二里岗期的一般城址。第三，根据有关文献资料记载，商代前期的“隞都”地望就在郑州市境内等情况，所以初步认为郑州商城遗址有可能就是商代前期的傲都遗址。既然郑州商城遗址有可能是属于商代前期的二里岗期的都城遗址，那么在郑州商城夯土城垣内，也就应该有和郑州商城遗址同时期的商代二里岗期的宫殿区遗址。为此，确定从1973年秋起，即开始在郑州商城内开展寻找商代宫殿区遗址的考古钻探与发掘工作。并通过认真回顾和查阅以往在郑州商城夯土城垣内已发掘的有关资料，发现1954年春在白家庄西地（现在已证明是在郑州商城夯土城垣内东北部的宫殿区域内），配合省中医学院家属宿舍的建设工程中，曾发掘出的商代二里岗期夯土基址有可能与商代宫殿基址有关。于是将1954年夏发掘过的部分探沟重新清理出来，并对该探沟内的夯土基址又做了一些细致的分析研究工作。经研究证明，这里的夯土基址中确系有商代二里岗期下层二期与上层一期的夯土基址，并发现这里的商代二里岗期下层二期与上层一期夯土建筑基址的分布范围还在向周围扩展着，从而为在这一带寻找商代宫殿遗址树立了信心。在初步认识和掌握商代二里岗期夯土基址一些夯土特征的基础上，即以白家庄西地已发现的商代二里岗期上层夯土基址为基点向周围地区展开了寻找商代宫殿区的考古钻探与试掘工作。由于在这个区域内建有许多近现代建筑，给寻找商代夯土基址的考古钻探与试掘带来了很大困难，但是通过在近现代房屋建筑空隙的考古钻探工作，则又新发现了许多处有可能是属于商代二里岗期的夯土基址。通过试掘证明，在已钻探出的商代夯土基址中，分别是属于商代二里岗上层一期的和商代二里岗下层二期的。如在中医学院家属院中部的平房宿舍间，在钻探出有商代夯土的地方，试掘了东西长4、南北宽1米的探沟一条，试掘发现距地表1.1～1.7米之下，则是商代二里岗下层二期的红花色夯土层。另在中医学院家属院偏南部，根据钻探地下有商代夯土又试掘的南北长4、东西宽1米的一条探沟内，距地表深0.85～0.9米处，也发现有商代二里岗下层二期的红褐色夯土层。从此，揭开了在郑州商城内东北部一带钻探和试掘商代宫殿基址的序幕。从1973年秋至1978年春，由安金槐先生主持，并有裴明相、杨育彬、王与刚和冯天成等先生组成的考古队伍经过连续五年的钻探与试掘工作，终于在郑州商城内东北部一带的东西长约800、南北宽约500米，即在现今的东靠商城东城墙北段，西至工人第一新村中间的工一街，北临商城北城墙东段南侧的顺河路，南达郑县旧城北城墙东段北侧，约40万平方米的广大范围内（东西近长方形），在可以钻探的空地间，就断断续续地钻探出了商代二里岗期的大小夯土基址约50余处。其中夯土基址分布面积最大者约有2000多平方米，面积最小者约为150平方米左右。在此期间，为了配合郑州商城内东北部一带的部分建设工程，又发掘出了几座规模较大和柱础坑分布比较规整的商代二里岗下层二期与二里岗上层一期的夯土基址。

尤其是在1976年春配合黄委会水科所南院东南角处的建设工程中，发现一座东西长约65、南北宽13.6米大型夯土基址，保存厚度为1～1.5米。从这座C8F15夯土基址的残存结构看，应是在夯土台基的南北靠边沿处各竖立一行较大的木立柱，在每根木立柱的外侧又各立两根较细的擎檐木柱，形成较大木立柱与较细擎檐柱之间的回廊。在南北两行木立柱之间的宫殿内再加筑木骨泥墙或草拌泥堆筑墙。然后，再在南北两行木柱之上构筑木梁架与草顶，形似“四阿重屋”式的雄伟宫殿建筑。其形制可能与《考工记》中描写的“内有九室，九嫔居之，外有九室，九卿朝焉”的建筑形式相似。C8F15夯土基址面上残存的柱础槽排列形式和布局，和湖北黄坡盘龙城商代宫殿遗址F1十分相似。所以C8F15应是一座比较大的商代宫殿建筑基址①。

就郑州商城内东北部一带的商代二里岗期夯土分布面积之大和夯土基址数量之多，以及夯土基址分布之密集，特别是还发现有几座夯土台基形似商代的宫殿遗址来看，当时即认为这是商代二里岗期夯土基址区，应是属于郑州商城内的商代奴隶主贵族阶级居住过的宫殿区遗址。1979～1985年间，在商代宫殿区内的继续配合建设工程的考古发掘中，又陆续发现了一些商代二里岗期的夯土基址。再后的1986～1995年间，河南省文物考古研究所郑州工作站在商代宫殿区遗址内的配合各单位的建设工程发掘中，又有许多商代二里岗期的大小夯土基址被发现。这为进一步搞清、充实商代宫殿区遗址内商代夯土墙基的内涵，又增添了许多新的重要资料，对商代宫殿区遗址的范围和宫殿区内大小夯土基址的分布与内涵，有了更多的了解。

4. 郑州商城宫城墙的发现

在继郑州商城内、外城墙和城内宫殿区发现以后，在城内东北部宫殿区一带发现了围绕宫殿而修建的宫城墙的线索。首先在1985～1986年期间配合黄委会青年公寓楼基下的考古发掘中，发现了一段略呈东北—西南走向的商代二里岗期夯土墙基遗址。已发掘的夯土墙基长25.2米，方向为北偏东23°。夯土墙基槽较深，横断面呈倒梯形，用灰土和黄灰土夯筑而成。宽6.9、厚2.4米。夯层厚12厘米左右，夯窝口径5～7、深

① 河南省博物馆等：《郑州商代城遗址发掘报告》，《文物资料丛刊》（1），文物出版社，1977年，第1页。

7～8厘米。后向南、北两端延伸钻探，向北穿过顺河路，直到黄委会家属楼下，钻探深度至2.5米以下即是夯土墙基，宽约6、厚2.7米。向南直到黄委会工程维修队办公楼以北地方，钻探深至3.1米以发现夯土墙基。夯土厚1.2米。钻探结果与已发掘的夯土墙宽度、厚度、方向等情况基本相同，应是一条直线的夯土墙基遗迹。发掘与钻探长度共约80米。后发表的考古发掘报告对于这段商代夯土墙的描述为“经发掘和钻探，已知其长度为80米，宽7米左右，夯土墙基（W22）位于郑州商城宫殿区内，其西、南有宫殿基址的发现。据此，或可以认为夯土墙基可能是郑州商城宫城墙的一部分”①。

第二段宫城墙是在1995年5月配合郑州北大街农业队拟修建一、二号宿舍楼的楼基下进行考古发掘中发现的。宫城墙位于郑州商城宫殿区东北部，揭露长度约60米，方向呈西北—东南向，仅存墙基下的基槽部分，宽约3、深1.1～1.4米，填土逐层夯打，结构坚硬，时代应为郑州二里岗上层时期。在这段夯土墙的北侧还发现有商代城市供水设施和宫殿基址。因此这段夯土墙的性质可能与商代宫城墙有关。该宫城墙的发现不仅填补了郑州商城平面布局的又一个空白，也为研究商代城市布局提供了新的资料②。除此之外，在城内其他地方也发现有宫城墙的线索（详细资料待发表）。

黄委会青年公寓楼基下发掘出的这一段略呈西南至东北走向的商代二里岗期夯土墙基与宫殿区东北部边沿地带的北大街农业队拟建一、二号宿舍楼基下发掘出的一段略呈东南至西北向的商代二里岗期夯土墙基呈接近于90°的直角形，但二者相距约400米，并且夯土墙基的宽窄和修筑方法不尽相同，很有可能为两处不同性质的宫城墙。而且在这二处夯土墙基两侧都遍布着密集的商代夯土基址，其中还有不少分布面积较大的商代宫殿基址，并结合偃师商城宫城的分布进行综合分析。在郑州商城宫殿区应分布有范围大小不同的商代宫城。

5. 郑州商城城市供水设施的发现

郑州商城的城市供水设施最早发现的是商代蓄水池部分，1986年，河南省文物研究所郑州工作站在配合黄河医院8号楼基建工程的考古发掘中，发现了一段用石板砌成的石板池遗迹，1992年，在配合黄河医院9号楼基建工程的考古发掘中，又发现了石板池遗迹。这种遗迹上面不仅叠压有战国夯土及文化层，而且还有叠压有商代二里岗期上层的文化堆积，后来，为了解该遗迹的全貌，根据两次发掘的情况，又进行了考古钻探。从两次考古发掘的收获及文物钻探资料，可以认为这是商代二里岗期上层时

---

① 河南省文物研究所：《郑州黄委会青年公寓考古发掘报告》，《郑州商城考古新发现与研究：1985～1992》，中州古籍出版社，1993年，第185页。

② 曾晓敏、宋国定：《郑州商城宫城墙和城市供水设施》，《考古学年鉴》1996年，第169页。

期的一个供人们生活用水的蓄水池。石板水池为长方形，略呈东南—西北向，东西长约100、南北宽约20米，从其解剖的情况看，水池建在生土上，然后人工回填白色掺有料姜石的土，分层铺垫，层次明显，每层厚0.1～0.15米，垫厚至1米，四周修筑水池的池壁，水池的底部则用石板平铺。铺地石板材为青灰色页岩，经打制成方形或长方形石板，向上的一面略经磨制，较为光滑，向下的一面较为粗糙。最大的石板长、宽60～100厘米，最小为20～30厘米，厚5～8厘米①。

1995年春，在配合郑州市北大街农业队基本建设的过程中，在东里路东段北侧发现一段商代宫城城墙和一处地下供水管道设施。供水设施由蓄水池、供水管道和汲水井等组成。

石筑供水管道设施位于商代石板蓄水池东南部，相距约70米。供水管道呈长方形，发掘长度40米，由石板筑水管道、管道沟和夯土保护体组成，距地表深4米。管道上部有3米多厚的夯土保护体，水管道涵洞宽约1.5、高约1.5米，管道内底部存有淤积的浅黄色细沙，并有少量河蚌与螺壳等遗物。在水管道涵洞间相隔一定距离处，还修筑有一长方形竖井状汲水井。汲水井共发现4个，位于夯筑沟槽中部，打破夯土并与石板筑水管道相连，平面呈长方形，南部留有二层台，估计与汲取清水、清淤和控制水量有关。

1996年在东城墙内侧的郑州医疗机械厂西院内，除了发现有商代宫殿基址和夯土水井外，也发现了4米残存的石板砌供水管道，其方向与东里路发现的石板砌供水管道垂直，为东北—西南向，管道结构基本相同，应为同一条管道的不同部位，都是围绕宫殿区设置的供水管道。1998年在配合黄委会2号高层住宅楼的考古发掘工作中，在顺河路南侧又发现了为石板蓄水池供水的输水管道，由此形成了由输水管道、蓄水池、供水管道组成的一套完整的城市供水系统。

郑州商城城市供水系统的发现是中原地区商代考古的又一重要发现，也是我国乃至世界目前发现的时代最早并且较为完善的城市供水系统②。

6. 郑州商城宫殿区祭祀遗存的发现

在郑州商城垣内外的商代二里岗期的文化堆积层中，曾发现掷埋一些零散的人骨架与猪、狗、牛等兽骨架的现象，但在有些商代的所谓灰坑中，也发现有掷埋一些较完整的人骨架与猪、狗、牛等兽骨架的现象，甚至一个坑内就掷埋有多具人骨架与兽骨架，并且这些掷埋有人骨架或兽骨架的灰坑又比较集中。在有些掷埋有人骨架与

① 曾晓敏：《郑州商代石板蓄水池及相关问题》，《郑州商城考古新发现与研究：1985～1992》，中州古籍出版社，1993年，第87页。

② 曾晓敏、宋国定：《郑州商城宫城墙和城市供水设施》，《考古学年鉴》（1996年），第169页。

兽骨架的所谓灰坑附近，还发掘出有一些仅能容下人身而又无任何随葬器物的“小墓”。这些掷埋有人骨架或兽骨架或人骨架与兽骨架共存的灰坑，应与一般的灰坑有所不同，这种现象不是偶然的，它很可能与商代举行什么祭祀后杀殉填埋有关。现择其最具代表性的进行介绍。

（1）商代锯制人头骨场地遗址

商代锯制人头骨场地位于郑州商城夯土城垣东北部的商代宫殿区遗址中部，郑州市东里路东段北侧，即现今的河南省文物考古研究院郑州工作站院内。在这里的一条商代二里岗上层一期的南北走向的人工挖筑的壕沟中，除出土大量商代二里岗上层一期的陶器、石器与骨器等遗物外，还出土了百余个人头盖骨，绝大多数的人头盖骨的边沿处，都带有明显的锯痕，说明这里是一处商代二里岗上层一期以锯制人头盖骨作为器皿使用的场地遗址。即把这处场地暂称为“商代锯制人头骨场地遗址”[①]。

1974年秋，正当原河南省博物馆文物工作队（即现今的河南省文物考古研究院前身）在郑州商城夯土城垣内东北部一带，进行考古钻探与试掘寻找商代宫殿区遗址时，原黄河水利委员会水文站拟在商代宫殿区内的东里路与顺河东路相交汇处的东北部一带建设办公楼。考古队闻讯后当即与水文站协商，确定在该站院内进行文物钻探与考古发掘工作。通过钻探，发现该站院内地下遍布有商代夯土基址。后在试掘的十九个探方内共发掘出商代二里岗下层二期与商代二里岗上层一期的大型宫殿夯土基址与较小型的房屋夯土基址7座。特别是在水文站院内中部偏东侧发掘的探方C8T42内的商代二里岗上层一期夯土基址（C8F10）的过程中，发现了一条打破C8F10中部的南北向人工挖筑的壕沟。在这条壕沟内，除堆积有大量相当于商代二里岗上层一期的陶器残片和一些石器与骨器外，壕沟内竟还填埋了近百个带有锯痕的人头盖骨。从这条壕沟内的文化堆积层与人头骨的堆积情况看，它是从壕沟的东部边沿向壕沟内堆积的。所以，这条壕沟的东部很可能是商代二里岗上层一期把人头骨锯开加工成器皿的场地遗址。由于这处商代锯制人头骨场地遗址在商代考古发掘中尚属首见，它对于研究商代奴隶制社会具有重要的价值，需要就地保护研究。后经与水文站研究确定，该院全部转让给河南省文物考古部门进行保护，并在锯制的人头骨壕沟上建起了保护房。

这条堆填有人头骨的壕沟，是直接挖破一座商代二里岗上层一期的南北长方形夯土基址C8F10构筑而成的。壕沟也呈南北长方形。已发掘壕沟南北长15米（北部未到头，南部被坑损毁）。壕沟形制呈上大下小的两层壕沟套接而成。从壕沟的横断面看，上部大沟为大敞口、东西两壁向内倾斜的平底形，大沟口宽约2、深约0.8、底宽

---

① 河南省博物馆：《郑州商代遗址内发现商代夯土台基和奴隶头骨》，《文物》1974年第9期。

1.2米。在大壕沟的底部中间又向下挖出一条直口、东西两壁垂直的平底形小壕沟。小壕沟口宽0.4、深0.2、底宽0.4米。从而形成上大下小带两层台的壕沟。上部大沟和下部小沟的各部分都挖筑得相当规整，说明这条壕沟是经过精密细致挖掘而成的。在这里有一条商代二里岗上层时期的南北走向的人工修筑的壕沟中，除出土大量商代二里岗上层一期的陶器、石器与骨器等遗物外，还出土了百余个人头骨，在头盖骨的下部都带有明显的锯割痕迹。这里发掘出的近百个人头骨，都是从人头骨的眉部和耳部上端处横截锯割开后保留下来的头盖骨部分。从壕沟内出土的40余个较完整的人头盖骨看，周边的锯痕相当清晰而规整，很少有破损的地方。经鉴定，这些人头骨的性别多属男性，年龄多属青壮年或青少年。

这条壕沟内的商代二里岗上层一期文化堆积层，呈东高西低的倾斜状堆积，说明壕沟内的商代二里岗上层一期文化堆积层都是从壕沟东部向壕沟内填入的。依此也就说明壕沟内填埋的带有锯痕的人头骨，也都是从壕沟东侧向壕沟内倾倒的。因此判断壕沟内带有锯痕的人头骨，都应是在壕沟东侧的平坦地带锯制和祭祀的①。

（2）郑州商城内东北部祭祀遗迹

该处祭祀遗迹位于郑州商城内东北部的商代北城墙东段内侧的一片平坦高地处。该处西南距商代宫殿区东北边沿处约50米。在这里发掘的四个探方，约100余平方米范围内，共发掘出排列有序埋在地下的石头6块（暂称为“埋石”）、烧土坑2处、殉狗坑8座，无随葬器物的单人坑12座，以及随葬很少陶器与其他遗物的小墓2座，另有被殉狗坑打破的商代方形房基1座。

这处祭祀场地距商代宫殿建筑区较近，应是一处位于宫殿区的奴隶主贵族举行祭祀的地方。再者，在祭祀场地残存的遗迹中，除有以“埋石”为中心作为祭祀标志外，围绕着中心石的北侧、东侧和南侧则有排列有序的烧土坑2个，殉狗坑8个，殉狗100余只，还有无任何随葬器物和有很少随葬器物且仅能容下人身的单人坑14座。这些人与狗的埋葬于此，显然是与祭祀时的杀殉有关，特别是两个殉狗坑内还埋有三具人骨架，进一步证明这些死者都是奴隶②。

（3）郑州商城内西北部祭祀遗迹

该处位于郑州商城内西部的西城墙中段内侧的较高处。该处东距商代宫殿遗址区200多米。在这里的一个探方（CWT2）内，发掘出一个东西残长约2.6、南北宽约2.31、残深约0.75米的近方形竖穴土坑（CW狗坑1）。坑的西壁、南壁与北壁，还各挖筑有二层台。在二层台内的坑底四角，各埋狗一只，都作侧身屈肢姿态，其中西北角

① 郝本性：《试论郑州出土商代人头骨饮器》，《华夏考古》1992年第2期。

② 河南省文物考古研究所：《郑州商城：1953～1985年考古发掘报告》（上、中、下），第493页。

的一只狗和西南角的一只狗，两狗头南北相对应，而东北角的一只狗和东南角的一只狗，两狗头也是南北相对应，说明这四只狗在坑内的放置是精心安排的。另在这个埋狗坑的南部百余米处的商城西城墙中段内侧近夯土城墙底根处，还发掘出一座无任何随葬器物且仅能容下人身的奴隶单人坑。依此，可以看出这里的殉狗坑，其性质应和郑州商城内东北部发现的祭祀殉狗坑是相同的，也应是商代二里岗上层一期的一处用人与狗祭祀的遗存[①]。

四、郑州商城手工业作坊遗址的发现

郑州商城手工业作坊遗址大部分位于内外城之间，1954～1956年相继在郑州市旧城外周围发现和发掘了南关外和紫荆山北商代二里岗期铸铜作坊遗址、紫荆山北商代二里岗期制骨作坊遗址、铭功路西侧商代二里岗期制陶作坊遗址。

1. 郑州商城铸铜遗址的发现

商代属于青铜器时代，是以生产和使用青铜生产工具、兵器和容器为其标志的。在郑州商城，冶铸青铜器是一种最先进的生产技术，是当时各类手工业中最重要的生产部门。

在郑州商城遗址范围内，已发现南关外商代铸造青铜器手工业作坊遗址（以下简称“南关外铸铜遗址”）和紫荆山北商代铸造青铜器手工业作坊遗址（以下简称“紫荆山北铸铜遗址”）两处[②]。“南关外铸铜遗址”，位于商城的南城墙中部之外（南）约700米处，即现今郑州市陇海路东段与紫荆山路南段相交叉的十字路口以东的陇海东路的路基下及其南侧的郑州市运输公司院内和北侧的郑州轻型汽车制造厂院内。“紫荆山北铸铜遗址”，位于郑州商城的北城墙中部之外（北）约200米处，即现今郑州市区内的纬一路与花园路相交汇处的十字路口西南角及河南饭店北院内东部一带。

（1）郑州南关外商代铸铜遗址

1954年8月，在郑州市南关外（今河南省运输公司院内）发现一处铸造青铜器的作坊遗址。南关外商代铸铜遗址附近的地理环境是中部稍高于周围的漫平丘陵地。铸铜遗址主要是在丘陵地之间地势高而又比较平坦的地方。1955年1～3月，发掘了南关外铸铜作坊遗址。与铸铜有关的铸铜场地等遗迹与遗物较集中的地方，主要分布在陇海东路的南北两侧。发掘出土了大量与铸铜有关的遗迹与遗物。计有白灰面地坪残片、铜锈地面残片、铸铜土台、壕沟和坑内堆填遗物中夹杂的铜炼渣、铜锈块、炼铜陶坩

① 河南省文物考古研究所：《郑州商城：1953～1985年考古发掘报告》（上、中、下），第506页。

② 河南省文物考古研究所：《郑州商城：1953～1985年考古发掘报告》（上、中、下），第307页。

埚碎块、铸造铜器的各种残陶范、残铜片、黏结有铜渣的红烧土块、残铜器块、残铜锈面块、木炭、砺石等与铸铜有关的文化层和灰坑等。应该是从商代二里岗下层二期延续使用到商代二里岗上层一期的一处铸铜场地遗迹。

（2）郑州紫荆山北商代铸铜遗址

1956年2月，在紫荆山北今河南饭店一带发掘铸铜基址，清理出房基一座，出土有铜铲、铜矿石、炼渣、刀范、戈范和杯范等。两处铸铜遗址都分别发掘出当时进行冶铸的操作场地，既黏附有一层铜渣的硬土面，而且地面上还有圆锥形的坑窝，很像是放置坩埚的地方。还发现有大量的坩埚残器和碎片、红烧土块、炼渣、木炭和数以千计的铸造各种青铜器的陶范。由此可以看出，其生产规模还是相当可观的。在作坊遗址的范围内，还发掘出非常简陋的半地穴式住室和一些小型房基，这些可能是在作坊劳动的奴隶们居住的。

在发掘出土的陶范中，能看出形状的有镢、铲、斧、刀、凿、锥等生产工具范，也有镞、戈等兵器范，还有方鼎、圆鼎、鬲、斝、爵、觚、尊等容器范。

从这二处铸铜遗址的年代上看，南关外铸铜遗址是从商代二里岗下层二期一直延续使用到商代二里岗上层一期或可能到商代二里岗上层二期；而紫荆山北铸铜遗址是从商代二里岗上层一期可能延续到商代二里岗上层二期。当商代二里岗下层一期时，在郑州商城之外仅有南关外铸铜作坊遗址一处，而到了商代二里岗上层一期时，除南关外铸铜作坊继续生产外，又新建立了紫荆山北铸铜作坊。所以在郑州商代遗址的发掘中，商代二里岗下层二期的青铜器出土数量较少，而商代二里岗上层一期的青铜器出土数量较多，可能与铸铜作坊由一处增加至二处有关。从两处铸铜作坊遗址出土的各种陶范模的品种看，无论青铜容器的鼎、鬲、爵、觚，青铜兵器的镞与戈和青铜生产工具的镢、铲、刀、凿、锥等，基本都是在这两处商代二里岗期铸铜手工业作坊中铸造出来的。但值得注意的是，这两处铸造作坊，在商代二里岗上层一期的生产中好像还有一些分工。如在紫荆山北铸铜遗址中，出土的铸铜陶范品种，以铸造铜刀的陶范模数量较多，并有一些铸造铜镞的陶范模，说明紫荆山北铸铜作坊可能是以铸造铜刀为主的。而在南关外铸铜作坊遗址出土的商代二里岗上层一期的陶范模品种中，基本不见铸造青铜刀的陶范模，出土数量较多的则是铸造青铜镢与青铜容器的陶范模，说明南关外铸铜作坊可能是以铸造青铜生产工具与青铜容器为主的。可以看出，当郑州商城遗址的商代二里岗上层一期时，青铜铸造业已较商代二里岗下层一期时有了很大的发展，其表现是由一处铸铜作坊发展成两处铸铜作坊，并且两处铸铜作坊之间所铸造的青铜器品种又有了再分工。另外从一座古代城市同时拥有南北两处青铜器作坊遗址来看，也说明了这座城的重要性。

2. 郑州商城制骨作坊遗址的发现

紫荆山北商代制作骨器手工业作坊遗址（简称“制骨遗址”），位于郑州商城北城墙中部外侧（北侧）约300米处的紫荆山北商代铸铜作坊遗址以北一带，即现今的郑州市花园路南段以西、经五路南段以东、纬一路以北和纬三路以南的广大地区范围内。郑州紫荆山北商代铸铜作坊遗址和这处商代制骨作坊遗址都位于郑州商城北城墙外地势较高地带，南北相连，地理环境基本相同。紫荆山北商代制骨遗址的分布面积断断续续有5000多平方米。由于这处商代制骨遗址发现时尚未发现商代夯土城垣，所以当时就把这处商代制骨遗址称为“郑州紫荆山北商代制骨遗址”①。

紫荆山北商代制骨遗址是1954年秋开始发现的。在配合位于该遗址东南部的现今新华通讯社河南分社院内建设工程考古发掘时，在一部分商代二里岗下层二期文化堆积和一个商代二里岗下层二期灰坑（C15H8）内发掘出少量相当于商代二里岗下层二期的卷沿双唇鬲、短颈大口尊、高领深腹瓮、敞口斝、深腹盆、豆等陶器片和石刀等遗物，还出土了大量骨簪、骨镞、骨针和鹿角锥等整残骨角器。特别是还出土了许多骨簪与骨镞的半成品和带有明显锯痕的骨料与废骨料，以及磨制骨器时留下明显凹槽痕迹的粗砂质与细砂质砺石等与制骨有关的遗物。后经国家文物事业管理局博物馆处处长、著名考古学家裴文中先生鉴定，其中除有一部分牛、羊、猪、鹿等动物的肢骨外，还有一部分是属于人的肢骨。这一发现说明在商代二里岗下层二期制作骨器的原料中不仅采用动物的骨骼，而且还把部分人的骨骼也作为制作骨器的原料使用。这些人骨，显然都是当时没有社会地位的商代奴隶们的骨骼。因此，这一发现对于研究商代奴隶制社会的阶级压迫又提供了一些新的资料。

1975年12月至1976年5月，河南省博物馆文物工作队（当时的省文物工作队与省博物馆合署办公），又在商代制骨遗址区东南部的新华社河南分社院内配合改建工程的考古发掘中，发掘了探方两个，发掘面积100平方米。在这两个探方内，除发现有商代二里岗下层二期的文化堆积层外，还在上面发现叠压有商代二里岗上层一期的文化堆积层。在商代二里岗下层二期和商代二里岗上层一期的文化堆积层内，除发掘出包含有相当于上下两层的典型陶器与石器等遗物外，还发掘出大量与制骨有关的簪、镞、锥等骨器成品、半成品、骨料、废骨料和鹿角、卜骨、砺石等遗物。说明这处商代制骨遗址不仅是商代二里岗下层二期时的制作骨器场地，而且也是商代二里岗上层一期时的制作骨器场地。由于这处商代制骨场地与紫荆山北商代铸铜作坊遗址相距很近，所以也出土了一些与铸造铜器有关的铜渣和碎铜块等遗物。

---

① 河南省文物考古研究所：《郑州商城：1953～1985年考古发掘报告》（上、中、下），第461页。

1990年秋，在这处商代制骨遗址范围内的东南部，为配合新华社河南分社院内西部改建工程而进行的考古发掘中，共开探方4个，发掘面积200平方米。除发掘出有商代二里岗下层二期和二里岗上层一期的文化堆积层外，还发掘出一些残破的夯土基址与灰坑等遗迹，出土了大量商代二里岗下层二期与商代二里岗上层一期的陶器、石器和骨器等遗物。其中也有不少与制骨遗址有关的骨器成品、半成品和带有锯痕的牛、猪、羊、鹿角等骨料与废骨料，以及一些磨制骨器的砺石等。从以上的发掘资料可以看出，虽然对这处商代制骨遗址范围内的发掘面积还不够大，发掘地点又相当分散，但从已发掘出土的与制骨有关的骨器成品、半成品和带锯痕的骨料与废骨料，以及带有凹槽磨制痕迹的砂质砺石等数量之多，则是郑州商城夯土城垣内外的商代二里岗下层二期与上层一期遗址的发掘中少有的。因而，位于郑州商城北城墙中部外约300米的这处商代遗址，应是属于商代二里岗下层二期与上层一期连续使用的以专门制作各种骨器为主的商代制骨遗址。

3. 郑州商城制陶作坊遗址的发现

在郑州商城，烧制陶器也是一个很重要的手工业生产部门。1956年5～11月，在铭功路北段西侧（今郑州市第十四中学院内）发现商代制陶作坊遗址。在大约1400平方米的范围内，发现14座排列有序的陶窑和十多座小型房基①。陶窑大多数为圆形，个别为椭圆形。窑分上下两部分，上面是窑室，下边是火门和火膛，中间以带圆孔的窑箅相隔，箅下有长方形土柱支撑。窑箅上放置陶坯，箅下可以烧火。因经高温火烧，窑壁内侧已变成砖灰色，向外逐渐成红色。

在该烧制陶器的遗址区域内，不仅发现有数座烧陶窑炉，而且发现有制造陶器坯胎的作坊、场地和制陶原料陶泥与制陶工具陶拍子与陶花纹印模等遗存，还出土了不少残陶器片和被烧胀、烧裂与烧变形的陶器废品。值得注意的是，在烧陶窑出土的残陶器与烧坏的废品中，主要是属于泥质的盆、瓮、甑、簋、小口尊等陶器。在制陶窑场内所发现的未曾入窑烧制的残破陶器坯胎中，也多是陶盆与陶瓮等泥质陶器的坯胎。就是在窑场内已发掘出土的花纹陶印模中，也都是拍印泥质陶盆与陶簋腹部的斜方格纹、夔纹和饕餮纹的陶印模。在郑州商城遗址发掘中，常见的陶鬲、陶甗、砂质罐和粗砂陶缸等砂质陶器，虽然在这个制陶窑场内也有发现，数量却很少。在这个制陶作坊遗址中连一件被烧坏或变形的砂质陶器都未发现，这绝不是偶然现象。这充分说明郑州商城西城墙外的铭功路西侧的这处商代二里岗期烧制陶器作坊遗址，应是一处以烧制盆、瓮、甑、簋、豆等泥质陶器为主的制陶遗址。而郑州商城遗址出土数量

① 河南省文物研究所：《郑州市商代制陶遗址发掘简报》，《华夏考古》1991年第4期。

很多的鬲、甗、罐、斝、缸等砂质陶器，必然另有专门从事生产砂质陶器的制陶手工业作坊进行生产。以此说明郑州商城遗址在商代二里岗期的制陶手工业中，烧制泥质陶器与砂质陶器之间已经有了进一步的分工。

五、郑州商代墓的发现及墓葬特点

郑州商代墓葬的发掘，是与居住遗址的发掘同时进行的。所发现的墓葬，大多是分散的，比较集中的墓，只是在人民公园、白家庄、铭功路等地有所发现。墓葬的形制规模，大体上分两种类型，一种是小型土坑墓和乱葬坑，此类型墓无棺的痕迹，多无随葬品，或只有几件石器和陶器，这种小型土坑墓和乱葬坑在二里岗、人民公园、铭功路、南关外以及城垣周围都有发现。另一种是比较大型的土坑墓，此类墓一般都有棺、二层台和殉狗的腰坑，随葬品主要是铜器、玉器等珍贵的随葬品，个别的还发现有殉人。随葬铜器墓有前后两个时期的。商代前期的铜器墓在紫荆山、人民公园、白家庄、铭功路和二里岗都有发现。随葬铜器的种类有鼎、罍、觚、斝、爵几种。其中比较重要而且有代表性的是1955年在白家庄发现的二、三号墓。白家庄发现的商代前期青铜器墓，共清理四座，其中两座有棺，棺底铺朱砂。如M2随葬青铜器5件，种类有鼎、罍、盘、斝、爵各一，此外还随葬有玉器和松绿石，其中有1件雕刻象牙觚，造型古朴庄重，实为难得的艺术精品。M3随葬青铜器10件，种类有鼎、罍、觚、斝、爵、簪，其中鼎3件，觚、斝各2件。此外还有玉器3件，玛瑙、象牙梳各1件。尤为重要的是在二层台上还发现一个殉人葬。白家庄三号墓是迄今为止在郑州发现的商代前期随葬青铜器最多和唯一有殉人的墓。1965年在铭功路西侧也发现五座商代前期铜器墓，其中两座随葬品比较丰富，尤其M2，不仅有棺，而且经过探漆，发现有残存的漆片，墓底也铺有朱砂，随葬青铜器8件，其中有鼎、斝、爵、觚、刀、戈六种，还有玉器、骨器、陶器、绿松石等，此外还出土一件釉陶尊，黄灰色胎，器表和器内的上部均上有黄绿色釉，器内外和口沿部有深绿色斑点，器形精美，釉色明亮丰润，是一件精美的原始瓷器。

这些不同类型的墓葬以及人殉的出现，对研究商代前期奴隶制的阶级结构以及奴隶主贵族的等级制度、礼制等都具有重要意义①。

六、郑州商城青铜器窖藏坑的发现

郑州商城自发现迄今，共发现有三座大型青铜器窖藏坑，这三座大型青铜器窖藏

① 陈旭：《郑州商文化的发现与研究》，《中原文物》1983年第3期。

坑的发现，既有它们的偶然性，同时也存在其必然性，它们的发现都有一个共同点，既都是在基本建设过程中发现的，但是也说明了，郑州商城范围内只要有大的基本建设工程，也就有发现青铜器窖藏坑的可能。

从1974年9月至1996年2月，在郑州商城东西城墙外侧，即张寨南街、向阳回族食品厂、南顺城街等处，先后共发现有三个青铜器窖藏坑，发掘出土了一大批商代前期的青铜礼器，数量较多，种类齐全，是六十余年来郑州商城考古中出土青铜礼器较集中的三次，这不仅为研究商前期青铜铸造业的发展水平提供了实物资料，而且对探讨商前期的青铜器分期也具有重要的参考价值[①]。

1. 郑州张寨南街“杜岭”青铜器窖藏坑的发现

张寨南街位于郑州商城西城墙外约160米的“杜岭”土岗的南段。而“杜岭”则是位于郑州市北二七路东侧的一道南北狭长的岗岭，由于这里地势明显高于周围地面而得名，该地一般高出4米左右，个别地方能高出6～7米，向西渐趋低平，向东不远处应为商城西侧的城壕遗存，该岗岭南北长1000米。向北800米为由西向东流过的金水河；东南1000余米为西南向东北流向的熊耳河。

1974年正值“文革”期间，全国兴起了一股深挖洞热潮。1974年9月，在郑州市张寨南街也开展了深挖“防空洞”的工程，当时开挖“防空洞”工程和现在的大型工程不一样，当时的工程只是有个大体的规划布局和方向，并没有非常精确的地理位置图和设计图纸，只是每天按照已定的进度进行工作，说来也奇怪，该“防空洞”在开挖的过程中，不偏不斜就朝着埋有商代青铜器的位置而去，挖到埋有商代青铜器的地方时，当时在场参与挖“防空洞”的人员一看，挖到了这么大的青铜器，觉得事关重大，就及时向位于不远处的河南省博物馆进行了汇报。河南省博物馆闻讯后，即刻派在郑州商城进行考古发掘的安金槐、杨育彬、冯天成等人前去进行发掘清理工作，几人迅速赶到现场，看到两个大方鼎整齐地排列在此，不由得一惊，他们也是第一次在郑州商城发现这么大的青铜器，便及时向文化部文物局进行了汇报，并根据文化部文物局的要求，进行科学发掘和保护，为了搞清楚青铜器的埋藏性质，他们增加了地下的灯光照明，并扩大了发掘面积，然后对大铜鼎周围及内部进行了科学清理，初步判断为一个青铜器窖藏坑，排除了墓葬的可能性，通过绘图、照相等一系列工作完成后，有一个问题围绕着他们，地下发掘工作已经结束，可是这个青铜器窖藏坑的地面上相对位置应该在什么地方却无法在地图上标出来，另外，埋藏深度也不清楚。于是他们就想出了一个办法，用一个“洛阳铲”，从下往上钻眼，一般来说，用“洛阳

① 河南省文物考古研究所、郑州市文物考古研究所：《郑州商代铜器窖藏》，科学出版社，1999年，第1页。

铲”探墓和探遗址都是从地面上往地下钻，他们这回却是由下向上钻，而且洞内高度和空间都是有限的，所以其工作难度可想而知，由于“防空洞高度有限，探杆每次接杆不能太长”，他们一边往上钻，一边不断接杆，另外还要派人在地上大致相同的范围内进行寻查，谁知钻着钻着，“洛阳铲”竟从张寨南街物资回收站家属院一户人家的床下钻出来了，这真使大家既高兴又意外。

张寨南街窖藏坑位于已确定的郑州商城外郭城墙西墙向北的延长线以东，即内城与外郭城之间的高台地上，向东邻近郑州商城城墙和城壕，向西与北二七路墓葬区和人民公园商代后期遗址相连，西北为郑州第十四中学院内及其附近的商代制陶手工业作坊遗址。

窖藏坑位于地下深约6米处。2件大铜鼎均为方形，青铜质。出土时两鼎在坑内东西并列，口沿平齐，端正地放置在一起。一件铜鬲放置在那件较大的铜鼎内。根据鼎的边沿测知，方向为北偏西20度。西边一鼎较大，暂称“杜岭一号铜鼎”，东边一鼎略小，暂称“杜岭二号铜鼎”。鼎足皆放置在经过平整的生土地面上，由于一号铜鼎较高，为了使两鼎的口沿平齐，把一号鼎下面的生土地面挖低了一些，说明两鼎的放置是有意布置的。

两鼎的形制和纹饰基本相同，均为双耳，斗形方腹，四个圆柱形空足。器表饰饕餮纹与乳钉纹。

杜岭一号鼎，口和腹略呈横长方形，口沿外折，并有凸棱似子母口的双折平沿，方唇。沿面上有两个对称的圆拱形竖耳，它的上端微向外张，耳内壁和侧壁皆素面，唯耳的外壁作凹槽状，凹槽内有三道圆拱形凸棱纹。鼎腹四壁除一部分素面外，分别饰饕餮纹和乳钉纹。饕餮纹共八组，作带条状饰于鼎腹上部，其布局是四壁中间各饰一组，四个转角处又各饰一组。乳钉纹饰在每壁的两侧边和下部，两侧边各为四行，下部为五行。鼎足为上粗下细的圆柱形，每个足表的偏上处环绕饕餮纹两组，靠外侧的一组与腹壁饕餮纹相同，靠内侧的一组在饕餮纹双眼内无凸起的圆珠，每个足表的偏下部又各饰凸弦纹三周，足底作圆鼓形凸起。出土时保存完整，腹底和足表皆带有烟熏痕。通高100、口径长62.5、宽61、腹壁厚0.4厘米，重约86.4公斤。

杜岭二号鼎的形制、纹饰与杜岭一号鼎相同。鼎的口和腹部均呈正方形，口沿平折，鼎耳外侧的凹槽内有两道圆拱形凸棱纹。出土时一耳残损，掉在该鼎腹内的底部（现已修复）。腹底和足表也带有烟熏痕。通高87、口径61、腹壁厚0.4厘米，重约64.25公斤。

大方鼎内放置的铜鬲为敛口，卷沿，贯耳，鼓腹，分裆，下有三条锥状尖足。通高35、口径22厘米，腹底有烟熏的痕迹，说明是实用物。

1993年，河南省文物考古研究所郑州工作站在配合郑州“华诚商贸中心”的工程建设中，对该窖藏坑上部及其附近进行了抢救性发掘。“通过这次发掘，清理了原铜方鼎出土地点东北侧的残留边缘，发现该坑填土为深灰色杂土，包含物多为二里岗上层时期的陶器残片，从遗迹的形制、结构分析，这批铜器应是当时的窖藏青铜器。”从而进一步确定了原来出土青铜器的地点为窖藏坑性质。

2. 郑州向阳回族食品厂青铜器窖藏坑的发现

郑州向阳回族食品厂窖藏坑的所在地，位于郑州商城东南城角外侧50余米的护城壕以东熊耳河的河旁台地上，该地向南距郑州二里岗遗址1000余米，紧靠二里岗向北延伸的边沿地区较高处，地势稍高于周围地区。窖藏坑西侧紧邻郑州商城东侧护城壕和商城东墙，与城东南转角处相距100余米，向东南距熊耳河不足百米。熊耳河源于郑州市南郊，在郑州商城南侧由西向东流过，至东南城角处折向东北，在向阳回族食品厂东南流过。窖藏坑的东南为杨庄墓葬区，西南为郑州卷烟厂墓葬区，附近还有南关外遗址区和铸铜作坊遗址等。1982年7月，郑州市向阳回族食品厂在厂房基建施工中，发现该青铜器窖藏坑。当时厂房施工前先由人工挖柱桩，当柱桩往地下挖约深5米时，桩基础坑需向外扩展，也就是在扩展过程中挖掘到了大圆鼎的足部，施工人员猜想是不是挖到了日伪时期日军留下来的炸弹，他们就小心继续沿着鼎足边向外挖，挖着挖着，就将大圆鼎暴露出来，于是他们又继续沿着大圆鼎外掏，又发现一个大方鼎与之相对扣，两鼎里面还扣放有其他青铜器等共7件商代青铜器。计有饕餮纹大方鼎、饕餮纹大圆鼎、羊首罍、涡纹中柱盂、素面盘和2件牛首尊。除盘已残破外，其余的都很完整。

于是他们就将发现的这些青铜器取出交给了厂办公室，厂领导一看，好家伙，一次挖出了这么多青铜器，也觉得事关重大。第二天就将此事向河南省和郑州市文物部门进行了汇报，河南省文物研究所和郑州市博物馆火速派人赴现场作了详细调查，并将该发现立即上报文化部文化局，按照文化部文物局的意见，由河南省文物研究所主持发掘工作，郑州市博物馆配合人员协助工作。

1982年7月16日至7月24日，在青铜器出土地点，先开挖了一个9米×9米的探方。为了保证安全，每向下挖近2米，就留出宽1米左右的台阶。当挖至距地表约4.6米深时，发现了出土青铜器坑的坑口（H1）。据在施工中发现青铜器的工人追述，大方鼎在东，大圆鼎在西，两鼎口部相对，平放在南部坑底。其余铜器放在鼎内及两鼎之间。一件尊（H1：3）放在大方鼎内，盘放在尊旁，罍放在大圆鼎底部，另一件尊（H1：4）横放在圆鼎内，中柱盂横放在两鼎口之间，口部与圆鼎内的尊（H1：4）的底部相接，圈足底部与方鼎内的尊（H1：3）的口部相扣。

7月21日，当在窖藏坑北部向下清理至距坑口约0.4米处时，又发现一件饕餮纹大方鼎。鼎口朝东足朝西，横置于坑底，腹内放有5件青铜器。提梁卣1件，顺放于鼎口处；觚2件，其中1件（H1：13）靠近鼎腹北壁，卣盖放在觚口上；小圆鼎2件，立于方鼎内南侧，其中1件小鼎（H1：10）的下面放另1件觚（H1：12）。

这次出土的13件青铜器的形制与其他地方出土的商代中期青铜器有不少相同或相近的地方。饕餮纹大方鼎（H1：2、H1：8）与1974年9月郑州张寨南街出土的2件饕餮纹大方鼎几乎完全相同；饕餮纹大圆鼎（H1：1）与湖北黄陂盘龙城李家嘴出土的商代大圆鼎（李M1：36）②也很相似，但器形较大；2件牛首尊（H1：3、H1：4）与郑州人民公园[①]等地出土的牛首尊基本相同；2件饕餮纹觚（H1：12、H1：13）与1958年郑州南关出土的饕餮纹觚相似；2件云雷纹扁足圆鼎（H1：9、H1：10）与安阳殷墟妇好墓出土的夔纹扁足鼎大同小异，只是后者夔纹扁足已经透雕，显然是由前者发展而来的；涡纹中柱盂（H1：6）形制有较早的时代特征，安阳妇好墓出土的汽柱甑形器和侯家庄西北岗1005号大墓出土的旋龙中柱盂可能就是由这种铜盂发展而来的。这些青铜器的纹饰有饕餮纹、夔龙纹、兽首纹、菱形纹、涡纹、弦纹、联珠纹、云雷纹、目云纹、乳钉纹和镂孔等十一种，也多是商代中期所流行的。因而，根据地层叠压关系、窖藏坑内与这批青铜器共存的陶片以及青铜器本身所具有的器形和纹饰特点，这批青铜器应属于郑州商代二里岗期上层时期，相对年代应早于安阳殷墟出土的青铜器。

这批青铜器经过套装、对口和并列放置，正好容纳于这座面积不大的窖藏坑内，显然是有意埋藏的。在其旁边的灰坑H2、H4内又发现不少牛骨，估计这一地点与祭祀有关。

在我国商代考古学史上，商代中期青铜器饕餮纹大方鼎、饕餮纹大圆鼎的发现是不多的，涡纹中柱盂也是少见之物。特别是提梁卣和羊首罍，通身满饰精美的纹饰，这在商代中期青铜器装饰艺术上，是一个大的突破，这为商代晚期繁缛的铜器纹饰开了先河。

郑州商代二里岗期青铜器，在中国古代青铜工艺史上，起着承上启下的作用。新发现的这批青铜器，为研究商代青铜器铸造工艺和装饰艺术提供了新的实物资料。

3. 郑州南顺城街青铜器窖藏坑的发现

南顺城街窖藏坑位于郑州市西大街以南，南顺城街以西，西邻省武警总队招待所，南为居民区。该地点处在郑州商城西城墙南段外侧50余米处，西邻武警总队招待所所在的高岗地的东部边沿，向北与“杜岭”土岗相连，也位于一道南北向岗岭的东部，向东隔城壕与郑州商城相邻，向西700余米为外郭城墙。1996年2月6日，郑州市中

① 安金槐：《再论郑州商代青铜器窖藏坑的性质与年代》，《华夏考古》1997年第1期。

实房地产开发公司在郑州市南顺城街南段西侧的民族食街1号楼工地施工过程中，发现了该青铜器窖藏坑。窖藏坑是在人工挖掘106号桩孔时发现的，这次发现也非常巧合，该楼原来位于南顺城街西边，离马路边缘较近，后来城市规划部门令其向西后移1米，这一后移不当紧，该楼的106号桩孔刚好布置在青铜器窖藏坑的上部。在桩孔下挖过程中在坑内中部偏西北发现一件青铜器，基建单位领导闻讯后，立即将这一发现报告郑州市文物行政管理部门。当天，郑州市文物事业管理处和郑州市文物考古研究所迅速赶赴工地，对出土青铜器的桩孔及周围地层堆积情况进行了观察，当即认为该坑应为郑州商城西城墙外侧的一个青铜器窖藏坑，其相对位置应相当于城壕外侧。为了保证文物安全，市文化局领导当即决定：①对106号桩孔周围20米×20米=400平方米范围内立即停止施工；②对106号桩附近进行密集型钻探和抢救性发掘；③将106号桩孔内已发现的青铜器物全部取出，并将出土位置做好标记，以便下一步发掘复原；④出土文物暂运郑州市文物考古研究所仓库保管。2月6日晚，经过10多个小时的清理，12件青铜器被安全运抵郑州市文物考古研究所文物仓库。

1996年2月7日，这一重大发现逐级上报到河南省文物局，张文军副局长立即邀请省文物局专家组组长安金槐研究员和杨育彬所长等到现场察看并商议处理方案。决定由河南省文物考古研究所和郑州市文物考古研究所组成联合考古队，在对基建区全面进行复查钻探的前提下，提出文物发掘和保护方案。2月10～14日，联合考古队委托宋国定、曾晓敏、冯天成、王文华、李二楷、王彦民等组织对基建区域进行了钻探。依据钻探结果，2月28日至3月10日，联合考古队又对位于基建区中南部偏西侧的青铜器窖藏坑H1和位于基建区南部的商代灰坑H2分别进行了布方发掘。

南顺城街窖藏坑位于郑州商城西城墙南段以外约50米处，从钻探情况看，该坑位于护城壕以西的河旁台地上。坑口形状呈不规则长方形，略呈东西向，方向105°。开口于第4层，既宋代文化层下，打破生土，坐落在生土之上。坑口距地表深约4.9、坑深4.26米。坑口东西长2.1、南北最宽处1.2、最窄处约0.65米。窖藏坑内的遗物依质料可分为青铜器、陶器、印纹硬陶和蚌器等几种。

青铜器共12件，即方鼎4件，斝2件，爵2件，簋1件，戈2件，钺1件。方鼎均口部朝上放置在坑的北部偏西侧，距坑底0.8米处。1号方鼎居中，2号方鼎套放在1号鼎腹内，3号、4号方鼎则紧贴靠在1号鼎的左右两侧。斝、爵、戈、钺等均置于2号鼎腹内，铜簋则倒扣在2号鼎的口部之上。由于坑壁滑坡或填土塌落的挤压，4号方鼎因局部受挤压而微向北倾斜，铜簋出土时已被挤到2号方鼎和1号方鼎的南侧，簋沿的一部分叠压在1号方鼎的南半部口沿上。这组青铜器物均为礼器，但依其用途的不同，又可将其分为食器、酒器和兵器等几种。食器有方鼎、簋，酒器有斝、爵，兵器有戈、钺等。

这三座商代青铜器窖藏坑是郑州商城六十年来考古发掘中最重要的收获之一。其青铜器种类繁多，有大方鼎、大圆鼎、扁足鼎、尊、罍、鬲、卣、簋、觚、爵、盂、盘等青铜容器，有钺、戈等青铜兵器，大方鼎成双成对，大圆鼎形制巨大，都是商王室所用的青铜重器。

4. 青铜器窖藏坑的性质

首先从张寨南街的青铜器窖藏坑来看，2件大型铜方鼎东西并列，口沿平齐，端端正正放置在一起，鼎足皆立于经过平整的生土面上。由于1号鼎较高，2号鼎较低，为了使两鼎的口沿平齐，就把1号鼎下的生土地面又挖低了一些，说明两鼎是特意放置的。在2号鼎内还有1件青铜鬲。这可能是举行某种祭祀活动后，有意埋藏在坑内的。向阳回族食品厂窖藏坑内的13件青铜礼器，口对口并列或套装放置在一起，正好容纳在这座面积不大的窖藏坑内，显然是有意埋藏的。其旁边的两个同期灰坑内，均发现有残缺的牛骨架，这些可能与祭祀活动有关。南顺城街窖藏坑内青铜器底部的地面很平整，有木板痕迹。青铜器上部也有木板痕和一层朱砂。这很可能与祭祀活动有关。

这三座窖藏坑均位于城墙外侧附近，窖藏坑内器物的组合除了都有大方鼎外，其他基本没有相同的器形。可以看出大方鼎在祭祀中占有举足轻重的地位，南顺城街窖藏坑出土的4件大方鼎，大小依次递减，具有列鼎性质。而祭祀的器类如前所述不仅有大方鼎、大圆鼎、扁足鼎、鬲、簋等食器，更有斝、爵、觚、尊、罍、卣等酒器和水器，还有钺、戈等兵器，尤以酒器类最多，反映了它们在商代社会政治经济生活中的重要地位。窖藏坑出土铜器个体大，造型精致，器类齐全，纹饰讲究，均属商王朝王室重器已成定论。从窖藏坑位置特点相近，时代相同，器类相互补缺，各坑基本无重复器型分析，这三个坑形成的青铜器组合，很可能是商王朝进行祭祀活动时使用的法器，铜器的主人很可能是商王，这些器物从一个侧面也反映了商王朝的祭祀礼制。

七、“亳”“隞”之争

鉴于郑州商城遗址的规模宏大，各种遗迹与遗物的内涵丰富，多数学者认为，郑州商城遗址有可能是商代前期的一座都城遗址。至于是商代前期的哪座都城遗址，在考古界一直存在着不同的看法，引发了一场全国性的大讨论。

1954年秋，在郑州参加辅导发掘工作的安志敏先生，根据四年来以二里岗为主的几个遗址的发掘成果，发表了《一九五二年秋季郑州二里岗发掘记》一文，这是第一篇关于郑州商文化的系统性考古发掘报告。报告通过对发掘出土资料的详细分析，明确认为：一，“二里岗的龙山文化遗存，属于典型的河南龙山文化”；二里岗的发掘，再次提供了河南龙山文化早于商文化的证据。二，二里岗的商文化堆积，又“可以分为一、二两期”，即上、下两层，也即早、晚两期。报告根据人民公园的发掘资料，认为二里岗期商文化上层堆积被相当于安阳殷墟的二期殷文化层所打破，这“代表了它们相对年代的先后”。

报告最后对郑州商文化遗址的性质进行了探讨，并且首次与文献记载中商王“仲丁迁隞”的地望联系起来①。

1959年7月，郭沫若先生来郑州视察，参观郑州商城，视察有感写下《颂郑州》一诗，诗云：“郑州又是一殷墟，疑本仲丁之所都，地下古城深且厚，墓中遗物富而殊。佳肴仍有黄河鲤，贞骨今看商代书，最爱市西新建地，工厂林立接天衢。”认为郑州商城是商王仲丁所都的隞邑②。

以安金槐先生为代表的考古学家认为是商代中期“帝中丁迁于隞（或嚣）”的隞都遗址，1961年5月安金槐先生发表《试论商代遗址——隞都》一文，明确提出郑州商城应是商王仲丁所都的隞邑③。

以北京大学考古系教授邹衡先生为代表的考古学家则认为是商代第一个王“商汤建都于亳”的亳都遗址。1978年2月邹衡先生发表了《郑州商城即汤都亳说》一文，提出郑州商城应当就是商代开国君王成汤所都亳邑的新说④。

1980年10月邹衡先生出版了《夏商周考古论文集》一书。本书根据新出土的考古资料的分析，将郑州地区二里岗文化进行了新的分期，他首先把整个商文化分为先商、早商和晚商三期七段十四组，把郑州的“南关外期”以及原来属于二里岗下层文化的C1H9等单位列于先商文化的第一段第二组；把原来属于二里岗下层文化的C1H17等单位列于早商文化的第二段第三组；把原来属于二里岗上层文化的C1H2乙等单位列于早商文化的第二段第四组；把原来属于二里岗上层文化的C1H1等单位列于早商文化的第三段第五组；把白家庄遗址上层的单位列于早商文化的第三段第六组；把白家庄铜器墓等单位列于早商文化的第四段第七组。另外，本书还对郑州商城当为汤都亳邑问题，进行了详细的论证⑤。

但无论争论双方孰是孰非，就郑州商城的发现而言，无疑是新中国考古工作中最重大的发现之一。

---

① 安志敏：《一九五二年秋季郑州二里岗发掘记》，《考古学报》1954年第8期。

② 河南省文物考古研究所：《郑州商城：1953～1985年考古发掘报告》（上、中、下），第3页。

③ 安金槐：《试论郑州商代遗址——隞都》，《文物》1961年第4、5期。

④ 邹衡：《郑州商城即汤都亳说》，《文物》1978年第2期。

⑤ 邹衡：《夏商周考古学论文集》，文物出版社，1980年，第3页。

八、郑州商城与夏商周断代工程

夏商周断代工程是国家“九五”科技攻关重点项目。该工程将自然科学、社会科学和人文科学的研究手段和研究成果相结合，组织来自历史学、考古学、文献学、古文字学、历史地理学、天文学和测年技术学等领域的170名科学家进行联合攻关，旨在研究和排定中国夏商周时期的确切年代，为研究中国五千年文明史创造条件①。该工程正式启动于1996年5月16日，2000年9月15日通过中华人民共和国验收。2001年2月19日获国家“九五”重点科技攻关计划重大科技成果奖。

夏商周断代工程设置了9大课题，其下包含了44个专题。而“郑州商城的分期与年代测定”，就是“商前期年代学的研究”课题下面的一个专题，可以说在夏商周断代工程中占有重要的一席之地。

夏商周断代工程启动以来，为配合工程的研究，在郑州商城宫殿区范围内发掘了多处夯土建筑基址，其年代属于二里岗下层或二里岗上层时期，有些夯土建筑基址还叠压或打破了洛达庙中晚期的灰坑等遗迹。在郑州老城紫荆山路打通工程中，还发掘了一段长40多米的南城墙，这段商代夯土城墙现存顶部宽7、底部宽22.5、高5.5米。其外侧被战国夯土层和二里岗上层文化层所叠压。城墙底部有与之平行的宽5.9、深0.4米的沟槽，夯土城墙下压生土层。其中引人注目的是，在城内发现大量宫殿夯土建筑基址、灰坑、墓葬、水井等重要遗迹。在西城墙南段外侧发现青铜器祭祀窖藏坑，城内东北部发现随葬青铜器的中型墓等。其间为夏商周断代工程提供了大量的测年标本。

特别是在1997年11月，夏商周断代工程“夏、商前期考古年代学研讨会”在河南省郑州和偃师召开。会议期间，“工程”首席科学家仇士华先生和专家组成员殷玮璋先生，向河南省文物考古研究所参加夏商周断代工程课题研究的宋国定、曾晓敏二人询问有没有现成的可供^{14}C测年的木炭标本。二人回答说，在单位仓库里保存着几根完好的商代水井框的木头可以进行测试。并带领他们来到河南省文物考古研究所仓库挑选可供测年的标本，当二位先生见到这些木头时，发现这些木头不但保存完好，更可喜的是木头的外皮还有所保留。于是当场选定将一方一圆两根木头采样，并运回北京作为测试标本，进行^{14}C测年。其中编号为T1J3的圆木，属于郑州商城二里岗上层一期的遗物，仇士华先生就从这根圆木的最外轮开始，每隔几轮向里取一个样品，一共在圆木上取8组系列标本，用精度高于3‰的^{14}C常规法进行测年，圆木最外层的年代为公元前1400 ± 8年，即公元前1408～前1392年。这个数据应是该井的建造年代，误差仅为

① 李学勤：《多学科结合的“夏商周断代工程”》，《寻根》1996年第5期。

千分之一，十分精确。若以这个数据和所测的二里岗上层一期其他的样品对比，发现其年代基本相合，从另一个侧面证明了郑州商城^{14}C测年范围的正确性。由于该样品自身的条件特点，使它成为^{14}C年代框架中难以挪动的一个支点①。

“工程”通过对偃师商城、郑州商城、郑州小双桥、洹北花园庄和邢台曹演庄、东先贤等遗址的分期和^{14}C测年研究，基本建立了比较完整的商前期考古学文化序列。其排序为：

第一期　以郑州商城C1H9、商城宫城北部灰沟最底层（如96YSJlT28⑧、⑨、⑩）为代表；

第二期　以郑州商城C1H17、偃师商城8611D5H25为代表；

第三期　以郑州商城C1H1、C1H2乙，偃师商城85YS5T1H3为代表；

第四期　以郑州白家庄第二层、小双桥遗址的主体遗存为代表；

第五期　以安阳洹北花园庄早段97G4、98AHDH11、99AHDM10和邢台东先贤遗址一期98H15、H34为代表。

以上五期文化序列的建立，为推定商前期的年代奠定了坚实的基础②。

九、结　　语

郑州商城遗址是新中国成立初期，在河南省境内继安阳殷墟大型商代遗址发现与发掘之后，在郑州市区内又新发现的一处大型商代遗址。但这两处大型遗址所不同者是:安阳殷墟是以商代后期文化为主的大型商代遗址，而郑州商城遗址则是以商代前期（即商代二里岗期）文化为主的商代大型遗址，并兼有一部分相当于夏商时期的洛达庙文化遗址与商代南关外期遗址，以及相当于商代后期的商代人民公园期遗址等。特别是由于在郑州商代遗址的中部，又发掘出了一座规模巨大的商代前期（即商代二里岗期）的都城遗址“郑州商城”，又由于它具有郑州商代二里岗期遗址的代表性，所以有人直接把郑州商代遗址称为郑州商城遗址。

郑州商城遗址的发现与发掘，使我们开拓了对商代考古实物资料的认识视野，由原来只知道安阳殷墟商代后期都城遗址的基础上，又向前逐步认识了商代前期的商代二里岗期的郑州商城都城遗址和早于商代二里岗期约相当于夏代的洛达庙文化时期的实物资料，从而为进一步开展商代历史与考古的研究提供了重要的实物资料。特别是遗址中部的郑州商代城址的发现，不仅证明商代有城墙建筑遗存，揭开了对商城遗址

① 杨育彬：《^{14}C 年代框架与三代考古学文化分期——夏商周断代工程课题研究札记》，《中原文物》2001年第1期。

② 张雪莲、仇士华：《关于夏商周碳十四年代框架》，《华夏考古》2001年第3期。

研究的序幕，而且在郑州商城内外，先后发掘出不少重要的居住遗址、手工业作坊遗址和几百座不同类型的墓葬，尤其重要的是发现了规模宏大的夯土城墙、宫殿建筑和祭祀场所，还发现有窖藏的铜器，获得了大批包括青铜器、玉器、陶器，石器、原始瓷器等珍贵的文化遗物，为研究商代前期的政治、经济、文化等方面的历史提供了丰富的实物资料。以致后来郑州商城遗址成为我国“九五”期间重大科研课题“夏商周断代工程”项目中的重要组成部分。

在郑州商城发现六十年之际，特发此文，以示纪念。

由于篇幅有限，本文仅就郑州商城的发现进行的简要的概述，一带而过，许多细节未及收入，旨在穿针引线，抛砖引玉。如有不妥之处，敬请指正。

夏商周考古学文化体系与学术范式的建构者——邹衡先生

徐良高

（中国社会科学院考古研究所）

摘　要　如果将邹衡先生的主要研究工作及其成就放到中国考古学发展史中分析其内在发展脉络和历史地位，我们认为他的学术贡献主要有两点，即建构了夏商周三代考古学文化的纵向与横向时空框架体系，确立了夏商周考古学研究的学术范式。在邹衡先生为代表的前辈学者所奠定的学术基础上，今后我们应该在文献记载与考古学文化的关系问题，多学科整合与夏商周三代历史重构，三代"族"的属性、族属，国家认同与物质文化之间的关系等方面开展进一步的探讨。

关键词　夏商周；考古学文化体系；学术范式；构建者；邹衡

邹衡先生离开我们已经十年了，但他的学术成就主导了一个时代的夏商周考古学研究，他对考古学的热爱和为科学而献身的精神更是一笔永久的财富。他说："我热爱考古学，执著于考古学，迷恋于考古学，要献身的也是考古学，甚至不可须臾离开考古学。可以说，考古学就是我的人生观。"[①]他的这种献身考古学事业的精神永远值得我们学习。

关于他的学术成就，李维明先生做过系统而精辟的总结：邹衡先生建立了豫西地区仰韶文化与河南龙山文化分期标尺，首倡二里头文化1～4期夏文化说，创建了商文化的编年体系，包括建立郑州商文化与安阳商文化的分期，命名先商文化漳河型、辉卫型和南关外型等，提出了郑州商城汤都亳说、偃师商城桐宫说，命名了先周文化并揭示其三个来源，识别出一批先周文化铜器，预见北京房山琉璃河是早期燕都遗址，通过天马—曲村遗址的发掘，建立晋文化分期标尺，为探寻晋国始封地提供了重要线索，发现雪山一、二、三期文化，建立了孝感地区新石器时代至西周时期的考古分期，揭示了皖西北新石器时代至东周时期的文化面貌，确定了鲁西南新石器时代至东周时期的文化序列。邹衡先生以上述研究为基础构建起夏商周考古学文化研究体系框

① 邹衡：《我与夏商周考古学》，《夏商周考古学论文集：再续集》，科学出版社，2011年，第312页。

架，引领夏商周考古学的研究潮流，为中国夏商周考古学发展做出巨大的贡献[①]。

这一总结全面、准确地概括了邹衡先生的学术贡献，非常中肯到位，也与邹衡先生的自我总结基本一致[②]。

不过，以上总结都是就各项具体学科专题来概述邹衡先生的成就，评价其价值与意义的。如果将邹衡先生的主要研究工作及其成就放到中国考古学发展过程，即考古学史中来分析，探索其内在脉络，也许我们对这些成就的学术意义和影响会有更深刻的认识。我想，我们对每个历史人物的评述都应该将他放到其所处的社会文化背景中，置于历史发展的脉络中去理解他的思想、行为，评价他的贡献，庶几或可做到更深刻、更准确。这应该也是一种context的历史研究法吧。

置于中国考古学发展史中来看，我认为，邹衡先生的贡献主要有两点：建构了夏商周三代考古学文化的时空体系，确立了夏商周考古学研究的学术范式。

一、夏商周考古学早期现状

首先，我们来回顾一下夏商周三代考古学的兴起背景与发展简史。

夏商周三代属于既有文献记载，但文献记载又极不准确，多有附会的阶段，即所谓的原史时期[③]。

针对中国原史时期的文献记载，以顾颉刚为代表的古史辨学派进行了无情的检讨和批判，提出了“层累地造成的中国古史”观点，打破了人们的传统史观和历史叙述体系[④]。

一破一立，破与立相连，破除了有问题的旧史学，随之产生了对传统史学重新认识，深刻反省，然后用新的科学方法重建中国史学的要求，即建立科学的新史学。那

---

① 李维明：《考古学家邹衡》，科学出版社，2010年。

② 邹衡：《我与夏商周考古学》，《夏商周考古学论文集：再续集》，科学出版社，2011年。

③ 原史时期，The Hutchinson Dictionary of World History定义原史时代是“紧接着史前，但是又早于能以书写文件证明的历史”（注：The Hutchinson Dictionary of World History, 1998）。这一阶段既有别于史前，又有别于历史时期，是史前向历史时期发展的一个过渡阶段。在原史阶段，一些文书记录开始以各种形式出现，但仍不足以让我们据以较为全面地认识历史。

关于中国的原史阶段的划分，钱耀鹏认为中国的原史时代下限在春秋以前，上限在龙山时代（钱耀鹏：《中国原史时代论纲》，《文博》2002年第2期）。李学勤也认为，商和西周时期属于“原史时期”，东周以后跨入真正意义的“历史时期”（李学勤：《东周与秦代文明》，文物出版社，1984年）。

总的来看，学术界一般认为中国原史时期的时间段在文献所记载的夏至西周晚期，即考古学的龙山时代至西周晚期。

④ 顾颉刚：《与钱玄同先生论古史书》，《古史辨》第一册。

么，如何重新讲述一个科学、实证的夏商周三代历史？这一重建任务仅靠扑朔迷离的古文献资料看来已经无法完成了。所以，李玄伯指出“解决古史的唯一方法就是考古学”①，胡适说：“我的古史观是：现在先把古史缩短二三千年，从诗三百篇做起，将来等到金石学、考古学发达上了轨道以后，然后用地底下掘出的史料，慢慢地拉长东周以前的历史。”②

正是在这样的时代背景下，随着中国考古学的兴起，夏商周考古学奠基并兴盛起来。根本上来说，中国考古学是近代兴起的一门新兴学科。作为中国考古学一部分的夏商周考古也不例外，虽然对商周考古曾发挥过影响的传统金石学有其悠久的历史。

由于时代的局限，兴起之初的夏商周考古学概括起来大致表现出三种特征：①考古学理论的初创与方法的探索；②文献主导的倾向；③急于以简单比附来定性考古发现并进而满足证经补史的诉求。

1925年9月，王国维发表《古史新证》的演讲，提出：“吾辈生于今日，幸于纸上材料之外，更得地下之新材料。由此种种材料，我辈因得据以补正纸上之材料，亦得证明古书之某部分全为实录，即百家不雅驯之言，亦无不表示一面之事实。此二重证据法，惟在今始得为之。”③自此以后，二重证据法被中国史学界奉为圭臬。根据“二重证据法”，王氏利用甲骨文字对商代诸王世系进行考订。在《殷卜辞中所见先公先王考》《殷卜辞中所见先公先王续考》两文中，从对壬亥、中宗祖乙等人物的考订，进一步推广到对整个商王世系的研究，进而证实《史记·殷本纪》为信史④。

除了传统史学研究思路、方法的变化外，三代考古学也开展起来。但这些早期考古工作重在发掘和具体问题的研究，缺乏系统的分期断代研究和考古学文化体系建设。如1928年8月开始的由中央研究院历史语言研究所考古组主持的殷墟发掘，前后十五次，发掘面积达46 000平方米，主要工作集中在小屯北地、侯家庄西北冈和后冈三地。发掘出土了大量晚商时期遗物。包括24 000余片甲骨以及数以万计的青铜器、玉器、陶器、石器、骨器及角牙蚌器等。李济、董作宾、石璋如等学者对殷墟发掘出土的遗物、遗迹和殷墟遗址的性质等进行了研究。1933年，前北平研究院史学会的徐旭生、苏秉琦等诸先生在陕西开展古迹调查⑤，他们“最初的动机和目的是受前辈史家的启发，企图探索‘先周’和‘先秦’的渊源问题”⑥。次年，对宝鸡斗鸡台遗址进行

① 李玄伯：《古史问题的唯一解决方法》，《古史辨》第一册下编。

② 胡适：《自述古史观书》，《古史辨》第一册。

③ 转引自岳南《千古学案》，浙江人民出版社，2001年，第96页。

④ 胡厚宣：《王国维的“二重证据法”》，《历史教学问题》1988年第3期。

⑤ 徐旭生、常惠：《陕西调查古迹报告》，《国立北平研究院院务汇报》4卷第6期，1933年。

⑥ 苏秉琦：《山东史前考古》，《华人·龙的传人·中国人——考古寻根记》，辽宁大学出版社，1994年。

了发掘[①]。1942年，中央研究院历史语言研究所石璋如先生也为寻找文献记载的周代都城，对传说中的邰、豳、岐、丰、镐等地进行了考古调查[②]。

在研究方面，史学界结合文献记载对相关考古发现的性质进行了研究，其中，代表性的成果有：

1. 夏文化研究

20世纪30年代，徐中舒先生根据当时发现的仰韶文化的分布地域及其文化特征，如鬲等，认为“从许多传说较可靠的方面推测，仰韶似为虞夏民族遗址”，并且认为甘肃、青海所发现的仰韶文化遗存，正是夏族由东向西播迁的物质文化表现，从而提出了仰韶文化为夏文化一说[③]。此说在整个30和40年代的学术界一直处于主导地位，少有提出异议者。

50年代初，范文澜认为“仰韶时代，似为传说中的黄帝时代”，他根据夏人尚黑即夏朝的社会阶段特征，结合龙山文化特征，提出龙山文化为夏文化说，“夏朝在东方有不少与国和同姓国——东部地区有比较发展的龙山文化，与传说似相符合”[④]。

1956年，郑州西郊洛达庙遗址的发掘，发现介于龙山文化与二里岗文化的遗存，有学者推测它“最可能是夏代的”文化[⑤]，不少学者认为洛达庙类型文化应该作为探索夏文化的主要对象。

50年代，徐旭生先生率队在豫西开展夏文化专题调查[⑥]。

2. 周文化研究

20世纪50年代以前，周文化考古研究主要是在发现西周文化、文物，探寻周代都城等方面。例如，苏秉琦先生发表的《斗鸡台沟东区墓葬》一书，将全部墓葬分为三大组十一期。其中，第一组为瓦鬲墓时期；第二组为屈肢葬时期；第三组为洞室墓时期。三大组既是三个大的时期，又是三种文化类型。第一组为西周和早于西周的周人墓葬；第二组为战国时期的秦人墓葬，第三组为汉代墓葬。从古代物质文化遗存中初步辨别出先周文化、西周文化、秦文化和汉文化，开创了先周文化、西周文化、秦文化、汉文化考古学研究的先河，对后来影响巨大。

---

① 苏秉琦：《斗鸡台沟东区墓葬》，1948年北平版。

② 石璋如：《传说中周都的实地考察》，《历史语言研究所集刊》第20本下册。

③ 徐中舒：《再论小屯与仰韶》，《安阳发掘报告》第3期，1931年。

④ 范文澜：《中国通史简编》第一编，人民出版社，1953年。

⑤ 李学勤：《近年来考古发现与中国古代社会》，《新建设》1958年第8期。

⑥ 徐旭生：《1959年夏豫西调查“夏墟”的初步报告》，《考古》1959年第11期。

通过列举以上成果，我们可以发现，直到20世纪50年代，夏商周三代考古一直处于初创阶段，研究上普遍存在文献主导的倾向，即以文献记载指导考古工作方向，使用文献与考古发现之间简单比附、直接对应的思路与研究方法来定性考古发现。

随着考古发掘成果的不断增加和学术讨论的深入，这种简单化的研究思路和方法越来越暴露其问题，不能满足考古学自身发展的需要和以考古学成果重新建构夏商周三代历史的目标。

二、两大学术贡献

在这样的历史阶段，如何才能实现以考古学重建夏商周三代历史的目标呢？邹衡先生的成就正是在这一学术发展史中显现其贡献与价值，即建构了夏商周三代考古学文化的时空体系，确立了夏商周考古学研究的范式。

第一大贡献：建构了夏商周三代考古学文化体系，即夏商周时期考古学文化的纵向与横向时空框架。

邹衡先生主要通过三方面的工作构建了夏商周三代的考古学文化体系：

首先，通过考古学地层学、类型学方法分析相关考古资料，进行考古学文化分期研究，由此，建立了三代时期的考古学文化时间序列。他很早意识到运用考古材料“首先必须分清考古材料的年代，进行考古学文化的分期，确定考古学文化的性质”①。

他通过洛阳王湾遗址的发掘与整理，建立了豫西地区仰韶文化与河南龙山文化的分期标尺。他提出了二里头文化第一至四期为夏文化说。

他将整个商文化分为三大期，即先商期、早商期和晚商期。其中，对于晚商文化，邹衡先生首次对殷墟的商代铜器和陶器做了分期，并互相串联起来，将殷墟文化分成四期7组，第一期为早商文化，其他三期为晚商文化。对于早商文化分期，主要是从研究郑州的考古材料出发，结合冀西南和豫北地区的考古资料，把早商文化分成三期6组，其下限年代止于武丁以前，上限可以到商汤居亳，并提出亳在郑州商城、嚣（隞）在郑州市小双桥，邢可能在河北邢台市，殷在河南安阳，均在早商文化三期之内等观点。关于先商文化，他说：“先商文化之所以能确定，主要是由于郑州商城为商汤亳都之论定，若无商汤所居亳都之论定，则先商文化就无从谈起。既然郑州商城为商汤所居之亳都，自然就为早商与先商、早商与夏代提供了完全可靠的所谓界标，

① 邹衡：《我和夏商周考古学》，《夏商周考古学论文集：再续集》，第269页。

从而使中国考古学提高到崭新的水平，把中国的信史提前了六七百年之久。”[①]

对于先周文化，他以耀县丁家沟一座铜器与先周陶器共存墓葬为基点，找到大批先周铜器，并由此确定考古学上的先周文化[②]。在1979年4月西安召开的全国考古学会成立大会上，他宣读了《论先周文化》论文摘要，正式提出了“先周文化”考古学命题。

他通过对北京房山琉璃河西周燕国都城遗址和山西天马—曲村遗址的发掘与研究对西周时期考古学文化的分期断代形成了系统的认识。

其次，通过研究二里头文化、二里岗文化、先商文化、岳石文化、殷墟文化、先周文化、西周文化等的特征及彼此之间的关系建立了夏商周考古学文化的区系类型体系，即考古学文化的时空框架。如《论夏文化》一文把夏文化、先商文化和早商文化初步分成九个类型。根据这些类型的分布、年代、分期以及文化特征的异同，再结合古文献的记载，同历史上的夏、商族和夏、商王朝联系起来，最后论定二里头文化就是夏文化[③]。先商、先周文化的研究也是如此。

再次，根据夏商周三代相关国家、族群的文献记载和古文字的考证，结合考古学文化时空框架体系对考古学文化做定性研究，将考古学文化与夏商周国家、相关族群联系起来，进而论证夏商周的存在，并试图进一步复原夏商周三代的历史。

正如邹衡先生自己所说：“与以往研究历史地理的学者不同的是，我除了在古文献上研究外，还特别注意到考古材料，最终达到考古材料与古文献记载的契合。我研究商代地理尽管是从古文献出发的，但最后论定还必须有考古材料。”[④]在《论夏文化》《论商都》《论夏地望》《论北方邻境文化》等文章中，他“采用了三个途径，三种材料。首先，通过考古材料以探讨夏、商文化的年代、分期与类型问题；其次，结合古文献记载，从地望和礼制等方面对夏、商两种文化的特点作进一步比较；同时，剖析铜器铭文，特别是对族徽的研究，以探索其与某些古族的关系。然后把以上三者结合起来进行综合考察，就可以把某些考古学上的问题引向夏、商历史问题的研究了”[⑤]。“夏文化，我是从已知的早商文化向前追溯，又从未知的新石器时代的仰韶文化、龙山文化往后压缩出来的。早商文化是完全可靠的，仰韶文化和龙山文化的年代也是完全可信的。早商文化与龙山文化之间的二里头文化自然地就落在夏纪年的范围之内了。据比较可靠的古代文献记载，夏人活动的中心地区是在豫西和晋西南一

① 邹衡：《我和夏商周考古学》，《夏商周考古学论文集：再续集》，第314、315页。

② 邹衡：《夏商周考古学论文集：续集·前言》，科学出版社，1998年。

③ 邹衡：《夏商周考古学论文集·写在前面》，文物出版社，1980年。

④ 邹衡：《夏商周考古学论文集：续集》，科学出版社，1998年。

⑤ 邹衡：《夏商周考古学论文集·写在前面》。

带，二里头文化的分布也主要在这一地区，两者恰相吻合。”[①]“《礼记》虽晚出，其所记灌器乃与考古材料相印证，可能有其更早的来源。二里头文化之封口盉应该就是《礼记》所言鸡彝，其为夏器不会有太大的问题了。灌器中夏器鸡彝的确认，考古学上的二里头文化就是历史上夏王朝所属的夏文化于此得到了确证。”[②]

同样，在《论先周文化》一文中，他把周文化常见的陶鬲分为联裆与分裆两大类，通过分别溯源，最后推断：联裆类尤其是其中的长方体瘪裆鬲可能是姬周文化所固有的特点；分裆类尤其是其中的高领袋足鬲则可能是姜炎文化的独特作风。联裆鬲与分裆鬲在一个遗址或墓地同时并存，也就意味着姬周文化与姜炎文化的混合，直到最后融合为一体，从而构成泾渭地区的先周文化。再根据陶器、铜器和文献等材料进一步论证了先周文化有东西两个来源：东面的姬周文化［姬姓族的主要族徽是“（天）”］来源于晋陕之间的光社文化；西面的姜炎（主要族徽是“族”）文化来源于甘肃地区的辛店文化和寺洼文化。姬周文化和姜炎文化的融合，也就意味着姬姜两族的联合，从而形成灭商的主力军[③]。

对郑州商城性质的认定也是通过出土战国陶文“亳”字来论证郑州商城为汤都西亳。

第二大贡献：确立夏商周考古学研究范式。

所谓“范式（paradigms）”，是美国著名科学哲学家库恩在《科学革命的结构》中提出的一个概念，范式是研究问题、观察问题、分析问题、解决问题所使用的一套概念、方法及原则的总称，是某一个历史时期为大部分共同体成员所广泛承认的问题、方向、方法、手段、过程、标准等。从本质上讲，范式是一种理论体系，包括科学所赖以运作的理论基础和实践规范。范式的特点是：①范式在一定程度内具有公认性；②范式是一个由基本定律、理论、应用以及相关的仪器设备等构成的一个整体，它的存在给科学家提供了一个研究纲领；③范式还为科学研究提供了可模仿的成功的先例[④]。

邹衡先生所构建的夏商周三代考古学文化体系和研究方法正是这样一种科学范式，它主导了近几十年三代考古学研究的问题、思路和研究方法等，左右了三代考古的学术话题与研究方向，如夏商周考古学文化分期的讨论，夏商分界问题，先商文化、先周文化、晋燕始封地的争论，陶器、铜器的分期断代，夏文化、早商文化、先商文化、先周文化等概念体系讨论，考古遗物与文献记载如何结合问题，器物类型与

① 邹衡：《我与夏商周考古学》，《夏商周考古学论文集：再续集》，第313页。

② 邹衡：《我与夏商周考古学》，《夏商周考古学论文集：再续集》，第314页。

③ 邹衡：《夏商周考古学论文集·写在前面》。

④ 托马斯·库恩 著，金吾伦、胡新和译：《科学革命的结构》，北京大学出版社，2003年。

族群的关联、器物演变与政治变化的关系，即以哪些陶器及其形态演变作为族属、朝代的划分标准的争论，如联裆鬲与分裆鬲分别代表不同族属？鬲的口沿变化反映夏商王朝的更替？等等。其中，具体到先周文化的研究，张天恩先生总结说："《论先周文化》的发表，很快将探索周历史文化的研究推向了一个高潮。此后的10余年间，围绕此课题的相关考古发掘、调查项目，就多达二十个。先后有武功郑家坡、黄家河、岸底，扶风北吕、刘家、壹家堡，岐山王家嘴、贺家，长武碾子坡，彬县断泾、旬邑孙家，麟游蔡家河、史家塬、园子坪，宝鸡纸坊头、高家村，长安马王镇等遗址的发掘，漆水河下游先周文化遗址、彬县和三原等县的商代遗址的调查等。这些工作大多都是目的明确的先周文化研究的考古项目。""与此相应的是，同一时期内发表的有关先周文化的考古简报、报告十余篇，国内外发表的相关研究论文粗略统计达六十余篇，略晚就有相关研究的两部专著出版（本文作者注：现在已不止两本了）。"①

《夏商周考古学论文集：再续集》编后记写道："经过近半个世纪的学术研讨，邹衡先生所构建的夏商周考古学体系逐步得到学术界的广泛认可。"②这并非夸誉之词。

回顾夏商周考古学从时代的期盼，到学科的开创与奠基，再到渐渐走向成熟的发展历程，将邹衡先生的学术贡献放到这一学术史上来看，我们认为，如果说李济、苏秉琦、徐旭生、夏鼐等是三代考古学的开创者、奠基者的话，那么，邹衡先生就是夏商周三代考古学文化体系和学术范式建构者中的代表性人物。

三、继承与发展

如果我们承认邹衡先生是建构夏商周考古学文化体系与研究范式的代表性人物，那么，我们也必须承认这一范式是夏商周考古研究史上的阶段性代表，而不是终极结论。正如托马斯·库恩关于"范式"的定义所强调的，任何范式都是阶段性的，终将会被新的范式所代替，科学的发展就是新范式不断代替旧范式的过程。当然，这种代替并不否定被替代范式的历史贡献。正如邹衡先生自己的自谦之辞："我并不认为我的一切论点都是正确的，总有需要修正、补充甚至改变的地方，经过讨论或者论战，会把问题弄得更加清楚，更加深入。"③"夏商周考古学的研究，现在仅仅开了个头，更艰巨更繁重的任务还在后面。"④

---

① 张天恩：《邹衡先生先周文化研究的贡献与影响》，北京大学考古文博学院、北京大学中国考古学研究中心编：《考古学研究（八）》，科学出版社，2011年。

② 邹衡：《夏商周考古学论文集：再续集·编后记》。

③ 邹衡：《夏商周考古学论文集：续集·前言》。

④ 邹衡：《我和夏商周考古学》，《夏商周考古学论文集：再续集》。

分析当代夏商周三代考古学范式，以下几个问题很值得深入讨论与反思：

第一，文献记载与考古学文化的关系问题。这是三代考古学研究中必须要面对和处理好的一个重要问题，但目前的现状却是斩不断理还乱，彼此之间交错纠结。

首先，我们对文献本身的文本性认识不足。哪些记载是真实的？哪些记载是虚构的？这些记载是如何产生的？如文献中的“夏王朝”是否真实存在过？夏王朝的记载是如何形成的？正如罗伯特. L. 杜朴所说：“中国至今尚未发现安阳期以前的重要文字材料，因此关于夏代帝王的主要史料仍然是现存的历史文献，尤其是《竹书纪年》和司马迁的《史记》记载的名字。现代中国学者中有一种明显的抵触情绪，不愿意用批判的眼光对待这些重要的早期文献。”①

我们现在的做法往往是利用文献记载来解读考古发现遗存的性质，如将二里头遗址定性为夏都城，然后反过来，又以这一被定性的遗存反证夏王朝的存在。有学者将这一现象视为“考古材料与文献材料之间是一种互相验证的关系”，是原史时期历史研究方法之一。本人不敢苟同，我们认为这一思路的本质是循环论证，并影响到考古学文化研究的客观性。

从本质上看，我们认为文献记载与考古发现之间不是互证关系，而是解读模式与被解读对象的关系，考古学家借用文献的相关记载作为模式来解释其所发现的古代遗存的性质与意义，如借用文献中有关夏王朝记载来推测二里头遗址的性质。考古发现并未证实文献记载的真实与否。

其次，文献记载的历史时空体系与考古学文化的时空体系如何对应问题。

在利用历史文献记载与考古学文化进行对应研究时，学术界往往存在不同的解读与观点，如关于文献中的夏商王朝分界与考古学的二里头文化、二里岗文化的分期对应与划分问题，商周王朝更替与考古学的先周文化与西周文化或曰商周文化的划界问题，都存在巨大争议。如果纯粹从考古学文化划分角度看，更具有“他者”眼光的美国学者杜朴先生指出：“如果这个典型遗址（二里头遗址）的各期被分别归入河南龙山文化晚期和早商文化，那么‘二里头文化’自己也就消失了！”②这一观察应该引起我们反躬自问。

如何处理文献记载与考古发现之间的关系？有学者提出一种“文献考古方法”的观点，即将文献记载的逻辑关系与考古存在背景关系（包括时空、文化性质、聚落结

---

① 〔美〕罗伯特. L. 杜朴著，张良仁译，张立东校：《二里头遗址与夏文化探索》，《夏文化论集》，文物出版社，2002年，第567页。

② 〔美〕罗伯特. L. 杜朴著，张良仁译，张立东校：《二里头遗址与夏文化探索》，《夏文化论集》，第566页。

构等关系）作总体地、有机地对应，以求取两者之间更为紧密的逻辑关系[1]。但我们认为两者的关系并非如此简单。首先，文献的文本性已使得文献记载失去了确定性。其次，考古发现具有偶然性与局限性。再次，对考古发现的解读往往借助于文献记载的信息，而研究者对这些信息的选择与理解是具有主观性的，因而，研究者的结论也就不是唯一性的解读，而仅仅是研究者的一种观点而已。徐中舒先生关于仰韶文化陶器与文献记载的夏文化特征的对照研究，邹衡先生关于夏与鸡彝的关系、姬周族徽、姜戎族徽、陶器上的符号"田"即"周"等等的论述，都仅仅是一种推测和解释而已。

正是因为过早的文献导向与过多的文献介入，使夏商周三代考古学（注：这一名称本身就是一个文献记载过度介入的例证）失去其独立性和中立性，造成文献与考古之间斩不断理还乱的现状。我们认为，首先要做的应该是"文献的归文献，考古的归考古"，建立从公元前3千纪到秦统一之间的各自独立的时空框架体系，如文献上的夏商周朝代史体系和考古学上的二里头文化、二里岗文化、殷墟文化、沣西—斗鸡台类型文化等体系，然后，学者们根据自己的研究来处理这两种时空框架体系的对应、结合，作出自己的解读，构建自己的三代历史叙述体系。

第二，相关理论问题。

关于文献中三代时期的夏人、商人、周族人、东夷、羌戎等所谓"族"的性质是什么？民族抑或宗族、家族？泛称抑或特称？它们表现在物质文化上的象征是什么？夏朝、商朝、周朝等所谓国家的性质是什么？表现在物质文化上的象征是什么？国家、族群认同的特征与象征能否反映在考古学物质文化上？哪些物质形态的考古学文化遗存与族群或政治体的象征可以对应？考古学所发现的古代物质文化是否也具有层次性和功能性的差异并反映出不同的社会价值与意义？铜器和陶器在反映实用功能、思想观念、社会等级和族群或政治体认同上具有同等价值呢，还是应该有所区别呢？正如杜朴所尖锐地指出的："即使在可以观察到的现代社会，民族的划分都是很困难的。就概念而言，这是很模糊的。夏在'种族上'或语言上是否与商不同？面对二里头文化与二里冈文化（早商）物质遗存的明显相似之处，种族在考古材料上又是如何体现的呢？""考古学文化能否等同于民族（部落或国家）？如果可以等同，那么现在通过物质遗存可以说明中国北部有多少民族？"[2]

我们无论是强调作为历史学的考古学传统，还是强调作为人类学的考古学新思

① 何驽：《文献考古方法论刍议》，《华夏考古》2002年第1期。

② 〔美〕罗伯特·L·杜朴著，张良仁译，张立东校：《二里头遗址与夏文化探索》，《夏文化论集》，第567页。

维，这些理论问题都不能回避或作模糊处理。

第三，多学科整合与重构三代史。

邹衡先生的研究总体上应该说还属于传统史学的“证经补史” 思路，即重在以考古发现来证实相关文献记载，丰富传统历史叙述，正如他自己所说的，“研究商文化的目的就是要同商朝历史挂钩，所以我的研究方向很自然地转向历史文献上来”[1]。他对传统历史视野以外的信息、问题关注不多。

我认为，我们现在所面临的主要问题是在继续深化、补充和完善邹衡先生所构建的三代考古学文化体系与范式的基础上，如何拓展考古学研究，突破传统史学的思维、问题和视野，以考古学为核心和主体，结合现代科技手段所提供的更多信息，利用多学科带来的广阔视野与多种模式，辅之以文献记载，重构三代史，重述夏商周历史故事，在继承的基础上走出创新解释、多元建构之路。我深感任重而道远。

今天我们纪念邹衡先生，除了充分认识他的学术成就，肯定他的学术贡献外，最好的纪念方式应该就是不断发展他的研究，使他一生为之奋斗的事业生机勃勃。

---

① 邹衡：《夏商周考古学论文集：续集·前言》。

略谈安金槐先生为首的团队对郑州商城发现与研究所作的突出贡献

杨肇清

（河南省文物考古研究院）

摘　要　六十多年来，经两三代考古学人前仆后继的努力，郑州商城的发现与考古发掘，基本搞清了郑州商城外城垣、内城垣及宫殿基址所在位置，一些宫殿基址、房基、水井、窖藏青铜器坑、灰坑、冶铜铸造和制陶作坊、制骨遗址、墓葬等遗迹以及大量的各种质地的遗物，为郑州商城的研究提供了极其重要的资料。全国从事郑州商城研究的学者，对其进行了全方位的研究，发表了近三百篇研究论文，已取得丰硕的成果。

20世纪50年代初以来，郑州商城的发掘工作主要由河南省文物工作队（今河南省文物考古研究院）负责，从1952～1977年安金槐先生主持发掘，到现在分别由杨育彬、陈家祥、宋国定、贾连敏、杨树刚主持发掘。以安金槐先生为首的团队，发表的专著占总数的70%，发表的考古报告、简报占总数的81.08%，在全国各大报刊上发表的简讯、通讯占总数的75.86%，发表的论文占总数的38.6%。故以安金槐先生为首的团队对郑州商城的发现与研究做出了突出的贡献。

关键词　安金槐；郑州商城；发现与研究；突出贡献

今年是郑州商代遗址发现65周年，也是商代城址发现60年。60余年来经中国社会科学院考古研究所，省、市文物考古工者连续不断的努力，对商代遗址进行发掘，取得极其丰富的资料和遗物。为郑州商城的分期、性质、生产水平等研究提供大量的资料。以安金槐为首的团队对郑州商城的发现与研究做出了突出的贡献，现略谈一下，如有不妥，敬请同仁指正。

一、郑州商代遗址和商城址的发现与发掘[①]

1. 郑州商代遗址的发现与发掘

1950年秋，郑州维新街小学（又称郑州市第三小学）教员韩维周先生在郑州二里岗和南关外一带的业余调查中，最早发现郑州商代遗址（为此，1951年他调入省文物管理委员会工作）。同年冬，河南省文物保管委员会闻讯后，立即派赵全嘏、安金槐、斐明相等先生到郑州市，对郑州二里岗、南关外新发现的商代遗址做了认真的调查，采集一批商代的陶器、石器和骨器等遗物，证明了商代遗址是一处内涵丰富的面积较大的古代遗址。他们将这一新发现向省、市文化主管部门和文化部社会文化事业管理局做了汇报。

1951年春，为配合郑州363电厂兴建工程，省文管会派安金槐先生到此及其附近进行调查，在白家庄发现仰韶文化遗址。1952年夏，黄河水利委员会确定在二里岗一带建仓库和机械厂，郑州市文管会报告省文化局，该局立即通知新成立的省文物队，并派裴明相等先生前去调查，发现建设区内是一处内涵丰富的商代遗址。即告知黄委会："按上级规定应由文化部门进行考古发掘后方能进行建设。"同年秋天，由文化部社会文化事业管理局等单位共同举办的全国第一期考古工作人员训练班，经理论学习后，要进行田野考古发掘技术培训，就选在郑州二里岗黄委会的仓库和机械厂建设区城内进行。经发掘，发现这里不仅是一处商代遗址，也发掘出部分龙山文化中、晚期的遗存。这次实习，拉开了商代遗址考古工作的序幕。

考古训练班田野考古实习结束后，1952年12月，省文物工作队派裴明相先生为组长，并由张建中、董祥、韦文义等先生和郑州市的文物干部继续在二里岗建设区进行考古发掘。1953年3月省文物工作队为郑州建设的需要成立郑州市文物组，负责市内基本建设的文物调查、保护和发掘工作。文化部文物局处长、著名考古学家裴文中教授亲自指导郑州市的考古发掘工作，并将自己的相关考古书籍送给业务人员学习，多次来郑州指导工作。安金槐先生担任郑州文物组组长，在郑州二里岗发掘的原省文物队裴明相、张建中等先生继续留在郑州，协助郑州文物组的工作。该组于1954年更名为郑州文物工作队，队长由郑州文化局副长许寄秋同志兼任，副队长则由安金槐先生

① 此部分的资料主要出于：河南省文物考古研究所：《郑州商城——1953～1985年考古发掘报告》，文物出版社，2001年；王润杰先生于1952年参加文物工作，作为文物工作队（今河南省文物考古研究院）领导，访问时提供了相关资料；曾晓敏同志于1981年到现在，一直在郑州商城从事考古发掘与研究工作，访问时提供了相关资料。有关郑州商城及其遗址的发现资料出于上述几项，以下不再一一作注，特此说明。对他们提供的资料表示衷心的感谢。

任，负责业务工作。同年春文化部文物局副局长王冶秋、处长裴文中教授等领导同志来郑视察文物工作，见郑州配合基本建设考古工作十分繁重，仅由郑州文物队进行考古发掘是完不成任务的，设想抽调发掘任务少的省份的文物干部来郑支援考古发掘工作。同年7月，在王冶秋副局长的主持下召开“支援郑州考古发掘的郑州会议”，会议决定：“抽调华东文物工作队的人员，到郑州支援考古发掘工作。并改郑州文物工作队为‘河南省文物工作一队’，队长仍由许寄秋兼任，副队长由安金槐、尹焕章先生（南京博物院考古部主任）任。”同年8月华东文物工作队在尹焕章、赵青芳先生的领导下，一共15人（其中南博6人、福建3人，浙江、山东、安徽各2人）来支援郑州的考古发掘，一直到1955年6月底。他们来郑州支援期间，参加了多处郑州商代遗址和历代古代墓葬的发掘与研究整理工作，取得了显著的成绩。

周衡先生于1955年作为研究生也在二里岗实习，并进行整理研究，写出了研究论文《试论郑州新发现的殷商文化遗址》，发表在《考古学报》上①。从而拉开了郑州商城研究的序幕。

郑州市文物工作队（包含来郑州支援考古发掘的单位和同志们）从1952～1955年春，相继在二里岗、南关外、白家庄、花园路、铭功路（西侧），进行了较大面积的考古发掘工作，出土了大量的商代二里岗期的重要遗迹。如紫荆山北、南关外的二里岗期的铸铜作坊遗址，紫荆山发现商代制骨遗址，在铭功路西发掘一处制陶作坊遗址。还在杨庄、白家庄、和二七北北路发掘了多座商代二里岗期墓葬，其内出了铜器和玉器以及大量的遗物。同时也证明了商代遗址的面积确是很大的，内涵丰富。引起了文化部文物局、中科院考古所和省市文化主管部门的高度注意。

2. 郑州商城的发现与发掘

1955年秋为配合黄河医院附近的顺河路建设（即白家庄西侧），省文物工作队派安金槐、张建中、刘东亚等先生，在此进行考古发掘，当时发掘的两个探沟发现了商代二里期的文化层和房基下面叠压的坚硬的商代夯土层。接着在上述探沟的东西两侧发掘的两个探沟内，也发现有与上述两个探沟相同的夯土层，其上叠压商代二里岗期的文化层、同期的房基或墓葬等遗迹。又经反复寻找、钻探，得知这夯土有一定的宽度和长度，向东南和西北伸延，初步认为是商代的挡土坝或夯土墙。可有的专家还持有不同意见。后来文化部著名考古专家尹达先生来郑州考察时，在现场经过认真观察地层的叠压，夯土的分层、宽度和走向，结合所出的遗物，认为确是商代的夯土墙。还建议应向东南、西北继续钻探查找。

---

① 邹衡：《试论郑州新发现的殷商文化遗址》，《考古学报》1956年第3期。

为此，于1956年初开始，在安金槐先生主持下，组织一些业务人员，如裴明相、张建中、冯天成、马志祥等先生，以已发现的夯土层为起点，沿着夯土的走向进行一次全面的考古钻探。初步了解商代夯土分布情况是：由白家庄西向南与“郑县旧城”东墙叠压的商代夯土层相接；由白家庄向西通过“紫荆山”叠压的商代夯土层，到杜岭街的北端，折拐向南，并与“郑县旧城”西墙叠压的商代夯土层相连；“郑县旧城”南墙也叠压在商代夯土层上。这些商代夯土层基本上连接一个长方形的商代夯土城垣，唯商代北城垣东段稍向南倾斜。而且在四周城墙上发现一些缺口。并获知商代城垣周长约6960米，其中东墙和南墙长均约1700米，西墙长约1870米，北墙长约1690米。在四周城垣发现大小不同的缺口十一处，有的缺口可能就是原来的城门。还得知商代城垣最高者约9米，最低者约1米，还有部分城墙埋入地面以下1～2米。其实郑州商城已经基本确定了。可还有一些专家持有不同意见。

同年秋开始，在安金槐先生的主持下，参加的人员有裴明相、张建中、赵世刚、冯天成、马志祥等先生，他们在四面城墙上选择重点有计划地进行考古发掘，从发掘的地层和各地层出土的文物得知：初步确定郑州商城始建于郑州商城二里期下层。但还有专家持不同意见。为此还将继续进行发掘，由于“文革”暂时停止发掘工作。

1972年秋，根据国家图博口（即后来的国家文物局）负责人王冶秋同志的指示：需要对郑州商城遗址继续进行考古发掘。为进一步证明商代遗址的时代和城内商代遗址的内涵，经单位研究决定由安金槐先生主持，有裴明相、杨育彬、冯天成等先生参加的郑州商城遗址工作组（即后来的郑州商城考古工作站），继续对郑州商城及其城内外进行考古钻探复查与发掘工作。经过对四周城墙进一步钻探复查，证明1955～1956年在郑州商城四周城墙进行的考古钻探的资料是正确的。在这次复查和基础上，又对东、西、南三面城墙开探沟4条，进行发掘（编号分别为东城墙探沟7，西城墙探沟5，南城墙探沟4、5）。结合以前发掘的探沟，共23条。根据这些探沟地层的叠压情况，找到郑州商城始建和利用时间的依据，特别是1972年后新开的4条探沟，发现有的城墙底部有基础槽设施，其夯土城墙使用版筑法，发现了城墙下叠压的地层内包含物和叠压城墙内侧墙根的各个地层的遗物以及打破各个地层的遗迹。发掘告一段落后，邀请省内外的考古专家、学者和文物工作者，到郑州商城城墙发掘现场进行参观指导，并进行座谈，认为郑州商城城墙发掘的地层是清楚的，城墙始建的时期是可靠的。事后将这些发掘资料整理研究公开，从此郑州商城在学术界基本得到认可。

1974年9月，在西城墙外300米处，张寨南街建筑地道工程中，发现两件大型铜方鼎和一件铜鬲。1976年3月，在黄委会水科院建设工程中，发现了一座东西长60（东未到头）、南北宽13、距地表深2.5米的大型宫殿基址，南北两排大型柱础坑和柱础石排列有序。还在宫殿基址的北约70米处，发现一条东西长80（西到头）、口宽约10、底宽约5、深3～4米的东西向壕沟。发掘者认为与郑州商城宫殿区北面的"护壕"有关。1976年在宫殿区偏南部的河南省中医研究院的基建工程中，又发现了郑州二里岗期的大型带回廊的宫殿基址东南角一部分，它是郑州商城唯一一座带有回廊的大型宫殿基址。

1977～1985年，由于安金槐先生另有任务，郑州商城的考古发掘工作由杨育彬先生主持，成员有冯天成、孙建国、杨东耀、郭培育等人。此阶段重点是配合郑州商城宫殿区内一带建设工程进行考古发掘。相继在商代宫殿区内配合黄河医院、回民中学、黄委会家属楼、黄委会幼儿园和医疗机械厂等单位的建设工程，曾发现商代二里岗下层二期和商代二里岗上层一期的残破夯土基址10余处和墓葬4座。还有商代二里期文化堆积层与灰坑等遗迹。在黄河医院发掘一座商代二里期下层墓，出有陶器和铜器，另在配合郑州商城城外附近的建设工程考古发掘中，也有许多收获。其中1982年在配合郑州商城东南城角外向阳食品厂建设工程中，发现一批商代二里岗上层一期的祭祀窖藏铜器坑。出土有大方鼎、大圆鼎、扁足鼎、牛头尊、羊首罍、觚、提梁卣等青铜器共13件，这是郑州商城考古发掘中最重要的发现。同年在郑州商城西城外500米处（二七路）配合建设工程中发现3座商代二里岗期的墓葬，随葬有青铜器、玉器、石器和陶器等。

1985年之后，因杨育彬先生荣升为省文物局副局长，商城工作先后由陈嘉祥先生和宋国定同志主持。先后参加发掘工作的有冯天成、孙建国、曾晓敏、裴涛、谢巍、李淑亭、韩召会、王龙正等同志。仍是继续配合郑州商城内外的基本建设工程的考古钻探与发掘工作。其中在商代宫殿区配合黄委会家属楼、青年公寓、中医院家属楼、市医疗机械厂、中医药研究所、省戏校、黄河医院等单位建设工程中，又发现发掘多座商代二里岗下层二期和商代二里岗上层一期保存较好的大型宫殿夯土基址、多处夯土房基基址，还发现大量的商代二里岗下层二期和商代二里岗上层一期的灰坑、水井、输水管道、水池和壕沟等遗迹。在青年工寓楼基下，还发掘出洛达庙一、二、三期相叠压的地层和遗迹，可见在商代二里期宫殿区修建前洛达庙的人们长期居住于此。1996年2月在郑州商城西城墙南南段外侧约50处，清理发掘青铜窖藏坑，发现铜器12件，其中有大方鼎和小方鼎各2件，斝、爵、戈各2件，还有簋、钺各1件。在此期间，又发现郑州商城西城墙南段外和南墙西外郑州商城的外郭城。

2000～2009年间郑州商城由贾连敏研究员主持，还有曾晓敏、谢巍、韩召会、李淑亭等业务人员参加，继续配合郑州商城内基本建设工程的考古发掘工作，也有一些发现，如在原省博物馆北展厅郑州商城北城墙的发掘中，发现商代二里岗上层的商代墓，还出铜爵杯等器物。

从2011年至今，郑州商城由杨树刚同志主持，参加工作的人员有曾晓敏等人，这期间还继续配合基本建设进行发掘，这时大规模的建设不多，但仍发现了一些商代的地层、灰坑等遗迹和遗物。

总之，从郑州商代遗址和商城发现以来，除“文革”前期基本停止外，到目前为止对郑州商城的配合基本建设工程的考古发掘从未停止。为支援商城的考古工作，20世纪50年代初至七八十年代省文物工作队的业务人员，基本都参加过郑州商城发掘工作。除上述提及外，还有东红、王与刚、李德保、赵青云、曹桂岑、陈旭、李有谋、杨肇清、任长中等人，正如《郑州商城》后记所说：“参加过郑州商城遗址考古发掘的同志，如果从50年代算起，其人数总共约近百人之多。”还有郑州市的文物考古工作者如李昌韬、王彦民等先生；还有华东文物工作队尹焕章、赵青芳先生等共13人，也都在商城参加过考古发掘工作。

60年余年来，对郑州商城的考古发掘工作，经两三代考古学人一直坚持，前仆后继的努力工作，搞清了郑州商城的范围，发现了商城的外郭城垣、内城城垣和部分宫城城垣，商代郑州商城的宫殿区的位置，也发现几座较好的宫殿基址和数十座残破的宫殿基址；发现商代的手工业作坊遗址（包括制陶、铸铜、制骨等作坊遗址），以及大量的各种质料的遗物。特别是内城垣外侧的三个商代青铜器窖藏坑的发现，证明商代青铜器的铸造技术水平是相当高的。能造大型的铜方鼎和圆鼎，花纹复杂、造型新颖的提梁卣、牛头尊等。可见到商代二里岗时，青铜铸造的技术水平已达到较高的程度。上承夏代青铜器的铸造技术，下启商代晚期青铜铸造业的繁荣发展，打下了坚实基础。这些年来他们用心血和汗水，收获大量的郑州商城考古发掘资料和珍贵的文物，补充了商代前期的历史，为商代历史写出了光辉的篇章！

二、郑州商城的研究

在郑州商城研究方面，全国乃至世界从事这段历史和考古研究的学者都参加了，据统计到2005年为止发表专著、考古报告、简报和大量的论文，取得丰硕的研究成果。以安金槐为首的团队，也做了突出的贡献。

1. 有关郑州商城的专著

共有10部。以安金槐为首的团队共出版7部。如《郑州二里冈》、《郑州商城》（上、中、下三册）、《郑州商代铜器窖藏》、《郑州商城考古新发现与研究》、《灿烂的郑州商代文化》、《郑州胜迹》、《郑州商城初探》[①]等。

---

① 郑州商城工作站：《郑州商城考古文献目录索引》（未刊）。

2. 有关郑州商城的考古发掘报告、简报

郑州商城的考古发掘主要由安金槐主持，后来才由杨育彬、陈嘉祥、宋国定、贾连敏、杨树刚等主持，郑州文物考古研究院也参加了一些发掘工作。共发表考古简报74篇，以安金槐为首的团队共发表60篇，占发表报告总数的81.08%。如《郑州市郊区及市区发现古代遗址及殷商墓葬》《郑州市殷商遗址地层关系介绍》《郑州发现的商代制陶遗迹》《郑州市白家庄遗址发掘简报》《郑州市商代遗址的发掘》《郑州新出土的商代前期大铜鼎》《郑州商代城遗址发掘报告》《郑州新发现商代窖藏青铜器》《郑州商代二里岗期铸铜基址》《郑州市银基商贸城商代外夯城商代外夯土墙基发掘简报》《河南郑州商城宫殿遗址》①等。

3. 有关郑州商城的简讯、简介

在《人民日报》《文汇报》《光明日报》《中国文物报》《河南日报》《考古》《文物》《考古与文物》《华夏考古》等报刊上共计发表87篇，以安金槐为首的团队共发表66篇，占发表总数的75.86%。其中有《郑州发现商代前期宫殿遗址》《郑州商城遗址》《关于郑州发现的商代文化遗址》《郑州商代遗址简介》《商代王室重器在郑州重见天日》《郑州商城北大街商代宫殿遗址的发掘与研究》《郑州商城外城墙》《郑州商城宫城墙和城市供水设施》《郑州商城的考古学研究》②等。

4. 有关郑州商城的研究论文

据统计共计285篇，这些论文涉及面广泛③。以安金槐为首的团队共发表110篇，占论文发表总数的38.6%。

（1）郑州商城的性质。安金槐先生最早于1961年提出《试论郑州商代城址——隞都》，即郑州商城隞都说。之后安金槐先生于1983年发表《试论商代“汤都亳”与“仲丁迁嚣”》，1993年发表《再论郑州商代城址——隞都》④，再次阐明他的学术观点。

1978年北京大学著名教授邹衡先生提出《郑州商城即汤都亳说》，即亳都说。

---

① 郑州商城工作站：《郑州商城考古文献目录索引》（未刊）。

② 郑州商城工作站：《郑州商城考古文献目录索引》（未刊）。

③ 郑州商城工作站：《郑州商城考古文献目录索引》（未刊）。

④ 安金槐：《试论郑州商代城址——隞都》，《文物》1961年第4、5期；安金槐：《试论商代“汤都亳”与“仲丁迁嚣”》，《中原文物》1981年特刊；安金槐：《再论郑州商代城址——隞都》，《中原文物》1993年第3期。

1980年和1988年分别发表了《论汤都郑亳及其前后的迁徙》《综述夏商四都之年代和性质》再次阐明他的学术观点①。这两说均有一批学者拥护、支持、参加，论战的学者也较多，均发表了一批有说服力的论文，从各方面阐述其学术观点，一直到现在还在讨论中。

（2）郑州商城发现最早的瓷器。安金槐先生于1960年发表《谈谈郑州商代瓷器的几个问题》，首次提出郑州商城出的印纹硬陶是瓷土烧制，应是瓷器，而且是在本地烧制的。1973年他在《对于我国瓷器起源问题的初步探讨》中，在列举大量的考古资料后，最后认为："河南地区用陶土作原料烧制陶器的基础上，发现了用瓷土这种耐高温的材料，于是创造出所谓白陶。与此同时或稍晚些，在我国长江下游及东南沿海一带，在烧制陶器的基础上，发现了耐高温的瓷土或类似瓷土的所谓'白膏泥'一类的材料，创造出了印纹硬陶。""随着白陶印纹硬陶制作技术的不断提高和釉药的发现，于是创造出了原始瓷器。"而瓷器都是在当地生产的②。还有其他的学者也参加了讨论。

（3）郑州商文化的来源问题。不少学者参加了研究，发表了大量论文。如1982年罗彬柯先生发表了《小议郑州南关外期商文化——兼评"南关外型"先商文化说》③，接着1983年李经汉先生发表了《郑州二里岗期商文化的来源及相关问题的讨论》④，1984年王玉哲先生发表了《商族的来源地望试探》⑤。同年方酉生先生也发表了《试论郑州二里岗商文化渊源——兼论郑州商城与偃师商城的关系》⑥。他通过大量的遗迹、遗物对比分析后，"得出二里岗期商文化主要来源于二里文化三、四期，同时也受豫北地区先商、早商文化某些影响的结论"。1989年安金槐先生发表了《对于郑州商代南关外期遗存的再认识》。他经过对龙山文化晚期、洛达庙期、商代二里岗下层一期陶器形制对比，认为"商代洛达庙期是从当地的龙山晚期发展而来，并又直接延续发展成为商代二里岗期。这三者从龙山文化晚期—商代洛达庙期—商代二里期是与商代晚期一脉相承的关系。商代南关外期则是在先商洛达庙期晚期时，从外地迁到郑州南

① 邹衡：《郑州商城即汤都亳说》，《文物》1978年第2期；邹衡：《论汤都郑亳及其前后的迁徙》，《夏商周考古学论文集》，文物出版社，1980年；邹衡：《综述夏商四都之年代和性质》，《殷都学刊》1988年第1期。

② 安金槐：《对于我国瓷器起源问题的初步探讨》，《考古》1978年第3期；安金槐：《河南原始瓷器的发现与研究》，《中原文物》1989年第3期。

③ 罗彬柯：《小议郑州南关外期商文化——兼评"南关外型"先商文化说》，《中原文物》1982年第2期。

④ 李经汉：《郑州二里岗期商文化的来源及相关问题的讨论》，《中原文物》1983年第3期。

⑤ 王玉哲：《商族的来源地望试探》，《历史研究》1984年第1期。

⑥ 方酉生：《试论郑州二里岗商文化渊源——兼论郑州商城与偃师商城的关系》，《华夏考古》1988年第4期。

关外一带居住的人们遗留下来的遗存……”[①]。持这种观点的专家占一定的比例。李伯谦先生在1991年发表了《夏文化与先商文化关系的探讨》，他从这两种文化的陶器质地、纹饰、器形以及生产工具的对比中得出结论：“夏文化和先商文化不仅在文化面貌上，而且在生产力发展的水平和社会发展成程度上都有相当的差别。”同时还指出：“两者有着不同历史传统和文化渊源。”两种文化“发展的去向亦不大相同。剧烈的政治变动往往带来文化的巨大变化，随着夏、商王朝的更替，夏文化由盛而衰迅速消亡了，先商文化则取夏文化而代之，急剧发展扩大了”[②]。1993年李维明先生发表了《郑州二里岗二层下南关外中、下层文化遗存分析》[③]，他认为“二里岗下层文化来源于豫北的先商文化”。持这种观点的专家也较多。还有吕其昌先生于1999年发表《从史前陶鬶与商代铜斝的关系探讨夏商文化的分际》，从陶鬶发展为青铜斝，鬶与斝的关系说明先商文化在东[④]等等。

（4）郑州商城城垣建筑和使用时间。安金槐先生认为：“通过对郑州商城四面夯土城墙上23条探沟（方）的发掘，郑州商城的修筑和使用时期应在商代前期的商代二里岗下层二期至商代二里岗上层一期。”因“土城墙内侧多叠压有商代二里岗期下层二期或二里岗上层一期的墓葬、房基、灰坑等，直接或间接叠压与打破城墙夯土……为确定郑州商城城垣的建筑和使用时期提出了重要证据”[⑤]。

也有一些先生提出不同的见解，如陈旭先生于1983年发表的《郑州商文化的发现与研究》就指出：“郑州商城的历史年代不是从二里岗下层开始到二里岗上层一期为止，而应当从南关外期开始到白家庄期为止。”后来她发表的《郑州商城宫殿基址的年代及其相关问题》和《郑州商代王都的兴与废》都进一步阐述了这一观点[⑥]。持郑州商城亳都说的先生们大都持此观点。

（5）对郑州商城布局及文化内涵的研究。如裴明相先生1991年发表了《郑州商代王城的布局及其内涵》，认为：①商代二里岗期人类活动区是“商城南墙外和南外郭城内广大地区。50年代中期也曾多次进行发掘，发现很多商代的灰坑、墓葬和文化层等，从而说明，该处也是商代二里岗期人类活动的主要地区”。②宫殿区在“城内的

---

① 安金槐：《对于郑州商代南关外期遗存的再认识》，《华夏考古》1989年第1期。

② 李伯谦：《夏文化与先商文化关系的讨论》，《中原文物》1991年第1期。

③ 李维明：《郑州二里岗二层下南关外中、下层文化遗存分析》，《中原文物》1993年第3期。

④ 吕其昌：《从史前陶鬶与商代铜斝的关系探讨夏商文化的分际》，《华夏考古》1999年第1期。

⑤ 河南博物馆：《郑州商代城遗址发掘报告》，《文物资料丛刊》（1），文物出版社，1977年；河南省文物考古研究所：《郑州商城——1955—1985年考古发掘报告》，文物出版社，2001年。

⑥ 陈旭：《郑州商文化的发现与研究》，《中原文物》1983年第3期；陈旭：《郑州商城宫殿基址的年代及其相关问题》，《中原文物》1985年第2期；陈旭：《郑州商代王都的兴与废》，《中原文物》1987年第2期。

东北隅……东、北两两面紧临城墙，西边至人民路，南边到商城路，面积约占城内总面积的三分之一左右”。③祭祀遗迹“在城内北墙东段的向阳坡地上，西南百余米为宏伟的宫殿区”。④铸铜遗址有两处：“南关外铸铜作坊，位于南墙外600米处，即原运输公司院内，为商代二里岗期下层至商代二里岗期上层两个时期。”出土的陶范应是铸生产工具、武器和礼器等所用。紫荆山北铸铜作坊“在郑州商城北墙外约300米，即今河南饭店一带”。从出土的陶范看主要铸造生产工具、武器、车的构件等。⑤“制陶作坊设在商城西墙外约1300米处。即铭功路西侧的十四中院内。在发掘的1000余平方米内，清理出商代陶窑14座，房子17座，墓葬32座。”还出有各种陶器，足见规模之大。⑥制骨遗迹发现两处：一处在商城外紫荆山北，在一个长方形竖井窖穴内出土一千多件骨器的成品、半成品、骨料、废料制骨的磨石等。主要是骨簪、针、镞等。另一处制骨遗迹在商城东北隅C8C10宫殿基址西侧的一条壕沟附近[①]。

（6）郑州商代二里岗期的陶器分期问题。安金槐先生早在1959年出版的《郑州二里冈》中将其分为上下两期。1988年安金槐在《关于郑州商代二里岗期陶器分期问题的再探讨》一文中，在发掘中根据地层叠压和各层所出陶器的变化分为四期，即下层一期、下层二期和上层一期、上层二期[②]。还有高煦先生于1985年发表的《略论二里岗时期商文化的分期和商城年代——兼谈与二里头文化的关系》等[③]。

（7）铜容器的分期问题。杨育彬先生于1981年发表了《郑州二里岗期商代青铜容器的分期和铸造》。讨论了铜容器的分期和铸造问题[④]。后来安金槐先生又对郑州商城二里岗期铜容器的分期问题作了全面的研究，发表了《对郑州商代二里岗期青铜容器分析问题的初步探讨》[⑤]。认为“从二里岗下层一期，经过郑州二里岗下层二期和二里岗上层一期至二里岗上层二期等前年四个小期”。还认为从二里岗下层一期至二里岗上层二期，铜容器的种类由少到多，从用途上先出现酒器，继而出现炊器，进而出现礼器；铜容器的形制特征上也是由简单到复杂，纹饰由素面到简单再到复杂而华丽。

（8）郑州二里岗青铜器铸造方面的研究。如裴明相先生于1989年发表了《郑州商代青铜器铸造述略》，对青铜的铸造方法，如先制陶范，范又分实心范和空心范、

---

① 裴明相：《郑州商代王城的布局及其文化内涵》，《中原文物》1991年第1期。

② 河南省文化局文物工作队：《郑州二里冈》，科学出版社，1959年；安金槐：《关于郑州商代二里岗期陶器分期问题的再探讨》，《华夏考古》1988年第4期。

③ 高煦：《略论二里岗时期商文化的分期和商城年代——兼谈与二里头文化的关系》，《中原文物》1985年第2期。

④ 杨育彬：《郑州二里岗期商代青铜容器的分期和铸造》，《中原文物》1981年特刊。

⑤ 安金槐：《对郑州商代二里岗期青铜容器分析问题的初步探讨》，《中原文物》1992年第3期。

内范和外范，如何在铜内加一定比例的锡、铅使铜熔化成铜液，浇铸成器，做了比较全面的叙述[①]。关于郑州商城铜器铸造笔者于1993年发表了《略论商代二里岗期青铜铸造业及其相关问题》，先从郑州商城两处铸铜作坊出的遗存分析入手，认为“二里岗期两处铸铜遗址面积大，遗迹、遗物丰富，青铜铸造业在当时得到充分的发展”。“从所出陶范的数量观察都是铸造生产工具，特别是以农具为主，也铸造成武器和容器，……推动了农业生产的发展，为商代的强盛奠定丰富的物质基础。”从检验郑州商城二里期铜器的成分得知，“青铜合金成分的比例合理，……减少铜的比例，增加锡、铅的成分，既降低了熔点，又增加铜的硬度、强度和塑性导致青铜广泛使用”。“二里岗期的青铜铸造，从制范材料的选择，比例的配制，各种材料的性能要求都较严格。”[②]

（9）对郑州文明的研究。其中马世之先生于1987年发表了《商文明窥探》，进行了比较全面的论述[③]。

（10）对郑州商城综合性的一些研究。如杨育彬先生1989年发表了《建国四十年来河南商代考古的发现与研究》，对商代考古发现与研究作了全面的介绍[④]；他又于1991年发表了《商代王都考古研究综论》，对商朝的偃师、郑州、殷墟商代王都的始建、性质以及各派的研究观点、论据做了全面的综论，有利于读者了解各派的观点[⑤]。并在1993年发表了《郑州商城的考古发现与研究》，对此前郑州商城二里期考古的发现与研究做了全面的介绍[⑥]。

裴明相先生1983年发表的《郑州商代二里岗期青铜容器概述》对1983年以前郑州出土的商代铜器进行了概述[⑦]。

陈旭先生于1983年也发表了《郑州商文化的发现与研究》[⑧]，对1983年以前郑州商城发现的青铜器做了全面的介绍。

还有不少先生也做了一些综合研究，在此不再赘述，敬请谅解。

（11）对郑州商城窖藏青铜器的研究。杨育彬先生于1983年发表《从郑州新发现

---

① 裴明相：《郑州商代青铜器铸造述略》，《中原文物》1989年第3期。

② 杨肇清：《略论商代二里岗期青铜铸造业及其相关问题》，《郑州商城考古新发现与研究（1985～1992）》，中州古籍出版社，1993年。

③ 马世之：《商文明窥探》，《中原文物》1987年第2期。

④ 杨育彬：《建国四十年来河南商代考古的发现与研究》，《中原文物》1989年第3期。

⑤ 杨育彬：《商代王都考古研究综论》，《中原文物》1991年第1期。

⑥ 杨育彬：《郑州商城的考古发现与研究》，《中原文物》1993年第3期。

⑦ 裴明相：《郑州商代二里岗期青铜容器概述》，《中国考古学会第四次年会论文集》，文物出版社，1983年。

⑧ 陈旭：《郑州商文化的发现与研究》，《中原文物》1983年第3期。

的商代窖藏青铜器谈起》，介绍了回族食品厂所出土的13件铜器，他认为“这些大型铜器，与祭祀有密切关系，既是王权统治的象征，也是建都立国的重器”[①]。

陈旭先生于1986年发表《郑州杜岭和回民食品厂出土青铜器的分析》，认为“商王朝把青铜重窖藏的原因，是由于国内发生动乱的缘故。……商王朝内部的动乱。可能性较大，因为商王朝内乱文献是有记载的”。这批铜器埋藏的时间她认为是“白家庄期前后，与郑州商城作为都邑废弃时间是一致的”[②]。

安金槐先生于1993年和1997年分别发表了《关于郑州商代青铜窖藏坑性的探讨》和《再论郑州商代青铜器的性质与年代》，安先生认为郑州商城所出的窖藏青铜器与“祭祀后窖藏有关”。三个窖藏坑的时代约有先后，他认为“张寨地街窖藏为郑州商城二里岗期上层一期，食品厂和顺城南街窖藏为郑州商城二里岗上层二期”[③]。

（12）商王国的政体问题的研究。1999年李绍连先生发表了《关于商王国政体问题——王国疆域的考古佐证》，他从文献和考古资料的分析研究得出结论：“受商王赐封的诸侯国不是独立国家，而是朝廷控制下的地方政权；商王朝的疆域决不限于王畿方千里，而应是包括众多的诸侯国家在内的广大地区；商王国的政体是君主专权，诸侯分治制，即是君主专权的统一的奴隶制国家，绝不是‘早期国家共同体’或者‘方国文明’。……我国三代国家的政体，不同于古埃及、古巴比伦和古印度，在世界古代国家中独具一格。”[④]

（13）对商代水井和储水池的研究。如1993年宋国定同志发表了《试论郑州商代水井的类型》，对郑州商城所出的水井进行分类，可分“两类五型”，“第一类有井坑加工比较讲究的水井”。“井口平面为圆角长方形”，又可分为两型，一型“在井内底部有木结构支护框架和结构比较复杂的井盘”，另一型“在水井底部未发现木结构支护框架和井盘”。第二类“没有井坑的普通水井”又分三型，分别是“井口呈圆角长方形或近方形”“井口呈椭圆形”“井口呈不规则形”。而且又对其来源进行分析，谈了自己的看法[⑤]。

（14）1993年曾晓敏同志发表了《郑州商代石板蓄水池及相关问题》，“石板储水池位于郑州商城宫殿区的东北部。……平面为长方形，长约“100米，宽20米，深2.5

---

① 杨育彬：《从郑州新发现的商代窖藏青铜器谈起》，《中原文物》1983年3期。

② 陈旭：《郑州杜岭和回民食品厂出土青铜器的分析》，《中原文物》1986年第4期。

③ 安金槐：《关于郑州商代青铜器窖藏坑性质的探讨》，《郑州商城考古新发现与研究（1985～1992）》，中州古籍出版社，1993年；安金槐：《再论郑州商代青铜器窖藏坑的性质与年代》，《华夏考古》1997年第1期。

④ 李绍连：《关于商王国的政体问题——王国疆域的考古佐证》，《中原文物》1999年第2期。

⑤ 宋国定：《试论郑州商代水井的类型》，《郑州商城考古新发现与研究（1985～1992）》，中州古籍出版社，1993年。

米”。并认为：“这是郑州商城二里期上层时期为宫城供水的设施。”①

研究的问题还有很多，限于篇幅不再一一介绍，敬请谅解。

总之对郑州商城的研究是多方面的。全国两三代的学者甚至国外学者都参加了研究，发表了近三百篇论文，正因为学者的参与，极大地推动了郑州商城研究向前发展，取得了显著成绩。由于对资料的分析、认识不同，产生了不同的观点，有的经讨论得到比较接近的认识，形成百花齐放的局面。有的学术观点还有待考古的新发现才能得到统一，有的还等待青年学者继续努力完成。

在郑州商城已有的发现与研究中，以安金槐为首的团队一直坚持不懈对郑州商代遗址和郑州商城发掘，获得大量的原始资料；研究成果也很丰硕。从而做出了突出的贡献。在郑州商城发现60周年之际，我们应当向所有参加发掘与研究的学者们表示最衷心的敬意。

还有一点需要提出的是，由于郑州商城在城区，所有遗迹被城市街道或建筑物所占用。而郑州商城的发掘主要是配合城市的基本建设工程，故基本没有主动性的发掘。故至今商城的街道没有找到，城门没有发掘，其结构情况不知，王陵在何处也不清楚。郑州商城的考古任务还十分艰巨，还希望考古学人继续努力！特别是希望青年学者将智慧和才能贡献到郑州商城的发掘与研究中，继续解决郑州商城相关的学术问题。

① 曾晓敏：《郑州商代石板蓄水池及相关问题》，《郑州商城考古新发现与研究（1985～1992）》，中州古籍出版社，1993年。

纪念郑州商城发现60周年暨缅怀安金槐先生逝世15周年

李昌韬

（郑州市文物考古研究院）

摘　要　安金槐先生自1950年9月参加河南文物考古工作，一干就是五十余年。其中郑州商城的发现、发掘及研究是先生一生考古研究的主要课题。

安金槐先生自1955年10月，在配合黄委会宿舍东侧铺设下水管道工程进行考古发掘时，发现郑州商城的夯土城墙遗迹，先生勤奋工作、吃苦耐劳、锲而不舍，几十年如一日，奋斗在第一线。安先生为研究探索郑州商城，付出的太多、太多，其收获也颇丰、颇丰。

安先生不仅是河南省的田野考古工作的开拓者，也是郑州市文物考古事业的领路人。1957年，在安先生的领导下开始筹建"郑州市文物陈列馆"，即"郑州市博物馆"的前身。1963年，郑州市文物陈列馆，为配合郑州市的基本建设工程，开始了文物钻探工作。1964年首次发掘郑州市陈庄遗址，以及后来发掘须水马庄龙山文化遗址和古荥汉代冶铁遗址等，都是安先生指派省文物研究所业务骨干和在专家指导下完成发掘工作的。

1994年我从事郑州商城保护工作时，认识了安先生。1971年先生发掘洛阳含嘉仓时，单位派我去学习，才有幸与先生朝夕相处。1972年先生发掘郑州商城时，我再次给先生当学生。这一来二去，我和先生成为由认识到熟悉，由熟悉到无话不谈的良师益友。

关键词　安金槐；郑州商城；发现；发掘及研究

今年是郑州商城发现60周年，也是安金槐先生逝世15周年。每当人们说到郑州商城，就自然而然的想起安先生，反过来一提到安先生，马上就联想起郑州商城，似乎在商城与先生之间可以画等号。其原因不言而喻，因为安先生是商城的发现、发掘、整理和研究的参与及组织领导者。而且用毕生精力对商城进行发掘和研究，并取得了累累硕果。因此，在考古界人们的心目中，形成了商城与安先生共存的美称。

安金槐先生1921年出生于河南登封县大金镇安庙村，1948年毕业于河南大学历史系。1950年9月进入河南省文管会从事文物考古工作，同年12月随同赵全嘏先生到郑州市复查新发现的二里岗商代遗址。1952年参加由中央文化部文物局、中国科学院考古研究所和北京大学联合举办的“第一届全国考古人员训练班”（被中国考古界称谓“黄埔一期”）学习。从此以后，安先生在我国文物考古战线上，一干就是五十多年。由于先生勤奋实干、吃苦耐劳、锲而不舍，几十年如一日，奋斗在工作第一线，为我省乃至全国文物考古事业做出了突出贡献。成为我国著名考古学家、国家有突出贡献的专家，1999年被中共河南省委宣传部评为“河南省十大新闻人物”。

一、安先生一生奋斗在河南文物考古战线上

1953年春安先生开始主持对郑州商代遗址的保护和配合基本建设而开展的考古发掘工作，并从发掘获得的遗迹、遗物中将二里岗商代遗址划分上下两层。同年秋天在配合郑州铁路局东站北侧工地建设工程中发现了一段商代夯土外郭城墙与基础槽。

1954年，郑州市文物工作组改为河南省文化局文物工作第一队，安先生任副队长。继续主持郑州商代遗址的考古调查及配合基本建设工程的考古发掘工作，并发表了《郑州市殷商遗址地层关系》，同时开始编写《郑州二里冈》一书。除此之外，还要配合发掘郑州市南关外和荆紫北两处商代二里岗期铸造青铜器的手工业作坊遗址，并分别命名为“南关外商代铸铜遗址”和“紫荆山北商代铸铜遗址”。同年夏，在配合郑州市人民公园挖掘青年湖工程，发现了相当于商代晚期的文化层叠压着商代二里岗期的地层关系和商代晚期的一些墓葬。同年秋，在郑州市南关外商代铸铜作坊遗址东侧，发现了一条商代壕沟，沟内上部堆积着商代二里岗期下层的文化层，下部为商代南关外期文化层。

1955年10月，在配合黄委会宿舍东侧铺设下水管道工程进行考古发掘时，发现了郑州商城的夯土城墙遗迹。

1956年，完成了考古报告《郑州二里冈》一书的初稿。1957年初，在夏鼐、陈梦家二位先生的指导下，修改《郑州二里冈》发掘报告。此书于1959年8月由科学出版社出版。该书图文并茂，字数达14万字，是河南省第一部考古专著。是当时学习、研究商代考古学不可或缺的参考书。本人就是通过对该书的学习，才初步认识商代二里岗期陶器的一些特征，并且能将上、下层的典型陶器如鬲、斝、甗、罐、瓮、大口尊、小口尊、盆、豆等加以区别，真是受益颇多。

安先生的郑州商城隞都说始于《试论郑州商代遗址——隞都》，1957年开始写，原本以报告的形式发表，但因当时对该城的性质争议颇多，一时无法统一。为使这批珍贵材料及早公之于世，安先生只得以个人名义发表并改为论文形式，发表在《文物》1961年第4、5期合刊上。

安先生在整理郑州二里岗商代器物的过程中，发现了一种所谓的商代“釉陶”。它是用瓷土烧制的器物，器表除饰压印纹外，还涂了一层釉。安先生认为这种商代釉陶，是在新石器时代晚期的白陶和几何印纹硬陶的基础上发展起来的原始青瓷器，从而纠正了过去认为我国瓷器起源于东汉或魏晋时期的说法，把我国烧制瓷器的时间至少提前了1500年。并将这一认识写成《谈谈郑州商代瓷器的几个问题》，发表于《文物》1960年第8、9期。文章发表后，引起学术界的广泛关注。

1961～1965年，安先生与其他同志一起进行多项文物调查。

1966年，上半年因“文革”，各项工作暂告停止。安先生受到冲击。以后几年，在单位干杂活、下“五七”干校劳动锻炼。

1970年河南省文物工作队并入省博物馆，改名为河南省博物馆文物工作队，同年5月，安先生被调回河南省博物馆文物工作队。

1972年年初，安先生才恢复了文物工作队的领导职务，并重新主持郑州商城的考古发掘工作，经当时的国家图博口和省文化局的批准。安先生领导大家在四面夯土城墙上以开探沟的方法进行发掘，参加这次对郑州商城的钻探和发掘工作的有裴明相、杨育彬、王与刚、冯天成等，我也有幸成为其中一员。为了解郑州商城城墙的建筑方法、结构与时代，再次在东、西、南三面城墙上，分别开了7条、5条、4条探沟。从中不仅证明了郑州商城的修建和使用时间是在郑州二里岗下层二期和二里岗上层一期，还在探沟的发掘工作面上，清晰地看到密密麻麻的圆形或其他形状的夯窝，从探沟两侧的剖面上看，一层一层的夯土非常明显，有的探沟挖到城墙的底部，发现与城墙平行走向的基槽。从城墙夯土中出土的陶片，最晚就是二里岗期的上层或下层，最早的是龙山文化的遗物。这对郑州商城的年代与性质的确定，起了决定性作用。1973年年初，邀请在京的部分专家来郑，对郑州商代城遗址的年代与性质进行鉴定。是年秋，安先生除继续在郑州商城内寻找商代宫殿区遗迹的同时，已着手主持开始编写《郑州商代城遗址》发掘报告与简报，并让我参加报告的编写，这是我第一次编写考古报告，其他参加编写报告的还有裴明相、杨育彬等。初稿写成后，经安先生修改定稿为《郑州商代城遗址发掘报告》，发表在《文物资料丛刊》第1集（1977年）和《文物》1977年第1期上。

1974年初，为配合黄委会水文站建筑工程，安先生在主持这次郑州市东里路北侧的发掘中，发现了商代夯土台基和埋有百余个带锯痕人头骨的商代壕沟，从而进一步证明了商代宫殿区的位置。为了保护商代人头骨干壕沟，在这里就地建立了郑州商城工作站，安先生任站长。同年9月，街道人员在位于郑州商城西墙中段外侧的杜岭张寨南街挖防空洞时，发现一商代青铜器窖藏坑。安先生与其他同志配合下，清理出土了两件商代大铜方鼎和一件铜鬲。这是郑州首次出土商代重器，为判断郑州商城的年代和性质，又增添了一个重量级的砝码。

1975年，安先生继续主持郑州商城遗址的考古发掘工作。春季发掘出一座保存较好的商代二里岗期的宫殿夯土基址。同时，为探索夏文化，开始在登封县告成镇一带展开考古工作。同年秋，在商城遗址内的东北宫殿遗址区偏西处，又发掘出一座面积较大的商代夯土台基。

1977年，安先生开始主持在登封告成一带寻找夏文化遗存。在王城岗发掘出两座东西并列的早于夏代早期的龙山文化夯土城垣遗址。这一重要发现为探讨夏文化提供了新线索，并很快引起了学术界的关注。同年11月，为了征求对王成岗龙山文化城址继续发掘的意见，由河南省文化局主持在登封县召开了“登封告成发掘现成现场座谈会”。参加会议的代表除中国科学院考古研究所前所长、著名考古学家夏鼐先生和国家文物局文物处原处长陈滋德、黄景略领导同志外，还有部分省市文物考古单位和部分大学考古专业专家学者、教授等100多人。我也有幸参加了这次学术盛会。会上与会代表除对王城岗龙山文化城址怎样继续发掘提出了许多宝贵的意见外，还对龙山城址的性质进行了热列地讨论。同年，安金槐先生应邀参加了在郑州召开的政协河南省第五届委员会会议，并成为省政协委员。

1978年，登封告成的发掘仍在继续。在王城岗上发现了成排的龙山中晚期的窖穴和许多经过夯打并殉有奴隶的“奠基坑”。同时，还发现了许多带有“阳城”或“阳城仓”陶文戳记的战国陶器。这些重要发现，为寻找夏代阳城和东周阳城奠定了坚实的基础。1979年，除继续发掘王城岗遗址和告成镇北地东周阳城遗址外，并拟编写《登封王城岗与阳城》考古发掘报告初稿。1980年发掘工作接近尾声，并开始整理编写《登封王城岗与阳城》考古报告。

1981年在原省博物馆文物工作基础上，成立河南省文物研究所，安先生出任第一任所长。同年秋天，在北京参加由中国社科院考古研究所夏鼐所长主持的《中国大百科全书·考古卷》词条分配工作，安先生承担了“郑州商城”等有关词条的编写任务。

1982年春，在安金槐先生的建议下，国家文物局决定在河南省文物研究所举办考古人员培训班，并拨款修建办公楼和宿舍楼。同年夏，河南省首次开始职称评定工作。安先生被评为研究员。

1983年省文物研究所领导换届，安先生因年事已高，改任名誉所长。同年春，安先生当选为全国政协第六届委员会社科组委员，去北京参加了全国政协第六届一次会议。

1984年，继续在登封告成工作站修改《登封王城岗与阳城》文稿。同年省旅游局拨款，在登封告成观星台西侧，开始修建“登封阳城遗址工作站”。同年夏天，接国家文物局通知，将“国家文物局郑州文物训练班”更名为“国家文物局郑州培训中心”。接着经河南省人民政府批准，在“国家文物局郑州培训中心”的基础上，改名为“郑州考古干部专科学校”（大专班两年制），安金槐先生任校长。

1985年下半年，由安先生主持在郑州召开了“中国古陶瓷研究会”1985年年会。

1986年冬，《中国陶瓷》教材中的“陶器”部分初稿已编写完毕，共20万字和插图数十幅。该书于1994年由上海古籍出版社出版发行。1987年《登封王城岗与阳城》书稿已经完成，并送交文物出版社。同年安先生加入了中国共产党。

1988年，安先生着手整理密县打虎亭汉墓的发掘资料。并当选为全国政协第七届委员会委员，同时兼任河南省政协文教卫体委员会副主任。同年夏“河南省科学技术史学会”成立，安先生当选理事长。

1989年《密县打虎亭汉墓》的发掘报告初稿基本完成，约40万字，其中大部分文字由安金槐先生执笔。同年12月，受聘为郑州大学历史系文博专业客座教授。

1990年，完成了《密县打虎亭汉墓》的修改工作。此书于1993年由文物出版社出版。后于1995年先后荣获夏鼐考古学基金二等奖和1995年河南省社科优秀论著一等奖。同年春，安先生与文物出版社的楼宇栋先生一起修改《登封王城岗与阳城》的文字稿。此书于1992年由文物出版社出版。除此之外，安先生还抽出时间整理《郑州商代城遗址》的发掘报告。该报告专集涵盖了除《郑州二里冈》一书外的全部资料，包括部分已发表过的考古报告。这一报告从20世纪50年代就已开始着手整理。

1991年10月，安先生被“中国美术分类全集领导工作委员会”聘为中国陶瓷编委会委员，并承担了《新石器时代陶器》和《夏商周陶瓷》两卷文稿的编写任务。

1992年春，安先生被河南大学历史系聘为该系文博专业兼职教授。同年秋，受国家文物局特邀，去西安参加了“92全国文物工作会议”。同时，又被河南省文物局聘为省文物局考古专家组组长，被河南省博物馆学会第三届理事会聘为顾问。

1993年夏，“河南省科学技术学会”换届选举，安金槐继续被该学会第二届理事会推选为理事长。同年秋，由安先生主编的《登封王城岗与阳城》一书被河南省社会科学优秀成果评奖委员会评为1992年度优秀成果一等奖。

1994年，安先生完成了《中国美术分类全集》的《中国陶瓷全集》中的《新石器时代陶器》和《夏商周陶瓷》二卷的文字稿，并送交上海人民出版社。

1995年初，安先生继续整理《郑州商城》发掘报告。同年春，安先生受国家文物局邀请，去西安参加了“95全国文物工作会议”。同年夏天，“河南省考古学会”换届并更名为“河南省文物考古学会”，安先生被推选为该学会名誉会长。这年秋，在偃师市参加了由中国社科院考古研究所主持召开的“95商文化国际讨论会”并参观了偃师二里头遗址和偃师商城遗址发掘现场。同时，安先生被推为“中国殷商学会”顾问。同年，安先生被河南省文化厅和人事厅授予“河南省文化厅系统先进工作者”的称号。

1996年，安先生继续主持编写《郑州商代城遗址》考古报告。同年，受国家科委聘请，安金槐先生成为“九五”全国重点科研项目“夏商周断代工程”专家组成员，并担任工程中“商前期年代学的研究”课题组长。随后，各项研究工作开始启动。同年，安先生去偃师参加了由中国社科院考古所配合“断代工程”举办的偃师商城东城北角遗迹的现场座谈会。同年秋，安先生被聘为河南省社会科学联合会顾问。这一年，安先生被中共河南省直属机关工作委员会评为1995年至1996年度优秀共产党员。

1997年，安先生继续整理《郑州商城》考古报告。同年夏，安先生到偃师商城参观了在商城内宫城区发现的宫城墙与外城墙的衔接情况。同年秋，为配合“夏商周断代工程”邀请北京与河南的部分专家、学者，在郑州与偃师召开了“夏、商前期考古年代学的研讨会”。

1998年夏，“河南省科学技术史学会”换届选举，因安先生年事已高，不再担任第三届学会理事长，而改任名誉理事长。同年，7、8月份，为配合修建紫荆路工程，省文物考古研究所和郑州市文物考古研究所联合对商城遗址进行考古发掘。我所在南城墙外郑州烟厂地段，发现1座商代灰坑，时代较早，安先生知道后不顾年事已高，天气炎热，竟然徒步赶到发掘现场。对出土的遗物一件一件认真细致的观察研究。先生这种对工作高度负责的精神，使在场的人无不佩服。同年11月，先生接受《寻根》杂志约稿，撰写《我从事夏商考古发掘历程的回顾》一文，于1999年元月完成。

1999年，安先生被中共河南省委宣传部评为“河南省十大新闻人物”。同时仍在继续修改《郑州商代城遗址》一书的初稿。同年，安先生再次受《寻根》杂志之约撰写了《我从事夏代考古的一些情况》一文。2000年，先生全身心投入《郑州商城》考古发掘报告的最后编校工作。当书稿完全定稿时，先生兴奋地对该书的编辑楼宇栋先生说：“我这一辈子不欠考古工作上的什么债，我所有的工作都有交代。”安先生的这句话听起来似乎很平常，但认真凿磨后，才意识到字字重于千斤，是先生对自己一生工作的最美好总结。次年7月5日，先生因心脏病在河南省人民医院病逝，终年81岁。

安先生的一生，是战斗的一生，是拼搏的一生，是奉献的一生，也丰收的一生。先生于1950年9月开始做文物考古工作，直到2001年7月病逝，在文物考古战线上整整工作了52年。

安先生在52年的工作历程中，共主持编写专著11部，发表考古发掘报告、简报、论文100余篇，其他文章20篇，共计130多篇，总字数在500万字以上。

二、安先生也是郑州市的文物考古工作的开拓者

1954年春，将郑州市文物工作组改为河南省文化局文物工作第一队，安金槐先生任副队长。同年秋，由省文物一队负责，在安先生主持下在人民公园内举办了“郑州市出土文物陈列室”。1957年，在安先生协助下开始筹建“郑州市文物陈列馆”，即“郑州市博物馆”的前身。当时陈列馆的业务，除搞展览外，主要工作是做些文物保护，其中以保护郑州商城为主。

直到20世纪60年代初，郑州市文物陈列馆，为配合郑州市的基本建设工程，开始了文物钻探工作。当时馆内没有懂业务的，只好聘请省文物工作的老技工尚兴奎、郭德瑞二位师傅指导开展文物钻探工作。随后开始了文物调查工作，最初几次调查时都是安先生的亲自带领我们。当时郑州市的交通极不方便，仅有几路公交车，只在市区跑。到乡下进行文物调查时都是骑自行车带着先生。后来郑州市广播站买了一辆机动三轮车，杨冀文馆长借来拉着安先生一起去进行文物调查。先后调查过的遗址，有郑州市西北郊的师家河和关庄遗址，有西郊须水马庄和白寨遗址，向南到过十八河费岗遗址，向东南到过南曹的西尚岗阳遗址等。每到一处，先生总是身先士卒地跑在前面，边看边拣陶片，然后再向我们传授怎样识别不同时代陶片的陶质、陶色、纹饰、器形等。每到一处，先生总是非常认真，一丝不苟的给我们讲解着，使我们受益终生。每次调查回来，杨馆长总是语重心长的嘱咐我们：你们一定要好好向安队长学习，学习他的渊博知识和诲人不倦的精神，学习他高尚的人品和忘我的工作精神。

在安先生指导下，我们学会了考古调查。但要开展田野考古发掘工作，还需要省队派专家指导才行。只要市里工作需要，安先生不管队里工作再忙，人手再紧，都想方设法抽出熟练技工或专家帮助我们开展业务。1964年7月20日，我馆首次对郑州市陈庄遗址进行田野考古发掘，就是在省文物工作队张静安师傅的帮助指导下进行的。参加发掘的人员有我馆郭愚夫、陈立信、于晓兴等。后来发掘古荥汉代冶铁遗址，安先生先后派李京华、任常中先生帮助指导发掘。1965年冬发掘须水马庄龙山文化遗址时，安先生派赵世纲、冯天成先生帮助指导发掘。另外，凡是我们发掘遇到难题时，几乎都请过安先生或省里其他专家到现场进行指导。再者就是，我馆所发表的考古简报或报告写成后，都经过安先生或省所其他专家修改润色后才发表的。如陈立信写的《郑州市陈庄遗址发掘简报》《郑州大河村仰韶文化的房基遗址》，我写的《谈谈郑州大河村遗址出土的天文图像》和《秦王寨遗址与秦王寨类型》文章，均经过安先生审阅与修改。

总之，郑州市的文物考古工作，是在安先生亲自指导或由安先生指派省所的其他

专家帮助指导下开展起来的。从文物钻探，到文物调查，再到考古发掘和整理研究及编写发掘简报、报告等，每项工作都有安先生和其他诸位先生的心血和汗水。毫不夸张地说，如果没有安先生和省所大公无私的帮助与支持，郑州市文物考古事业就不会有现在这样的好局面。

三、我与安先生的缘分

我与先生相识于1964年春，当时安先生正在主持郑州商城城垣的东北角发掘。这时我刚到郑州市文物陈列馆不久，对文物考古一窍不通，领导只好分配我保护郑州商城。每天至少要沿着商城城墙巡视一到两次。路过发掘工地时，有时略看一下就走，有时蹲在探沟边上看一会。但每次总能看到一位40多岁，较高较瘦的，既像一个普通的工人，又像一位学者。他手里总是拿着一把发掘铲，在探沟里忙个不停，一会儿蹲下，用发掘铲剜剜土或刮刮土，一会儿再站起来看看，好像在找什么东西似的，时不时地在笔记本写写画画。有时候还向其他工作人员交代几句话，随后便跳出探沟。恰好这时有人对他说："安先生慢点上。"我才知道他就是安金槐先生。以后我与安先生交往较多，感情甚好。

1971年先生在洛阳含嘉仓发掘。单位派我去学习，才有幸与先生朝夕相处。不但学到了许多文物考古知识和发掘技术，而且也亲身感受到先生的高风亮节、博大胸怀、宽以待人、严于律己的高尚情操。当时正处在"文革"的尾声，有些省文物考古战线上老同志下放到偃师县农村劳动锻炼。先生不顾整天发掘的劳累，依然抽出时间骑自行车去看望他们。先生回来后说："同志们长期在一块工作，难免有些磕磕碰碰的，一旦分别久了，又有些想念。人嘛，谁也不会一贯正确，一帆风顺，人家有难处的时候，要尽量多帮人家一把，实在帮不了，去看看人家，说说话，安慰一下也好。这些老同志在省文物考古战线上工作多年，做过大量的工作，对河南的文物考古事业是有贡献的。今后还需要他们回来继续工作。"先生的一席话，使我很感动，在那动乱的年代里，自身难保的安先生依然想着别人。在我与先生的交往中，曾多次听先生说过类似的话。由此可见先生的为人。

1972年秋，安先生重新主持停止数年的郑州商城遗址的考古发掘工作，单位派我参加，我再次给先生当学生。先生这时已年过半百，但每天上班最早，一到工地就迫不及待地跳进探沟里，一干就是半天，要么在探沟的剖面上划分夯层，要么蹲下剔夯窝，再不然就拿出小本子写写画画记些什么，总是忙个不停。遇到天旱地干时，先生就往工作面洒水，洒了刮、刮了洒，有时为了弄清一个问题，常常反复多次，忘了下班。有时绘图时间一长，先生蹲不稳，总是前仰后翻，站起来时两眼直冒金花，就这样劝他休息一下，他都不肯。我当时年轻体会不到，有一次我跟先生开玩笑地说："您蹲在地是画图时，老是前仰后翻的，是不是喝酒喝多了"。先生说："你现在笑我，等你到了我这个岁数时，你就自然明白了，岁数不饶人"。先生的话，我到20世纪90年代才真正领教了。

在商城东城墙医疗机械厂门口发掘时。先生家住人民路工人新村，离发掘工地很近；我在西郊碧沙岗市场住，离家较远，而且来回上下班时都从安先生家附近经过。有时中午一块下班时，先生总是挽留我在他家吃饭，家人待我非常客气，又是端水洗脸，又是倒茶，特别热情，使我非常感动，至今难忘。

当商城发掘工作暂告一段，着手整理、编写发掘报告时。我已经离开了商城，到大河村遗址主持发掘。但先生仍然叫我回来参加《郑州商代城遗址》发掘报告的编写工作，这是先生对我的提携与爱护。我与先生相识近40年，一直往来频繁，私交甚深。一有学习机会，先生总想方设法通知我参加，在1972年和1973年发掘郑州商城时，湖北省文物研究所也在发掘盘龙城商代城址，因湖北发现商代的东西较少，有些问题一时解决不了，他们请国家文物局派专家去现场指导工作。国家文物局首先想到的就是河南省文物研究所的安金槐先生。受国家文物局委派，由安先生率领裴明相、杨育彬和我，去湖北湖北盘龙参观指导发掘。事后我听说，因为名额有限，叫谁去，不叫谁去，先生很作难。由此可见，是先生做了大量的工作，才为我争取到那次学习的机会。

我对先生十分信任。有些事情自己拿不定主意时，就找先生请教。有一次大学的一位教授（也是我的老熟人）带学生到大河村遗址参观时，劝我去大学教书，我一时拿不定主意，就去找先生。先生说："毫不客气地说，你的资历浅，在人才积聚的大学里，没有好的前途。二，你在大河村搞了这么多年，你一走一切都完了。三，在大学教书和搞考古研究不同。教书是面对许许多多的学生，讲错一句，就可能成为笑柄，在学生中间广为流传。考古研究与教书大不相同，你说它是盆，就是盆，你说它是罐，就是罐；它不会与你争辩。"有时先生和夫人也找我办一些事情。如1984年文化部文物局郑州培训中心的学员，准备在郑州附近进行田野考古发掘实习。安先生认为我比较熟悉郑州近郊的一些遗址，叫我给他介绍几处距省所比较近，而且内涵丰富的遗址。先生听后，认为南郊的站马屯遗址较为合适，并叫我带他去现场调查，先生看后认为可以。就在当年的春、秋进行两次发掘。

有一次我去安先生家，先生不在。先生的夫人朱春花说起单位在东里路建家属楼的事。她说："现在楼已经建好，并开始分配，老安不要，家里都不敢劝他， 谁说跟谁吵。听说将来大多数人搬走后，这楼的暖气要停，停了暖气，冬天怎么办。"我说："要不然我劝劝他"。春花说："你也别劝他，劝了也白搭"。正好1995年秋，我在偃师市参加由中国社会科学院考古研究所主持召开的“95商文化国际讨论会”，我与先生住隔壁，有一天我去先生房间，正好没人，我问先生：“您为啥不要新房”。先生说：“昌韬你想想，那能要吗？房子建在商城宫殿区上，我搞了一辈子商城，我住进去，心里不好受”。先生的一番肺腑之言，说明了他对郑州商城的深厚感情，使我更加对先生的崇拜，我再也无话可说了。

四、安先生光辉的一生

先生的一生，是战斗的一生，是奉献的一生、清清白白的一生、光明磊落的一生。先生虽然离世已有十五个年头，但先生待人亲切热情的笑容，对工作一丝不苟的作风，对党对事业无限忠诚的精神，常常浮现在我们的脑海里。每当我怀念安先生时，就很自然地想起和安先生一起长期工作的一些专家、学者。其中以斐明相先生为代表，他与安先生一起工作多年，也是河南文博考古事业的先驱和奠基人之一。他在郑州商城考古研究中做了大量的工作，是河南文物考古有突出贡献的专家。裴先生功不可没，值得我们敬仰和怀念。

2015年2月10日

试析韩维周、安金槐、邹衡先生的主要学术贡献

张国硕

（郑州大学历史文化学院）

摘　要　韩维周、安金槐、邹衡先生为夏商周考古的重要开创者，在郑州商城的发现与研究方面皆具有里程碑之地位。韩维周在郑州地区夏商文化遗存的发现与认知方面做出了重大贡献。安金槐是新中国河南考古的主要开拓者和引领者，形成了自己独特的夏商文化学术研究体系。邹衡是我国著名的考古学家，创立了中国夏商周考古的学术框架体系，学术成就巨大。

关键词　韩维周；安金槐；邹衡；学术贡献

韩维周、安金槐、邹衡先生是夏商考古领域的著名专家，在中原考古尤其是郑州地区考古方面做出了突出贡献。时至2015年，三位先生已先后去世54周年、14周年、10周年。在这个特殊的日子，分析总结三位先生的学术成就和学术贡献，对学术研究与学科发展意义重大。回顾三位先生的学术经历可以发现，他们皆应为夏商周考古的重要开创者，在郑州商城的发现与研究方面具有里程碑之地位。

一、韩维周先生的主要学术贡献

韩维周先生是河南考古工作的先驱之一，在郑州地区夏商文化遗存的发现与认知方面做出了重大贡献。其学术贡献主要表现在两个方面。

1. 二里冈商文化的发现者和郑州商城考古的早期工作者

韩维周先生20世纪30年代即加入由中央研究院与河南地方有关单位共同组建的“河南古迹研究会”，专门从事河南地区的考古工作，曾多次参加安阳殷墟发掘以及浚县大赉店、辛村卫国墓地的发掘，对中原地区的早期考古工作做出了突出贡献。

1950年秋，时任郑州市南学街小学教师的韩维周先生，工作之余对郑州古城留心观察，首次在二里岗、南关外一带发现了大量绳纹陶片和磨光石器，初步推测这些陶

片应是商代遗存，当即向省文化部门汇报请求深入调查，从而揭开了一座尘封3000多年的商朝王都的神秘面纱。之后，韩先生调入省文物部门工作（至1957年），主要承担郑州地区的考古工作，对二里岗商文化有较为深入的了解。

2. 登封玉村二里头文化遗址的发掘与研究，在二里头文化的发现史上具有开创之功

1953年4月，韩维周等4人对河南登封玉村遗址进行了考古调查和试掘，发现了上层（东周文化）、下层两种文化遗存①。对于下层文化遗存，韩维周等人虽然没有提出“玉村文化”的命名，但已认识到其为一种独特的考古学文化，如认为下层文化遗存是一种与郑州二里冈文化、安阳殷墟文化性质不同的“文化系统”；提出该类遗存有一定的分布区域，类似遗址在禹州、登封之间“为数甚多”；总结出该类遗存具有独特的文化面貌，即陶器有夹砂和泥质灰陶、泥质黑陶和刻纹白陶，有绳纹、篮纹、弦纹、划纹、云雷纹等纹饰以及半月形横耳，器类有鼎、夹砂罐、盆、束腰平底爵、纺轮等。之后，与玉村下层类似的文化遗存在郑州洛达庙、洛阳东干沟等地屡有发现，学界对其认识逐渐深入，曾出现“洛达庙类型文化”或“洛达庙类型”“东干沟文化”的命名②。1959年，考古工作者发掘河南偃师二里头遗址，发现该遗址分布范围大，文化层堆积厚，遗存丰富，规格高，具有典型性和代表性，遂提出“二里头类型”或“二里头类型文化”③“二里头文化”的命名④，逐渐得到学界的认可。但要追溯二里头文化的发现与命名历史，登封玉村遗址的最早发现及韩维周先生的学术贡献应是绕不开的话题。

二、安金槐先生的主要学术贡献

安金槐先生是新中国河南考古的主要开拓者和引领者，主持参加了郑州商城、登封王城岗等遗址的考古发掘工作，对二里头文化、二里岗文化、河南龙山文化有深刻的认识，形成了自己独特的学术体系。其学术贡献主要表现在三个方面。

---

① 韩维周等：《河南登封玉村古文化遗址概况》，《文物参考资料》1954年第6期。

② 河南省文化局文物工作队：《郑州洛达庙商代遗址试掘简报》，《文物参考资料》1957年第10期；中国科学院考古研究所洛阳发掘队：《1958年洛阳东干沟遗址发掘简报》，《考古》1959年第10期；中国科学院考古研究所：《新中国的考古收获》，文物出版社，1961年，第43、44页。

③ 夏鼐：《新中国的考古学》，《考古》1962年第9期；中国科学院考古研究所洛阳发掘队：《河南偃师二里头遗址发掘简报》，《考古》1965年第5期。

④ 夏鼐：《碳十四测定年代和中国史前考古学》，《考古》1977年第4期。

1. 郑州商城的重要发现者与研究者

（1）确定了郑州商城的年代和性质。安金槐先生20世纪50年代初即参加郑州市的各项考古工作，1952年发掘二里岗遗址，1953年任“郑州市文物工作组”组长，1955年发现白家庄一带商城城墙，1961年发表文章确认郑州为“商代城址”和仲丁“隞都”①，1972年主持对郑州商城城墙进行解剖复查，从而得到学界认同，使得郑州以“商城”“商都”闻名于世。

（2）对郑州地区的商文化进行详细分期。认为郑州地区的商文化包括“洛达庙期”“南关外期”“二里岗期”“白家庄期”“人民公园期”等阶段②，其中二里岗期商文化可分为“商代二里岗期下层”和“商代二里岗期上层”两大期③，后又细分为“商代二里岗下层一期”“商代二里岗下层二期”“商代二里岗上层一期”“商代二里岗上层二期”（白家庄期）等四期④，这种分期方法长期为学界采纳引用。

（3）主持编写出版《郑州二里冈》⑤《郑州商城》⑥等商代考古经典著作，成为研究夏商文化的必读书目。《郑州二里冈》1959年由科学出版社出版，是20世纪50年代以来出版的第一部商代考古田野报告专著。该报告介绍了二里岗遗址的发现、调查、发掘和编写报告的概况，以及二里岗的地形、文物分布情况，详述商代遗址的发掘经过、文化层堆积和层次关系，对出土遗物作了分类和统计，排出了二里岗下层与上层陶器的演变序列，并对部分商墓和夯土作了介绍。报告所确定的二里岗下层和上层的划分标准以及灰坑H9、H17和H2乙等遗迹单位，成为夏商文化分期的重要标尺。《郑州商城》分上、中、下三册，2001年由文物出版社出版。该书汇集了1953～1985年郑州商城遗址考古发掘材料，内容涉及从仰韶文化到唐宋各个时期的文化遗存，重点对商文化所分二里岗下层一期、下层二期、上层一期、上层二期等四期的依据和主要特征进行阐述，是研究郑州商城和商代前期文化最为重要的参考资料。

（4）最早认识到郑州等地发现的商代原始瓷器，将中国有瓷器的历史年代大大提前。1959年，在整理郑州二里岗商代器物过程中，安金槐先生对所谓的商代“釉陶”产生了独特的见解，认为其无论是胎骨或是瓷釉皆具备了瓷器的特征，遂撰写出有关

---

① 安金槐：《试论郑州商代城址——隞都》，《文物》1961年第4、5期。

② 安金槐：《郑州商代遗址各时期遗存的发展序列与“夏商周断代工程”》，《河南博物院落成暨河南省博物馆建馆70周年纪念论文集》，中州古籍出版社，1998年。

③ 河南省文化局文物工作队：《郑州二里冈》，科学出版社，1959年，第8～15页。

④ 安金槐：《关于郑州商代二里岗期陶器分期问题的再探讨》，《华夏考古》1988年第4期。

⑤ 河南省文化局文物工作队：《郑州二里冈》，科学出版社，1959年。

⑥ 河南省文物考古研究所：《郑州商城》，文物出版社，2001年。

“商代瓷器”方面的专题论文公开刊出[①]，引起学界的极大关注。之后，安先生又进一步对郑州“原始青瓷器”[②]、河南“原始瓷器”[③]等问题进行论证，极大地推动了中国瓷器起源问题研究的向前发展。

2. 王城岗遗址的发掘者和早期夏都——禹都阳城的发现者

20世纪70年代末，安金槐先生主持河南登封王城岗遗址和告成东周阳城遗址的发掘[④]，对河南龙山时期城址的建筑技术与布局有了较为深刻的认识。该城址是1950年以来新中国考古发掘确认的首座龙山时期城址，对后来中国各地诸龙山时代城址的发现确认有重要的指导意义。依据考古发现材料，结合文献记载，参考附近战国阳城遗址发掘材料，安先生认定王城岗遗址即为文献所载“禹都阳城”所在[⑤]，极大地推动了夏文化探索的进程。

3. 创立了“隞都说”学术体系和商文化阶段划分的“三期说”

安金槐先生依据河南各地的考古发掘材料，认为河南龙山文化早期是夏王朝建立之前的先夏文化，河南龙山文化中晚期和二里头文化一、二期是夏文化，登封王城岗城址是禹都阳城；豫东、豫北地区的龙山文化是先商文化，二里头文化三、四期是商代早期文化，二里头遗址是汤都西亳，偃师商城是“西亳”晚期的都城遗址[⑥]；郑州二里岗商文化为商代中期文化，郑州商城是仲丁隞都[⑦]；殷墟文化是商代晚期文化。安先生提出的郑州商城“隞都说”和“商文化早、中、晚三期说”成为夏商文化论战中的两大观点之一，对学界的影响颇为深远，20世纪60～90年代一直是夏商文化研究的主流观点。

---

① 安金槐：《谈谈郑州商代瓷器的几个问题》，《文物》1960年第8、9期。

② 安金槐：《对于我国瓷器起源问题的初步探讨》，《考古》1978年第3期。

③ 安金槐：《河南原始瓷器的发现与研究》，《中原文物》1989年第3期。

④ 河南省文物研究所等：《登封王城岗与阳城》，文物出版社，1992年。

⑤ 安金槐：《豫西夏代文化初探》，《中国历史博物馆馆刊》1979年第1期。

⑥ 安金槐：《试论河南“龙山文化”与夏商文化的关系》，《中国考古学会第二次年会论文集》，文物出版社，1982年；安金槐：《近年来河南夏商文化考古的新收获——为中国考古学会第四次年会而作》，《文物》1983年第3期；安金槐：《王城岗、二里头、尸乡沟商城和郑州商城的文化分期与发展序列》，《河南文物考古论集》，河南人民出版社，1996年。

⑦ 安金槐：《试论郑州商代城址——隞都》，《文物》1961年第4、5期。

三、邹衡先生的主要学术贡献

邹衡先生是我国著名的考古学家，学术成就巨大。先生最大的学术贡献是创立了中国夏商周考古的学术框架体系，从而使几代学子从中受益，被誉为“学术大师”“夏商周考古第一人”，当之无愧。其学术贡献主要体现在五个方面。

1. 商文化分期的论证和商文化编年体系的建立

邹衡先生对商文化的研究是从郑州二里岗遗址开始的。1956年，他在学界首次系统分析郑州商文化与安阳商文化的关系，论证郑州二里岗文化是早于小屯殷墟文化的商文化遗存[①]，从而为殷墟文化找到了源头。1964年，邹衡先生在对殷墟遗址地层、墓葬、陶器、青铜器全面把握的基础上，首次对殷墟文化进行详细分期，把殷墟文化分为四期，又对各期的绝对年代（商王）进行估计，并与甲骨分期相对应，从而全面建立起殷墟文化的年代学标尺[②]。20世纪60、70年代，邹衡先生重点对夏商文化进行深入研究，在分析二里头文化为夏文化的基础上，对夏文化和商文化的年代、分期、文化类型进行探索，前后四易其稿，最终撰写出其代表性大作——《试论夏文化》，把商文化分为三期（先商期、早商期、晚商期）、七段、十四组[③]，从而建立起商文化的编年体系。

2. 创立“郑亳说”学术体系和商文化阶段划分的“两期说”

通过对二里头文化、二里岗文化、殷墟文化以及二里头、郑州商城、殷墟等遗址的长期、全面分析研究，1977年之后，邹衡先生逐渐建立起自己独特的夏商考古学术体系，认为河南龙山文化王湾类型是先夏文化，二里头文化一至四期是夏文化，二里头遗址是夏都；先商文化主要分布于豫北、冀南地区，可分为漳河型、辉卫型、南关外型三个类型[④]；二里岗文化是商代早期文化，郑州商城为汤都亳而非仲丁隞都[⑤]，偃师商城是伊尹放太甲之桐宫[⑥]；殷墟文化是晚商文化，安阳小屯遗址是殷都故址。“郑亳说”与“西亳说”是夏商考古的两大体系，20世纪70～90年代“西亳说”是主流观

---

① 邹衡：《试论郑州新发现的殷商文化遗址》，《考古学报》1956年第3期。

② 邹衡：《试论殷墟文化分期》，《北京大学学报》1964年第4、5期。

③ 邹衡：《试论夏文化》，《夏商周考古学论文集》，文物出版社，1980年。

④ 邹衡：《试论夏文化》，《夏商周考古学论文集》，文物出版社，1980年。

⑤ 邹衡：《郑州商城即汤都亳说》，《文物》1978年第2期；邹衡：《论汤都郑亳及其前后的迁徙》，《夏商周考古学论文集》，文物出版社，1980年。

⑥ 邹衡：《偃师商城即太甲“桐宫”说》，《北京大学学报》1984年第4期。

点，“郑亳说”赞同者人寡势弱。但随着材料的增多和研究的不断深入，1998年之后至今，“郑亳说”赞同者人多势大，逐渐成为学界的主流观点。

3. 先周文化概念的提出和论证，最终得到学界的认同

先周文化是西周王朝建立之前以周族为主体的考古学文化。邹衡先生通过对陕西地区的瓦鬲墓以及相关遗存进行研究，认为瓦鬲墓一、二期以高领袋足分裆鬲和联裆鬲、圆肩或折肩罐、卵形瓮为代表的一类遗存是周王朝建立之前的先周文化遗存，年代相当于商代后期；先周文化主要有三个来源：从山西地区光社文化分化出来的姬周文化，来自甘青地区辛店、寺洼文化的姜（羌）炎文化，来自殷墟为代表的商文化[①]。

4. 早期晋都与早期燕都的确认

在西周考古中，邹衡先生重点对晋国、燕国始封地进行探索，成果卓著。

1979～1994年期间，邹衡先生在晋南地区不间断地进行考古调查与研究工作。通过对山西天马—曲村遗址的调查与发掘，把该遗址晋文化遗存分成八段，年代涵盖西周至春秋战国之交[②]，从而建立起晋文化的年代学标尺。1980～1990年，北京大学考古系与山西省考古研究所等单位合作，对山西天马—曲村遗址进行了7次大规模的发掘，发掘成果汇集成四大本巨著《天马—曲村》[③]，受到学界好评。依据考古材料，结合文献记载，邹衡先生认为天马—曲村遗址就是文献所载晋叔虞始封地——唐，为西周晋国早期都城（绛、故绛）[④]。

关于燕国始封地，历来众说纷纭，主要有涞水、蓟县、北京广安门等观点。20世纪50～70年代，邹衡先生一直关注燕国始封地问题，通过对北京南部的调查与发掘，认为北京琉璃河的刘李店和董家林遗址为西周燕国的都城所在[⑤]。后来，琉璃河遗址燕侯青铜器的发现，证明了邹先生的判断是完全正确的。

5. 著作等身，桃李满天下

邹衡先生终身从事学术研究工作，成果丰硕。出版《商周考古》[⑥]《夏商周考古学

① 邹衡：《论先周文化》，《夏商周考古学论文集》，文物出版社，1980年。

② 北京大学考古专业商周组等：《晋豫鄂三省考古调查简报》，《文物》1982年第7期。

③ 北京大学考古学系商周组等：《天马—曲村（1980～1989）》（全四册），科学出版社，2000年。

④ 邹衡：《晋始封地考略》，《尽心集——张政烺先生八十庆寿论文集》，中国社会科学出版社，1996年；邹衡：《论早期晋都》，《文物》1994年第1期。

⑤ 邹衡：《寻找燕、晋始封地的始末》，《夏商周考古学论文集（续集）》，科学出版社，1998年。

⑥ 北京大学历史系考古教研室商周组编著，文物出版社1979年出版。

论文集》[①]《夏商周考古学论文集（续集）》[②]《夏商周考古学论文集（再续集）》[③]等专著，发表学术论文百余篇，大多成为夏商周考古的必读教材和经典之作。先生一生从事高等教育工作，培养出众多夏商周考古的专门人才，为我国的文博考古教育事业做出了重大贡献。

四、小　　结

对于夏商周考古尤其是郑州商城的发现与研究来说，韩维周、安金槐、邹衡三位先生贡献巨大，功不可没。

韩维周先生是二里岗商文化的发现者，最早分辨出二里头文化（玉村下层）与二里岗商文化的不同，故也可以被认定是二里头文化的发现者。

安金槐先生是郑州商代城址的发现者和郑州商都性质的提出者、论证者，是“隞都说”的代表性人物，也是王城岗城址为“禹都阳城说”的倡导者，对郑州地区的夏商文化分期贡献巨大。

邹衡先生是汤都“郑亳说”的旗帜性人物，“二里头文化一至四期为夏文化”“郑州商城为汤都亳”的观点具有开创之功，对夏商文化分期以及相关问题的系统研究奠定了我国夏商考古的基础，先周文化的确认以及早期燕都、晋都的指认具有重要的学术价值与意义。

① 文物出版社1980年出版，科学出版社2001年第二版。

② 科学出版社1998年出版。

③ 科学出版社2011年出版。

汤邑郼薄漫议
——忆邹衡先生教诲

李德方

（洛阳市文物考古研究院）

摘　要　夏朝末年，汤居郼薄并以郼为基地伐夏，郼乃汤兴即商兴之地。史言“商兴丕山”，又言郼薄“北为济，西为河”。丕山乃《禹贡》大伾山，泛指以荥阳北邙为代表的郑州地区。今郑州市区既位于汤兴之域，又合于“北济、西河”郼薄方位，故汤邑郼薄当在今郑州市区。

关键词　夏末；汤邑；郼薄；郑地

邹衡先生是当代著名考古学家。先生的一生，为中国考古学发展尤其是为夏商周考古学发展，作出巨大贡献。自2004年春至先生仙逝，在一年多时间内，笔者曾三次见到先生并聆听先生教诲。今仅以“汤邑郼薄漫议”一文，谈谈对汤侯居郼认识，表达对先生的仰慕与怀念。

一、汤邑郼薄求索

笔者学习商周考古，师于林沄先生。走出校门，与隋裕仁一起发掘矬李和东杨村遗址。这两处遗址的主要内涵是龙山文化和二里头文化。当时把这两处遗址的龙山晚期和二里头早期遗存与四邻比较，发现洛、郑两地有一定差异。

洛阳一带的龙山晚期，赵芝荃先生称其为“煤山类型”。从陶器观察，它是一种以方格纹和篮纹为主要纹饰的，以罐形鼎和夹砂罐为常见炊具的，以折沿平底器为主要器型的考古学文化；郑州左近虽有上述特征，但绳纹为主要纹饰之一，如马庄、牛寨遗址“绳纹较普通”[①]，而且炊具中多袋足鬲和甗，如郑州市博物馆陈列的龙山炊具以鬲和甗为醒目。

到了二里头一期，洛阳一带的二里头一期文化在“煤山类型”基础上发展并呈现

---

① 李昌韬：《郑州地区龙山、二里头和商文化浅探》，《中原文物》1983年特刊，第20页。

质变。表现在陶器上，二里头一期是以浅弱印痕的篮纹为主，方格纹骤减，且细绳纹引人注目；二里头一期沿用“煤山类型”的常用器减少且又派生出新器型，如不见双腹盆和斝，炊具罐形鼎减少，在使用罐形鼎、圈足盘、平口鬶时又使用盆形鼎、三足盘、高流鬶，新出现觚形器、簋形器、夹砂厚胎堆纹瓮等；二里头一期的部分鼎、盆、甑的两侧流行鸡冠形鋬并在小罐口沿流行花边装饰，许多折沿折角器物的折棱萎缩，平底器的底部变小，显示出向卷沿圜底器发展特征。而在郑州，至今尚未分辨出与二里头一期对应的遗存，如郑州上街、洛达庙、董寨、西史村及21世纪初发掘的大师姑夏代城址，均只见二里头一期之后的二里头文化遗存。

根据如上差异，笔者认为先商文化的某些因素较早在郑州出现，也就是邹衡先生早已指出的：商人较早涉足郑地并与那里的夏人杂居。此系笔者于20世纪80年代对郑州左近先商文化认识并已在《二里头类型文化的来源及相关问题》一文作过讨论[①]。

20世纪90年代初，林沄等先生曾指出：“从成汤到太甲的亳是一处还是几处”，“还在争论之中”[②]。

据《殷本纪》《帝王世纪》，汤为天子后历外丙、中壬传至嫡孙太甲，共20年，加上汤践天子位前汤侯17年，成汤至太甲仅为30余年。在这段时间中，亳地确非一处。例如汤灭夏以后营建的偃师商城西亳，虽其作为王都时间很短，但应系其中一亳。《殷本纪》所记的汤“既黜夏命还亳”的“亳”[③]，便不指西亳。“还亳”即天子还乡，回到故里，回到汤为侯时亳地。此乃二亳。本文漫议的是后一个亳，即汤灭夏前的汤侯之邑。史称这个汤侯之邑为郼薄。

《吕氏春秋·具备》：“汤尝约于郼薄矣，武王尝穷于毕程矣，伊尹尝居于庖厨矣，太公尝隐于钓鱼矣，贤非衰也，智非愚也，皆无其具也。”此言汤居郼薄时受到他人制约且受约程度与伊尹等入仕前处境相似，可证汤居郼时为夏侯并受夏王室制约。《慎势》：“汤其无郼，武其无岐，贤虽十全，不能成功。”《管子·轻重》：“汤以七十里之薄，兼桀之天下，其故何也？”此言郼乃汤之本国，地域不大，是“剪伐夏祀”基地。《吕氏春秋·慎大》：“汤立为天子，夏民大悦，如得慈亲，朝不易位，农不去畴，商不变肆，亲郼如夏。”高诱注：“郼读作衣，今兖州人谓殷皆曰衣，言桀民亲郼如夏民也。”此证汤灭夏后仍尊夏，夏民称从郼薄来的殷人为郼人，也说明汤以郼薄为基地伐夏，郼乃汤兴之地。

史言“商兴丕山”。《国语》云：“商之兴也，梼杌次于丕山。”梼杌之神按天

① 李德方：《二里头类型文化的来源及相关问题》，《青果集》，知识出版社，1991年，第11～18页。

② 王立新、林沄：《“桐宫”再考》，《考古》1995年第12期。收入《偃师商城遗址研究》一书，科学出版社，2004年，第196～201页。

③ 《史记·殷本纪》，中华书局，1989年，第97页。

序见于丕山而商兴。考之丕山乃《尚书·禹贡》“大丕山”，即今郑州西北的荥阳北邙[①]。史载契后十四世至汤而商兴，商兴即汤兴，商兴之荥阳北邙应为先商汤邑郼薄地望。

21世纪初始，在郑州市区西北22千米处的荥阳北邙发现了一座面积约51万平方米的大师姑夏代城址。发掘表明：“城墙最早始建于二里头文化二期偏早阶段，在二里头文化三期早晚阶段之间经过较大规模续建”，“初步推断大师姑夏代城址的废弃年代应在二里头文化四期偏晚阶段和二里岗下层之间”，“城址内部的二里头文化堆积以二里头文化二、三期和四期偏早阶段的遗存为主体”[②]，“夏代城址的外侧还发现有建于早商二里岗文化下层阶段的大型环壕，城址内部早商二里岗文化上、下层遗存十分丰富，说明这里在早商时期仍是一处重要聚落”[③]。

大师姑夏代城址位于夏都偃师二里头遗址以东70千米处，又居商兴之域的荥阳北邙，废弃于二里头四期偏晚阶段与二里岗下层之间的夏商之际，故其性质当属夏东境的一个方国都邑。王文华等先生认为此方国是韦或顾[④]，笔者曾认为是韦的可能性大，大师姑可能是韦墟[⑤]。郼，韦、邑结构，应指灭韦城郼。此乃追寻郼薄前期认识。

当然，汤有“七十里之薄”，郼薄所在的地区应是包括荥阳北邙在内的一个较大地理单元。许顺湛先生也认为商兴丕山应是一个大地城。许先生说：“丕山是泛指以它为代表的一个地区”即“郑州地区”[⑥]。笔者认同许先生见解并扩大追寻郼薄视野。

薄、亳古音同，可通假。郼薄亦称亳。如《逸周书·殷祝解》：“汤放桀而复薄，三千诸侯大会。”《墨子·非攻篇下》：“汤奉桀众而克有夏，属诸侯于薄。”《殷本纪》云：“汤既黜夏命，还亳，作《汤诰》。”这里薄、亳同指郼薄而且《汤诰》记述了郼薄（亳）相对方位：“汤既黜夏命，还亳，作《汤诰》。维三月，王自至于东郊，告诸侯群臣：毋不有功于民，勤力乃事，予乃大伐殛女，毋予怨。曰：古禹、皋陶久劳于外，其有功于民，民乃有安，东为江，北为济，西为河，南为淮，四渎已修，万民乃有居。”这里的“北为济，西为河”，言亳（郼薄）的北为济水，西为黄河。这个地点，应在古济水之南亦即陈隆文博士考之今广武山至花园口一线的古

① 李德方：《商兴之丕山辨》，《郑州商都3600年学术论文集》，中州古籍出版社，2004年，第209～212页。

② 王文华等：《郑州大师姑发现二里头文化中晚期城址》，《中国文物报》2004年2月27日。

③ 王文华、陈万卿、丁兰坡：《河南荥阳大师姑夏代城址发掘与研究》，《文物》2004年第11期。

④ 王文华、陈万卿、丁兰坡：《河南荥阳大师姑夏代城址发掘与研究》，《文物》2004年第11期。

⑤ 李德方：《汤居郼薄与郑州商城》，《安金槐先生纪念文集》，大象出版社，2005年，第265～268页。

⑥ 许顺湛：《汤始居亳从先王居新解》，《郑州商都3600年学术论文集》，中州古籍出版社，2004年，第47～50页。

济水流向[①]以南；还应在古黄河在广武山外北折处之东。今郑州市区，其北约17千米处为古济水河道，其西北约32千米处为广武山，既在荥阳北邙的商兴地域，又合于“北济”“西河”的方位，故汤邑郼薄亦先商汤侯之亳当在郑州市区。这个推断是合于邹先生的韦在郑州市区一说的。郑州商城发现的洛达庙期与南关外期遗存，当与夏末韦墟及汤邑郼薄有关，但关键是这些聚落是否具有城邑的内涵与规模。繁盛的二里岗文化尤其是二里岗上层文化，闪射着巍巍王都风采，但那是汤崩以后景象。期待着郑州市区早期城址的发掘与研究。此乃笔者追寻郼亳的后期认识。

二、铭记先生教诲

2004年初，《文物报》公布了发现郑州大师姑夏代城址消息。该城址是首次发现的一座带有夯土城圈的二里头文化城址，对于讨论夏东境方国及“夏商周断代工程”，意义重大。当年4月，笔者与叶万松先生等一起前往郑州市文物考古研究所，拜访张松林所长。

张先生在门外迎候，他说邹先生在他办公室，正谈郑州商城的工作。邹先生见我们非常高兴，我们向先生表示问候。先生告诉我们，这次来郑州是儿子陪护的，还有董琦先生。先生与我们相对而坐，一边品茶，一边与张所长继续谈话，谈到郑州商城研究与保护及安金槐等先生对郑州商城的贡献，为越来越多的考古材料支持“郑亳说”及越来越多的学者同意“郑亳说”感到高兴。先生不时站起来，用关爱的眼神看着我们，似对我们而且特别是对张所长寄予厚望。

邹先生谈起“郑亳”，笔者便想到郼薄，因为应张松林等先生之约，笔者正在写与郼薄相关的文章并认为郼薄在郑地。于是笔者对先生说：“文献中提到汤本国为郼薄，汤以郼为基地伐夏， 夏民称从郼地来的人为郼人，郼薄应在郑地。那么，郑亳是否也可以称郼薄，郑亳是否可以改称郼薄？”“也可以称郼薄。”先生笑答，又思考了一下说：“但已经那样叫了多少年了，不改了吧。”

笔者又问：“有学者对商文化的分期已经很细。例如王学荣等先生把偃师商城商文化分为三期七小段，年代刻度很细。这样研究，是否有望分辨出与汤王年代相应的考古遗存？”

先生说：“汤时间很短，用考古学分期很难分辨。时间太短了，分不出来了。”

聆听教诲，笔者点头。这时，大师姑考古工地来电话，已经为我们安排了考察和午饭。我们遂向先生道别。

---

① 陈隆文：《古荥泽考》，《黄河与河南论坛》，黄河水利出版社，2008年，第232～237页。

是年11月1日至5日，“郑州商都3600年学术研讨会暨中国古都学会2004年年会”在郑州嵩山饭店召开，邹先生出席了这次大会。在这次会议上，笔者多次聆听先生发言。邹先生以北京旧城为例强调对郑州商城保护。先生说：“北京最大的破坏就是把老北京城拆掉了……北京没有城，就不是一个完整的城市。郑州作为古都来讲，虽然城墙有一些破坏，但像郑州商城这样的已不多见，保存下来很不容易。”又说：“郑州在保护郑州商城的同时不要忘记”对小双桥遗址的保护，小双桥是“郑州古都群中最重要的组成部分”。先生在讲话时还强调重视考古实际。他说：“我举一个例子，根据我们考古发掘的资料，完全推翻班固说晋国都城在太原的结论，这说明文献记载没有考古学的验证是不可靠的。”

2005年10月18～20日，在偃师召开“中国·二里头遗址与二里头文化国际学术研讨会”。在会议上，笔者聆听了邹先生以“二里头文化的首和尾”为题所作的精彩演讲。先生在谈到“新砦期文化”时说：“在豫西新密地区，除了河南龙山文化和二里头文化之外，又划出另一种新文化，这无论从其年代或文化特征而言，都是难以成立的。因为在豫西，河南龙山文化与二里头文化之间，并不存在什么新的文化。若是新砦期，问题则是简单一些，那就是属于河南龙山文化中的一个文化期，或者属于二里头文化的一个文化期。从已发表的考古材料来看，属于后者的可能性似乎要大一些。具体地说，它应该归属于二里头文化第一期中的一个组。至于它同河南龙山文化的关系，则其区别较大，绝不可能归属为河南龙山文化的一个期。近年来，有些学者认为，新砦期是当地的龙山文化过渡为二里头文化的过渡期。我认为这种说法是很难加以论证的。因为这里的龙山文化与这里的二里头文化实在区别太大，绝不能混为一谈。不仅此地，即使包括登封、巩义市在内，迄今也没有发现这个所谓的过渡期。”接着先生例举了龙山文化和二里头早期的差异。

笔者惊叹先生对考古材料的熟悉及对遗迹遗物的细微观察。回味先生的话，如同品尝一杯浓香而辛辣的佳酿。诚然，二里头遗址的二里头一期遗存较少且多为一期晚段遗存。但煤山遗址、矬李遗址的二里头一期遗存丰富且具一期偏早阶段特征，故其对讨论二里头文化的“首”及其与龙山文化的差异是重要的。因此。笔者在发言时没有言及自己提交会议的《二里头遗址的龙纹与龙文化》，而是追随邹先生，作了“也谈二里头文化的头和尾”的发言。仇士华等先生当即表示同意笔者的一些认识，而且例举了^{14}C数据。

会议期间，邹先生由陈旭等先生陪同考察二里头遗址。在宫殿区发掘现场，先生细心观察宫墙、柱坑及墓葬，还不时询问许宏队长。年近八旬而且身有疾病的老人，又一次亲临夏都遗址，关心夏文化的新发现，表现一位考古人对考古事业的执著与献身精神。

会议以后，笔者期望有机会再听一听先生讲“二里头文化的首与尾”。但，会议后仅月余，先生去了。

三、邹衡先生永生

本文首先讨论先商汤邑郼薄地望，认为它在郑州市区，而后追忆邹先生教诲。前者的初步认识，得益于先生的书作与教诲，而笔者在文中提出的“郑州左近至今尚未分辨出与二里头一期相对应的遗存”的问题，约能从先生所讲的“二里头文化的首和尾”中获取答案。笔者在撰写与郼薄相关小文时有幸听到先生教诲，在听先生“二里头文化的首和尾”后作了“也谈二里头文化的头和尾”的发言。这应是一段后学与先生的学术因缘。

先生去了，但先生的书作仍在案头。先生去了，但先生的教诲铭记于心。先生仍然和大家在一起。

2015年1月20日

于在野庐书屋

后　　记

夏商周三代，是华夏文明发展的重要阶段，也是中国考古学研究的重要课题，被称为考古学中的“显学”。60年前郑州商代都城的发现，不仅揭示了以前不为人知的商代前期的历史文化面貌，还为探索夏文化打下了坚实的基础，成为中国考古学的一座里程碑。60年来，以韩维周、安金槐、邹衡先生为代表的一代又一代考古学家，为郑州商城的考古发掘与研究呕心沥血、殚精竭虑，研究的深度和广度大为扩展，对郑州商城的历史价值认识越来越清晰。也正是由于几十年来众多考古学家、历史学家的不断努力和研究，郑州于2004年成功列入中国八大古都之一，郑州大古都地位得到了学界的广泛认同。

2015年，是郑州商城遗址发现60周年。为了进一步发掘郑州商城历史价值，挖掘和宣传古都郑州在中华文明起源过程中的历史地位，学习、研讨老一辈考古学家严谨的治学精神和杰出的学术成就，2015年7月18~19日河南省文物局、北京大学考古文博学院、郑州中华之源与嵩山文明研究会联合主办召开了“夏商周时期的中原与周边——纪念郑州商城发现60周年暨韩维周、安金槐、邹衡先生学术成就研讨会”。来自中国社会科学院、中国科学院、中国国家博物馆、北京大学、南开大学以及省内外科研院所、高等院校等单位150余名专家学者与会。本次研讨会采取重点发言和分组讨论的模式进行，会议旨在为全面展示郑州商城发现60年来相关领域的最新学术动态和研究成果提供研讨、交流平台，同时共同缅怀对郑州商城发现和研究做出巨大贡献、夏商周考古的重要开创者——韩维周、安金槐、邹衡三位考古学家。

本次会议共收到与会专家学者提交的论文24篇。根据研究领域和论文的内容，我们精心挑选了24篇文章，汇集成册，编辑出版《中华之源与嵩山文明研究》（第三辑）。本辑所收录的文章具有较高的学术水准，内容涉及郑州商城及夏商周考古学研究、中华文明史的研究等诸多领域；目的在于总结回顾既往工作的成果和不足，传承和发扬老一辈学者治学精神，拓宽研究视野，开拓研究思路，通过全方位、深层次的研究，不断催生新的研究成果，推动郑州商城遗址的研究和保护工作取得新的更大成绩。

郑州中华之源与嵩山文明研究会是全国性的从事中华之源与嵩山文明研究的学术团体。研究会自成立以来，紧紧围绕学会宗旨，积极举办学术活动，召开学术会议，组织开展了“嵩山地区人类起源”“早期文明起源”“中原古都群”“根源文化”“天地之中”等专题学术研究，开展各类专项研究153个，资助出版学术专著十多部，硕果累累，为探寻中华文明起源、研究和发掘嵩山文明深厚的文化内涵发挥了积极作用，吸引了越来越多的专家学者关注、参与到嵩山文明研究中来，为嵩山文明与中华之源研究提供了不竭动力。嵩山文明，博大精深！嵩山文明研究，方兴未艾！由衷地希望，同时也呼吁国内外专家学者以及社会有识之士，关注嵩山，关注嵩山文明研究，积极投身到探索中华之源与嵩山文明研究的队伍中来！

编　者